杨泓文集

考古文物小品

文物出版社

图书在版编目（CIP）数据

考古文物小品 / 杨泓著 . —北京：文物出版社，2021. 12
（杨泓文集）
ISBN 978 – 7 – 5010 – 7318 – 4

Ⅰ. ①考…　Ⅱ. ①杨…　Ⅲ. ①考古学 – 中国 – 文集
Ⅳ. ①K87 – 53

中国版本图书馆 CIP 数据核字（2021）第 261586 号

杨泓文集 · 考古文物小品

著　　者：杨　泓

责任编辑：郑　彤
助理编辑：马晨旭
封面设计：刘　远
责任印制：陈　杰

出版发行：文物出版社
社　　址：北京市东城区东直门内北小街 2 号楼
邮政编码：100007
网　　址：http：//www. wenwu. com
经　　销：新华书店
印　　刷：宝蕾元仁浩（天津）印刷有限公司
开　　本：710mm×1000mm　1/16
印　　张：38. 5
版　　次：2021 年 12 月第 1 版
印　　次：2021 年 12 月第 1 次印刷
书　　号：ISBN 978 – 7 – 5010 – 7318 – 4
定　　价：266. 00 元

出版说明

一、文集收入作者自 1958 年至 2020 年发表的文稿。

二、文集所收文稿分为考古学、古代兵器（上、下册）、美术考古、艺术史、考古文物小品等，共编为五卷六册。

三、各卷所收文稿，均按原发表年份排序，以使读者阅读后，可以寻到作者 62 年来的治学轨迹。

四、60 多年来，考古事业蓬勃发展，考古新发现层出不穷，所以，作者早年刊发的文稿中多有需要修改、补充之处。由于多已在后来的文稿中进行论述，故本书采用刊出时的原貌，请读者依次阅读后面的文稿，即可查获更正后的新论述。

五、各卷文稿皆在文末用括号标注原发表时的书刊以及刊出年份，有些篇后还附有与该篇写作有关的情况说明，以供读者参阅。

六、书中引用人名，除作者业师称为"师"或"先生"，其余只书姓名。

七、文中较多地引用《二十四史》的史料，由于本文集均引用中华书局校点本（第一版），为了行文简洁，在注文中，不再逐条加注版本及出版年份，只标明页数。

目　　录

一　考古文物小品

1

二　考古文博忆往

三 书序以及前言

一　考古文物小品

人像的复原

在我国拍摄的科教影片《中国猿人》中，可以看到 50 万年以前的中国猿人的塑像，当然谁也没有见过我们这些远祖的形象，这种塑像是怎样复原出来的呢？在国外复原人像的工作中，苏联科学院的人类学家格拉西莫夫教授的成就是突出的，经过二三十年的辛勤劳动，他创立了用头骨进行面貌复原的科学体系。格拉西莫夫教授塑造了不少旧石器时代的人头像，也做过对北京猿人的复原，他复原过几十种苏联境内的新石器时代、青铜时代和铁器时代的古代人像，也曾做过许多有趣的对历史人物的面貌复原的实验。例如在 1941 年塑造了以前没有任何画像材料的古基辅跛足王公穆德雷的头像，有助于解决俄国历史上最有趣的问题之一——基辅第一个王公的来源问题。

进行复原工作，必须要掌握各种类型和不同年龄的人颜面上的软部组织（肌肉）与骨骼的关系，这是复原工作的基础。复原时，首先是修复和加固头骨，进行测量，确定他的个体特征和性别、年龄，然后按标准材料把软部组织加到各个部位上去，塑上皮肤、肌肉。

1949 年以前，我国还没有人从事这方面的工作。中华人民共和国成立以后，1953 年古脊椎动物研究室在北京成立，科学工作人员在党的领导下，在这方面取得了很大成绩，才有了我国自己塑造的科学的猿人头像。以后，中国科学院古脊椎动物与古人类研究所和中国社会科学院考古研究所等单位的有关人员，经过艰苦的工作，已经发展了我国的远古人像复原工作，塑造出许多既科学又栩栩如生的旧石器时代和新石器时代的人头像，为科学研究工作做出很大贡献。

（原载《北京晚报》1959 年 10 月 3 日。后收入《地下星空》，花城出版社，1981 年）

古代的砲——发石机

你如果喜欢下象棋，或许会产生下面的问题：为什么棋中的"炮"字要写成"砲"或者"礮"？为什么在着子时它可以纵横行走，但是吃子时又必须中隔他棋越取敌子呢？其实，这正是我国古代砲特征的真实反映。

"礮"字所以从石，是因为现代火炮的前辈是古代的发石机，这个字是在晋赋里才开始出现，但是早在距今约2500余年前，越国就有能飞石一二十斤、投远两三百步的发石机。三国时，曹操与袁绍的"官渡之战"中，使用了"发石车"，因为发射时有巨响，又号"霹雳车"。经过改进以后，利用机械轮转，还可以连发。到了唐代，李勣攻辽东之役所用发石机的石弹竟重达300斤，可远掷于一里以外，可见在技术上有了更大的进步。

因为发石机的机体庞大，其梢杆和砲架一般都有两丈多高，构件又大多是用木头、皮革等制成，所以无法保存到现在，幸而宋代曾公亮《武经总要》一书中给我们保存了它的形象和结构。古砲的射击原理，是利用了杠杆作用，这又和古罗马的那种大弹弓似的投石机不同。它有一个木制砲架，上面架着梢杆，梢杆尾端系有搜索多根，梢头用绳子系着皮制的承弹器。发射时，先置好沉重的石弹，然后由很多砲手合力猛拉搜索，借杠杆作用把石弹弹射出去，因此它不能平射，石弹都是呈抛物线形射向敌方，这样也可以用来进行隐蔽射击，或者隔着城墙射击城外的敌人（图一）。象棋中的砲隔棋吃子，大约是反映这一特点吧！

石弹常常制成规整的圆球形，1949年以后修浚陶然亭的工程中，发掘出许多金代的大小不等的球状石砲弹，可以作为例子。

图一　发石机（砲）发射示意图

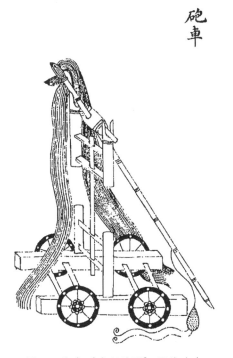

图二　北宋《武经总要》里的砲车

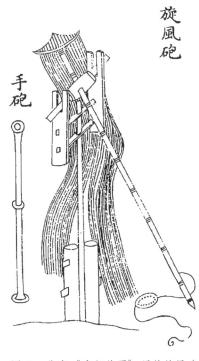

图三　北宋《武经总要》里的旋风砲

到了宋代，不但砲的结构更完备，而且品种日多，《武经总要》一书中就载有单梢、双梢、虎蹲、旋风等砲和各种砲车共 16 种之多（图二、三），各有专用，其中旋风砲并能旋转，随意改变射击方向。火药发明后，把装有火药的砲弹抛射出去，就是最原始的"火炮"了，这种武器在宋代已经开始出现在战场上了。

（原载《北京晚报》1961 年 6 月 11 日。后收入《逝去的风韵——杨泓谈文物》，中华书局，2007 年）

夜半钟声

"月落乌啼霜满天，江枫渔火对愁眠。姑苏城外寒山寺，夜半钟声到客船。"这首《枫桥夜泊》是唐代诗人张继的佳作。宋代学者欧阳修读了这首诗以后，认为半夜闻钟与事实不符，并提出了批评。他在《六一诗话》里说："诗人贪求好句，而理有不通，亦语病也。如……唐人有云'姑苏台下寒山寺，半夜钟声到客船'。说者亦云句则佳矣，其如三更不是打钟时。"欧阳修甚至还讥讽道："半夜非鸣钟时，或云人死鸣无常钟，疑诗人偶闻此耳。"

宋人范正敏实地到过姑苏，在了解了实际情况以后，也对这件事作了评论，认为张继不错。他在《遁斋闲览》里说："尝过姑苏，宿一寺。夜半闻钟，因问寺僧，皆曰：分夜钟，曷足怪乎？寻问他寺皆然，始知半夜钟惟姑苏有之。"这正道中了欧阳修在评论张继诗时，缺乏实事求是的态度，没有调查了解姑苏的实况，就下了错误的结论。但是，范正敏的最后结论"始知半夜钟惟姑苏有之"，也还是片面的。

宋人吴曾在他著的《能改斋漫录》中进一步谈论了这件事，并且举出唐代诗人皇甫冉《秋夜宿严维宅诗》："昔闻玄度宅，门向会稽峰。君住东湖下，清风继旧踪。秋深临水月，夜半隔山钟。世故多离别，良宵讵可逢。"以及陈羽诗"隔水悠扬半夜钟"，认为"而会稽钟声亦鸣于半夜，乃知张继诗不为误，欧公不察。而半夜钟亦不止于姑苏。"

由这件小事可以看出，在评论任何事情时不要主观臆断，不然像欧阳修那样博学的人，也会犯错误的。范正敏虽然指出了欧阳修的错处，但是没有作全面调查，只根据一个地方的材料，得出的仍是不够全面的结论。

（原载《北京晚报》1962 年 2 月 11 日。后收入《地下星空》，花城出版社，1981 年）

针

　　传说唐代大诗人李白幼年学习不专心，后见老妇人正在磨铁杵，想将它磨成绣针，老妇人坚持磨做不息的坚强的意志感动了他，于是李白发愤读书。因此俗语说："铁杵磨成针，功到自然成"。这只是关于励志的一个故事，实际上谁也不会真费那样大的功夫去用铁杵磨针。但是，回想起远古的人最初创制缝针的艰苦劳动，恐怕也就得有铁杵磨针的功夫哩！

　　在我国远古，现知年代最早的针，发现于北京周口店旧石器时代晚期"山顶洞人"的居址中。这是一枚长8.2厘米的骨针，针锋锐利，并且在尾部还挖有小针孔。从当时的生产水平看，是一件极精致的产品（图一）。这证明在距今约5万年以前，我们的远祖已经穿上了衣服，掌握了最原始的缝纫技术。

图一　北京周口店山顶洞遗址出土旧石器时代骨针

以后，在我国各地的新石器时代遗址中，常常发现各种骨针。它们的制法都是先将骨料劈成一条条的形状，然后在砺石上磨光针身，加工出针锋来，在当时这仍是一种极精细的工艺。这些针的形状，有的一端有尖而另一端有穿孔；有的一端尖而另一端无孔；还有的两端都磨出针尖来。大约第一种是缝纫用的，有孔可穿线；后两种则是用来作别缀用的别针。因为骨质脆而易折，不很坚韧，在缝制皮衣等时，可能先用骨锥等穿孔，然后穿针引线，缝制衣服，与现在绱鞋的技法相仿。

到了商代，据说已经有了青铜质的针，但是用青铜铸造这样小的工具非常困难，所以普遍使用的还是骨针。只有铁质的针出现以后，骨针才丧失了它的垄断地位。铜针在后来的考古材料中也有发现，长沙的一座西汉墓里曾出土过一枚，长 10 厘米，有鼻。在西汉刘胜墓里，还出土有 4 枚金针和 5 枚银针，这些针的上端做成方柱形的柄，针锋各不相同，有尖，有钝，还有三棱形或卵圆状的，据专家考证，这是古代用来进行针灸用的医针（图二）。

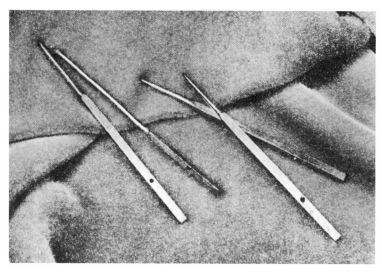

图二　河北满城西汉刘胜墓出土金针和银针

早在山西侯马的东周遗址中，就出现了铁质的针。到了汉代，铁针的使用日趋普遍。由于金属针的针身细小而坚韧，缝纫时用手指去顶针

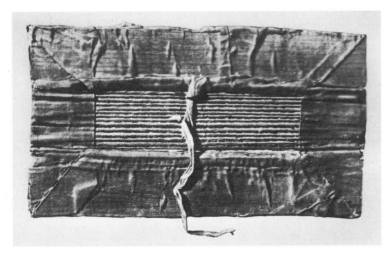

图三　湖南长沙马王堆一号西汉墓出土针衣

容易戳破皮肤，就相应地出现了"顶针"。在洛阳烧沟西汉末年的墓葬里，发现了不少件铜顶针，形状和现在使用的一样，其中有一枚在出土时还套在人指骨上。更讲究些的顶针，常常用金、银来制造。在江苏宜兴西晋墓里发现过金顶针；在广州的一座西晋永嘉年间的墓里，出土过银质的顶针。

妇女平日贮藏缝衣针，常有针筒、针囊、针衣等物。在长沙马王堆一号西汉轪侯夫人辛追的墓中，在随葬的漆九子奁内，就有两件针衣，形制基本相同，都是用细竹条编成帘状，两面蒙上绮面，四周又镶上绢缘，并有一条束带。在帘上中腰处缀有一段宽丝带，上面隐约可以看到针眼痕迹，当系插针之用（图三）。可惜出土时其中均未插针。在墓中出土的"遣策"木简中，记录的名称为"针衣"。

由于缝制衣服必须用针，而古来制衣又是妇女的工作，所以针线活做得好坏也常是评定女子巧拙的标准之一，于是就有了每年七夕时穿针"乞巧"的风俗。

中国国家博物馆里藏有一块宋代济南刘家功夫针铺印刷广告的铜版，上面除了代表刘家针铺的白兔商标外，还特别标出"收买上等钢条，造功夫细针"等语（图四）。可见由于受钢铁机械处理和热处理技术的限制，

图四　中国国家博物馆藏北宋刘家针铺广告铜版及拓片

直到宋代，制针还是相当费工的。只有掌握了冷作拉丝技巧之后，才能大量生产质量高、价格低的钢针。

明代宋应星《天工开物·锤锻》有一段记载："凡针，先锤铁为细条，用铁尺一根，锥成线眼，抽过条铁成线，逐寸剪断为针。先其末成颖，用小锤敲扁其本，刚锥穿鼻，复其外，然后入釜，慢火炒熬。炒后以土末入松木、火矢、豆豉三物罨盖，下用火蒸。……火候皆足，然后开封，入水健之。凡引线成衣与刺绣者，其质皆刚，惟马尾刺工为冠者，则用柳条软针，分别之妙，在于水火健法云。"这一方面详尽地说明了钢针的制造过程，同时也反映出我国古代在钢铁机械处理和热处理方面的成就。

（原载《人民日报》1962年4月21日。后收入《逝去的风韵——杨泓谈文物》，中华书局，2007年）

从老虎守门到狮子守门

我们常常看到很多大门前放有一对石雕的狮子，一雌一雄，雄的足下踏着一只绣球，雌的足下依偎着一只幼狮。狮子卷鬃巨口，肌肉劲健，威猛有势，给人以庄严浑厚的感觉。

在大门前放狮子，不外是为了保卫门户，驱除邪祟。其实在我国最早是在门前放置老虎的，用以示威驱邪。古人认为虎是山兽之君。《风俗通义》谓："虎者阳物，百兽之长也，能执搏挫锐，噬食鬼魅。"所以早在周代，就画虎于门，以示威猛。现在我们可以看到发掘出的汉代墓葬的墓门上常雕刻有"白虎"，用来辟邪（图一）。

至于狮子，它是汉代才传入中国的动物。据文献记载，最早来到中国的狮子，是在东汉章帝章和元年（公元 87 年）由安息国王送来的。也是在汉代，佛教传入我国，而狮子在佛教里是很有地位的，佛经中就称释伽为"人中狮子"，它是勇猛精进的象征，也是佛前很重要的护法。这样，狮子这一威猛而有风采的兽王的形象，就逐渐成为中国雕刻艺术中常见的题材了（图二、三）。

东汉的狮子像，以山东嘉祥武氏祠前石狮最突出。以后南北朝时佛教盛行，各地开凿了很多巨大的石窟，常雕金刚力士、狮子等护法。大部分狮子都是蹲坐的，造型较古朴，线

图一　陕西绥德快华岭东汉墓石门朱雀、铺首、白虎图像

图二 陕西唐代永康陵石狮

图三 陕西唐代顺陵石狮

条简单有力，身上没有什么华饰。从唐代以后，狮子身上增加了许多璎珞华饰，据说是受了当时流行的"五方狮子舞"的影响。

唐宋以来，守门狮子的做法日益普遍，一般住宅前也开始放置了，但造型还不固定，姿态各异。而到明清，则门前狮子的形象固定化了，就是一种头颈上满是卷鬃、踞立石台座上的姿态。天安门前金水桥旁的石狮子，就是这一时期石雕作品的典型。

（原载《北京晚报》1962 年 11 月 24 日）

从门神到新门画

关于门神的记载，最早出现于南朝梁宗懔著《荆楚岁时记》一书，南宋陈元靓《岁时广记》引《荆楚岁时记》云："岁旦绘二神披甲持钺贴于户之左右，谓之门神。"《类说》引这条时又说："岁旦绘二神贴户左右，左神荼、右郁垒，俗谓之门神。"（今本《荆楚岁时记》所记文字与此不同）至于神荼、郁垒的故事，汉应劭《风俗通义》、王充《论衡》和蔡邕《独断》诸书中都有记述。《论衡·乱龙篇》云："上古之人有神荼、郁垒者，昆弟二人，性能执鬼。居东海度朔山上，立桃树下，简阅百鬼。鬼无道理妄为人祸，荼与郁垒缚以卢索，执以食虎。故今县官斩桃为人，立之户侧；画虎之形，著之门阑，夫桃人非荼、郁垒也，画虎非食鬼之虎也，刻画效象，冀以御凶。"可见，最早所指的门神是神荼与郁垒，贴门神是为了辟邪除祟。

现在我们能看到的最早的门神画像，是汉代的遗物（图一）。汉代的门画并不仅是辟除不祥的神道，还有许多反映社会生活中阶级关系的画面：一种是在门上画英雄力士；一种是在门上画属官小吏，在汉墓里这样的例子极多；一种是神像，也有的画出铺首、朱雀，下面有一只伸出独角的牛状怪兽，也许就是"白泽"等兽（图二），用来辟除不祥。汉代以后，在墓门的两旁还经常刻着文官武将。

直到宋代，门神多绘于木板上。《岁时广记》引《皇朝岁时杂记》云："桃符之制，以薄木版长二三尺、大四五寸，上画神像、狻猊、白泽之属，下书左郁垒、右神荼，或写春词，或书祝祷之语，岁旦则更之。"当时在岁旦设门神的习俗非常流行，形式也多样。传说中的终南进士钟馗，是专

图一 洛阳烧沟西汉墓墓门壁画

图二 陕西绥德贺家沟东汉墓石门

门驱邪啖鬼的，在宋代也成为元旦悬于门上的门神。

不知到了什么时候，戎装甲胄的门神被附会成唐将秦叔宝和尉迟恭，尤其是吴承恩在他著名小说《西游记》中作了绘声绘色的描述以后，更是传得家喻户晓，从此民间流传的门神，常常是一位绘成白面三络长须的秦叔宝，另一位绘成黑面（或红面）虬须的尉迟恭了。也有画别的名将如赵云等的。

在山东曲阜的孔府里，保存了一批门神画，共 72 张单页画和 10 张残片。其中大部分是版印着色的，少数是墨笔勾画填色的，最早的几件其年代可上溯到清朝初年。这批遗物是现存门神画中的珍品。门神画的题材除了戎装将军的形象以外，还有一种朝服、纱帽、执笏的天官像，俗称"天官赐福"，用以迎祥祝福。旧时门神画也有画"麒麟送子""龙凤呈祥"等等的，从中可以看出当时社会思想的影响。

年年除夕，贴换门神，在我国民间流传久远，总是反映出人们希求美好生活的愿望，幻想能有一些公正的神祇保护自己的家庭，不受人间邪鬼的侵扰，能够平安愉快地生活下去。但是在邪恶黑暗的旧社会，"门神"并不能庇护现实生活中的劳动人民，他们仍然受剥削与迫害。《白毛女》里的杨白劳和喜儿，不是唱过"门神门神骑红马，贴在门上守住家；门神门神扛大刀，大鬼小鬼进不来"，可是歌声才了，穆仁智就闯进来逼债了……

1949 年以后，中国人民推翻了压在头上的三座大山，门神的面貌也随之焕然一新，封建社会的武士、将军形象的门神，由当代的英雄人物——工人、农民、解放军战士取而代之，门画出现了众多的题材，反映出人民幸福美满的生活情景。

（原载《北京晚报》1962 年 1 月 5 日。后收入《地下星空》，花城出版社，1981 年）

椅子的出现

　　桌椅虽是互相配合使用的家具，但是使用椅子的历史却比桌子还要短。桌子的前身是案，但是用案时人们是坐在铺于地上的"席"上，或是坐在低矮的床、榻上。不论是席还是床、榻，全都无法算作椅子的前身。直到东汉末年，才出现一种被称作"胡床"的新奇坐具——西域传入的折叠凳（今天北京人称为"马扎子"），但只是宫中使用的一种从遥远的域外胡人处传来的稀罕物品，并未在世间流行。据说这种胡床后来发展成交椅，它也并非是椅子的前身。

　　据考证，关于椅子的最早的文献记载，出现在《唐语林》一书，该书卷六说，颜真卿在 75 岁时，还能"立两藤倚子相背，以两手握其倚处，悬足点空，不至地二三寸，数千百下。"如果这条记载可信，就说明颜真卿 75 岁那年，即唐德宗建中四年（783 年），已经使用藤椅子了。考古发掘资料同样说明唐代已经出现了椅子的图像。最早发现的纪年准确的资料，见于陕西西安高元珪墓的墓室壁画。高元珪是唐玄宗宠臣高力士的哥哥，官至明威将军检校左威卫将军，埋葬于唐玄宗天宝十五年（756 年）。在墓室内北壁绘墓主图像，垂足端坐于大椅子上，惜画面残损过甚，可喜的是椅子的形貌还能大致看清。椅子的形象颇显拙朴，椅脚很粗大，像是立柱，在靠背的立柱与横梁之间，用一个大栌斗承托，很像是建筑物的柱头斗栱托梁一样，说明当时制造椅子还属启蒙时期，汲取了中国传统木构建筑的大木构架的式样，结构还较笨重，但造型却很稳定。在北京陶然亭发掘的唐墓壁画中，也发现了椅子的图像。是葬于安史之乱时史思明顺天元年（759 年）的何府君墓，在墓室西壁北侧绘有墓主人端坐于大椅子上的画像（图一），椅脚部位画面已残毁，椅靠背部位保存清晰，靠背甚高，高于坐着的人体头部，横梁拱形。这座墓的葬入时间比高元珪墓略迟，但也比《唐语林》关于藤椅子的记述早二十余年。更多的唐代椅子图像，发现于敦煌莫高窟，多绘的是高僧坐在椅子上的图像。常出现在两类壁画中，一类是在大幅的经变画中，特别是劳度叉斗圣变，与劳度叉对斗的菩萨座前，都绘有一组高僧，传统的画法是高僧们坐于铺在地上的坐席上，到了唐代晚期，则有的改为坐在大椅子上（图二）。第61窟东壁五代时维摩诘经变方便品图像中，也有高僧坐在椅子上的图像（图三）。另一类画的是寺院内坐在椅子上的高僧，特别是迟至五代时的第61窟所绘五台山图中，大佛光之寺、大清凉之寺等寺中都绘出在院内有高僧坐在椅子上的图像。莫高窟壁画中的图像，反映出椅子在唐代佛教寺院中流行的景况。这些高僧的坐椅，形貌大致与高元珪墓壁画所绘椅子近同。此外，在唐人的绘画和雕塑里，还可以看到一些较矮的圈背椅和各式坐凳的画像，其中显示宫廷生活的传周昉绘《纨扇仕女图》及作者佚名的《宫乐图》中绘出的矮圈背椅和坐凳，椅脚装饰华美，还系有漂亮的绦带（图四）。

图一　北京陶然亭唐何府君墓壁画墓主人坐椅图像

图二　敦煌莫高窟壁画劳度叉斗圣
变中高僧坐椅图像

图三　莫高窟第 61 窟壁画
维摩诘经变方便品中
高僧坐椅图像

图四　传世佚名《唐宫乐图》

图五　敦煌莫高窟第285窟西魏壁画椅子图像

　　但是椅子并不是源于唐代，它出现在中国古代社会生活的时间，至少可以追溯到南北朝时期。目前所知纪年明确的最早的椅子图像，出现于敦煌莫高窟第285窟壁画中，该窟保存有西魏大统四年（538年）和五年（539年）的发愿文，表明壁画应是西魏大统年间所绘制。椅子图像绘于窟顶北披禅修图中，其中一座草庐内禅修者趺坐在大椅子上。椅子的靠背、扶手、椅脚都画得很清楚（图五）。在北朝的造像碑上，也发现过僧人坐在椅子上的雕像。在椅子画像出现以前，在佛教石窟寺的壁画和雕刻中，已经出现有供垂足高坐的各种坐具的图像。最早的是新疆克孜尔石窟的壁画，在佛本行和本生故事图中，出现有椅子、坐凳、束腰高凳（筌蹄）等垂足跂坐的图像。束腰高凳（筌蹄）的图像在云冈

21

图六　云冈石窟第12窟束腰圆凳图像　　　　图七　云冈石窟第12窟
束腰圆凳图像

石窟（图六、七）和敦煌莫高窟中也常可看到（图八）。佛教石窟寺中不断出现的椅子等垂足高坐的坐具，表明这类坐具传入中国与佛教在中国的传播有关，也说明椅子等新型家具是中西文化交流的产物，它们是经由西域东传华土的外来家具。

　　中国古籍中广意的"西域"一词，指西出阳关后向西直抵地中海的广泛地域。在地中海沿岸诸古代文化，从埃及、希腊到以后的罗马，人们在社会生活中都习惯使用垂足高坐的坐具。中东如古波斯帝国，同样流行椅子等高足坐具。这类坐具的影响直达今日中国新疆地区。斯坦因由新疆古遗址窃去的古代遗物中，就包括从尼雅遗址窃去的大木椅构件，其时代相当于汉代。但是正如"春风不度玉门关"一样，这种影响无法经玉门关、阳关等进入中国内地。究其原因，是源于中国古代礼俗的限制。自先秦至汉魏，华土汉族社会沿袭席地起居习俗，所有国家礼制和个人行为规范，皆以席地起居为基础。按礼法正坐是跪坐，垂足跂踞都是不被允许的失礼行为。因此域外胡人的垂足跂坐的高足坐具，不合礼法，自然被拒于玉门、阳关之外。直到西晋灭亡，许多原居边陲的北方和西北的古代少数民族先后入主中原，建立割据政权，成为统治民族，出现被"汉族"正统史学家称为"五胡乱华"的"十六国时期"。传统汉魏礼俗被打破，成为统治民族的原草原放牧生活习俗传入中原，"华风夷俗"相互融和，形成新的礼俗。同时又接受了自天竺东传的外来宗教——佛教，随着佛教的传播和盛行，来自古印度及西域的高足坐具在社会上日趋流行。留存到今天的十六国至北朝时期佛教石窟中的高足家具图像，正是在这样的历史背景下产生的，反映了当时社会上特别是佛教活动场所中高足坐具流行的真实情景。西来的坐具椅子，因此出现在中原的社会生活之中。

图八　敦煌莫高窟第285窟五百强盗成佛壁画中的束腰圆凳

　　垂足高坐的高足坐具在社会上的流行之风，到唐代日趋强烈，不仅与传统的席地起居家具分庭抗礼，更进入宫廷和官员的日常生活之中，呈现出日渐取代席地起居家具的趋势。前述高元珪墓壁画中，就看到原来汉末至北朝墓室壁画中，绘出的墓主人正面坐在上张帷帐的床榻上的标准程式，已为坐在大椅子上的新图像所取代。高元珪官至明威将军，从四品，表明当时高级官员家中确已重视椅子这种新式高足坐具。反映宫廷生活的传世绘画中，也出现了装饰华美的矮圈椅等垂足坐的家具（图九），章怀太子墓壁画和长安南里王村韦氏家族墓壁画（图一〇）中都有仕女垂足坐方凳的图像。在韦氏家族墓壁画中，还有围在大桌旁，坐在长凳上宴饮的图像（图一一）。在西安唐墓出土陶俑中，虽没有坐在椅子上的形象，但有坐在束腰圆凳上的对镜仕女，还

图九　传世唐张萱《捣练图》中
仕女坐凳图像

图一〇　陕西西安南里王村唐韦氏
家族墓壁画仕女坐凳图像

图一一　陕西西安南里王村唐韦氏家族墓壁画宴饮图像

有垂足高坐的说唱艺人。凡此种种，都反映着新式家具在当时社会上使用的情况。

五代时期，椅子的使用更加普遍，与高桌、圆凳、屏风、高脚床等新的垂足高坐家具形成完整的组合，在家居中完全取代了传统的席地起居家具组合，给人们的社会生活增添了新情趣。传世的顾闳中绘长卷《韩熙载夜宴图》，正生动地描绘出这样的生活情景（图一二、一三）。

到北宋时期，椅子的制作逐渐进步，完全摆脱了高元珪墓壁画椅子代表的笨拙造型，更适于家居使用。1949 年以前在河北巨鹿宋城遗址获得的木制桌椅的实物标本，后来收藏于南京博物院，在 20 世纪 50 年代初南京博物院展览说明中还刊登过它们的图片，它们是迄今发现的北宋木制桌椅的唯一资料。木椅全高 113 厘米（图一四），据说上有墨书铭记，纪年为北宋崇宁二年（1103 年）。木椅形制仍承袭唐代的大木构架，四脚使用圆材，并向外略侧，脚与脚间用类似阑额的撑木相联络。椅面下加木牙子，

图一二　传世五代顾闳中《韩熙载夜宴图》中所绘椅子图像

图一三　传世五代顾闳中《韩熙载夜宴图》局部

以加强承托力，并且给人以稳定牢固的
感觉。后面是微向内弧的高靠背，没有
扶手。整体造型简洁，不再如唐椅那样
笨拙。北宋的墓室壁画中，椅子的形貌
多与巨鹿木椅式样近似，更多出现于一
般民众的墓葬之中（参看本书《屏风》
图九），也可见当时社会上椅子使用的普
及情况。而在宋代宫廷中，椅子也是主
要的坐具，原清宫旧藏历代帝后图中，
有宋仁宗皇后像，应为宋时画院画家写
真，所绘可能是仁宗曹后，她就端坐在
装饰华美的椅子上，椅前还设有踏足的

图一四　河北巨鹿出土宋代木椅

脚床子（图一五）。传世宋高宗书《女孝
经》、马和之补绘的图中，皇后也是坐在前设脚床子的椅子上。赵伯驹
（赵千里，为宋太祖七世孙）所绘《汉宫图》，虽云绘的是"汉宫"，实
为宋时宫廷写照，殿内所布置的家具，正中为宝座，两侧排列着大椅子，
前设脚床子，椅上覆盖红色的椅袱。在当时北方地区的辽墓中，也多绘
有家居桌椅的图像（图一六），河北宣化的辽墓中还随葬有木制的桌椅
实物，一般桌脚和椅脚较矮（图一七），桌上还常摆满内盛食物的瓷食
具。以后金朝的墓葬中，也如辽墓随葬椅脚较矮的木椅（图一八），墓
室壁画内亦绘桌椅图像。这些都表明，宋、辽、金时期，椅子已成为人
们社会生活中不可或缺的日用坐具。

　　元朝时家具中的桌椅继续发展，墓室壁画中除通常的椅子外，还常
绘有交椅。在承袭前代家具的基础上，明朝时木制垂足高坐的家具发展
达到新高峰，当时已没有在墓葬中随葬真实桌椅的习俗，所以在田野考
古发掘中，只在明墓中出土有家具的木制模型，但制作得很精致，真实地
反映出明式家具中椅子的造型特征，而且墓葬纪年明确，颇具学术价值。

图一五　清宫原藏宋仁宗后坐椅画像

图一六　内蒙古宝山辽墓壁画中的矮脚桌椅图像

图一七　河北宣化辽墓 M10
出土矮脚木椅

图一八　山西大同金阎德源墓
出土木椅

图一九　上海明潘允徵墓出土木椅模型

图二〇　江苏苏州明王锡爵墓出土木椅模型

现举上海卢湾区肇嘉浜路明万历十七年（1589 年）潘允徵墓的木椅模型（图一九）和苏州枫桥凤凰墩明王锡爵墓木椅模型（图二〇），供大家欣赏。

（原载《羊城晚报》1963 年 11 月 10 日。修改后收入《古物的声音——古人的生活日常与文化》，商务印书馆，2018 年）

地下星空

1960～1962 年，考古工作者在陕西西安发掘了一座唐墓，埋葬的是永泰公主李仙蕙。这座墓里绘有极精美的壁画，它们受到艺术家的赞扬，认为是古代艺术珍品。其中有一幅日、月、星宿图，绘在主室的穹隆顶上。在深灰色的天穹，棋布着点点明星，一带银河从东北斜画向西南，西方绘出一钩弯月，与它对应的东方是圆圆的太阳。这幅写实性很强的天象图，引起了人们的注意。同样的日、月、星宿图，在河北等省的唐墓中也发现过。

这种在墓室顶部绘画天象图的做法，据记载，似乎起自秦代。墓顶画的星象图，是用来模拟实际的天空的。我国现存最早的一幅星象图，正是这样深藏在地下保存到现在的。

迄今我国发现的最早的星象图，画在河南洛阳老城西北郊一座西汉壁画墓前室的顶脊上（图一）。根据墓葬的结构和出土器物，可以断定这座墓的年代约为公元前 48～前 47 年。

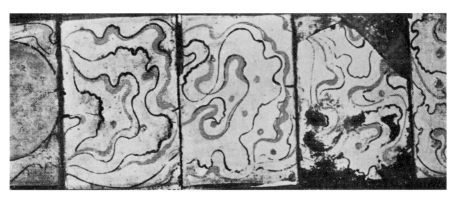

图一　河南洛阳烧沟 61 号西汉壁画墓的日月星象图（局部）

因此，这幅古老的星象图大约是 2000 多年前的作品了。这幅日、月、星象图是长条状的，连续绘在脊顶 12 块长方砖上。图是先用白粉涂底，然后在上面用朱、黑两色画满流畅的云纹，在流云纹间布满朱红色的星点。由西向东，第一块砖上画着一轮红日，里面还飞翔着一只古代用来象征太阳的"金乌"；第七块是绿色的满月，里面伏着蟾蜍和飞奔的玉兔，在月亮旁边还画有星象。所以，除了第一块外，其余 11 块砖上都画着星宿，大部分一块砖上画一组星宿，也有几块画着两组的。根据夏鼐先生的研究，第二砖上东侧七星是"北斗"，西部五星是"五车"星；第三砖东部环绕成圆形的七星是"贯索"，西部三星是二十八宿中的"房宿"；第四砖是"毕宿"和"昴宿"；第五砖是"心宿"；第六砖是"鬼宿"；第七砖月亮西边的两颗星是"虚宿"；第八砖是"危宿"三星；第九砖中央三星是"河鼓"即"牵牛"，另外三星是河鼓的辅星"旗星"（右旗）；第十砖与河鼓相邻，应是"织女"，这两组星宿是我国古代著名的"七夕"神话的主角；第十一砖可能是"柳宿"；最末一砖有一部分被隔墙遮断，上面画的可能是"参宿"。把这幅彩绘的星象图与《史记·天官书》对照，可见这幅图是从汉代天文学家将满天星宿分成的"五宫"（中、东、南、西、北）中，每宫选取几个重要的星座（如"中宫"的北斗、五车和贯索，东方的心、房二宿），用来象征整个天穹。

在过去发现的汉代画像石里，也有星象图（图二、三），例如著名的山东武梁祠和孝堂山的画像石。前者只有北斗；后者除日、月外，虽有北斗、织女以及参、心、房、柳等宿，但是都比洛阳这幅星象图简单。

通过这幅 2000 多年前绘成的星宿图，我们可以形象地了解当时中国天文学知识的水平。但是西汉的这幅星象图，因为画面是长条形，所以难以按照天体原来的位置来安排各组星宿，这还是比较早期的画法。魏晋南北朝以后，墓中所画的星象图更进一步，星宿的组成、方位日益符合天体

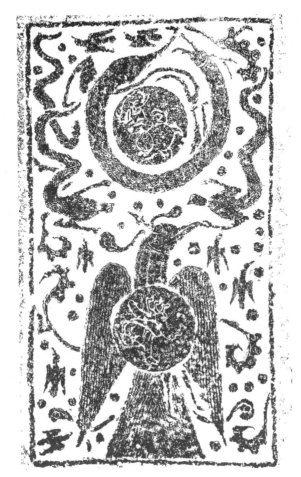

图二　山东枣庄出土画像石上的日、月、星象图

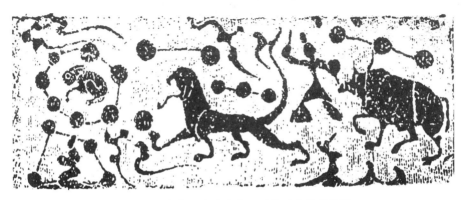

图三　河南南阳白滩出土汉画像石上的星象图

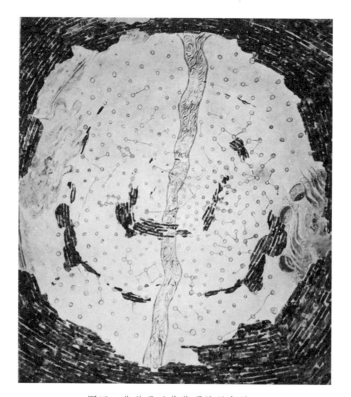

图四　北魏元叉墓墓顶的星象壁画

图五　河北宣化辽墓天象壁画

实际情况（图四、五）。由于墓顶砌成穹隆形状，在上面画出星宿来，有点近似现在天文馆里天象厅中的穹顶，使人仰头一望，像置身于星空之下，真实感相当强。

（原载《科学大众》1965 年第 4 期。后收入《地下星空》，花城出版社，1981 年）

漫话屏风

　　西汉时期，善于谄媚的御史大夫陈万年病卧在床上，喋喋不休地教训他的儿子陈咸，一直唠叨到半夜。"咸睡，头触屏风。万年大怒，欲杖之……咸叩头谢曰：'具晓所言，大要教咸谄也。'"一句话说得他父亲再也不得做声（《汉书·陈万年传》）。关于这段记载，历史学家注意的是当时上层官僚中谄媚风行，文物工作者却看到了当时床旁安置的屏风。屏风和床、案一样，几乎是当时室内不可缺少的家具。

　　屏风，顾名思义，即是"可以屏障风也"。可能因古代建筑物结构不如后世严紧，为了挡风，就制造了这种家具。在床后安置的屏风，除了挡风的功能而外，还可供人依靠，又叫做"扆（yǐ）"。《释名》："扆，依也，在后所依倚也。"既然可以依倚，就要求所用的原材料较为坚实，所以常常是用木板制成的。但是一般用来挡风的屏风，多以木为骨，蒙上绢帛等丝织品作屏面。虽然在我国古代很早就使用了屏风这种家具，现在见到的有关实物，较早的例子还是西汉的木屏风，是在长沙马王堆一号墓北边箱内出土的。这架屏风屏板方整，横长于高，面阔与高之比约为5：4。屏板下安有两个承托的足座，屏面髹漆，黑面朱背，周围绕饰宽宽的菱形彩边。黑色的屏面上，彩画一条盘舞于云气中的神龙，绿身朱鳞，体态矫健（图一）。屏背朱地上满绘浅绿色几何形方连纹，中心穿系一谷纹圆璧。这架屏风尺寸较小，也可能是一件模拟实物的明器。同墓出土的遣册竹简中，有一枚记有"木五菜（彩）画并（屏）风一，长五尺，高三尺"。简文所记的尺寸，有可能是当时一般实用屏风的尺寸，汉尺五尺约合公尺1.2米左右。据文献记载，汉代屏风有高到七尺左右的。比马王堆出土木

图一　湖南长沙马王堆一号墓　　　图二　河南洛阳涧西　　　图三　内蒙古和林格尔
　　　出土漆屏风　　　　　　　七里河东汉墓出土　　　东汉墓前室北壁所绘
　　　　　　　　　　　　　　　陶屏风　　　　　　　　屏风图像

屏风时代迟得多的模拟品，还有在武威旱滩坡东汉墓出土的一件彩绘木屏风架和洛阳涧西七里河东汉墓出土的一件小型陶质屏风（图二）。前者是横长方形，仅存边框和足座；后者也是在屏板下面安有两个承托的足座，仅是屏板面狭体高，面阔与高之比约为 2：3。看来这种下设足座的直立板屏，也就是后来俗称的"插屏"，是汉代屏风的主要类型。内蒙古和林格尔东汉壁画墓的前室北壁甬道门西侧壁画，绘的是拜谒图，墓主人朱衣端坐床上，背后也是安置着一架黑面朱缘的大立屏，屏板下隐约可见承托的朱红足座（图三）。不过一般人们坐卧的床榻旁边的屏扆，从有关汉代壁画和画像石上的图像来看，都比较矮，平面作曲尺状，用长的一边屏障在床背后，折过来的短的一边障在床的左侧或右侧，其屏板依旧是挺直壁立的（图四）。东汉李尤的《屏风铭》，扼要地道出了当时屏风的特点："舍则潜避，用则设张。立必端直，处必廉方。雍阏风邪，雾露是抗。奉上蔽下，不失其常。"

　　挡风和屏蔽是屏风的主要功能。古代建筑由于用材、技术以及生产水平等方面的限制，常常是一座建筑具有多种功能，为了适应起居、会客、宴饮等不同要求，需要随时将室内的空间按需要重新分割，这种分割主要是用可以及时设张或撤除的屏风，配合悬于梁枋的帐幔来完成的。因此，屏风在当时不但是家具，同时也是建筑物的一种轻质的活动隔断。此外，坚实端直的木屏风上还可以安装架子和挂置器物，以供坐卧在床榻上的人

图四　陕西西安理工大学西汉墓西壁屏风图像

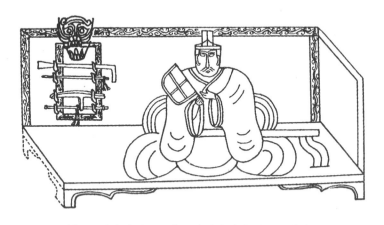

图五　山东安丘汉画像石上的坐床和屏风（摹本）

随时取用。山东安丘的画像石上，刻有一人凭几坐在床上，一手持扇，身后屏风的右侧，安装着一个兵器架子，架上放着四把刀剑（图五）。类似的情况，文献中还记录有一个屏风挂物的突出例证：六朝时人王琨为人鄙荅，在他家里"盐豉姜菜之属并挂屏风，酒浆悉置床下，内外有求，琚手自付之"（《太平御览》卷七〇一引《宋书》）。

屏风既然是主要的家具，常放在室内明显的位置上，为了增加室内美观，屏板一定要加上必要的装饰。在西汉的宫廷里，曾使用过精美华丽的云母屏风、琉璃屏风、杂玉龟甲屏风，等等。但是当时一般的做法，是在漆木或绢帛的屏面上彩绘各种图画。传说三国时吴兴人曹不兴为孙权画屏风时，"误落笔点素，因就成蝇状。权疑其真，以手弹之"（张彦远《历代名画记》卷四）。至于屏风画的题材，汉魏时多画历史故事以及贤臣、列女、瑞应之类。据文献记载，西汉宫廷中御座所施屏风，有"画纣踞妲己作长夜之乐"的，也有"图画列女"的（《汉书·叙传》）。东吴孙亮曾作琉璃屏风，镂作瑞应图 120 种（崔豹《古今注》卷下）。这种题材的屏风画，两晋南北朝时依然沿袭着。《邺中记》说石虎做"金银钮屈膝屏风"，高矮可以随意伸缩，最高可达八尺，次则六尺，也可屈缩到四尺，"衣以白缣，画义士、仙人、禽兽之像，赞者皆三十二言"。有关记载虽多，但现在我们能看到的漆画屏风实物，则是迟至北魏时期的作品，那是 1965 年冬至 1966 年初春在发掘大同石家寨司马金龙墓时获得的一架漆屏。这件工艺品的制成年代在北魏太和八年（484年）以前。司马金龙生前曾封琅琊王，官至"使持节侍中镇西大将军吏部尚书羽真司空冀州刺史"，可见这种华美的漆屏风是当时最高统治集团享用的奢侈品。可惜的是这架漆屏风已经朽毁了，只有 5 块屏板还比较完整，板高约 80 厘米。与屏板一起还出土有 4 件浅灰色细砂石精雕的小柱础，看来是屏风的础座，高约 16.5 厘米。如把屏板和石础插合成器，看来是一件四尺屏风。整架屏风的形制，可以从它自身的画面中看出来。在屏板的正、背两面都绘有彩画，朱地上分上下四层，各画一组人物画，并加榜题，人物形象生动，用笔朴素劲健，所画内容是列女图（图六）。其中"和帝□后"、"卫灵公"与"灵公夫人"等画面中，都有在一人独坐的床榻后部和左右两侧屏障用的屏风（图七），这些屏上之屏正是这架漆屏风自身的写照。当时可供一人使用的床榻，一般长约

1.2 米，宽约 0.5~0.6 米，出土漆屏木板每块宽约 0.2 米左右，障住床后约需用 6 块板拼联，两侧各需 3 块，合计约为 12 块，这又和文献中常讲的"十二牒"相近了。至于屏板与石础安装的方法，没有实物可供参考，但是这种做法的屏风一直沿用到唐宋时期。故宫博物院藏宋画《十八学士图》中恰好画有一架这样的屏风，可供参考（图九）。根据以上分析，也就可以画出司马金龙墓出土漆屏风的复原图来（图八）。为了更

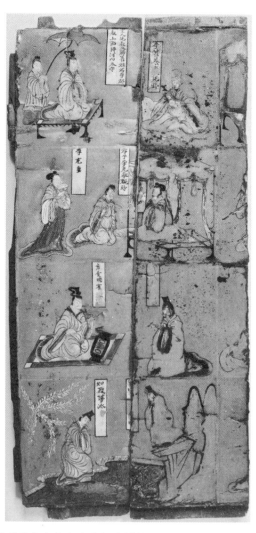

图六　山西大同北魏司马金龙墓出土木板漆屏风画

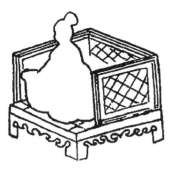

图七　北魏司马金龙墓"和帝
　　　□后"图中屏风

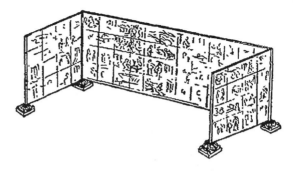

图八　司马金龙墓漆屏风想象复原图

图九　故宫藏宋人绢本《十八学士图》中的围屏和插屏

好地接插屏板，当时有把石础杀掉约1/4角的做法，例如山东济南东魏天
平五年（538年）崔令姿墓所获得的4件覆钵式滑石屏风柱础中，有两件
就是这样的形制，可能是用于屏风的后侧两角处的（图一〇）。

　　从司马金龙墓这架制作精美的漆屏风，可以想见汉魏南北朝时那些贵
戚之家使用的精美的屏风的形象。制作这种奢侈的家具，需要花费极多的
钱财，所以《盐铁论》里才说"故一杯棬用百人之力，一屏风就万人之
功，其为害亦多矣"。正因为如此，据说雄才大略的魏武帝曹操，即"雅
性节俭，不好华丽"，他所使用的"帷帐屏风，坏则补纳"（《三国志·魏
书·武帝纪》注引《魏书》）。而当时标榜高雅之士，也大多喜欢简朴的素

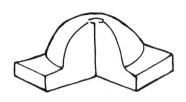

图一〇　山东济南东魏崔令姿墓
　　　　出土滑石屏础

屏风。曹操曾以素屏风、素凭几赐给毛玠，说"君有古人之风，故赐君古人之服"（《三国志·魏书·毛玠传》）。

谈到素屏风，不禁令人想起唐代诗人白居易的《素屏谣》"木为骨兮纸为面"，说明到了唐代，在造纸技术提高的基础上，屏风采用木骨，纸糊屏面，价格低廉，又轻便实用，是受一般人欢迎的普通家具。但是，愿意保持纸屏面素白无饰的人是不多的，一般在纸屏面上也和绢帛屏面一样，施加绘画或题字，以增加室内美观。有关的画史资料里记有不少名家画的屏风，看来屏风画的主要题材，已经从汉魏时占统治地位的历史故事、贤臣、列女等转为世俗欢迎的山水花鸟，装饰色彩更强了。唐代诗词中常有吟咏这样画屏的句子，诸如"金鹅屏风蜀山梦""故山多在画屏中""画屏金鹧鸪"等。那种为了说教而设计的"前代君臣事迹"等题材的画面，仅保留在宫廷的屏风上，供皇帝和大臣们引作行为的楷模。除了这种道貌岸然的装门面的货色以外，宫廷勋贵起居宴乐用的屏风，无不力求奢华，正如白居易《素屏谣》所说："尔不见当今甲第与王宫，织成步障银屏风。缀珠陷钿贴云母，五金七宝相玲珑。"随着建筑物内部空间的加大，各种日用家具相应增高，屏风的高度也有增加，每扇屏扇的宽度也相应加宽。于是，在拼合的方法上，像司马金龙墓漆屏风那样的榫卯已经落伍，大量出现的是用金属的"交关"相连属，便于折合，如李贺《屏风曲》所咏施加"银交关"的六曲屏风。至于唐代屏风的实物，在日本的正仓院里，还保留有可供参考的珍贵标本，如"鸟毛立女屏风""鹿草木夹缬屏风""鸟木石夹缬屏风""橡地象羊木缬屏风"等等，色彩鲜明，别具情趣。

五代顾闳中《韩熙载夜宴图》，画出了当时官僚家庭中使用的各种家具，这些桌椅床屏形制和陈设，告诉我们自唐末经五代到北宋这一时期，随着社会的发展、建筑的进步，以及社会习俗的改变，日用家具及室内陈设有了新的变革。配合桌椅和大床，屏风的使用也更加普遍。画中有三架大插屏，画家巧妙地利用它们作为分隔画面的屏障，同时也反映着现实生活中屏风的用法。三架屏风形制相同，屏体高大，屏心画有松石花树或山水（图一一）。屏面插立在带有抱鼓状的屏座上，这和前述汉代插屏的形制已经有了很大不同，而是开了以后宋元流行的屏风式样的先河。除了大型插屏外，夜宴图中大床的周侧仍附有围屏（图一二）。

图一一　传五代顾闳中《韩熙载夜宴图》中的屏风图像

图一二　传五代顾闳中《韩熙载夜宴图》（局部）

南唐时还有一个关于屏风的故事，一次南唐后主李煜"坐碧落宫，召冯延巳论事，至宫门逡巡不进。后主使使促之，延巳云：有宫娥着青红锦袍当门而立，故不敢径进。使随共行谛视，乃八尺琉璃屏画夷光独立图也，问之董源笔也"（伊世珍辑《琅嬛记》卷中引《丹青记》，《津逮秘书》第一二〇册）。这种在迎门安设屏风的做法，后来一直沿用下来。原来在我国的传统审美观念中，很注重含蓄，对建筑物内部尤其是游玩和宴会的场所，最忌一进门就把里面的事物一览无遗。随着斗栱的进一步发展，建筑物内部空间越来越高大，这一问题更显得突出。因此，就采取了在迎门设置屏风的办法。人们进门后先看到屏风，待到绕过它去才能进一步看清室内陈设情景，这样一掩一扩，更会使来客产生别有洞天之感。同时，把制作精美的屏风迎门陈放，本身也起着装饰作用。

近些年来，曾经发掘了不少宋、金时期一般地主阶级的墓葬，墓中常有以墓主人生前生活为题材的精美壁画或雕砖，里面常常可以看到各种家具，其中也不乏屏风的形象。河南禹县白沙发现的北宋元符二年（1099年）赵大翁墓里的壁画，是很典型的例子。在前室的西壁画着墓主人夫妇开芳宴的场面，在隔桌对坐的夫妇二人身后，都安放有一架插屏，屏额和樽柱是蓝色的，拐角处画着黄色的拐角叶，看来是模拟着实物上的铜饰件。屏心淡蓝色，满绘流动的水波纹（图一三）。看来这种一桌二椅对坐，身后安放屏风的室内陈设，可能在当时中小地主家庭中甚为流行。

屏风上画水，也是当时流行的做法。一般人家屏上画水波纹，但俗传水从龙，所以寺观和宫廷的壁画就常用龙水的题材，于是皇帝御座屏扆也采用水龙装饰。据《图画见闻志》，宋仁宗时，任从一于"金明池水心殿御座屏扆，画出水金龙，势力遒怪"。又说宋真宗时的荀信，"天禧中尝被旨画会灵观御座扆屏看水龙，妙绝一时，后移入禁中"。金代皇帝仍然沿袭宋习，在御榻后安放龙水大屏风。后来，龙成为封建帝王的象征，所以用龙为主要装饰图案的屏风，一直沿用到清代，直到封建王朝从中国历史上消失为止。在故宫博物院里，可以看到皇帝御座后面一般陈设着龙纹屏风。《故宫博物院藏工艺品选》中著录一件"紫檀嵌黄杨木雕云龙屏风"，高达3.06米，全宽3.56米，由三扇屏板接成，在紫檀木的屏心上，嵌镶黄杨木雕成的游龙，看去恰似条条金龙在乌云中盘旋飞舞，显得雄伟壮观，代表着封建皇帝的威仪，这也是一件有代表性的清代工艺品。

除了屏风以外，在我国古代还有一种围障的用具，就是"步障"，这是专用布帛张围起来的，在庭院、街道甚至郊野，都可以张用。步障在两

图一三　河南禹州白沙宋墓壁画夫妻对坐

晋南北朝时极为流行，据《世说新语》，王恺（君夫）与石崇斗富，"君夫作紫丝布步障、碧绫里四十里，石崇作锦步障五十里以敌之"（或谓"里"系"重"之误）。这个例子一方面说明当时统治阶级奢华荒淫，另一方面也说明步障安放在室外，使用起来比屏风更灵便。六朝墓里经常出土有石质或陶质、中间有孔的小础座，其中有些是插屏风用的，另一些就可能是步障座。至于步障的样子，我们还可以从敦煌莫高窟第445窟盛唐时期的公主剃度图中，看到唐代步障的形象和使用方法。

（原载《文物》1979年第11期，原题目为《漫话屏风——家具谈往之一》。后收入《地下星空》，花城出版社，1981年）

帐和帐构

　　后汉名儒马融，才高博洽，却很豁达任性，不拘守儒者的小节。他讲课授经时，"常坐高堂，施绛纱帐，前授生徒，后列女乐，弟子以次相传，鲜有入其室者"（《后汉书·马融传》）。在女乐演奏声中讲授经学，别人是不敢如此的，至于坐在帐中，则是当时一般风习，只不过绛色纱帐显得过于漂亮而已。这个故事极其有名，由此"设帐"就变成了教授生徒的别称。古人设床，多要施帐。在我国大约是脱离了远古完全席地坐卧的阶段以后，从殷周历经秦汉魏晋乃至隋唐，低矮的床一直是人们坐卧寝处都离不开的多功能家具，同时也是室内陈放的最主要的家具。一些别的家具多是围绕着床而陈设的，例如屏扆安放在床的侧后，书写或进食的几案放置床前，可供伏倚的凭几摆在床上，"承尘"悬挂在床顶上方，等等。这些器物中和床关联最紧密的，则是张设在床上的帐。

　　《释名》："帐，张也，张施于床上也。"《急就篇》颜师古注也说："自上而下覆谓之帐，帐者，张也。"它具有保暖、避虫、挡风、防尘等多种用途。同时，在用各种色泽鲜明的丝织品精工制造的帐上，还可以加施华美的纹饰，悬垂香囊流苏，起着丰富室内装饰的作用。古诗《焦仲卿妻》中的"红罗复斗帐，四角垂香囊"，描述的是当时一般家庭中少妇使用的帐，色泽和装饰已很讲究。至于皇室的御用品，更是垂珠悬玉，奢华异常。汉武帝时"兴造甲乙之帐，落以随珠和璧"，杂错天下珍宝（《汉书·西域传赞》），正如后来沈约《咏帐诗》所咏："甲帐垂和璧，螭云张桂宫。随珠既吐曜，翠被复含风。"当时又有"武帐"，在帐内安设有放置五兵的阑架（《汉书·汲黯传》）。西晋以后虽然战乱频繁，经济凋敝，最高统治集团使用的帐却很奢华。如后赵统治者石虎，御床上所张的帐真是穷极奢侈。据《邺中记》，他用的帐四时不同："冬月施熟锦流苏斗帐，四角安纯金龙头，衔五色流苏。或青绨光锦，或用绯绨登高文锦，或紫绨大小锦。絮以房子绵百二十斤，白缣里，名曰复帐。帐四角安纯金银凿镂香炉，以石墨烧集和名香。帐顶上安金莲花，花中悬金箔织成囊，囊受三升，以盛香。帐之四面上十二香囊，彩色亦同。春秋但锦帐，里以五色缣为夹帐。夏用纱罗，或綦文丹罗，或紫文縠为帐。"偏安江左的东晋最高统治阶层，也是同样奢华，据《晋书·桓玄传》，桓玄曾"小会于西堂，设妓乐，殿上施绛绫帐，缕黄金为颜，四角作金龙，头衔五色羽葆旒苏"。由以上资料看来，帐一直是当时室内的主要陈设。但是随着时光的流逝，王朝的倾覆，那些奢美的华帐早已无迹可寻，要想复原那时室内陈设的原貌，就只有靠考古发掘出来的文物资料了。

有关帐的文物资料大致有两类，一类是图像，主要是描绘当时人们生活起居的墓室壁画、画像石或画像砖。以南北朝时的资料为例，当时墓葬的主室象征着墓内死者生前的居室，面对墓门的正壁上就绘出表现这位墓主人端坐于厅堂的画像，常常是居中放一张床，墓主人凭几正坐床上，床的侧后安设屏扆，床上张帐。视墓内死者身份不同，画出的帐也不同。河北磁县东槐树村北齐武平七年（576 年）下葬的高润墓，死者生前是冯翊王，墓内正壁绘有宽约 6 米的大幅壁画，居中就是一具宽敞的平顶方帐，帐顶周缘饰有山华蕉叶花饰，墓主人端坐在帐内床上，帐两侧侍立着手执扇、盖等的仪卫侍从。在同一时期的石窟中，也常可以看到有关帐的雕刻或绘画，有些佛龛也雕成装饰华丽的帐形，顶设山华蕉叶，角饰龙首衔垂流苏。

另一类有关帐的文物资料，就是金属的帐镶，通常也叫帐构。原来张帐必须有帐架，支撑帐架的主柱安置在床的四角，然后贴地和沿柱顶连以横枋，形成主要的方形框架，上面再安设支撑帐顶的枋架。为了使帐架牢固，并且增加美观，在枋柱结合的地方常常要加上金属的构件，时代较早的用青铜制品，以后出现了铁制品，这就是帐构。木质的帐架和丝织的帐都很容易朽毁，金属的帐构则较容易保存下来，我们可以结合图像较准确地复原古帐。青铜的帐构至少在东周时期已经使用了。据《西京杂记》说，西汉时期广川王刘去疾好盗发前代冢墓，在发魏哀王冢时，在一室内"得石床方七尺，石屏风。铜帐镜一具或在床上或在地下，似是帐糜朽而铜堕落。床上石枕一枚，尘埃朏朏甚高，似是衣服"。这可以算是发现东周铜帐构最早的例子。近年来在河北、山东等地的大型战国墓里，确实获得过成组合的青铜帐构。例如从河北平山县中山王陵区第6号墓的西库里，就发现有髹黑漆的木帐杆和铜构，帐杆多成朽灰，而铜帐构保存完好。

发掘出土的铜帐构中，比较完整又可以复原的两套，是在河北满城发现的西汉铜构，都是在中山靖王刘胜墓的前堂中获得的。设置在前堂中部的一套，有镀金铜构零件102件，可以装配成14类构件，经复原是一具四阿顶的长方形帐（图一）。复原后，帐的横长大约有2.5米左右，进深在1.5米左右，其下正好容一张大床。虽然完整的汉代大床还没有发现过，但从信阳楚墓中获得过相当完整的战国时代木床，它横长2.18米，宽1.39米，面积超过3平方米。西汉王室所用的木床，不会比信阳楚墓的床小，或许还稍大些，那就大致和刘胜墓的帐架尺寸相符了。在前堂南部的另一套铜帐构，比前堂中部那套粗壮，在许多构件上刻有甲、乙、丙、丁、子、丑、寅、卯、一、二、三、四等字样，大约是为了便于装配组合而刻的记号。经复原以后，知道它是一具四角攒尖顶的方帐。这种华美的大型帐，是当时皇室贵族享用的奢侈品，张设起来像一间小型的帷屋，它主要是用来陈设在宽阔的厅堂里，但也可以在宫苑的庭院中露天张设。这类大型帐的图像，在河南密县打虎亭2号汉墓的壁画里可以看到，它被绘在一幅表现豪华的宴饮百戏画面的主要位置上。有关帷帐的记述，也见于汉墓出土的简牍中，如广西贵县罗泊湾1号墓所出《从器志》中记有"张帷柱及丁一囊"。这种大型的帐，后来在魏晋南北朝时仍然沿用，也多是王室勋贵的用品。前面讲过的北齐冯翊王高润墓壁画，画的就是这类大帐，只是顶部结构不同，帐顶缘饰也已采用南北朝流行的山华蕉叶了。

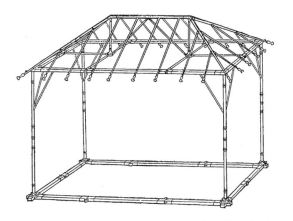

图一　河北满城西汉中山王墓铜帐构复原示意图

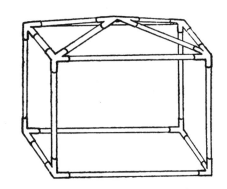

图二　河南洛阳曹魏正始八年铁帐构复原示意图

　　一般官员或平民使用的帐规模较小，也就是斗帐，形似覆斗，常作盝顶或四角攒尖顶。这种类型的帐构，在洛阳涧河西岸的一座大型砖室墓里获得过一组铁质实物。全组共9件，其中一件刻有"正始八年八月……"铭文，说明这是曹魏时的制品。这组帐构系由垂直或斜交的圆铁柱构成，每节铁柱各长16厘米，直径4厘米，柱端都有可供帐杆插入的圆銎，这和前述的剖面呈方形的战国或西汉的铜构有较大的区别。其中4件是由互相垂直的三柱构成，它们是用于帐底四角的。另4件除了三向垂直的三柱外，再向上斜伸一柱，与相对的垂柱形成109度角，它们是用于帐顶四角的。最后一件由下斜的四柱聚成尖顶，顶下中央镶一铁饼，用在全帐顶端。经复原以后，可以看出这是一具四角攒尖的斗帐构（图二）。同样类型的铜

图三　冬寿墓西侧室南壁的冬寿夫人壁画

帐构，在河南巩县曹魏窖穴内、南京通济门外的南朝墓中和辽宁朝阳袁台子东晋壁画墓中发现过。巩县窖穴中的铜帐构，只存 4 件，与洛阳出土的铁帐构相同。南京通济门外发现的也只有 5 件，铜柱的直径 4.3 厘米，其中 4 件是用于帐顶四角的，另一件是用于顶端的。值得注意的是，所有 5 件铜柱交角向帐内的里侧，全饰有造型优美的圆形莲花图案镂雕装饰。袁台子东晋墓出土的一组鎏金铜帐构，原安装在一顶平顶小帐的上端四角，它张设于墓内前室之中，帐内放有满置食器的漆案，因此与前述的四角攒尖顶的斗帐有所不同。

　　四角攒尖顶的斗帐在魏晋南北朝时相当流行，墓室壁画中常可以看到它的形象。例如东晋永和十三年（即升平元年，357 年）下葬的冬寿墓里，

图四　冬寿墓壁画上冬寿的斗帐（摹本）

有冬寿夫妇二人分别坐在帐中的画像，都是方形攒尖顶的独坐斗帐（图三至图五）。帐门中开，掀起的帐分向左右两侧缚在帐柱上，系结。在帐顶端饰有大朵仰莲，四角也都安有莲花并垂饰羽葆流苏。两帐不同处，仅是冬寿的坐帐角上饰含苞未放的莲蕾，而冬寿夫人的坐帐角上饰已开放的莲

图五　冬寿墓壁画上冬寿夫人的斗帐（摹本）

图六　辽阳上王家村晋墓壁画
斗帐示意图

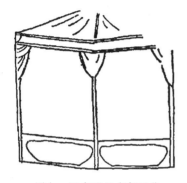

图七　河南邓县南朝画像
砖墓斗帐示意图

花，同时她的坐帐外表在素白的地子上满绘朱红纹饰，纤巧美观，可能模拟着漂亮的锦绮等丝织品。辽阳上王家村晋墓右壁也有墓中主人坐在帐中，旁有侍立小吏的画像，所坐的帐也是攒尖顶的斗帐，帐色朱红，其坐床后侧的屏也是朱红色的。综观全帐，其形制和冬寿墓壁画接近，顶端亦饰大莲花，帐角置金龙，龙口衔着下垂的流苏（图六）。这些例子，与前引文献所讲石虎、桓玄所用帐相符，同时也说明魏晋南北朝时期，帐上流行的装饰是莲花、金龙和流苏。至于一般人使用的帐，规模更小，是简朴的斗帐，邓县彩色画像砖墓中有一砖上是老莱子娱亲图，两位老人就坐在张有斗帐的床上（图七）。

　　综上所述，可以大致看出古代的帐有以下特点：首先，帐是从属于床（或榻）的，由于床（榻）的平面形状一般是长方形的，用时又多横陈于室中，这就决定了帐的平面一般也是长方形的，帐门开在床前侧横长边方位，可以从中间分挑向两边，然后缚系在两侧的帐柱上。有的床（或榻）平面是方形的，所张的帐自然也是方帐。其次，帐需用帐架支张，通常是用木架，有的在木架交接处加施金属帐构，帐架主要靠床四角竖起的四根支柱支撑。至于各种帐形制方面的区别，除了规模大小不同外，主要表现在顶部的结构方面，较大的帐多作四阿顶、盝顶或平顶，较小的帐一般是四角攒尖顶，也有的是盝顶。最后，在阶级社会中，帐和其他用具一样，体现出森严的等级制度，华丽的锦帐不是一般人可以自由张用的，晋朝即明令规定锦帐为禁物（《太平览御》卷六九九引《晋令》），六朝时仍如此，据《宋书·礼志》，锦帐与织成衣帽、纯金银器等皆为禁物，连"诸在官品令第二品以上"的官员都不得使用。六品以下官员，连绛帐也不得张设。至于"骑士卒百工人",因身份低贱而不得施帐。对于王公官员使用的帐构也有限制,刘宋孝建元年(454年)就曾规定,诸王子所用"帐不得作五花及竖笋形"。在那时期,官员们也很注意,唯恐在器用方面僭越而受罚,例如曹操当时就"恐嫁娶之僭上,公主适人不过帛帐,从婢十人而已"(《艺文类聚》卷六十九引《傅子》)。

隋唐以后,随着社会经济的发展、建筑技术的进步、中外文化的交流等,室内陈设有了新的变化,开始出现桌、椅等新式家具,床逐渐失掉了原来的多种功能,降为只是供人寝卧的家具。从属于它的帐,也同样从殿堂衙署等处消失,退而变为只是卧室内的用具了。直到现代新式卧床普遍使用之前,明清的旧式木床上还是悬挂帐子的。小说《红楼梦》中贾母看到薛宝钗房中的陈设后,让鸳鸯给她更换帐子的故事,正是当时官僚家庭中床上悬帐的写照。

(原载《文物》1980年第4期,后收入《逝去的风韵——杨泓谈文物》,中华书局,2007年)

后记 《帐和帐构——家具谈往之二》一文在《文物》1980年第4期发表后,周一良先生曾在《文物》1980年第8期发表了《关于帐构》一文,指出了许多《帐和帐构》一文中没有述及的问题,原想补入文中,但因出自老师之作,学生不敢掠美,请读者参看《文物》1980年第8期周先生的文章。

减灶和增灶

　　战国时期，齐国军师孙膑减灶诱敌、大败魏军的事迹，是人们很熟悉的，司马迁在《史记·孙子吴起列传》中对此有过精彩的叙述。孙膑因魏兵素来悍勇而轻视齐军，故意令进入魏境的齐军在宿营时减灶（灶是当时的士兵挖来烧饭用的的小土坑。那时没有炊事班，通常每个士兵都要自己挖一个灶坑）。第一天十万灶，第二天减少了一半，第三天又减为第二天的五分之三，只剩下了三万灶。接踵追踪齐军的魏将庞涓，确实也做了一番调查工作，命人认真查数齐军每天遗下的灶，从而确定敌人数量。连日齐军灶数骤减，触发了他素来轻视齐军的固有看法，得出"我固知齐军怯，入吾地三日，士卒亡（逃亡）者过半矣"的错误结论。因此他傲然"弃其步军，与其轻锐倍日并行逐之"。结果落入孙膑设下的陷阱，魏军全军覆没，庞涓自杀，魏太子申也做了俘虏。这是我国古代军事史上有名的战例，极为后人称颂，同时减灶诱敌常被领兵统帅奉为楷模。

　　四百余年以后，发生了虞诩增灶的事，由于他不是像孙膑那样的著名军事家，所以这一史实常不被人注意。那是东汉安帝时发生的事，为了镇压武都的羌人叛乱，汉朝派虞诩担任武都太守。当他引军前往时，采取了两项与众不同的做法：一是"日夜进道，兼行百余里"；二是"令吏士各作两灶，日增倍之"。这些措施引起了军中墨守成规的人的疑虑，就问他："孙膑减灶而君增之。兵法日行不过三十里，以戒不虞，而今日且二百里。何也？"虞诩回答说："虏众多，吾兵少。徐行则易为所及，速进则彼所不测。虏见吾灶日增，必谓郡兵来迎。众多行速，必惮追我。孙膑见弱，吾今示强，势有不同故也。"由于虞诩不死守前人章法，出敌不意，因而迅速抵达目的地，争取了主动，很快控制了局势，平息了叛乱。

《孙子兵法》说："兵无常势，水无常形，能因敌变化而取胜者，谓之神。"减灶和增灶，示弱和示强，确乎关联着战斗的胜负，只能根据具体敌情而定，不能套用前人的教条，如果虞诩按所谓兵法常规徐行而不增灶示强，那后果是不堪设想的。古代行军作战如此，做别的事情不也是一样道理吗？

（原载《羊城晚报》1980 年 5 月 6 日。后收入《地下星空》，花城出版社，1981 年）

红莲朵朵出"化生"

　　一朵朵硕大的莲蕾，随着悠扬的乐曲徐徐开放，花心中闪现出一个个俊美的童子身影，他们怀着新生的愉快翩然起舞，把幸福和欢乐撒满整个剧场。这是舞剧《丝路花雨》中的一场群舞，取材于敦煌壁画上的"莲花化生"。

　　莲花化生也称为"极乐化生"，在敦煌石窟中唐代的大幅"西方净土变"壁画里，可以找到他们的形象。比这些壁画时代更早的作品，是著名的云冈石窟和龙门石窟中的北魏石雕。在南北朝至隋唐盛行的石窟寺艺术里，也经常出现这一题材的雕像或壁画，连当时一些墓葬内的壁画或画像砖中也常能看到"化生"的形象。北朝时期，也有化生图像的瓦当，洛阳北魏永宁寺塔基（图一）和大同方山北魏塔基都有出土。在我国古代，出淤泥而不染的莲花，一直被视为君子纯洁精神的象征。天真无邪的孩童，更是逗人喜爱，意味着新生和幸福。这些传统的思想借寓于宗教题材之中，经过古代无名匠师的精心塑造，呈现在人们面前的形象是：在华美宽厚的莲瓣间，托出了体态丰腴、稚气可掬的童子，显露着生命的活力，自然突破了宗教的约束，洋溢着人间的情趣，唤起了对未来的信心。这或许就是"化生"题材

图一　河南洛阳北魏永宁寺遗址
出土莲花化生纹瓦当

深受人们喜爱的原因。同时，那衬
托花轮的莲叶图案，那飘飞回转的
衣带，使"化生"图像极富装饰趣
味，给人以更多的美感。因此，后
来"化生"图案深受欢迎，长期保
留在建筑装饰艺术之中，而且从专
指端坐莲花中的童子，发展到把一
些活泼嬉戏的童子图像也一概称为
"化生"了（图二）。

图二　"化生"图像

莲花化生这优美而神奇的题材，
也为一些古代著名作家所借鉴，从
而塑造出一些令人难忘的形象。例
如《封神演义》里的小哪吒，就正
是"莲花化生"的再创作。动画片
《哪吒闹海》对此更有形象的描绘，哪吒自刎后化作一粒银丹，被仙鹤衔
回金光洞，投入莲花中，经太乙真人用仙水浇灌，于是光环重重，莲花绽
开，花心中托出一个腰围荷叶、颈环莲花的童子，英勇的小哪吒再生了。
它象征着生命的顽强活力，歌颂了不畏强暴、敢于向邪恶势力发起勇猛冲
击的斗争精神，给人们以力量与鼓舞。

（原载《羊城晚报》1980 年 5 月 23 日。后收入《逝去的风韵——杨泓
谈文物》，中华书局，2007 年）

古文物图像中的相扑

　　相扑，早期又称"角抵"，是我国古代盛行的摔跤运动。五代时后唐的大将李存贤精于此道，《旧五代史》本传中说他"少有材力，善角觝（抵）"，并记录了以下的故事："初，庄宗在藩邸，每宴，私与王郁角觝斗胜，郁频不胜。庄宗自矜其能，谓存贤曰：'与尔一搏，如胜，赏尔一郡。'即时角觝，存贤胜，得蔚州刺史。"这反映当时在宫廷显贵间摔跤运动极为流行，帝王将相亲自参加比赛。其实，在这以前的唐代乃至更早的南北朝时期，宫廷中已经盛行摔跤。有时在宫闱斗争中，这种运动竟被用作暗杀的一种手段。例如北齐后主高纬准备杀掉南阳王绰，但又"不忍显戮"，于是暗使宠胡何猥萨利用在后园与高绰相扑之机，下毒手扼杀了他（《北齐书·武成十二王传》）。

　　这种运动的历史，看来至少可以上溯到春秋时代。《左传·僖公二十八年》记晋楚"城濮之战"前夕，"晋侯梦与楚子搏，楚子伏已而盬（gǔ）其脑"。搏即手搏，也就是摔跤。考古发掘中获得的年代较早的摔跤图像资料，属于战国末期到西汉初的作品，有在陕西长安客省庄第140号战国末年墓中出土的铜饰牌和湖北江陵凤凰山秦墓中出土的漆绘人物画木篦。客省庄出土的铜饰牌共两件，大小相同，牌长13.8厘米，宽7.1厘米，发现于墓中所葬死者腰下两侧，是嵌在腰带上的装饰品。牌上有相同的透雕图像，描绘在茂密的林木中的一场摔跤比赛。居中是二人摔跤。他们乘骑的鞍鞯齐备的骏马，分别系在两侧的大树上。比赛双方都赤裸上身，下穿长裤，互相弯腰扭抱。左边的人用右手搂住对手的腰部，左手抓紧对手的后胯；右边的人用两手分别抱住对手的腰部和右腿。双方相持不

图一　陕西长安客省庄第140号战国墓出土铜饰牌角抵图

下，都想奋力摔倒对方，夺取胜利（图一）。从铜饰的造型风格看来，它们应属于内蒙古一带地区具有游牧民族特色的青铜艺术品，可能是与活跃在我国北方的匈奴等古代民族有关的遗物。与这两件铜饰相同的标本，以前曾有发现，但都是出土地点不明的传世品，因此这些铜饰还难以作为中原地区摔跤历史的形象资料，而这一欠缺正好为湖北江陵的考古发现所弥补。江陵凤凰山秦墓出土的木篦，在圆拱形篦背的两面都有漆绘人物画，其中一面绘有角抵图，右边二人对搏，左边一人旁观。三人的装束相同，头上都没有戴冠，只束发髻，上身赤裸，着短裤，腰系长带，在后腰打结，带端飘垂于臀后。对搏双方正相向扑来，旁观者侧身而立，前伸双臂，全神贯注地观察着双方，又像在指点他们进行训练（图二）。漆画用

图二　湖北江陵凤凰山秦墓
出土木篦漆画角抵图

笔简练传神，正是当时摔跤运动的真实写照。两汉的角抵沿袭着秦代的传统，有关图像只有东汉晚期的壁画，发现于河南密县打虎亭 2 号墓的中室北壁券顶东侧。对搏双方都是面带胡须的壮士，服饰基本上与秦代漆画相似，赤膊光腿，束短裤，不带冠，但是发式是朝天束成的发辫，足登翘头的黑履（图三）。

秦汉时期，角抵表演常与优俳百戏杂技一起进行。《史记·李斯列传》："二世在甘泉，方作觳抵优俳之观。"觳抵即角抵。应劭曰："战国之时，稍增讲武之礼，以为戏乐，用相夸示，而秦更名曰角抵。角者，角材也；抵者，相抵触也。"《汉书·西域传赞》：汉武帝时"设酒池肉林以飨四夷之客，作巴俞都卢、海中砀极、漫衍鱼龙、角抵之戏以观视之"。到了南北朝，角抵与百戏杂技分离，完全成为角力决胜的摔跤运动，又称"相扑"，正像上文所讲，不仅流行于宫廷权贵之门，而且一些高级统治者也亲身参加比赛。

图三　河南密县打虎亭 2 号东汉墓壁画角抵图

　　南北朝到隋唐时期相扑的图像，在敦煌莫高窟的壁画以及出自藏经洞的彩色幡画和白描图中，都有发现。比较早的如在第290窟窟顶北周时期的佛传故事连续画中，有太子较射比武的画面，其中就有一幅相扑图，描绘太子已取胜，左手拿住对方脖颈，右手抓住对方右脚踝，正要用力把他抛翻在地。这幅画作风古朴，笔法有力，线条粗疏，色彩浑厚，勾画出的人物显得拙朴生动（图四）。出自藏经洞的唐代佛幡绢画，描绘的也是佛传故事，题材相同，但其作风与北周壁画完全异趣，笔调细腻，色彩鲜明，画家选取的是双方正在对峙、准备伺机扑向对方的一刹那，也是传神之笔（图五）。另一幅唐代相扑图，当是白描的粉本，相扑的双方扭抱在一起，筋肉凸张，劲武有力，显示出人体的健美和力量（图六）。上述三幅图像各自描绘了相扑过程的一个片段，表现得恰好是三个主要的环节，把它们依次连接起来，我们就得到古代相扑的一个完整印象。唐代佛幡绢

图四　敦煌第290窟北周壁画相扑图　　图五　敦煌藏经洞唐代幡画相扑图

图六　敦煌藏经洞出土唐代白描相扑图像　图七　吉林集安洞沟角抵冢壁画角抵图

画应该排在第一幅，表现的是相扑开始时的情景，比赛双方都警惕地摆好架式，小心地移动着位置，窥伺对手的空当，准备猛扑上去。唐代白描图应作为第二幅，描绘的是相扑的高潮，双方已扭抱在一起，全力以赴地要把对方摔倒。敦煌第 290 窟壁画应是第三幅，表现的是相扑的尾声，胜负已定，败北一方正被胜利者抛翻在地。

这三幅图像中相扑的装束，保留着秦汉的传统作风。比赛双方上身完全赤裸，下身光腿赤足，仅在腰胯束有短裤。头上一般是梳髻不冠，也有时戴幞头。在《延安地区石窟艺术图片展览》中，可看到在宜君福地水库西魏大统六年（540 年）石窟中也有一幅相扑的浮雕，其服饰特点与上面所述相同。这样的装束在中国古代摔跤运动中一直沿用到明清时期。在元明间成书的小说《水浒全传》中，第七十四回《燕青智扑擎天柱》就对相扑前脱衣服准备的情况有生动具体的描述。当燕青跳上献台时，"部署道：'你且脱膊下来看。'燕青除了头巾，光光的梳着两个角儿，脱下草鞋，赤了双脚，蹲在献台一边，解了腿绷护膝，跳将起来，把布衫脱将下来，吐个架子"。这里的献台，是专为比赛而搭的。明杨定见本《水浒传》插图中亦有描绘相扑时的形象，同样的形象还可在一件明嘉靖五彩武戏图有盖壶上看到，只是画出的相扑者不是赤足，而是穿有靴子。

宋代相扑极为流行，相扑表演由宫廷权贵的宴会上，普及到平民游乐场所和庙会，成为一般市民喜爱的项目。在南宋首都临安（今杭州），除了皇帝大开宴会时有官军表演的大型集体相扑外，在平民游乐场所和庙会上都有相扑表演，民间还组织相扑的专业性伎艺团体，名叫"角抵社"（周密《武林旧事》卷三）。当时在护国寺南高峰露台上，就有各地来的高手互相比赛。据《梦粱录》："若论护国寺南高峰露台争交，须择诸道州郡膂力高强、天下无对者，方可夺其赏。如头赏者，旗帐、银杯、彩段、锦袄、官会、马匹而已。"《武林旧事》所录当时角抵名手有王侥大、张关索、撞倒山、王急快等共 44 人之多。宋代不但有男子相扑、小儿相扑，还有妇女参加的相扑比赛。女子相扑时的装束也和男子差不多，也是肢体裸露的，这对当时的封建礼教是一种大胆的冲击。司马光因此特别写了《论上元会妇人相扑状》上奏皇帝，指出"今月十八日圣驾御宣德门，召诸色艺人，令各进技艺，赐与银绢，内有妇人相扑亦被赏赉……今上有天子之尊，下有万民之众，后妃侍旁，命妇纵观，而使妇人裸戏于前，殆非所以隆礼法示四方也"。他要求"仍诏有司，严加禁约，今后妇人不得于街市以此聚众为戏"（《温国文正司马公集》卷二十一，《四部丛刊》本）。但是看来女子相扑还是受群众欢迎的项目，司马光的奏状并没有生效。直到南宋，首都临安城内，女子相扑依然流行，当时有名的女子摔跤手就有嚣三娘、黑四姐等多人。

除了中原地区，边疆的一些古代少数民族中也流行角抵比赛，在吉林集安发现的 3 世纪中叶到 4 世纪的高句丽族墓室壁画中，常常出现角抵图像，其中的通沟禹山下墓区中角抵冢左壁那幅最著名。画面上两人在一棵大树下搂抱而搏（图七），旁边有一老人拄杖观看。角抵者的装束也和秦汉墓出土的材料相近似，全身赤裸，只束一条黑色短裤。

图八　日本大相扑

我国古代的相扑对东邻日本有很大影响，至今这种运动还是日本人民所喜爱的项目，而且一直保持着"相扑"的名称，比赛者的装束还保持着唐代的风格（图八）。

（原载《文物》1980 年第 10 期。后收入《逝去的风韵——杨泓谈文物》，中华书局，2007 年）

车战的悲剧

　　春秋战国时期，战车部队曾经是军队的主力。在秦始皇陵的陶俑坑中，可以看到这种由四匹马拖曳的单辕双轮战车，上面各站立着三位披铠的战士，纵列成行，战车间夹有步兵队列。秦始皇陵园还出土过一辆铜质战车模型（图一、图二）。不过到了秦代，战车早已过了它的黄金时期，在战争舞台上已是即将陨落的明星了。车战盛行的时代，是殷商和西周乃至春秋时期，那时不论是作战或田猎，都离不开单辕双轮的木质战车。《诗经》里还保留有不少描述车马军容之盛的诗句，例如《诗·小雅·采薇》有"驾彼四牡，四牡骙骙。君子所依，小人所腓。四牡翼翼，象弭鱼服。岂不日戒，猃狁孔棘"。生动地描绘出周人防御猃狁（古民族名，主要分布于陕西、甘肃及内蒙古一带）的战车部队的军容。

图一　秦始皇陵一号铜车马

历史迅速移动的步伐，把旧的事物抛弃到后头，单辕四马的笨重战车，逐渐沦为时代的落伍者。大胆的革新家赵武灵王，尝试着抛掉战车，胡服骑射，开始了军队编组方面的变革。过了近二百年，到汉武帝时期，这一变革才接近完成。当时在汉军和匈奴相角逐的战场上，纵横驰骋的骑兵已变成决战的主力。在名将卫青、霍去病的军中，战车仅是结营和运送辎重的工具了。春秋车战之法，从此沦为军事史上的陈迹。不料时过千年之后，竟然又有一位统兵主帅想使这一陈迹复苏，以致演出了一出车战的悲剧，这个人就是唐朝的房琯。

图二　秦始皇陵一号铜车马侧视图

天宝十五年（即至德元年，756 年）十月，唐肃宗任命宰相房琯统率大军抗击安禄山。房琯"以车二千乘，马步夹之"，想用复古的春秋车战之法来取得对安禄山军队的胜利。当两军遇于咸阳县之陈涛斜时，就演出了那场悲剧。《旧唐书·房琯传》中是这样描述这场战斗的："既战，贼顺风扬尘鼓噪，牛皆震骇，因缚刍纵火焚之，人畜挠败，为所伤杀者四万余人，存者数千而已。"几乎全军覆没。对于惨败后逃回的房琯，皇帝并没有追究，依然官居高位。可怜那些普通战士，却成为这一悲剧的牺牲品。

时代变了,军队的编成、装备必须随之不断变化更新,战术则是由军事技术水平决定的。在已经进入封建社会鼎盛期的唐代,房琯竟然翻出奴隶社会的陈年老皇历来指导战争,自然受到历史的惩罚,结果是误国害民,一败涂地。

(写于 1980 年,后收入《逝去的风韵——杨泓谈文物》,中华书局,2007 年)

是何意态雄且杰

——中国古代雕塑中的骏马

　　传说西周时穆王喜好远游，出行时驭八龙之骏，这八匹马名叫绝地、翻羽、奔霄、越影、逾辉、超光、腾雾和挟翼。至于这种神骏良马到底什么模样，过去是谁也说不出的，甚至唐代名画家阎立本也曾摹写过古之《八骏图》，把它们画成"逸状奇形，实亦龙之类也"的神异奇物。1956年一次偶然的考古发现，才将西周时期骏马的真实面貌揭示在世人面前。那是一件高约32.4厘米的青铜驹尊（图一），是陕西郿县李村农民在取土时掘获的，伴同出土的还有方彝、尊等青铜器，根据器铭知道这组铜器属

图一　陕西郿县李村出土西周铜驹尊

于一位名叫盠的贵族，铸造于西周中期（郭沫若将其"姑定为懿王时代"，参见《盠器铭考释》，《考古学报》1957 年第 2 期）。这件铜尊塑造的是匹四足直立的马驹，体矮颈粗，四肢较短而双耳较大，姿态稍觉呆板，外貌也似乎不够神骏。现代人看到它后的初步观感，常会认为它不似骏马，反近于骡，难以同想象中的西周时"八骏"那样的骏马联系在一起，也许因而产生这可能是由于铸造者的艺术水平低，故此无法创造出传神佳作的念头。通过近几年的考古发现，我们有机会观察数量较多的东周乃至秦马的雕塑品，才意识到前面的那种观感是并不准确的。在驹尊发现后 13 年，从洛阳的一座战国初期墓中获得了一件重达 1.5 千克的青铜马，它同样体矮腿短，形体的特点和驹尊一模一样。后来在著名的秦始皇陵侧的大型陶俑坑的发掘中，清理出了数量众多的陶马，仅在第 2 号俑坑的试掘中，就获得了 96 匹，估计该坑中共放有陶马 470 多匹，再加上第 1 号和第 3 号坑中的陶马，总数最少也达千匹以上。这些陶马都真实地模拟着当时的战马，体高约 1.5 米（图二），有的是驾战车的辕马，有的是骑兵的坐骑，它们和无数真人大小的陶俑整齐地排列在一起，英武雄劲，构成一曲颂扬秦王朝威仪的颂歌。在这雄劲的旋律里同时也飘出丧乐的哀音，因为烧造这无数巨大的陶质人马模拟像，正和秦廷的其他暴政一样，不知要耗费掉多少人民的血汗。秦王朝的暴政引致天怒人怨，种下了秦王朝覆亡的基因。大量雄劲直立的陶马，清楚地显露出当时的马的形体特点，仍是体矮、头大而腿短，与西周驹尊和战国铜马的特点完全一致，从而可以推知秦始皇拥有的那些名马——追风、白兔、蹑景、奔电、飞翮、铜爵、晨凫，其外貌也正是这样的（图三）。

现在我们回过来再看那匹西周的铜马驹，那矮体短腿的造型既然是反映当时马种的特征，自然不是什么艺术上的缺陷了。这匹马驹的前腿微向前曲，后足用力蹬地，挺胸耸耳，睁目闭口，活画出在跑动中突然受惊后，停下来警惕地张望的神情。它为什么受惊？是不是因为有人企图絷维它呢！这不禁使人联想起《诗经》中一首优美的恋诗："皎皎白驹，食我场苗。絷之维之，以永今朝。所谓伊人，于焉逍遥。"这是《小雅·白驹》，郭沫若的今译如下："小白马儿多么好，牧场上面吃嫩草。抓着它，拴着它，拴它一个大清早。好和我那人，一道去逍遥。"过去被认为是"大夫刺宣王"的这首诗，其实乃是"中春通淫"——行"执驹"之礼时的恋诗。在驹尊胸前那篇铭文中，有"王初执驹于啟"，记录了周王亲自参加"执驹"之礼的事实。关于"执驹"，郑玄曾做过解释："执犹拘也，中春通淫之时，驹弱，血气未定。为其乘匹伤之。"站在我们面前的这匹目光中闪现着稚气的马驹，平日不受羁绊地随着母亲嬉戏，今天忽见来人要抓住它，不胜惊诧，铸造驹尊的无名工匠正是抓住马驹这一刹那的神情，给后人留下了如此传神的古代造型艺术瑰宝。古人常说画狗马最难，画鬼魅最易，因为"夫犬马，人所知也，旦暮罄于前，不可类之，故难。鬼魅无形者，不罄于前，故易之也"（《韩非子·外储说左上》）。因此西周无名工匠的这一艺术创作，更加令人赞叹了。

周秦以来古代中国畜养的马种，一直延续到西汉初年还没有变化，湖北云梦西汉墓中出土的木马，其形体仍和洛阳战国墓中的铜马极为相似。

图二　秦始皇陵出土陶马

图三　秦始皇陵出土铜车辕马

但是当汉武帝时与西域诸国的交往日益密切以后，引进了优良的西域马种，于是汉代的养马业就发生了极大的变化。先是得到乌孙好马，称为"天马"，后来获得更优的大宛汗血马，于是改称乌孙马为"西极马"，又把大宛马称为"天马"。汉武帝为了取得大宛牧于贰师城的善马，不惜诉诸武力，由李广利统率的汉军两次攻入大宛，历时三年之久，最后大宛败降，汉军获得善马数十匹、中马以下牝牡 3000 余匹（《史记·大宛列传》）。这些良马输入汉境，对改良汉代的马种起了很大作用，为此太初四年在《郊祀歌》中增加了《天马》一章，"天马徕，从西极，涉流沙，九夷服"（《汉书·礼乐志》）。汉代马种的这一变化，同样反映在造型艺术方面。在谈论有关"天马"形象的雕塑品以前，先要提一下当时的"马式"，它是用青铜铸造的选择良马的标准。"天马"传入汉朝以后，当时善相马者东门京，根据最佳体态良马的具体尺寸，铸造成比例准确的铜马，汉武帝命令把它立在首都长安未央宫宦者署的鲁班门外，作为评选良马的标准，因此那座门也改称为"金马门"（《后汉书·马援传》）。到了东汉以后，名将马援也是一位善别名马的相马能手，他于建武二十年（44 年）利用从交阯俘获的铜鼓改铸成一匹铜马，高 3 尺 5 寸，围 4 尺 5 寸，献给皇帝，光武帝诏令"置于宣德殿下，以为名马式焉"（《后汉书·马援传》）。这些根据真马而按比例铸成的铜马式，本身虽然并不是艺术作品，但和今天艺术家使用的艺用动物解剖图一样，为当时的匠师创造关于马的造型艺术品时，提供了准确的依据。塑造引进"天马"良种后的骏马雕塑品，在各地发掘的两汉至魏晋墓葬中屡有出土，其中以陕西茂陵附近二座陪葬冢出土的鎏金铜马造型最为生动（图四）。1969 年从甘肃武威雷台墓中获得的一组青铜车马，是时代迟至魏晋的铜马中艺术造型最佳作品。雷台墓中共出土铜马 39 匹，有的用于驾车，有的用于骑乘，形体上具有相同的特征，匹匹都塑造得体态矫健、栩栩如生，头小而英俊，颈长而弯曲，胸围宽厚，躯干粗实，四肢修长，臀尻圆壮，显示出是一种乘挽兼用型的良马。它们虽然多作立姿处于静止状态，但却挺胸昂首，张口啮衔，全身充满压抑不住的活力，观后有怒马如龙之感，似乎只要御者或骑士将勒紧的缰绳稍一放松，即刻就会飞驰向前，一日千里。在众多铜马中，又以一匹足踏飞鸟的奔马最为突出，它高昂马首，头微左顾，马尾上昂，以少见

图四　陕西茂陵无名冢出土西汉鎏金铜马

的"对侧快步"的步法向前飞驰,三足腾空,仅右后足踏住一只飞鸟(图五)。这飞鸟双目似鹰,体型似燕,但尾部又不同于燕,并没有剪刀状的分叉。据古动物学家研究,这鸟是一只生活在关陇一带的小型猛禽——燕隼。隼和鹰一样疾速迅猛,人们常用"迅如鹰隼"来形容快速,作者在这里塑造的隼的形象,正是想以它作为速度的化身。你看那只隼正展翅翱翔,突遭马蹄踏中背部,于是吃惊地回首反顾,想要看清那比它还快的庞然大物是谁。古代艺术家设计了如此引人入胜的意境,反衬出骏马的神速,真是千古佳作。同时他又巧妙地利用飞鸟双翅展开的稳定造型,作为整匹铜马着力的支点,使它靠着一支踏在鸟背上的后蹄稳稳地傲立在空间,也是别具匠心。除了雷台的铜马以外,东汉墓中发现的陶塑或木雕的骏马,也不乏传神的佳作,这里只各举一例,即是甘肃武威磨嘴子49号东汉墓出土的木马和四川成都天回山东汉墓出土的陶马(图六)。天回山的陶马是一件大型陶塑艺术品,体高达114厘米,姿态雄劲,它的头、颈、躯干和四肢无不肖似雷台铜马,说明当时不但优良的马种已普及全国,而且对骏马形象的塑造也形成了全国统一的艺术风格。

图五　甘肃武威雷台出土铜奔马

汉末政局的动乱，看来极大地影响了造型艺术的发展，到了西晋重新统一以后，从墓葬中获得的陶马造型呆板，体态笨拙，无复东汉时骏马那矫健神逸的造型，在洛阳、郑州等地出土的都是如此。仅有新疆吐鲁番阿斯塔那晋墓里出土的一件木马模型，由于别具特色，尚可一观。"八王之乱"结束了短暂的统一，从此北方进入五胡十六国纷争的局面，接下去鲜卑拓跋氏建立的北魏统一了北方，旋又分裂为东魏

图六　四川成都天回山汉墓出土陶马

—北齐和西魏—北周，直到隋王朝建立后才又迎来了全国新的稳定和统一。在上述的近三个世纪中，金戈铁马，战争不断，各民族的无数铁骑交替地驰骋在中原大地上，正是"健儿须快马，快马须健儿"（《折杨柳歌辞》，《乐府诗集》卷二十五）的风云时代，当时甚至女孩子都可以"褰裙逐马如卷蓬"。

剽悍雄健的战马，在战争中是人们最可依靠的忠实伙伴，于是表现骏马雄姿的雕塑品，又一次涌现在当时墓葬俑群中，一扫西晋陶马那呆鄙形象，重现如龙的风貌。河南洛阳北魏建义元年（528 年）文恭王元邵墓中出土的那匹陶马，矫健有力，比之东汉陶马更富有现实感，所以气韵更为生动，表现出时代的风格（图七）。这时期的陶马在造型上还有一个共同特点，多是塑造得鞍辔鲜明马具华美，项下和尻后满饰各色垂饰和璎珞，鞍侧还常挂着色泽鲜艳的长大障泥。色彩艳丽、形态华美的马具与骏马健美的形体相结合，为这些雕塑品又增添了几分姿色。当我们把目光转向长江以南发现的六朝雕塑品，就产生了完全不同的观感。也许是由于传统的南船北马的习俗，南方的艺术家似乎对马的形体特征并不熟悉，在东吴墓

图七　河南洛阳北魏元邵墓出土陶马

中获得的瓷马模型，腿短体矮，比例不调，直到西晋时期依然如此，江西瑞昌西晋墓中出土的青瓷马就是很好的例证。这些体态比例不调的青瓷马，显得滑稽可笑，简直类似现代漫画中出现的形象。直到东晋时期，上述情况才有了扭转，南京象山东晋王氏家族墓中出土的陶马，已是形体准确、比例匀称，但是与北朝的作品相比，仍然缺乏生动的气韵。

　　接下去就到了中国古代文化艺术空前发达的隋唐盛世，描绘骏马的造型艺术品也达到了一个新的高峰。在绘画方面，许多名家精于画马，仅在大诗人杜甫的诗集中，就可以读到《天育骠骑歌》《题壁上韦偃画马歌》《丹青引——赠曹将军霸》《韦讽录事宅观曹将军画马图》等题画马的诗篇，诗人称颂这些画家的作品形神兼备，赞美所画骏马"是何意态雄且杰"，赞扬画家下笔如神，"戏拈秃笔扫骅骝，欻见骐驎出东壁"。"斯须九重真龙出，一洗万古凡马空"。在雕塑方面，昭陵六骏的巨型浮雕，更是著名的古代艺术珍品。至于立体圆雕，则主要还是依靠从唐代墓葬中获得的文物，主要是陶瓷制品，才使我们得以窥其风貌。1957年2月，在西安西郊何家村西北发现一座出土许多精美三彩器的唐墓，它是开元十一年（723年）埋葬的右领军卫大将军鲜于廉（字庭诲）的坟墓。墓中随葬的4匹三彩马，身高都超过0.5米，色泽鲜明，体态雄健，制工精美，出土后立即吸引了考古界的注意。一年后，夏作铭师曾撰专文介绍该墓出土的几件精美的三彩陶俑，文中着重记述了那匹鞍披绿色障泥、鬃剪三花的白马（图八），指出"盛唐的马俑，就雕塑艺术而言，也同样显得特别优越，我们这一匹便是一个很好的例子"。"这马的头部微向左侧，避免呆板的对称，姿态生动，轮廓线很是流利活泼，表现出一匹英气勃勃的骏马"（夏鼐《考古学论文集》，科学出版，1961年）。

图八　陕西西安唐鲜于庭诲墓出土三彩马

同墓中出土的另一对颈部带有白斑纹的白蹄黄马，造型同样生动，长颈小头，体骨匀称，鬃剪一花，尾结成角状，络头、攀胸和鞍带上都装饰着漂亮的金花和杏叶。这两对三彩马，确实表明盛唐时骏马雕塑已经达到

图九　河南洛阳关林唐墓出土三彩马

传神的境界。其实唐代骏马雕塑的这种艺术特色，从初唐时已经逐渐形
成。比鲜于廉墓早近 1/4 世纪的懿德太子墓中，出土的三彩陶马的造型已
极精美，同样是鬃剪三花鞍披障泥而头部微侧的造型，张口作嘶鸣状，但
是体态与鲜于廉墓白马相比，显得过于圆腴，因此缺乏气韵，在艺术造诣
方面略逊一筹，使人观后颇有"画肉不画骨"之感。比鲜于廉墓早约半世
纪的唐辅国大将军虢国公张士贵墓中出土的陶马，还没有三彩釉，说明这
种工艺当时尚未流行，其中有两对的尺寸较大，高近 0.5 米，每匹伴随着
一位牵马的马夫，那些骏马似乎想尽力挣脱缰辔的羁绊，它们身躯微向后
倾，提起右前蹄，颈微曲而俯首直视马夫，同时张口嘶鸣，异常生动。由
于马体上附加的鞶饰和鞍具早已朽毁，因此躯体的全貌清楚地展现在人们
面前，在刚劲有力的外轮廓内，显现着锋棱有力的马骨，更觉坚劲神骏，
使人忆起李长吉的马诗："此马非凡马，房星本是星。向前敲瘦骨，犹自
带铜声。"更值得指出的是唐代的陶马，绝不只有上述几例精品，其艺术

造诣普遍较高，或站立，或行走，或俯身觅食，或仰天嘶鸣，无不气韵生动，栩栩如生。同时不仅那些形体较大的作品，就是只有10余厘米高的小型陶马，其造型之美亦毫不逊色。再从烧制地域来看，不仅首都长安地区出土有造型生动的骏马雕塑，其他地区也出土有同样出色的作品，以三彩马为例，在河南洛阳、湖北武昌等地唐墓中都不断有精品出土。在洛阳唐墓中获得的三彩马，除了通常习见的黄彩等外，还有通体墨色的黑马，甚至在关林唐墓中还发现一匹通体施蓝彩的马，蓝色躯体上又间有乳白色斑纹，长鬃雪白，四蹄橙黄，釉色莹润，色彩鲜明（图九）。虽然在现实的自然界中看不到这种毛色的骏马，但是古代匠师如此大胆设色，突破常规，既写实又越超现实，使观众为其鲜明的色彩所吸引，得到特殊的艺术享受，实为罕见的古代艺术珍品。至于在盛产瓷器的南方，许多中原地区的陶质明器，那里改用瓷器，特别是湖南境内岳州窑的产品，不仅在湖南境内有出土，甚至远销到四川地区。在万县的唐墓里曾发现有一组青瓷俑群，其中有6匹瓷马，体高16~22厘米，造型较为别致。作者并不拘于马体各部分真实的比例关系，仅从传神角度着眼，塑造得虽不如那些三彩马英骏雄健，但四肢粗壮，体态丰满，长颈小头，亦颇传神，为唐代骏马雕塑的百花园中，增添了一株别具风格的异卉。

（原载香港《美术家》第22期，1981年，后收入《逝去的风韵——杨泓谈文物》，中华书局，2007年）

骆驼艺术

平沙莽莽的大漠荒迹，万籁俱寂，突然一阵清脆的驼铃声冲破了戈壁滩那永恒的沉静，随着闪现出一列满载货物的骆驼的健伟身影，它们迈着稳重的步伐，把宽大的蹄迹叠印在平沙上。旧的蹄迹被戈壁的风吹平了，后继者新的蹄痕又印得更加清晰，标志着通向西方的古老的"丝路"。年复一年，这些茹苦耐劳的动物，身负重载，跋涉在"丝路"的大漠崇山之间，不分酷暑严寒，迎着风沙霜雪，默默地向前行进，把精美的中国丝绸等商品输往西方，又带回了那远方的特产……很难想象，如果没有这些"沙漠之舟"，人们如何能够使这条长达 7000 公里横贯亚洲的古代重要商路，延续畅通达 2000 年之久。凡是经历过这漫长而艰辛的途程的旅行家，都对这些耐劳负重的忠实旅伴难以忘怀，所以自丝路开通之后，古代的艺术家不断创作出以骆驼为题材的造型生动的艺术品。

一提起有关骆驼的中国古代艺术品，人们首先会想到那些釉色莹润、色彩鲜明、造型精美的唐三彩俑，特别是 1957 年在西安发掘唐玄宗开元年间右领军卫大将军鲜于廉（字庭诲）的墓葬时，所获得的那件著名的负载乐队的三彩骆驼俑（图一）。那匹骆驼通体白釉，在颈部上下和前腿上端生长毛处加涂黄釉，脸上加绘黑色线条，眼角涂朱，衬托着黑色的眼睛。它那长而劲健的四肢牢牢地站立在方形的踏板上，背负着铺垂长毯的平台，上面坐有四人组成的乐队和一个表演舞蹈的绿衣胡人。它是这类题材的三彩陶俑的首次发现，当时夏作铭师曾经撰文介绍这件古代艺术瑰宝。但是有关塑造骆驼形象的中国古代艺术品开始出现的时期，远比这些精美的唐三彩俑要早上近千年，至少应该是上溯到丝路开始畅通的汉代。

图一　陕西西安唐鲜于庭诲墓出土三彩骆驼载乐俑

　　在河南南阳汉画像石中描绘的各种动物里，就可以看到一头奔跑的骆驼的图像（图二）。看来生长在中原的古代石刻匠师，对于"沙漠之舟"的容貌是不熟悉的，所以把它的四肢刻画得和奔马的姿态相近，而且那有特色的驼蹄也被误成马蹄形状，连驼尾也像马尾一样飞扬起来。但是这些失误毕竟是次要的，背上耸起的双峰和高昂上曲的长颈，依然显示出骆驼最主要的体态特征。同时跨乘在双峰间的骑者，高鼻"胡"貌，同样具有特色。说明作者虽然对所描绘的对象不够熟悉，但还是尽量现实地进行创作，因而骆驼的形貌虽稍有失真之处，但整体的神态古朴而生动，至今气韵犹存。另有一幅汉代画像，在艺术造诣方面要胜于前者，那是一方东汉晚期的画像砖，出土于四川省新都县。在高33.5厘米、宽41.5厘米的砖

图二　河南南阳汉画像石中的骆驼图像

图三　四川新都东汉画像砖上的骆驼图像

面上，模印出一头由左向右行进的骆驼（图三），形象较南阳画像石逼真，在颈下和四腿上端都垂有长毛，双峰之间铺垂长毯，上面树立着一个建鼓，鼓柱上端饰有羽葆，向两侧飘垂，前后驼峰上各坐一鼓手，双手挥桴，相对击鼓，姿态生动，可惜因为该砖已残碎，以致后峰上的鼓手现已残缺。这一作品揭示出早在汉代已有驼背上载乐之举，也可以说它是后世骆驼载乐的先声。

魏晋以后，北方虽然出现十六国的纷争局面，但是丝路上的驼铃声始终没有间断，这条东西贸易的通道还是继续维持着，时常也会受到战乱的干扰。苻坚曾遣吕光大举进军西域，占有龟兹，当他回师东归时，载运战利品也是依靠着数量庞大的骆驼队，数达 2 万余头，对于中国佛教有很大影响的高僧鸠摩罗什，正是这次乘坐在骆驼背上来到东土的（《晋书·吕光载记》）。北朝至隋时期的墓葬中，陶塑的骆驼已是随葬俑群中不可缺少的成分（图四）。这时的骆驼已经从汉画像那种拙稚的作风脱颖而出，塑造得颇为传神逼真。以洛阳北魏元邵墓的出土品为例，劲健的四肢，宽厚的驼蹄，曲颈昂首，颈下悬垂着长厚的驼毛，显得浑厚多力。它不像伴同出现的骏马，鞍辔鲜明，具有趾高气扬的风姿；也不像驾车的辕牛，遍体装饰着华美的流苏，只是默默地稳健地伫立着，身上没有华丽的装饰，背负的鞍架上满载着沉重的背囊，时刻准备负重上路，简直是稳重、谦逊、勤劳和力量的化身。

如果说北朝的陶塑骆驼虽然神似，但艺术造型还欠生动的话，那么到了唐代就蔚然改观了，这大约也是因为那时丝绸之路呈现了空前繁荣的缘故。我们前面已经描述过的载乐三彩骆驼，正是代表了当时骆驼造型的最高水平的作品。除了鲜于廉墓里出土的那一件以外，还曾获得有另一件同样精美的载乐三彩骆驼，是从西安西郊中堡村的唐墓中出土的，骆驼的姿态和釉色与前一件一样，只是躯体略矮一些，但是台上的舞乐的内容有所不同。鲜于廉墓中骆驼驮载的四人乐队中，有两个是深目高鼻的胡人，所演奏的乐器虽然只保留下一件琵琶，但其余三件可以推知应为筚篥和拍鼓，所以属于胡乐系统，居中应着乐拍起舞的也是一位多胡须的胡人。这也许是沿经"丝路"，乘着"沙漠之舟"东来的胡乐的一种。中堡村的这一件则不同，背上虽也铺垫着带蓝色边缘的圆毯，双峰上架平台，台上铺着两侧下垂的长毯，但上面那七位戴着幞头的乐工中并没有胡人，演奏的乐器分别是笙、箫、琵琶、箜篌、笛、排箫和拍板，姿态颇为生动，居中翩然起舞的则是一位妙龄女郎，丰颐高髻，因此显得更为妩媚多姿，与前一件各具情趣（图五）。

除了这类大型载乐三彩骆驼外，唐墓里还出土了数量众多的各式陶质或三彩的骆驼，它们也已摆脱了北朝那种默然伫立的较呆滞的造型，表现出各种不同的姿态，或者仰天嘶鸣，或者侧首旁顾，有的屈膝欲卧，有的伏卧将起，姿态自然，造型生动，显示了唐代的艺术风格。骆驼的形象除了出现在墓中的俑群中外，也出

图四　河北湾漳北朝墓出土陶骆驼

现在隋唐时期的其他造型艺术品或工艺品上。例如敦煌莫高窟附近佛爷庙唐墓中，出土有胡人牵驼图像的唐代画像砖，就是很好的例子。更引人注意的另一个例子，是1964年从新疆吐鲁番阿斯塔那墓群中发现的一件隋代织锦残片，在带有波斯萨珊意味的联珠纹圆环中间，有正、倒相对应的一组图案，表现的是一人牵驼前进，旁边还有汉字榜题"胡王"二字，也是正反相对织成的（图六）。猛然望去，下面倒置的图像正像是上面正立图像的倒影，不禁使人联想到行走在丝路上的骆驼商队，行经波光荡漾的罗布泊旁，人、驼的影像都倒映在水中的情景，意境深远。

在唐代这些栩栩如生的骆驼造型中，也可以找到一些与众迥异的作品，例如四川万县的一座唐墓中出土有青瓷骆驼，据考证应是由湖南运入的岳州窑产品，大约又是由于江南的匠师不熟悉沙漠之舟的庐山真貌吧，

图五　陕西西安中堡村唐墓出土三彩骆驼载乐俑

图六　新疆阿斯塔那出土隋代织锦残片

图七　四川万县唐墓出土青瓷骆驼

所以塑造的骆驼，脖颈出奇的细长，头部又过于小，看去不成比例，似乎颇近于现代漫画形象的趣味，看来倒也别具一格（图七）。

（原载香港《美术家》第 27 期，1982 年。后收入《逝去的风韵——杨泓谈文物》，中华书局，2007 年）

中国古代的名片——爵里刺

现在，世界各国人们在社会交往中，普遍使用名片。其实，我国还应算使用名片最早的国家，古时称它为"名刺"或"谒"，到了明清时期又称"名帖"，一直沿用到中华人民共和国成立前夕，就称"名片"了。它像文书的发展一样，最初也是使用竹、木简，以后逐渐改用纸。

至迟到了汉代，名刺已很流行，刺上一般要写明姓名爵里，故又称"爵里刺"。汉刘熙《释名》中解释说爵里刺就是"刺书其官爵及郡县乡里也"。至于下级或晚辈谒见上级或长辈，也可称谒，如果同时送礼，则还要加书所送钱物的数量。这令人想起《史记·高祖本纪》中，记载汉高祖刘邦青年时一段耍无赖的故事。

一位有名望的吕公，初迁到沛县时，县令为之请客，并规定送礼不满一千的客人，坐在堂下。当时刘邦是个小亭长，哪里拿得出那么多的礼钱？他故意在谒上写"贺钱万"，实际一个钱也没送。谒送进之后，"吕公大惊，起，迎之门。吕公者，好相人，见高祖状貌，因重敬之，引入坐"（《史记·高祖本纪》）。刘邦原为诈酒食，不料反受吕公赏识，并因此得到了一位妻子，即被后人斥为篡权的那位吕后。对于《高祖本纪》中"乃绐为谒"句，唐司马贞"索隐"曰："谓高祖素狎易诸吏，乃诈为谒。谒谓以札书姓名，若今之通刺，而兼载钱谷也。"

关于爵里刺，在《三国志·魏书·夏侯渊传》注中，还有一则记述其第五子夏侯荣聪慧而记忆极强的故事，说他七岁能作文章，每天读上千言的文章，都能记下来。魏文帝曹丕听到以后，想试一试。一次大会宾客时，百余名客人都按习惯送上奏刺，刺上各写明其乡邑、名氏。夏侯荣看过这一百多枚爵里刺后，魏文帝让他遍谈各人的爵里姓名，竟然不谬一人，魏文帝也非常惊讶。

在刺上除姓名爵里外，还常写有表示客气和问候的话。据《释名》记载："画姓名于奏上曰画刺，作再拜起居字，皆达其体，使书尽边，徐引笔书之如画也。"

从文献中可知，汉魏时奏刺是流行的习俗，因此，在当时的墓葬里我们也常可找到它们的踪迹。1949 年以来的考古发掘中，第一次获得的名刺木简，是 1955 年 4 月底在湖北武昌任家湾一座东吴时期的砖墓中获得的，在墓中还发现有黄武六年（227 年）铅质买地券一方，墓内出土三枚字简，长 18.8 至 21.5 厘米，宽约 3.5 厘米，可惜字迹已漶漫，仅在一枚上可以看出"道士郑丑再拜"字样。由于字迹不清，当时难以确定它即系爵里刺，未受重视。此后，又在江西南昌的东吴、西晋墓中发现了字迹清晰的名刺简多枚，使我们对此有了较为明确的认识。

1974 年 3 月，江西省博物馆在南昌市东湖区永外正街发掘了一座西晋砖墓，内葬二棺，为夫妻合葬。在左侧的男棺中发现木简五枚，形制相同，均长 25.3 厘米，宽 3 厘米，厚 6 毫米，墨书。这五枚木简有三种格式，一种是"弟子吴应再拜问起居南昌字子远"，计有三枚；一种是"豫章吴应再拜问起居南昌字子远"，仅一枚；另一种是"中郎豫章南昌都乡吉阳里吴应年七十三字子远"，也仅一枚。

1979 年 6 月，江西省历史博物馆又在南昌市内阳明路中段南侧清理了一座东吴墓。墓内葬三人，在其中一棺内出有 21 枚木简，大小相同，长 24.5 厘米，宽 3.5 厘米，厚 1 厘米。上有隶体墨书，文字全相同，为"弟子高荣再拜问起居沛国相字万绶"。

从以上三处考古发现，我们可以对当时的名刺有了比较清楚的了解，可以知道一般的爵里刺是在简的开始处写明郡名、姓名并书"再拜"。其间稍空后，再书"问起居"。然后在简的下部偏左侧，以小字注明乡里和本人的字。这就是吴应墓出的第一种名刺和高荣墓出的名刺，也是发现数量最多的一种，大约是平日常用的格式。至于吴应墓所出的第三种名刺木

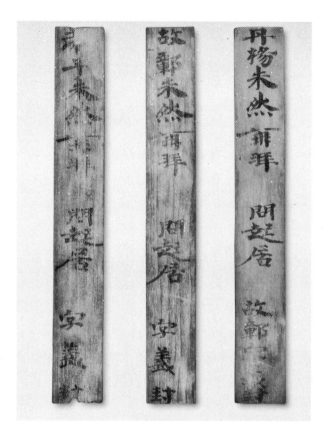

图一　安徽马鞍山孙吴朱然墓出土木刺

简，加书官职和年岁，且一行直书而下，似是《释名》中所谓的"下官刺"，"下官刺曰长刺，长书中央一行而下也"，则与一般爵里刺稍有不同。

比上述三项更令人感兴趣的发现，是 1984 年发掘安徽马鞍山东吴右军师、左大司马朱然墓出土的刺和谒（图一、二）。朱然墓出土的木刺共 14 枚，正面直行墨书，刺文有三种，一种为"丹杨朱然再拜问起居故鄣字义封"，一种为"故鄣朱然再拜问起居字义封"，另一种为"弟子朱然再拜问起居字义封"。木刺长 24.8 厘米，正与同墓出土的漆尺的长度 24.8 厘米相同，说明当时刺长为一尺。与上述其余几座吴晋墓不同，在朱然墓中除名刺外，还出有木谒三枚，其长度与刺一样是 24.8 厘米，为当时一尺长，但宽度约是刺的三倍，为 9.5 厘米，系木牍。这也正与《急就篇》颜注牍可以"持之以见尊者"之义相合。木谒居中书一"谒"字，在右侧直书"□节右军师左大司马当阳侯丹杨朱然再拜"等十八字，表明当时谒的一般书写格式，即中央顶端书"谒"字，官职、籍贯、姓名及"再拜"等皆偏书于右侧。据《释名》："谒，诣也，诣告也。书其姓名于上，以告所至诣者也。"系下属进谒上级之用。《后汉书·孔融传》："河南尹何进当迁为大将军，杨赐遣融奉谒贺进，不时通，融即夺谒还府，投劾而去。"正说明谒的使用情况。

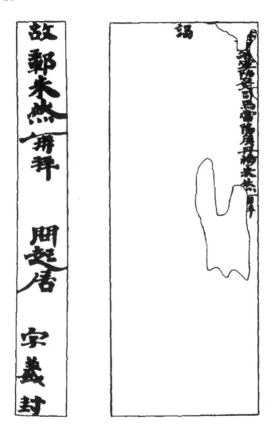

图二　安徽马鞍山孙吴朱然墓出土木刺（左）和木谒

除东吴、西晋的刺、谒以外，汉代的谒也有出土。在江苏连云港锦屏镇西汉墓出土的谒，应是目前发现的年代最早的标本之一，谒上书文字三行，为"东海太守宝再拜""谒""西郭子笔"。

但是还应注意一点，即墓中所放的刺是与迷信有关的，应与当时道教信仰联系在一起。东吴黄武六年墓刺简称"道士郑丑再拜"，高荣、吴应多称"弟子"，是供墓主人在阴间使用的。虽然如此，因为它是模拟生前的实用物，其形制、书写格式与实际应用的并无差别，仍不失为古代名刺的实物证据。古人为了介绍自己而投送爵里刺，后因造纸术的进步而改用纸书，但仍保留着"投刺"一词。

（原载《文物天地》1982 年第 2 期。后收入《逝去的风韵——杨泓谈文物》，中华书局，2007 年）

"影塑"和"塔柱"

　　举世闻名的云冈石窟，展示了北魏石雕艺术的奇伟壮观，表明北魏在中国古代雕塑史上是一个重要的时期，当时佛教艺术的雕塑品猛然显示出磅礴的气势，呈现出令人眩目的艺术光彩。对云冈石窟诸洞窟的布局进行观察，不少洞窟引人注目地采用了以塔柱为礼拜中心的形式，第1、2、4、6、11、51等窟都是如此。一般是在塔柱的正面和两侧开龛造像，龛内主要造像是大型的圆雕作品，其余如龛楣的装饰、飞舞的天人伎乐、连续的佛传故事和数量众多的"千佛"，乃至供养的行列等，则利用高低不同的浮雕手法来表现（图一）。也有的塔柱就雕成多级的方形佛塔形象，第51窟就是一个突出的例子。这种以塔柱为中心的布局，在同时代的别处的石窟群中也可以看到，例如在敦煌莫高窟，只不过那里因石质不宜雕琢，造像均为泥塑，在云冈用浮雕手法表现的部分，改用"影塑"或壁画等艺术形式了。以塔柱为礼拜中心的洞窟平面，自然是模拟当时的寺庙建筑，但是随着时光的流逝，北魏的寺庙早已无存，因此无从印证。近年来对现洛阳市东郊15里处的北魏永宁寺遗址的发掘，才真正揭示出一处当时佛寺的真实情景。

　　洛阳的永宁寺，是北魏孝明帝熙平元年（516年），由孝明帝之母灵太后胡氏兴建的一座大型皇家佛寺。这座佛寺的中心是一座木构的九级佛塔，佛塔每层的四面都设三户六窗，漆扉金铺，极其雄伟华丽，据说在距洛阳百里处就可遥遥望到。可惜在建成18年后，于永熙三年（534年）二月突遭火灾，"火经三月不灭"，被烧成一片废墟。千余年来，永宁寺塔遗址仅留有一座高出地面5米多的方形土台。直到1979年，中国社会科学院

89

考古研究所洛阳工作队，才开始对这座土台进行了发掘。清理出的方形夯土塔基边长38.2米，高2.2米，四周包砌有青石，其下还有面积更大的厚2.5米以上的地下夯土基承托（图二）。在塔基上布列着柱础残迹，而在它的中心，是用土坯垒砌的方形实心体，实心体的南、东、西三壁各开有5个供奉佛像的大龛，龛宽各达1.8米。龛中的造像早已残毁无存，清理时只发现一些手、脚、发髻等大型塑像的残余部分，以及几块约与真人等高的菩萨像的残段。在塔基的北面发现有大型的佛殿基址，整座寺院周围绕筑围墙。这座以高塔为中心的宏大寺院遗址被发掘出土，说明石窟中那种以塔柱为礼拜中心的布局，正是真实地模拟着当时佛寺建筑，从而对"塔柱"雕刻的含意有了进一步了解。但是这次发掘的收获还不限于此，如果

图一　山西大同云冈石窟第一窟塔形中心柱

图二　北魏洛阳永宁寺塔基遗址第三次发掘鸟瞰

只有上述发现，对于研究古代建筑和佛教史等方面虽然是值得欣喜的重大收获，但是美术史的研究者未免过于失望了。这一不足，恰好被清理塔基时出土的大量小型泥塑的残像所弥补。这300余件小型泥塑，多是原来贴塑在壁面上的"影塑"的残留，虽然因佛塔火灾后，它们不但早已脱离壁面，而且身首分离，残毁过甚，但是这些残像所焕发出的艺术光彩，仍然令人赞叹，同时把北魏影塑的艺术水平，再次揭示于世人面前。

　　存在于石窟寺中的影塑作品，是早已被发现了。在以彩塑为主的石窟中，例如敦煌和麦积山，为了突出主要造像的艺术效果，常常以影塑起辅助和陪衬作用，就好像以石雕为主的石窟中，常以浮雕来陪衬圆雕一样。从数量方面来看，影塑也占有相当大的比例。仅以敦煌为例，据统计，现在保存有历代塑像3000余身，其中包括圆雕塑像2000余身和影塑1000余身，因而影塑约占总数的1/3左右。敦煌的影塑大多是属于早期的作品，又多是贴塑在中心柱上部，填补着龛楣以上、藻井以下的空间。从题材看，常常是来听佛说法的菩萨、天人，以香花音乐供养佛的飞天伎乐，等等。他们构图多变，体态优美，极富装饰趣味。例如北魏时期的第248窟中，在火焰纹龛楣上方贴塑一组影塑，可惜大部已脱落，但是右侧还残存有一身由莲花承托的供养菩萨，身躯微侧，合掌礼拜，沉静虔诚的面容和灵动飘飞的衣带，有机地结合在一起，优美自然，气韵颇为生动（图三）。

同样的北魏影塑佳作，在麦积山石窟中也是保存有相当数量的，不仅有成组的人像，有的还配以背景，取得较好的艺术效果。第133窟的一座龛楣上方，影塑出重叠起伏的层层山峦，在群山的中央，是端坐在莲台上的佛像，两侧各立一协侍菩萨，在山峦右侧走来一位供养人，笼冠大履，在两个侍从的簇拥下缓缓而行。提到供养人的影塑像，以第142窟中发现的最富有特色，那座洞中现存81身塑像，其中72身属影塑，主要是千佛

图三　甘肃敦煌莫高窟北魏第248窟的供养菩萨

图四　北魏洛阳永宁寺塔基出土
佛教泥塑像

图五　北魏洛阳永宁寺塔基出土
泥塑弟子像

和供养人,这些供养人都是衣带宽博,高冠大履,面庞清秀,雍容安详,显示着时代风格,其中比较富有情趣的一身,是后壁左侧的供养人,他左手提携着一个小孩。麦积山的影塑作品中,艺术造诣最高的代表作,还有1953年勘察时在第133窟中发现的飞天,她安详地翱翔在漫天花雨之中,容貌微显清癯,面带颇富神秘感的微笑,显得深沉而富有个性。这些精美的北朝影塑,不知是什么原因,似乎一直没有引起人们应有的重视。

与上面列举的石窟寺中的北魏时期的影塑作品相比,永宁寺塔基出土的残像在艺术造诣方面要高出一筹,这大约是因为永宁寺是当时皇室重点营建的寺庙,塔中的造像由当时技术最高超的工匠来塑造。这些塑像较小巧,像头一般高7厘米左右,躯体约高15厘米上下。全系手工塑制,所使用的泥质极为细腻,淘洗匀净,由于曾遭大火焚烧,现在质地极为坚硬。从头像来看,永宁寺塔内影塑的题材和各地石窟寺中的一致,主要有两大类,一类是供养佛的菩萨和弟子,另一类是世俗的供养人,由于这是皇室兴建的,所以后一类很可能与龙门宾阳洞中的帝后礼佛浮雕相似,也是反映皇室供养佛的行列,在这一行列中包括有为数众多的文武官员和男女侍仆、侍卫武士等。出土的残像中都可以找到他们的形象（图四）。无名的艺术家把这些不同的形象都塑造得富有个性、栩栩如生。例如那年轻的比丘的头像，弯眉细目，微带笑意，青年俊秀而显得极度虔诚（图五）。与之适成对比的是头顶兜鍪的武士头像，浓眉深目，阔口虬髯，雄武勇猛但显得威而不怒，正与这组影塑整体显示的虔诚礼拜的气氛相适应。至于人物的发髻、冠帽、衣袍、鞋履等，无不刻画得细致逼真，只可惜原施的彩色已经剥脱无迹了。可以想见，当年它们色彩艳丽地成组合地贴塑在壁面上，将是多么豪华而显示着皇室威仪的礼佛行列，为那香烟缭绕的佛教殿堂增添了多少光彩。这些造型生动的艺术品今天虽已残缺，仍不失为技艺精湛的古代雕塑瑰宝，为由中国古代雕刻精品谱成的交响诗，增添了音调铿锵的新篇章。

（原载《美术》1982 年第 2 期。后收入《逝去的风韵——杨泓谈文物》，中华书局，2007 年）

日本古代的埴轮艺术

1982 年 11 月的奈良，天气还暖得像是北京的初秋。在菅谷先生的陪同下，我来到了奈良县立橿原考古学研究所，我首先参观了研究所的附属博物馆。当时在博物馆里除了常设的展览外，还有一个关于古代日本音乐的特别展览。一进入展览大厅，我就被一件男子弹琴的埴轮吸引过去（图一），对这个早已在考古书刊图版中熟悉的古代艺术品，我早就希望能见到实物，现在是如愿以偿了。这件高近 73 厘米的红陶人像，出土于日本群马县前桥市朝仓的古坟中，是公元 7 世纪的作品。刻画的是一位垂足端坐的乐师，双手抚着横置膝上的古琴，神态恬静地凝视前方，似乎刚弹完的琴曲余音未绝，他本人也依然陶醉于美妙的音乐之中。在同一个展览厅里，还能欣赏到与音乐有关的另外一些红陶人像，有腰悬带铃圆镜的巫女（图二）和头戴佩铃尖冠的男子（图三），也有敲击腰鼓的乐师和手执拍板的歌女，个个姿态生动，显露出古朴的美感。这些人像的下部，毫无例外的都连接着一个粗大的圆筒，那是为了将它埋立在古坟旁时，埋在土中的基座。它们都是日本古坟时代陶塑艺术品中，最令人为之神往的"埴轮"。埴轮是专门烧造的一种用于墓葬的陶质明器，人形的埴轮相当于我国古代的陶俑，不同的是中国的陶俑是埋在墓室里面，而日本的埴轮放在墓室外面，埋植在墓丘的周围。接着我又参观了橿原考古学研究所的常设展览——大和的考古学展览，得以仔细地观察了更多的埴轮，其中除了人像外，还有各种动物的形象，以及房屋、武器、用具的巨大模型。数量最多的一类，则是高大的粗圆红陶筒状体，上面有凸棱或镂孔装饰。它们原来都是立植在古坟周围的明器。

图一　弹琴男子　　　　图二　腰佩圆镜的女巫　　　　图三　头戴尖冠的男子

　　关于埴轮的起源，至今还不十分清楚，但是在《日本书纪》中保留有下述传说。据说原来王族显贵死后，要用近侍等活人殉葬，但不是埋进墓内，而是将活人立埋在墓葬周围。这些被半埋的活人，经过几天还不会死掉，终日哀号哭泣，构成一幅极其残酷的画面。当他们死后，又暴尸于野，腐烂发臭，遭到鸟兽的撕噬，惨不忍睹。垂仁天皇二十八年冬天，他的舅舅倭彦命死后，葬身于狭桃花坂，当天皇看到埋殉的近侍的惨状，听到他们的哀号时，动了恻隐之心，决定改变这一习俗。所以当三十二年秋天，皇后日叶酢媛命死时，他就采纳了野见弥进的建议，令其去出方国唤来土部（专烧陶器的部落）百人，依照人、马等形象烧制出许多陶制品，用来代替活人植立在墓葬周围。这些陶制品就是最早的埴轮。关于"埴轮"的得名，"埴"是陶土的意思，而"轮"字的解释，至今不甚清楚，或者认为是因为围绕着墓丘排列成轮状而名轮的，或者认为它的形象是圆筒状而定名的，但都是一些推测。关于野见弥进的故事，虽然是有关埴轮的年代最早的传说，值得重视，但是其中所讲的最早的埴轮是人马等形象这一点，却与发掘出土的早期埴轮的形象不尽相合。因为最早的埴轮，是前面已讲过的那种高大的粗圆筒状体，而不是人、马等形象。

从埴轮本身发展的历史看，最早出现的是圆筒状的埴轮，这类作品是竖直的粗圆筒状，筒体上有多周凸棱，在凸棱之间装饰着三角形的镂孔。在最上部，向外侈展呈杯口状，其中较高的接近 2.5 米，圆筒直径达 1 米。它们围立在前方后圆古坟的后圆部石墓室的周围。有人认为它具有把埋葬尸体的墓室与其他部分划分开的咒术的意味，使用的数量很多，传说仁德陵的大古坟使用的圆筒埴轮，推测应有两万个之多。随后与圆筒埴轮不同的形象埴轮开始出现，那时已到了公元 4 世纪的后期。在形象埴轮中，最先出现的是模拟器物或房屋形象的作品。器物中有华盖、坐椅、帽子等物和各种武器，有时还能见到船的形象。许多形象埴轮的基本形体还呈圆筒状，或是在下面连有为埋入土内的圆筒形基座，显示着在圆筒埴轮基础上演变出来的痕迹。武器形象的埴轮，常见的有大刀、短甲、头盔、箭靫和盾牌，数量最多的是巨大的盾牌。例如在奈良县三宅町石见遗迹出土的埴轮盾高达 1.46 米，盾面饰有漂亮的图案纹饰。这些盾牌植立在墓旁时，都把盾面朝外，放置在较重要的位置。例如冈山市金藏山古坟坟丘的中央石室周围，环绕着一周圆筒埴轮，但在四角和南北两面的中央部位，都是盾牌，同时在北面还植立有华盖形象的埴轮。这些模拟着华盖和武器的埴轮，已同主要与咒术有关的圆筒埴轮不同，目的看来是炫耀着死者生前的权威和武力，并且试图把他们的权势由人世延续到阴间去。

继模拟器物形象的埴轮之后，表现人物和动物形象的埴轮也出现了，时间已到了公元 5 世纪以后。这一类埴轮虽然出现得最迟，但是与前面所讲的圆筒埴轮和模拟器物的形象埴轮相比，在艺术造型方面达到了埴轮艺术的高峰，显现着浓郁的日本民族风格，令人看后产生深刻的印象。因此当一提到日本的埴轮时，人们自然想起这些古朴的人物形象，而很少会想

图四　房屋埴轮

图五　持盾男子头像　　　　图六　男子像头部　　　　图七　笑的男子

到那些外形呆滞的圆筒埴轮。这也正是在我参观古代日本音乐展览时，一下子就被那件男子弹琴埴轮吸引住的原因。人物埴轮的含意，与我国古代的陶俑极为近似，它们的出现，进一步显示出墓主人力图把生前的权威和生活享乐，全部带到阴间世界的强烈愿望。因此除了象征着房屋（图四）、用具和武器等的形象埴轮外，还需要那些在他生前生活中不可缺少的各类人物的形象，诸如伴随身边的亲近侍从，保护安全的武士，为他观赏的舞乐，甚至在他属下生产的农民，自然还缺少不了举行宗教仪式的巫女。因此上述各种人物纷纷出现在形象埴轮之中（图五至图七）。由于古坟所在的地域不同，坟上植立的人物埴轮也有差别。例如畿内地区的人物埴轮，以巫女的形象为主；和歌山一带，力士像较多；在关东地区，人物埴轮的题材最为广泛，有盛装的豪族男女，有击鼓、弹琴的乐师，还有一般平民的形象，如手执农具的农夫，背负婴儿、头顶水壶或手持水罐的妇女（图八），甚至还有裸体的男女像，等等。

　　由于塑造对象的身份、职业、性别和服饰各有特色，就为烧制埴轮的匠师提供了充分发挥他们艺术才能的机会。但是人物形象的埴轮仍是属于丧仪制度的明器，又是按照安放埴轮的传统做法埋立在墓丘旁，所以一般人物都是双腿直立的姿态，并且下面连有圆筒状基座，甚至有些只塑出上半身，腹部以下的躯体就用圆筒状基座来代替，这样一来又给人物形象的塑造造成了相当的限制。为了抵消上述不利因素，日本古代的匠师采用了两种办法：一是强调上肢的动态，以求人物的姿态；二是着意于面部的刻画。特别是后一种办法，突出地显示出独具匠心之处。埴轮的躯体都是中空的，头部也是如此，于是采取了和一般雕塑作品不同的表现五官的手法，把双眼和嘴挖成镂空的孔洞，眼孔一般是横置的枣核状，嘴孔则呈狭长状，配上凸塑的眉毛、鼻子和双耳（耳间也穿通有耳孔），形成具有特色的面型。古代匠师在这三个简单的孔洞上颇费功夫，以它们在颜面上的部位以及或大或小、或平或弯的变化，来表现人物的身份、年龄甚至独特的性格，以致严肃的巫女、威猛的武士、长须的老者、年轻的妇女……各有特色。从茨城行人冢古坟获得的一个只保留着头部的残像，作者只用了把眼孔下弯和嘴孔上翘的简单手法，就使面部充满笑意，形态极为生动。另一件也是茨城地方出土的持盾者，也是用同样的简练的手法，使得塑像笑容可掬，令人观后也想和他一起欢笑。有的头戴高冠的长须老人像（图九），作者故意把双眼的孔洞减短改细，并且微微向左右下斜，嘴孔也相

图八　手持水罐的妇女　　　图九　长须老人像

应地开成窄缝，配着垂拂胸前的长须和下斜的双眉，确是老态龙钟的形象。仅仅靠着改变眼孔和嘴孔，就可以在埴轮的面部呈现出各种不同的表情，那些日本的古代匠师手法之熟练和技艺之高超实在令人赞叹。这种高度概括的手法，表现在那两件从埼玉出土的著名的舞蹈者的塑造上，达到了高峰。用圆圈状的眼孔和嘴孔，配以上扬和前屈的双臂，显示出高歌起舞的生动姿态，古朴动人，但已接近于抽象的表现手法，真是不可多得的古代艺术珍品。

和人物形象埴轮同样古朴生动的是一些动物形象的埴轮，它们也是从公元5世纪以后出现的。最早出现的也是最常见的是骏马（图一〇），配备着华丽的马具，辔鞍鞯镫俱全，有的还佩带着有日本特色的大型马铎。现在从发掘出土而陈列在博物馆的埴轮马来看，它的四腿似乎过长，与马体比例不调，其实那圆筒状的四条马腿的底部，是应该埋入土中的，除去那部分的长度以后，马的四腿与马体的比例还是较为接近实际的。比马出现迟一些的是水鸟和鸡的形象，据传说水鸟是可以驱除恶灵的圣鸟，因此它的形象具有避邪的含意。6世纪以后，与狩猎活动等有关系的动物形象和家禽的形象都出现了，如犬、鹿、猪、牛、鱼等。这些动物形象埴轮，

图一〇　骏马埴轮

凡是四足的兽类，都是四足直立的站立姿态，造型古朴而轮廓线极简练，但总是显得有些呆板。水鸟、鸡、鱼等都塑在圆筒底座上，姿态稍感生动。体态最生动的一件作品，是一只侧身的猿猴，出土于茨城县玉造町大日冢古坟，但它的形体较小，高仅有27.3厘米。

埴轮都是不施釉彩的，保持着胎土烧制后的本色，是较淡的橙红色，因此显得淡雅而古朴。在一些人物形象的埴轮上，加涂有较深的红彩，用

以表现衣服、带子或帽子上的花纹。特别令人感兴趣的，是在一些人物的面部涂有红彩，通常是在双目以下斜涂向两颊，呈三角状，有在嘴下或额上也涂有红彩的，看来这是当时人们化妆的一种手段，对研究古坟时代日本人的习俗，是极珍贵的资料。谈到这里确实应该强调指出，埴轮这种古代陶塑艺术品，更重要的是反映着当时的社会习俗，通过它们可以了解当时日本人的服装、用具、武器等的真实面貌，为历史研究提供了重要的实物资料。同时还可以清楚地看到一些用品形态改进的情况，例如那些身披甲胄的武士形象的埴轮（图一一），较早的都是身穿"短甲"，在埼玉县上中条出土的那件著名的穿短甲武士埴轮，就是公认的代表作，它是公元6世纪的作品。以后"挂甲"逐渐流行，于

图一一　身穿甲胄的武士

是穿短甲的武士埴轮日渐减少，代替它的是身穿挂甲的武士埴轮了。这样的变化，为研究日本古代甲胄的发展史，提供了重要的资料。

　　我们在观察日本的古代埴轮时，常常会发现有许多地方显得非常熟悉，也能够在中国古代的陶瓷雕塑作品中找到相似的现象。例如从南京的西晋永宁二年（302年）墓中出土的一件青瓷女俑，圆筒状的俑体，双目是镂空的枣核状孔洞，上体赤裸，凸起两个圆锥状的乳房。以这件瓷俑造型的特点与日本茨城行人冢古坟出土的顶水壶妇女，以及木鸡冢古坟出土的背负婴儿的妇女相比，其面相和圆锥状的乳房都是极为相似的。后两件作品的时代，大约相当于公元7世纪，比南京的西晋瓷俑迟得多。此外，一些7世纪的盛装男子埴轮，上衣是束腰带的短装，下穿膝下缚带的长裤，这正与中国南北朝时期最流行的一种服装"袴褶"相同。盛装女子的头饰以及下体长裙的圆筒状造型，又和六朝的长裙作圆筒状造型的女俑相类

似。至于武士埴轮身上出现的"挂甲",以及马形埴轮装备的成套马具,更明显地表明是受到古代中国的影响的产物(这些影响有时是以朝鲜半岛为跳板传到日本的)。上面指出的这些令人感兴趣的种种现象,说明日本古坟时代人物形象埴轮的造型,与中国古代两晋南北朝时期的陶、瓷俑之间存在着某种联系。因此,很可能是传达了古代日中文化交流方面的又一个信息,这是值得今后仔细进行研究的课题。如果能够进一步证明上述信息是可靠的,那就为源远流长的中日文化交流增添了新的证据,同时也为探讨日本古代埴轮的起源提供了新线索。

(原载《美术》1983年第4期。后收入《逝去的风韵——杨泓谈文物》,中华书局,2007年)

宋代市民游艺

——京瓦伎艺

在北宋都城汴梁（今河南开封）城内，有一处热闹的游艺场所，名叫"瓦子"，位于皇城东南角的东角楼附近街巷中。据孟元老《东京梦华录》卷二所记："街南桑家瓦子，近北则中瓦，次里瓦。其中大小勾栏五十余座，内中瓦子莲花棚、牡丹棚，里瓦子夜叉棚、象棚最大，可容数千人。自丁先现、王团子、张七圣辈，后来可有人于此作场。"除了各种文艺演出外，"瓦中多有货药、卖卦、喝故衣、探搏饮食、剃剪纸、画令曲之类。终日居此，不觉抵暮"。"瓦子"又称"瓦舍"，这一名称的来源并不十分清楚。据吴自牧《梦粱录》说："瓦舍者，谓其'来时瓦合，去时瓦解'之义，易聚易散也。不知起于何时。倾者京师甚为士庶放荡不羁之所，亦为子弟流连破坏之门。"这类专供当时一般市民乃至军卒暇时娱乐的场所，到了南宋时期，在都城杭州比北宋汴京更有所发展。据《梦粱录》卷十九所记，杭州城内外的瓦舍，合计达 17 处之多。

在瓦子演出的各种伎艺，名目繁多，大致可以看出有些与后世的戏剧有关，有些与曲艺、杂技以至武术表演有关。与后世戏剧有关的伎艺，主要有"杂剧"和傀儡戏。傀儡戏也就是后世的木偶戏，当时有"杖头傀儡"（杖头傀儡）、"悬丝傀儡""药发傀儡"等名目。此外也有"影戏"，影戏用的人物，在北宋汴京时是用"素纸雕簇"，后来改为"以羊皮雕形，用以彩色妆饰"，形成现代皮影戏的前身。与后世曲艺有关的伎艺，主要有小说讲经史、诸宫调、叫果子等名目。其中小说讲经史一项，实开后世说书艺人之先河。又据所讲述的内容不同，还可细加区别，讲史以讲谈历史故事为内容，"谓讲说《通鉴》，汉、唐历代书史文传，兴废战争之事"（《梦粱录》）。小说则偏重传奇情节，内容多烟粉、灵怪、传奇、公案，常是离不开朴刀、棍棒、妖术、神仙等打斗离奇的情节，引人入胜。除此而外，还有演说佛书、说参请的，表演者是一些和尚，主讲宾主参禅悟道等事，实际是借文艺表演形式以进行宗教宣传。诸宫调是以唱为主的表演，有鼓板或弦管乐器伴奏。还有浅吟低唱的小唱等。叫果子是模拟卖物小贩的叫卖声，属于口技一类。与后世的杂技以至武术表演有关的伎艺，如《东京梦华录》中讲的筋骨上索杂手伎、球杖踢弄、小儿相扑、杂剧、掉刀、蛮牌等。此外，还有索上担水、索上走装神鬼、舞判官，以及踢瓶、弄碗、踢磬、踢缸、教虫蚁、弄熊、藏人、藏剑、吃针等杂技、马戏表演。在瓦市中还有一种极受人们欢迎的项目，就是"相扑"，又称"角抵"或"争交"，它有些像后世的摔跤表演。由于瓦子里有上述的诸般伎艺演出，极受一般市民和军卒人等的欢迎，因此不管是风雨寒暑，都是非常热闹，那些最大可容数千人的表演棚内，观众总是满满的，日日如是。

两宋都城中瓦子的繁荣热闹的景象，早已成为历史陈迹，但近年来的考古发掘又为我们提供很多资料，使我们得以窥知当时演出的部分情景。下面选取杂剧、傀儡戏为例，作些简略的介绍。

图一　河南偃师北宋墓　　图二　河南偃师北宋墓　　图三　南宋绘画中的
　　　杂剧砖雕（摹本）　　　　杂剧砖雕（摹本）　　　杂剧表演（摹本）

杂剧是宋代市民游艺很重要的一项。关于杂剧演出的情况，据耐得翁《都城纪胜》，杂剧中末泥为长，每四人或五人为一场。先做寻常熟事一段，名曰"艳段"。次做"正杂剧"，通名为两段。最后还有后散段"杂扮"。在河南省偃师县酒流沟发现的一座北宋末年的墓中，墓室的北壁上嵌有六块上有画像的雕砖，其中的三块砖上的画面是与杂剧演出有关的，总共刻出五个姿态生动的演剧人物的形象，虽

图四 河南偃师北宋墓砖雕（拓片）

然无法查考他们具体表演的是什么剧目，但可以看出这三块砖大约代表着杂剧演出的三段。其中一块砖上刻有一个演员，从鬓边露出的短发和面

图五 河南偃师北宋墓杂剧砖雕（拓片）

像，可以看出是一位女演员，她双手张开一幅小巧的立轴画，身躯微向前倾，似是面对台下观众独白（图一）。这一画面表现的可能就是杂剧演出的第一段的情景，即"艳段"或称"首引"，系引起戏剧开场的意思。另一块砖上的画面中刻出两位男演员，左侧的一人右手托着一个包袱，他侧转脸去对右侧的人讲话，同时还用左手指点着对方。右侧的人头稍前倾，做出正专心倾听对方讲话的姿态（图二、四）。他

们所表演的内容，大约是杂剧的第二段，即"正杂剧"，也就是演出的主要部分。至于杂剧的第三段，也就是主要的"正杂剧"演完的后散段"杂扮"，可能是第三块砖画面所描绘的情景。刻出的两位演员都是丑角的扮相，左侧的人托着内伏一鸟的鸟笼，并用右手指着鸟笼大张着嘴，似是对另一人讲话。右侧的人回转身来看着托笼的人，并把右手的拇指和食指含在口中，正在吹口哨。两个人都双足外扭，迈着"丁字步"，并像是按着同一节拍扭摆着身体，形象滑稽，引人发笑（图五）。除了杂剧砖雕外，还有两幅传世的南宋绘画，描绘的大约也是杂剧舞台人物的形象。其中一幅绘出两个表演者，左侧的一位眉目清秀的演员，着装颇为滑稽，头戴一顶下圆上尖的高帽子，身穿肥大的长袍，右胁下斜悬一个方形布袋，在帽子上、长袍的前襟和后背以及布袋上面，都画着许多眼睛（图三）。他侧身向右，用手指点着对面站立的另一位演员的右眼。另一位演员是农民的扮相，左手执着竹篦，也用右手指点着自己的右眼。有人考证这幅画可能画的是杂剧名目中的《眼药酸》，如果不错，那这幅画就是唯一的剧目明确的宋代杂剧图像。

关于杂剧演出时的乐队，在宋墓的砖雕中也有发现。河南禹县白沙东的一座北宋墓中，发现一组戏剧题材的砖雕，刻出的演剧人物造型较粗劣，艺术价值远没有偃师的那组高，不过其中保留了有关乐队的珍贵资料。刻出的乐队由七位乐师组成，演奏的乐器共五种，计有大鼓、腰鼓、拍板、笛和觱篥，腰鼓和觱篥各二件，余皆为一件。乐师有男有女，击大鼓和拍板的是女性，其余乐器则由男子演奏。

图六　江西鄱阳南宋墓出土戏剧瓷俑

图七　河南济源出土宋代三彩枕（摹本）　图八　河南济源出土宋代三彩枕（摹本）

　　除了绘画和砖雕以外，也发现过一些和戏剧有关的雕塑作品，主要是一些南宋时期的白瓷俑。在江西鄱阳发现的南宋景定五年（1264年）死去的洪子成墓中出土的白瓷俑，共有21件，多是头戴各种样式的幞头，身穿圆领长袍，足穿靴，作各种不同姿态的表演，或俯首欲泣，或抬头远眺，或双手捧物，或举手舞蹈，或拱手肃立，或恭敬施礼，面部表情多样，神情灵活自然，很可能是模拟着登台作戏的演员（图六）。原来衣上施加有彩绘，现在已经大部分脱落了，仅在面部、袍带等处微见朱彩墨痕而已。类似的瓷俑在景德镇地区也有发现。

　　除了杂剧，傀儡戏也是宋代民间流行的表演艺术，利用各类偶人可以作多种题材的表演。据《都城纪胜》，傀儡戏主要表演烟粉灵怪故事，以及铁骑公案之类题材，使用和杂剧相近似的剧本。由于用偶人表演，所以更宜于演"多虚少实"的神鬼故事，"如巨灵神、朱姬大仙之类是也"。依据操纵偶人的技法等不同，又可以区分为悬丝傀儡（悬线傀儡）、杖头傀儡、水傀儡、肉傀儡等名目。1976年在河南济源县发现了两件宋代的三彩枕，其中一件枕面中部是儿童游乐图，描绘出三个在池边柳荫下玩耍的儿童。其中有一个头挽双丫髻的绿衣白裤小儿，坐在绣墩上，右手执着一个提线木偶作戏（图八），另两个小儿一个敲锣、一个吹笛进行伴奏。虽然描绘的是小儿游戏，却可以看出宋代悬丝傀儡的结构和操纵手法，和现代的提线木偶是完全一样的。在济源发现的另一件三彩釉枕面上，在四角有

图九 宋画《骷髅幻戏图》

四个圆形的画面，也都是描绘着小儿游戏的题材。其中左下角一幅，绘出
一个坐在地上的小儿，绿裙红色兜肚，白胖可爱，举右手要弄一个黄衣的
傀儡（图七）。这一傀儡是在头下连接衣套，双臂旁伸，用手操纵傀儡活
动。这种木偶，现代也有同样的形象。上面的考古资料虽然无法代表宋代
傀儡戏表演的盛况，但提供了有关提丝傀儡等的形象资料。至于杖头傀儡
的具体形象，可以从中国国家博物馆所藏的一面宋代方形铜镜背面的装饰
图像中看到。那也是描绘着儿童游戏的情景，其中有一个童子在帏帐后表
演傀儡戏，他双手各举一个手持兵器的杖头傀儡，使两个傀儡互相搏击，
看来演出的是表现战争场面的武打戏。还有一幅传世的宋画《骷髅幻戏
图》，其中画出的大骷髅也是要一个提线木偶的小骷髅（图九），十分生动
又富于魔幻色彩。

（原载《文史知识》1984 年第 6 期。后收入《逝去的风韵——杨泓谈
文物》，中华书局，2007 年）

亥年话猪

20世纪80年代中期，内蒙古敖汉旗小山遗址出土一件夹砂磨光褐陶尊形器，肩腹部饰有压划精致的动物形纹，引人注意的是刻画的并非自然界动物的原形，而是具有神异色彩的由多种动物体征结合而成的图像。其中之一的头部形貌为野猪，突嘴，长鼻，上弯的獠牙呲于口外，凶悍威猛，但是躯体却呈龙蛇形状，修长蜷曲（图一）。这图像无疑是当时人们心目中的神怪，反映着一种原始信仰。

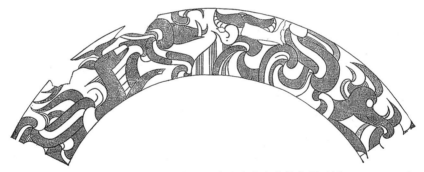

图一　内蒙古敖汉旗小山遗址出土陶尊纹饰展开图

据碳十四测定年代，小山遗址距今6100年左右，因此这猪首龙蛇躯体的神怪，当是目前所知龙蛇状身躯神怪年代最早的一例，也表明那时原始人群对猪形神灵是至为崇敬的，或许是因为野猪生性刚猛，遇敌勇斗，可以借此激励原始民族中武士的勇猛战斗精神。迟至南朝刘宋时，袁淑还曾赞誉猪"俯喷沫则成雾，仰奋鬣则生风。猛毒必噬，有敌必攻"。古波斯人曾视精悍的猪为军神的化身之一，虽然时代不同、民族各异，当出于同样的原因。在我国边疆古代少数民族的文物中，也不乏野猪与虎豹等猛兽

图二 内蒙古准格尔旗西沟畔出土虎噬猪金带扣

图三 云南晋宁石寨山滇人墓出土青铜豹猪相搏牌饰

搏斗题材的作品,例如1979年内蒙古准格尔旗西沟畔2号墓出土的长方形金带扣,其上有"故寺豕虎三"等铭刻,图像为一猛虎与一野猪翻滚搏噬,胜负难分,生动传神(图二)。又如云南出土的古滇族文物中,也常见虎豹搏噬野猪题材的镂雕铜饰牌,且多呈双虎双豹共斗一野猪。石寨山M10出土的一件最为生动,一豹被猪踏于蹄下,另一豹伏于猪背噬咬,那猪瞪目张口,奋战强敌,颇显威猛(图三)。此外也有些滇人铜饰牌,表现了人猪相搏和骑士猎野猪的情景。

野猪虽然威猛凶悍，但它终与有尖齿利爪的食肉猛兽不同，以杂食为生，平时习性较平和，非遭敌冒犯并不火暴凶残，且体硕肉丰，肥美可食。正所谓"体肥脂而洪茂，长无心以游逸"（见袁淑《俳谐集》）。因此除成为原始人类捕食的对象外，又有进行人工驯化畜养的可能。至少在新石器时代，驯化畜养野猪，使其改变为家猪的进程已经颇为顺利地进行着。至迟在距今7000～5000年的仰韶文化时期，猪已经是黄土地带的原始居民饲养的家畜。向上追溯，在更早的磁山、裴李岗文化的遗址里，就已发现猪的遗骸，那大约是距今7500～6800年。此后到大汶口文化和龙山文化的许多遗址里，猪的遗骨的数量日渐增多，还有不少模拟猪造型的艺术品，最生动的可算是山东胶县三里河遗址出土的猪形陶鬶（图四）。在江南的新石器时代遗址，如余姚河姆渡遗址以及其后的马家浜文化、良渚文化和长江中游的大溪文化、屈家岭文化等遗存中，都有家猪的遗骨出土。有的遗址中还有陶塑的家猪模型出土，特别是河姆渡遗址出土的陶猪长嘴硕腹，以古朴的手法再现了早期家猪的形貌（图五）。但是在史前诸遗址

图四　山东胶县三里河遗址出土陶猪鬶

图五　浙江余姚河姆渡遗址出土黑陶猪纹钵

中发掘出土的猪遗骸所显示的特征，还与后世的家猪有所区别。以大汶口文化的发现为例，当时墓中随葬猪头、猪蹄乃至半只猪体已成为时尚，并借以表现死者生前拥有的财富，也表明养猪业已具相当规模，但仔细观察出土的猪头骨，仍可看出虽已与野猪有一定的差别，但比起以后的家猪，还只能称为原始家猪。

　　殷商时期，猪的驯养和饲育技术进一步提高，甲骨文已有一猪形在圈之中，表现的是将猪畜养在栏圈之中。圈养比放牧进了一步，意味着使猪彻底脱离野生状态，被限制在人工造成的环境内，这样经过若干代以后，猪的运动器官机能会受到影响，警觉性会降低，野性消退，日趋温顺，又因限制其活动空间，整日饱食酣卧，体态也更趋肥胖多肉。猪肉除供食用，也供祭祀，河南安阳殷墟武官村北地发现的祭祀坑中，有的坑内以整猪为祭品，发掘时猪骨架保存完整。当然，捕猎野猪仍是狩猎的重要内容，青铜造型艺术品也不乏野猪的形貌，例如湖南湘潭出土的豕尊（图六）。

　　到了周代，猪被列为"六畜"之一，是人们主要的供肉食的家畜。《左传·昭公二十五年》记赵简子向子大叔（游吉）问礼，提及"为六畜、五牲、三牺，以奉五味"。杜注谓六畜为马、牛、羊、鸡、犬、豕，五牲为牛、羊、豕、犬、鸡，三牲为牛、羊、豕，而三牲用于祭天、地、宗庙，可见豕（即猪）在食用及祭祀中的位置（图七）。在考古发掘中，也不断发现许多王侯墓中的列鼎内残存祭品遗骸，例如湖北随县战国初期的曾侯乙墓中，中室南部放置有曾侯乙铭的列鼎9件，其中有6件中都有猪的遗骸，除1件只有猪外，其余均与鸡或羊两个品种共放于一鼎之中。

图六　湖南湘潭出土商代青铜豕尊

图七　山西西周晋侯墓地出土青铜豕尊

113

同出的 5 件盖鼎中，有两件内存猪的骨骸。据鉴定，所放的有猪的右肩、左肩、右前肢、右后肢及部分背部、肋部，据所出 3 只右后肢，显系取自 3 头猪，都是半成体，体重应在 25 ~ 40 千克，估计 3 ~ 4 月龄。另外还在一件铜食具盒中发现两具完整的乳猪骨骸，其体重应在 2.5 ~ 5 千克，初生 1 个月左右。在荆门市包山 2 号楚墓的随葬竹笥中所遗存的猪骨骸，经鉴定也都属于幼仔猪，可能是烹煮好以后分置于竹笥内，且几乎都与鸡共存。这是否表明楚地喜食幼猪亦未可知。

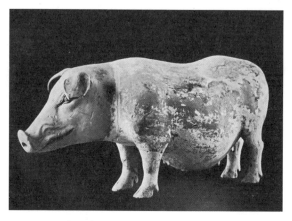

图八　陕西咸阳西汉景帝阳陵丛葬坑出土陶猪

图九　河南汲县东汉墓出土陶厕与猪圈

图一〇　山西太原北齐娄叡墓出土陶猪

　　喜食乳猪的习惯在西汉时江南地区或仍流行，在广州象岗南越王墓的一件铜鼎中发现过乳猪距骨。长沙马王堆 1 号西汉墓出土竹简遣策所记食品，颇多猪肉制品，取材也有成年猪和幼仔猪之分，前者如豕酪羹、豕逢羹、豕炙等，后者如豚羹。这时养猪业有很大发展，并注意培养良种猪，还有长于相猪的专家，如《史记·日者列传》所记"留长孺以相彘立名"。在汉墓中常常放置有陶猪模型，也正反映出当时养猪业之繁荣。其中时间较早的典型作品，可举陕西咸阳张家湾汉景帝阳陵从葬坑所出土的陶猪（图八），长嘴细目，硕腹低垂，乳头凸鼓，造型极为逼真。汉墓中除随葬陶猪模型以外，还常放置猪圈的模型，又多与厕所连成一体，反映出养猪积肥间的有机联系，1980 年河南汲县东汉墓出土的灰陶猪圈是很好的例子，厕所后接方形猪圈，圈内一肥猪侧卧，硕腹垂乳，其旁还有一猪食槽，生动描绘出肥猪饱食后酣睡的情景（图九）。

　　六朝至隋唐，墓中随葬陶猪模型习俗久盛不衰，只是猪的造型有所变化。自北朝晚期到隋代，盛行将肥猪塑成侧卧状，并塑出成群小猪伏于雌猪体旁吃奶（图一〇），更隐喻槽头兴旺、肥猪增殖之意。也是自隋代开始，流行在墓内随葬兽首人身的十二辰（十二时）俑，其中的"亥"俑，塑成袍服人躯，衣领中伸出长吻大耳的猪首，憨态可掬，颇具喜剧色彩（图一一、一二）。或许这一传统的艺术造型，对后世的小说家有所启发也

图一一　陕西西安唐墓出土 　　图一二　新疆阿斯塔那唐墓出土
　　十二时俑中的亥猪 　　　　十二时俑中的亥猪

未可知。联想起吴承恩的名著《西游记》中的猪八戒，不也正是猪首人身
的形貌，性格憨呆，虽能出力劳作，但有时懒散贪吃好色，耍些总会被金
猴一眼拆穿的小狡狯，是引人兴味的成功的小说人物，其形象后来广泛出
现于各种民间工艺品如年画、剪纸、木雕、泥塑中，为广大民众所喜爱。

　　（原载《中国文物报》1995 年 1 月 29 日，后收入《逝去的风韵——杨
泓谈文物》，中华书局，2007 年）

铜博山香炉

"洛阳名工铸为金博山，千斫复万镂，上刻秦女携手仙。承君清夜之欢娱，列置帏里明烛前。外发龙鳞之丹彩，内含麝芬之紫烟。如今君心一朝异，对此长叹终百年"。这首《拟行路难》，是以气骨劲健、词采华美见称的刘宋诗人鲍照的作品。诗中借博山香鑪（"鑪"今通作"炉"）引出闺中哀怨，负心人已去，空余香烟缥缈的博山香炉，说明人心易改，令人长叹。六朝时人常借博山香炉的香与炉来隐喻男女之间的爱情，也见之于民谣，如谣歌《杨叛儿》中有"暂出白门前，杨柳可藏乌。欢作沈水香，侬作博山炉"。亦可见博山香炉是当时日常的用品。除鲍照诗外，六朝时咏博山香炉的诗赋还有很多，今存有齐刘绘、梁沈约和昭明太子、陈傅等人的作品，但多是描绘香炉的华美，因而不如鲍诗借物隐喻，既富有情趣且寓意深刻。

其实，咏香炉而含隐喻，并不始于鲍诗，早在汉代已有这样的作品，如古诗中的"四坐且莫喧"一首，以"香风难久居，空令蕙草残"作为结尾，比喻世俗的人竭力追求浮名，结果好似蕙草被烧，香气很快散掉，到头是一场虚空，意似宣扬道家的思想。以鲍诗与之相比，似更具生活情趣。

"四坐且莫喧"古诗对香炉本身是这样描述的："请说铜炉器，崔嵬象南山。上枝似松柏，下根据铜盘。雕文各异类，离娄自相联。"确实很简练地刻画了汉代铜香炉的特征：在一个圆形铜盘的中央，竖立着上承炉身的直柄，炉身是上仰的半球形，以盛香料，上盖作尖锥状的山形，并开有许多出烟的小孔。盖上多雕饰精美，重峰叠嶂，鸟兽人物出没于林莽之中。使用的情景在此诗中也有描述:"朱火燃其中,青烟扬其间。从风入君怀,四坐莫不欢。"由于这种香炉工艺精湛,难于制作,不是一般工匠所能胜任,故古诗中用古代的巧匠来喻当代的工师,说:"谁能为此器,公输与鲁班。"其实汉代的制炉名匠,有一位的姓名还是流传下来了,那就是长安巧工丁缓。据《西京杂记》,他除能制作名贵的"常满灯"和"卧褥香炉"外,"又作九层博山香炉,镂为奇禽怪兽,穷诸灵异,皆自然运动"。丁缓制作的博山香炉,今天虽已不存,但是近年来考古发掘出土的汉代青铜博山香炉,也颇多精品,它们应可与丁缓的作品相媲美。

西汉时期,雕镂精美的铜博山香炉,开始出现在已被发掘的王公勋贵的坟墓之中。通常使用的类型,可举在河北满城中山靖王刘胜和他妻子窦绾二墓中的出土品为例。刘胜墓中放置的铜香炉,没有承托的圆盘,柄下有圈足,柄部镂雕成三条腾出波涛的龙,以头顶托炉身。炉身上部和炉盖合成层层上叠的山峰,虽无九层,至少也有六七层,峰峦间点缀有树木、神兽、虎豹出没其间,还有肩负弓弩、追逐野猪的猎手,特别是雕出一些体态灵活的猴子,或高踞在峰顶,或骑在兽背,更使作品增加了生趣。全炉纹饰均错金,线条劲健流畅,有粗有细,细的近于发丝,工艺极为精湛。若于炉内焚香,轻烟飘出,缭绕炉体,自然造成山景朦胧、群兽灵动的效果(图一)。窦绾墓中放置的一件,是下面带有承盘的,炉盖也作人兽出没其间的重重山峦,但似不如刘胜墓的那件精巧。山峦下有一周由龙、虎、朱雀、骆驼及草木、云气等组成的花纹带。炉柄的造型最具匠心,雕出一个裸身力士,仅腰束短裤,肌肉凸张,孔武有力,他屈膝骑在仰首伏地的神兽背上,左手按兽颈,右手上托奇峰耸立的炉体,造型稳重而不呆滞,确有力举万钧的气势。这两件铜博山香炉的体高分别是26厘米和32.3厘米,它不但适于在当时席地起居时置于席边床前,也适于列置帏帐之中。

另一种类型的铜博山香炉,具有较长的炉柄,体高为一般香炉的两倍以上,看来在宴会等场面中使用较为合适。这类香炉,可举从茂陵附近一号无名冢的一号从葬坑中获得的一件为例(图二)。该炉的炉身也是上仰的半球形，上盖作重峰叠嶂的山形。但炉柄极长，柄下底座镂雕二龙，蟠体仰头张口，炉柄即自龙口中上伸，作五节的竹节状，柄上端承炉身。并在柄上铸出三条曲体昂首的长龙，龙头托顶在炉身底侧。龙体鎏金，爪银色，鳞甲灵动，体态矫健。全器纹饰多鎏金银，华美异常。炉体通高达58厘米，是出土同类物中最高的实例。炉上有铭刻，知系宫内所造，原为未央宫物，后归阳信家，当时称作"金黄涂竹节熏卢"，说明当时香炉和熏炉的名称是通用的。上面所举的实例，都是工艺精湛、只有皇室贵胄才能享用的奢侈品。至于一般官僚地主的用器，则形体较小，装饰也较简单，除了青铜铸造的以外，也有陶制品，一般也是由承盘、炉柄、炉身和山形有孔的尖锥状炉盖所组成，也有的在山形盖的顶峰饰一振羽翘尾的朱雀。但墓中随葬的陶质博山香炉，有些属于制工粗劣的"明器"。

 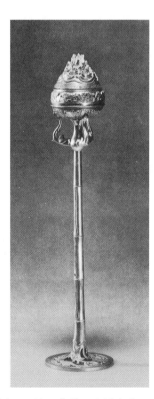

图一　河北满城西汉刘胜墓错金银　　　图二　陕西茂陵无名冢出土西汉
　　　　铜博山炉　　　　　　　　　　　　　鎏金竹节柄铜熏炉

图三 江苏常州南朝画像砖上的
仕女执博山炉图像

魏晋时期，皇室贵胄中铜博山香炉沿用不衰。据晋《东宫旧事》，太子初拜，"有铜博山香炉一枚"；太子纳妃，"有银涂博山连盘三斗香炉一"（《太平御览》卷七○三）。但至今我们还没有在晋墓的发掘中，获得过精美的铜博山香炉，因此还难以说明是否与汉代博山香炉的形制有区别。南朝依西晋遗风，博山香炉仍然流行，因此才产生前述的那些咏博山香炉的诗赋和谣歌。这些诗赋中用华丽词藻渲染描绘出的博山香炉，似乎镂雕有不少颇具故事情节的人物形象。如南齐刘绘诗中说博山香炉"上镂秦王子，驾鹤乘紫烟"，"复有汉游女，拾羽弄余妍"。前引鲍照诗中也有"上刻秦女携手仙"之句，大约指传春秋时秦穆公小女弄玉与萧史的爱情故事，最后夫妻乘凤仙去。因为我们还没有获得六朝时铜博山香炉的实物，难于证实。但有些也可能是诗人的想象而非出于写实，如鲍诗首句云炉为"洛阳名工"所铸，即非写实，因刘宋时洛阳为北朝地域，而且当时已不再生产博山香炉了。因此诗中引弄玉萧史之典，只不过是为了以仙侣携手与情人变心相比照，而取得更好的艺术效果而已。

南朝时一般使用的博山香炉的真貌，也可以从有关文物资料中找到它的形象。常州南郊戚家山发现的南朝晚期画像砖墓中，有一块侍女画像砖。画面是一位双髻少女，长裙大履，衣带飘飞，转体举手，姿态生动，在她的左手上托有一件博山香炉，下有承盘，炉柄上托半球状炉身，上有重山形盖，山巅立一振羽翘尾的朱雀（图三）。从这一图像看，似乎南朝的博山香炉仍然沿袭着汉代的旧制。

（原载《文物天地》1986 年第 1 期。后收入《逝去的风韵——杨泓谈文物》，中华书局，2007 年）

七子镜

李煜《乌夜啼》："无言独上西楼，月如钩。"利用那如钩的月牙儿，勾起沦为臣虏的南唐末代皇帝心中的哀怨和寂寥。不过更多的诗人是以明快的笔调来描绘那皎洁的明月，特别是圆圆的满月，用玉盘、纨扇、明镜、白璧等华美的形象去比拟它。因为"明镜如明月"（庾信《尘镜》），所以用镜喻月最为常见，但往往是泛用中国古代习用的铜镜的圆体和明亮去比拟，例如辛弃疾的《太常引》："一轮秋影转金波，飞镜又重磨。"至于用特定的形制的铜镜去比拟明月，则十分罕见，仅能在南北朝时的诗中找到，一般常能举出的是南朝时梁简文帝的一首《望月》："流辉入画堂，初照上梅梁。形同七子镜，影类九秋霜。"这里以"七子镜"来比拟明月，表明它是当时较为受人珍视的一种铜镜。其实用七子镜在诗中比拟明月，在南北朝时并非梁简文帝《望月》一例，北周诗人庾信的一首《望月》中也作过同样的比拟："夜光流未曙，金波影尚赊。照人非七子，含风异九华。"这句中的"七子"也是指"七子镜"。至于七子镜的具体形貌，后人不知就里，有人附会成"装有七面镜子的镜台"，还把这类说法写入辞书中任人查阅。其实所谓七子镜，是东汉时流行的多乳兽带镜的一种，它的特征是除在镜纽周围分布有八个小乳以外，在镜的内区的兽纹带上又有七个较大的乳。这七个乳的形象与其他镜乳不同，中央有凸出的小纽，周围饰连弧纹，做成七面小的连弧纹镜的形象。这七个拟镜形的乳，就是大镜的七子，由是名为"七子镜"（图一）。七子镜这种形制特殊的多乳兽带镜，在西安、广州等地的汉墓中常有出土，它盛行于东汉晚期，从上引南北朝诗中用它比拟明月来看，直到那时，人们依然珍重这种形制的铜镜。

图一 安徽马鞍山晋墓出土铜七子镜

七子镜有着被南北朝诗人写入诗句的荣幸，这是其他式样的铜镜无法与之相比的。不仅如此，在它的历史上还有另一点值得夸耀的经历，那就是它的名字曾经出现在日本的史书中。

据《日本书纪》记载，在神功皇后五十二年时，朝鲜半岛南部的古代国家百济曾向日本献七支刀一口和七子镜一面，这件事说明了当时海东这两个古代国家之间的文化交流。《日本书纪》的上述记载是否可靠呢？由于百济铸造的"七支刀"现在还保存在日本，刀上有铭文，而且还用了东晋"泰和四年"年号，这就证实百济赠送给日本"七支刀"和"七子镜"确有其事。

那么百济的七子镜源出何处呢？这一问题由于武宁王陵的发掘而找到了答案。百济的武宁王，就是中国史籍《梁书》所记的百济王余隆。据出土墓志，他死于梁普通四年（523 年），下葬于普通六年（525 年），时间与《梁书》所记相近。墓葬明显是效仿中国南朝的大型砖室墓的形制（图二）。墓中还放置有用汉字书写的墓志和买地券。以墓志为例，从形制到内容都与南朝的墓志如出一辙，而且志文中称百济王为"宁东大将军"，也正与梁朝所赠的官职相符合（图三）。

　　这些显示出当时中国南朝和百济两国关系之密切，也显示出百济受南朝文化影响之深。墓中随葬的青瓷器和铜器等物，有的就是从中国输入的，其中就有至今保存完好的"七子镜"（图四、五），正好与梁简文帝诗中所咏"七子镜"相对应，它应该是从中国南朝输入的，是当时两国友好关系的有力的物证。在流传至今的传南朝梁元帝萧绎绘《职贡图》中，也保留有百济国使臣的图像（图六），现存中国国家博物馆，它不仅是当时南朝和百济文化交往的见证，它也是迄今世界上流传的唯一的百济国人的图像。

图二　韩国百济王陵墓室内观

图三　百济武宁王陵出土石墓志

图四　百济王陵出土铜七子镜

图五　百济王陵出土铜七子镜

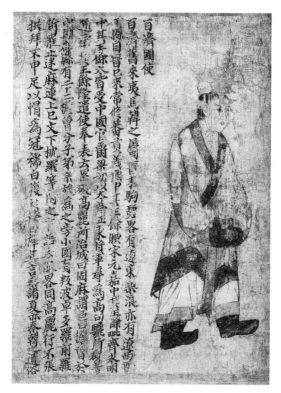

图六　传世梁萧绎《职贡图》中百济国使图像

　　令人感兴趣的是，百济从中国输入了"七子镜"，又向日本输出过这种当时被人珍重的铜镜。尽管《日本书纪》所载的时间较早，但这种古代中国、百济和日本之间的交流关系是清楚的。同时，百济从中国输入七子镜，又向日本输出七子镜的事实，不但证明了它与中日两国都有密切的文化交流关系，同时说明它具有中日两国交流的中介作用，通过七子镜在这一交流中所起的小小的纽带作用是看得更为清楚了。由此可见，一种精致的工艺品是会受各国人民喜爱的，正如晴空中的圆月，把皎洁的光同时照射在中国、百济、日本的国土上一样，这也可以算是"千里共婵娟"吧！

　　（原载《文物天地》1986年第2期。后收入《逝去的风韵——杨泓谈文物》，中华书局，2007年）

降魔变绢画中的喷火兵器

——探寻古代管形射击火器发明时间的新线索

　　中国是火药的故乡，现代枪械的前身——古代管形射击火器开始出现于战争舞台，也发生在中国。一般认为南宋时陈规守卫德安时用巨竹制造的"火枪"，是目前确知的世界上使用管形火器作战的最早实例，时间是南宋绍兴二年（1132 年）（《宋史·陈规传》）。那么这一纪录的创造时间，是不是还有可能提前呢？研究中国古代科学技术史的专家们从一幅在敦煌发现的绢本着彩的佛画中，寻到一个值得注意的新线索。

　　此绢画场面宏伟，人物众多，描绘出释迦牟尼得道前夕降魔的故事。画面中心是结跏趺坐于山石上的释迦，作佛妆，面相庄严，两旁有女侍和天王。无数奇形怪状的魔鬼四面猬集，蜂拥而至，魔王魔子们持着种种兵器，猖狂进攻。当然魔军的进攻是以失败而告终的，所以画面的右下角画出恶魔们军势溃败，狼狈翻滚的情状。在降魔变两侧，又各画六尊立佛，表现出佛陀的十二姿相，降魔变下部则绘出七宝，自右向左排列，分别是神珠宝、马宝、主兵宝、金轮宝、玉女宝、白象宝和王藏宝。绢画中的各种佛、神、魔、怪和动物等等，形态各异，传神生动，蔚为大观，极尽作者的想象能力。据绘画的特点和风格，可以断定它是五代至北宋的作品，约绘于公元 10 世纪中叶以后。令人感兴趣的是，画面右侧上方向释迦袭来的魔众中，有一个头顶上生有三条毒蛇头的恶魔，赤身裸体，只束有一条犊鼻裈。它双手持着一种形态奇特的喷火兵器，器体筒状，前端作展口形，筒体束有几道箍，筒后安有较细的柄，从筒口喷射出熊熊的烈火（图一）。

图一　巴黎吉美博物馆收藏的敦煌绢画《降魔变》局部

这幅画中的兵器引起了一些西方学者的注意。英国研究中国科技史的著名学者李约瑟博士因此指出："现在却必须把火枪的发明向前推二百年，因为克莱颂·布雷特（Claylon Bredt）在巴黎的吉美博物馆（Musée Guimet）里发现了一张关于佛教的横幅画，其年代可确定为约公元950年，上面画的显然是一支火枪。"他甚至认为，"这支火枪除了装有火药外，里头还塞满金属弹丸或碎金属和碎瓷，这些随着火焰一起射出"（李约瑟、鲁桂珍：《关于中国文化领域内火药与火器史的新看法》，《科技史译丛》1982年第2期）。不过仅从画上看到的图像，只有火焰，至于什么金属弹丸或碎金属云云，仅是想当然而已。尽管如此，这幅画起码是为探寻古代管形射击火器的发明提供了一条新线索。

根据有关的文献资料，在北宋仁宗庆历四年（1044年）成书的《武经总要》中，已经记录了当时军队中装备有火药兵器，如毒药烟球、霹雳火球、蒺藜火球、火药鞭箭等等，并且开列出火药的三种配方，即用于毒药烟球、蒺藜火球的火药和火炮火药法。这些雄辩地说明在公元1044年以前，我国北宋的军队已经装备有多种早期的火药兵器了。火药兵器的出现，揭开了兵器发展史上的新篇章，人们从使用冷兵器的阶段，开始迈向使用火器的阶段，同时预示着将引起军事史上的一系列变革，终将使战争的面貌彻底改观。不过在火药兵器开始出现的时期，它还是被人视为传统的火攻战术的一种手段，一般都把唐哀宗天祐初年郑璠攻打豫章城（今江西南昌）时，利用"发机飞火"，烧毁该城的龙沙门一事，作为火药兵器最早的战例（冯家升：《火药的发明和西传》，上海人民出版社1957，第17页），但是因史籍记述过于简略，根本无法确定"飞火"是否就是火药兵器。舍此不论，如果把唐末五代看成尝试把火药用于战争的萌芽阶段，还是大致无误的。因为只有经历一个摸索经验的尝试阶段以后，才能达到像《武经总要》中列举的多品种火药兵器的水平。虽然《武经总要》中的火药配方和各种火药兵器，反映出北宋初年火药和火药兵器的制造已具有一定的规模，但都是用黑火药（主要成分是硫、硝、炭）燃烧爆炸的原理制成的燃烧、爆炸物，还没有见到有关管形射击火器的记载，而管形射击火器最早见于历史文献中，已是迟到公元1132年陈规制造的巨竹"火枪"。

提到"火枪"，还应注意到古文献中记述的这种使用火药的喷火兵器，有两类名称虽同、性质并不相同的兵器。第一类是在一般的长枪的枪头后部绑缚一个装有火药的筒（通常是纸质的），作战时点燃筒中的火药，喷出火来用以烧伤前来格斗的敌军，火药烧尽后则可同一般长枪一样格斗扎刺。这种枪又称"飞火枪"，具体制法《金史·蒲察官奴传》有较详细的记述。第二类火枪就与上一类不同了，其最早的就是陈规用巨竹制造的，每支由两个人扛抬发射，点燃后喷射火焰烧向敌方，但因记载简略，具体形制和用法无法弄清。这种枪虽仍靠燃烧的火药喷火作战，但是与在传统长枪上附加火药筒的办法根本不同，已是一种原始的管形火药火器。又过了一些时候，于公元1259年在寿春地方制出了"突火枪"，也用大竹筒制成，内装火药，还安有"子窠"。作战时点燃火药，先喷火焰，火焰喷尽后"子窠"射出，并发巨响。但是"子窠"到底是什么？记载得不清楚，有些人认为它是子弹的雏形，如果这一推测正确，那么这种从管中利用火药燃烧后产生的作用力发射"子窠"的突火枪，可以算是近代枪械的前身。因突火枪用竹筒制造，故又称"突火筒"或"火筒"，以后逐渐不用突火枪等名目，而火筒的名称保留了下来，直到元末明初还在沿用，曾参加张士诚起义军的张宪，写有"五百貔貅夸善守，铁关不启火筒焦"的诗句，因筒为竹制，故发射稍久即被烧焦。当这种用竹筒制造的原始管形火器改用金属来制造以后，就出现了一个从"金"旁的新字用来称呼它，但还是用"筒"的音，即"铳"字。明代邱濬在他的《大学衍义补》中讲到"铳"字时，说过去的字书中并无"铳"字，"近世以火药实铜铁器中，亦谓之炮，又谓之铳"。可见这个新字的出现，正反映出大约在元朝时由竹制的火筒演变为铜铁制造的火铳的实际情况。现存传世的纪年最早的铜铳，是内蒙古新发现的元大德二年（1298 年）铜火铳（图二），其次是中国国家博物馆藏的元至顺三年（1332 年）铜铳。而从考古发掘中获得的年代较早的铜铳，有 1974 年在西安东关景龙池巷南口外与元代建筑构件同出的铜铳，应为元代遗物。同样的铜铳，还在黑龙江省阿城县半拉城子和北京市通州出土过。

图二　内蒙古出土元大德二年铜火铳

　　现在回到敦煌绢画降魔变上的那件恶魔所持的喷火兵器。从图中所画的形象来观察，它的形制与出土的早期火铳颇有近似之处，前有铳体，后有铳柄，恶魔手握处似当铳体中部药室处，前为稍侈的展口。但这件兵器喷出的是火焰而无他物，更与陈规的喷火的竹筒火枪性能一致，体上的几道箍，当表示竹筒的竹节处。如果这样去猜想的话，它很有可能是一支竹筒制的喷火兵器，和陈规火枪一样使用了火药。假使上述并无实际可靠根据的猜想能够成立，那么我们在前面介绍的中国古代发明使用火药兵器的历史就必须加以修正了，那就是把管形火药火器出现的时间，由陈规制造火枪的公元 1132 年，又向前推溯了 200 年左右，提到了公元 950 年前后。但是上述推测存在许多重大的疑点，例如对各类兵器记述详尽的《武经总要》中寻不到管形火器的痕迹，以后的战例中，特别是在宋金战争中大量使用火药兵器，开始都是利用其燃烧爆炸性能，只是到陈规制火枪后才开始有竹制管形火器使用的记录，但仍不普遍。为什么早在公元 950 年即已出现于边远敦煌的画中的这种兵器，在中原销声匿迹达两个世纪之久？因此当前仅靠一张宗教画中的鬼怪图像，自然得不出科学的结论。不过这幅至少是公元 10 世纪的喷火兵器图像，仍不失为探讨中国古代管形射击火器有用的参考资料。今后随着文物考古事业的进一步发展，我相信距解决古代管形射击火器的始创年代问题的时刻，不会太遥远了。

（原载《文物天地》1986 年第 4 期。后收入《逝去的风韵——杨泓谈文物》，中华书局，2007 年）

汉代小型雕塑

　　一提起汉代的雕塑艺术，人们首先忆及的不朽杰作，自然是陈设在抗击匈奴的名将霍去病墓前的大型石雕，那些依随巨石原有轮廓施加雕琢而成的圆雕组像，显露着雄迈、粗犷的艺术风格，散发着古朴的美，以无穷的魅力吸引着古今多少过客。现在这一组石雕艺术品已迁陈于展览室中，但是当年它们原是以那如山的巨大墓冢为背景，象征着祁连山的景色，合成一曲赞颂那位有功于汉廷的统帅的豪壮颂歌。以霍去病墓石雕为代表的这些大型的纪念碑式的圆雕，突出地反映着汉代美术朝气蓬勃的风貌。但从另一方面讲，它们又夸耀着征伐和武功，缺乏世人向往的和谐欢乐和生活情趣。现在我们在这里想引导读者去探寻的，则是汉代雕塑艺术的一个过去不被人注意的角落，介绍的是一些体高不及 20 厘米的小型雕塑。它们不同于体态庞然的巨大石雕，缺乏纪念碑性质的宏大气魄，更缺乏凌驾于人的威严和权势。它们像是生长于巨木林间的丛丛山茆，形体纤细，但是气质清新；容貌卑小，但是委婉动人，能够唤起世人生活的情趣和美的享受。

　　先介绍几组小型青铜人像，这些小型汉代艺术品，虽然都是在发掘汉墓时获得的随葬品，但不同于专门制作的"明器"中的偶人——俑，看来是将人们生前玩赏或还具有实用价值的物品，随葬入坟墓中的。在闻名于世的河北省满城西汉中山靖王刘胜的坟墓内，出土过 3 件青铜人像，他妻子窦绾的坟墓内也有一件，体高都不及 20 厘米，姿态是两立两坐。刘胜墓中的一件立像形体最大（图一），高 15.4 厘米，作双手前伸持物的状态，头大体矮，四肢颇短，不合比例，形似侏儒，面部的眉目口鼻都刻画得较细致，但整体造型显得呆滞而缺乏生趣。窦绾墓的立像与前一件相比，就显得颇具生趣，他的形体很小，高度不及 5 厘米，鼓腹拱手，短袴赤足，瞪目撇嘴。与两件立像的艺术造型风格颇为不同的，是另两件坐像，都出自刘胜墓中（图二），体高都在 8 厘米以下，坐姿不甚正规，一人把双手放置在两膝之上，另一人则是右手上举而左手抚膝。他们头上梳的发髻高耸，身披错金锦纹衣，举手的一个袒露胸腹，手放膝上的一个则是斜披衣而右袒，把右肩和右臂完全裸露在衣外。他们都张着嘴，似乎在说唱，因此很可能是模拟当时社会上流行的表演滑稽戏的说唱艺人的形

图一　河北满城刘胜墓出土铜人

象，颇为生动有趣。值得注意的是，两人的面部特征都是颧骨隆起，鼻子大而扁平，嘴大唇凸而颌尖。在江西省南昌市东郊的一座西汉时期的墓葬里，曾发掘出 4 件可能出自同范的小型铜像，高仅 6.5 厘米，他们的脸型恰恰和满城刘胜墓的那两件一样，也是高颧骨扁鼻子，只不过嘴巴刻画成紧闭的形状，眼睛也眯成一条缝。不仅脸型是相似的，姿态也与满城那手放膝上的相同，而且衣服同样斜披在左侧，袒着右边的身子，右臂和右肩裸露着。这里是四件铜人成为一组，放在墓中，由此推测，满城的那两件原本也可能是 4 件，另外两件不知什么原因缺失了。至于他们脸型表露出的特点，是不是反映着族属方面的特征呢？现在还难以说清楚。

　　这类 4 件组合在一起的小铜人像，在别处的汉墓中也常有发现，四川、甘肃、广西等省区都有出土。其中艺术造诣最高的，当推 1974 年在甘肃省灵台县何家沟西汉墓发现的一组（图三）。那 4 个铜人都是合范铸成，腹腔是中空的，衣纹及眉须等还经刀刻修理，体高不等，约 8～9 厘米。也都是男像，他们的坐姿和表情各自不同，或举手发怒，或俯身嘻笑，或抬手

图二　河北满城西汉墓出土人形铜镇

图三　甘肃灵台付家沟出土西汉人形铜镇

欲语，或斜倚愁闷，体态生动，形象逼真。把 4 个雕像合置在一处，更可
见作者匠心所在，喜怒哀思，各尽其妙，动静结合，相映成趣，古代匠师
技艺之高超令人叹服。这 4 个铜人穿衣服的方式，也同满城那两个有相近
似的地方。其中两个人是双袖穿好，掩襟束带；另两个人则是左臂伸入袖
内而衣服斜披，右袒而裸露着右肩和右臂。不过他们的面相与满城、南昌
的两组不同，不是高颧骨、扁鼻子的相貌。四川资阳县出土的铜人和灵台
的类似，广西的一组则在体态上不那样灵活，坐姿端正，但也有举手和抚
膝之分，且头部或俯或仰，表情也各有不同。服饰方面的特点是头上都戴
有较高的冠。

人们不禁要问，这些造型生动而富有生活情趣的小型铜人是做什么用的？从他们常在墓中4个一组出土的情况看，当时并不是光为赏玩的小艺术品，而是有其实用价值。这些铜人都呈坐姿，形体下大而上小，底部接地面积大，绝难倾倒，造型颇为稳重，这和当时的兽形铜镇的造型特点相同，而且它们尺寸的大小也相近。那些兽形铜镇是用来压镇坐席的四角，因此这些4个一组的铜人，也许是一种特殊的镇，是属于实用的艺术品。

除了有实用价值的小型青铜雕塑外，专门为随葬在坟墓里而制作的偶人——俑中，也有不少是小型的，高度不及20厘米，题材则男女儿童都有，其中也不乏颇具情趣的艺术品（图四）。但是它们的年代比那些铜人像晚，是东汉时期才流行的作品。在洛阳地区的东汉墓里放置的陶俑，常见这类小型人物雕塑，以表现歌舞杂技题材的最为传神，这里介绍两组。一组是在洛阳涧西七里河的东汉墓中出土的，大约是公元2世纪时的作品。

图四　山东济南无影山汉墓出土彩绘杂技陶俑

在墓室里，它们被放置在一件高大的十三支陶灯的旁边，面对着一张陶案，案上摆设着耳杯，也许是为了墓内死者坐在案前宴饮时，可以欣赏乐舞和百戏表演。演出的节目可算是丰富多彩，乐队在最边的位置，排成两行，每行三人，他们身穿红衣，端坐演奏，或鼓瑟，或吹箫，或击鼓。乐队前面好几个节目同时在表演，其中最主要的是舞蹈，演出的是许多古代文献中赞誉过的"七盘舞"，演员踏蹬在覆扣于地上的七只盘子和一面鼓上表演舞蹈（图五）。现在那位头上双髻高耸的舞蹈者，正扬臂舒袖，左足踏盘，即将翩然起舞。在她两侧，是表演滑稽说唱和跳丸、翻筋斗及倒立的演员，他们都赤裸着上身，有的穿肥大长袴，有的只束有短短的犊鼻裈。表演倒立的是三个童子，穿着红色短裤，脸上涂有朱粉，其中两个手扶一个大型圆樽的边沿，头向樽内倒立，都把向内的一条腿伸交在一起，向外的一条腿则曲伸向外。第三个人双手按扶在前两个人向内交叉的腿上，双腿上伸倒立，三人组合在一起，姿态优美而惊险（图六）。翻筋斗

图五　河南洛阳涧西七里河东汉墓出土七盘舞俑

图六　河南洛阳涧西七里河东汉墓出土陶樽和倒立俑

图七　河南洛阳东汉墓出土陶舞乐杂技俑

的也是一个童子，头梳圆髻，双手扶地，正要翻过前面摆放的鼓。跳丸的是一个赤膊的壮汉，挺着大腹，仰首抛丸。另一个比他还胖的表演滑稽的说唱，以右足立地，左足后抬，右手平伸，头偏向右侧，面部表情和身躯姿态都使人感到滑稽可笑。这些气韵颇为生动的小型陶俑，并不强调身体细部的雕琢，而是靠那准确而简练的轮廓线，把姿态生动的身体表现出来，因此虽然形体很小，高度多只10余厘米，但小中见大，造型颇觉粗犷有力。连俑的面部也不作细致的刻画，仅仅鼻部隆起，嘴部明显，眼部微凹，也是只具大轮廓，但亦显得粗犷传神。在洛阳烧沟西侧第14号墓也出土有一组类似题材的小陶俑，有乐队和舞蹈表演者，乐队的姿态与七里河的没有什么差别，但穿长袖舞衣的女演员的姿态似较七里河的更生动，同时发髻也梳得比较复杂，她右足也踏一盘，应是在跳盘舞。男性演员也是赤裸着上体，右足单足立地，左足上提，但双手高举，形态也更为传神（图七）。在这些俑的衣袍和袴上也施有朱彩。

　　还有一些小型陶俑，可能是由于它们形体太小，制作的工匠不再考虑细部的塑造，完全用身躯轮廓表现其动态，也同样取得了感人的效果。这里的两件舞俑是陕西韩城芝川镇出土的，曲腰伸臂的舞姿，用简练的轮廓线来表现，虽然没有眉目口鼻和衣饰细部，但更显得简洁传神，动态极强

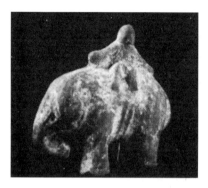

图八　河南新安古路沟东汉墓
出土陶骑象童子

且富有韵律感。在今天来观赏，颇觉其古朴动人。另一件用简练的轮廓线表现的陶俑精品，是在河南新安县古路沟东汉墓出土的骑象童子（图八）。大象塑造得躯体粗壮，驯顺地站在那里，直立的粗大象腿和长鼻下垂的姿态，给人以异常稳重的感觉，四足的直线和垂鼻的弧曲线配合在一起，又显得虽稳重而不呆板。一个活泼的童子不是正骑在象背上，而是灵活地侧坐着，还伸展着双臂，颇为轻松自得。这件陶塑，大约是表现了百戏中象戏的演出场景。在雕塑的构图上，童子的头是整个塑像的最高点，斜伸的双臂与下面的象体结合在一起，使全像整体构图呈三角形，同时下面大象的稳重又与上面童子的活泼相映成趣，动静结合，越发使作品具有古朴的魅力。

除了舞乐百戏之类的题材外，还有些小陶俑塑造的是日常社会中的一般人物，其中大多是婢仆侍从等被人役使的劳动下层人物，因此也常可看到更富有生活色彩的作品。我们这里想介绍几件从四川省新繁县清白乡一座东汉墓中清理出来的小陶俑（图九）。这些模制的灰陶俑，整体造型是圆锥体的形状，锥尖处是俑的头，稍下塑出双臂，下垂的长的衣裙向四面扩展成锥体的大圆底。这样的造型虽较呆滞，但制作时装模容易，因而省工省时，因为它们是为了出卖的廉价明器而不是着意塑造的美术欣赏品。虽然如此，古代匠师还是尽力把它们塑制得更好些。现在看到的这三件就是在大体相同的造型基础上稍有变化，变化虽较细微，但却能使他们各具不同的情趣，这可能就是古人的匠心之处吧！这是两个拱手侍立的侍女和一个儿童，衣服上原涂施着朱彩。侍女头梳高髻，长裙拽地，面孔稍仰，恭敬地拱着双手伫立，等候着主人的指使。那个儿童也穿着拽地的长衣，光头的前顶处留着一朵孩发，伸展着双臂，微仰着头，似乎不知要去干什么才好。把这三件小陶俑（女侍身高约 18 厘米，儿童身高 13 厘米）放在

一处，似乎那儿童伸展双手，用
童稚的目光仰视那两位恭敬地伫
立着一动不动的侍女，他那缺乏
社会知识的幼小头脑中，还不明
白那两个大人为什么直挺挺地立
在那儿，她们为什么不随心所欲
地跑开去玩个痛快呢？如果这样
来观察这三件陶俑，不是颇富生

图九　四川新繁清白乡东汉墓出土陶俑

活情趣吗？但在这情趣之中总还带有几分苦涩的味道，因为作品所反映的
社会并不是人人平等的理想社会。

　　上面介绍的汉代小型雕塑品，只不过是从考古发掘所获得的为数众多
的出土品中，随手选来的几个例子，但是它们确可表现出一些欢乐的情趣
和生活的气氛，使观看的人心情舒展而享有轻松的美感。可以说是在那统
治着汉代美术领域的豪壮而威严逼人的炽热氛围中，吹来的几缕清新爽体
的微风，这还是会让世俗的普通人神往的。

　　（原载香港《美术家》第 49 期，1986 年。后收入《逝去的风韵——
杨泓谈文物》，中华书局，2007 年）

天马和障泥

　　"天马来兮从西极，经万里兮归有德。承灵威兮降外国，涉流沙兮四夷服"。这是汉武帝伐大宛得千里马后所作《西极天马歌》，并列为祠太一的歌诗（《史记·乐书》），当时中尉汲黯曾大为反对，举出的理由是："凡王者作乐，上以承祖宗，下以化兆民。今陛下得马，诗以为歌，协于宗庙，先帝百姓岂能知其音邪?"汉武帝虽然对汲黯敬礼异常，据说"大将军青侍中，上踞厕而视之。丞相弘燕见，上或时不冠。至如黯见，上不冠不见也。上尝坐武帐中，黯前奏事，上不冠，望见黯，避帐中，使人可其奏。其见敬礼如此"。但是这一次汉武帝却"默然不说"（同上），并没有采纳汲黯的谏言。《天马》一歌后来一直列为汉《郊祀歌》十九章之一。但据《汉书·礼乐志》所记，歌词有所不同："天马徕，从西极，涉流沙，九夷服。……天马徕，龙之媒，游阊阖，观玉台。"并记明为"太初四年诛宛王获宛马作"。进攻大宛的战役始于太初元年（前104年），在贰师将军李广利的指挥下两度出师，前后共进行了四年，兵员及战马损失颇为惨重，最后迫使这个盛产葡萄酒和汗血马的小国臣服于汉，保持了西行商路的通畅，促进了中国境内马种的改良。李广利带回了大宛"善马数十匹，中马以下牡牝三千余匹"（《史记·大宛列传》），这些引进的骏马，使汉马的体质、性能乃至形貌都大为改观，汉墓随葬俑群中马匹形貌的改变生动地反映了这一变化。秦至西汉初年那种体矮颈粗、四肢较短但双耳较大的形象，逐渐被体态矫健的"天马"型骏马所代替，这些马头小而英俊，颈长而弯曲，胸围宽厚，躯干粗实，四肢修长，臀尻圆壮，其中艺术造型最佳的要算从甘肃武威雷台墓中获得的那些青铜马了（图一）。雷台墓中共出土铜马39匹，有的用于驾车，有的用于骑乘，它们虽然多作立姿，处于静止状态，却挺胸昂首，张口啮衔，似乎体内充满压抑不住的活力，观后令人有怒马如龙之感，也许那些青铜的骑士将勒紧的辔头稍一放松，它们即刻就会向前飞驰，一往无前。在雷台墓众多铜马中，又以那匹足踏飞隼的奔马最为著名，它高昂首，头微左顾，尾上昂，以少见的"对侧快步"的步法奔驰向前，三足腾空，而右后足却踏在一只疾飞的游隼背上。古代艺术家设想出如此引人入胜的意境，反衬出骏马的神速，真是千古佳作。从另一种角度来看，它正是"天马"入汉后马种改良成果的具体写照，是一曲对"天马"的颂歌。除了表现源于大宛马的铜马造型艺术品以外，在雷台出土的文物中还有神化了的天马的图像，它们被画在墓中放置的形体最高大的那匹铜马两侧的铜障泥上，障泥表面敷粉，上面绘出在云气中遨游天空的天马。

　　骏马的矫健英姿，同样受到诗人的垂青，但是它们更多地是与背负的骑士相联系在一起，甚至更受早期诗人注意的是骏马所装备的华丽的马具，反而忽略了对它本身的描述，那是从七步成诗的曹植的《白马篇》开始的："白马饰金羁，连翩西北驰。借问谁家子，幽并游侠儿。"据说"《白马》者，见乘白马而为此曲。言人当立功立事，尽力为国，不可念私也"。故该篇以"名编壮士籍，不得中顾私。捐躯赴国难，视死忽如归"为结束。以后六朝隋唐诗人仿此而作，也多袭此模式，如刘宋鲍照《代陈思王白马篇》首句"白马骍角弓，鸣鞭乘北风"，结尾"但令塞上儿，知我

图一　甘肃武威雷台墓出土铜马

独为雄"。以后诸家之作,首句写马,实为引出马上之人,如梁沈约"白马紫金鞍,停镳过上兰";徐悱"研蹄饰镂鞍,飞鞚渡河干";隋炀帝"白马金具装,横行辽水傍";王胄"白马黄金鞍,蹀躞柳城前";直至李白的"龙马花雪毛,金鞍五陵豪",莫不如此。至于结尾,多仍依"尽力为国"的旧模式,只李白略有新意:"归来使酒气,未肯拜萧曹。羞入原宪室,荒径隐蓬蒿。"至于专门咏马的诗,似乎要数唐代李贺的《马诗》二十三首最为引人注目。"此马非凡马,房星本是星。向前敲瘦骨,犹自带铜声",深刻地写出骏马的精神本质。"饥卧骨查牙,粗毛刺破花。鬣焦朱色落,发断锯长麻",则活绘出骏马已困顿摧挫、极不堪言的景况。但是看来诗人虽在咏马却又意不在马,发出许多慨叹:"催榜渡乌江,神骓泣向风。君王今解剑,何处逐英雄?""批竹初攒耳,桃花未上身。他时须搅阵,牵去借将军。"有时又颇反射出自身怀才不遇的激愤,而君主只追求神仙无益之事,"武帝爱神仙,烧金得紫烟。厩中皆肉马,不解上青天"。这里还想再揅一下,这组马诗的第一首"龙脊贴连钱,银蹄白踏烟。无人织锦韂,谁为铸金鞭"诗中的"龙脊贴连钱"是指骏马的毛色,在脊部有似连钱纹样的旋毛花。这种带有连钱纹的马系青色的,正如李长吉在另一首诗《浩歌》中所作描述的"青毛骢马参差钱",说明似钱纹的旋毛是参差错落地出现在马的躯体上。

看来这种毛色青而带旋毛纹的"连钱"马,在六朝至隋唐时颇受人们喜爱,所以不仅出现在李贺的诗句中,也常出现在他人的诗句中,如梁吴均《赠周散骑兴嗣诗二首》之二有"朱轮玳瑁车,紫鞚连钱马";陈沈炯《长安少年行》有"长安好少年,骢马铁连钱";张正见《轻薄篇》有"细蹀连钱马,傍趋苜蓿花";唐纪唐夫《骢马曲》有"连钱出塞蹋沙蓬,岂比当时御史骢";虞羽客《结客少年场行》有"幽并侠少年,金络控连钱"。最脍炙人口的是岑参的"马毛带雪汗气蒸,五花连钱旋作冰",将风雪严寒中骏马的形态描述得具体入微。

前引唐虞羽客"金络控连钱"句,应出自梁元帝《紫骝马》诗"长安美少年,金络铁连钱"。这里又遇到一个新的问题,那就是梁元帝诗中的"铁"字，有的版本作"锦"。如确为铁字，则诗中所咏和前面引述的诸诗相同，是指如铁色的带旋毛纹的青马。但如为"锦"字，就完全是另一意思了，那就应与唐顾况诗"金鞍玉勒锦连乾，骑入桃花杨柳烟"相同，是指骏马所装备的一种马具了，连钱（或连乾）是指其纹饰的特征。两种解释各有道理，因之原诗到底用的哪一个就难以遽定了。"锦连钱"是指何种马具，读一读北周庾信的《杨柳歌》自然清楚了："昔日公子出南皮，何处相寻玄武陂。骏马翩翩西北驰，左右弯弧仰月支。连钱障泥渡水骑，白玉手板落盘螭。"提到连钱障泥，自然又让人联想到王武子善解马性的故事，见《世说新语·术解篇》："王武子善解马性，尝乘一马，著连钱障泥，前有水，终日不肯渡。王云，此必是惜障泥。使人解去，便径渡。"《晋书·王济传》记此事时，"连钱"作"连乾"，故知二者相通，皆指一物。因此梁简文帝《马槊谱序》："天马半盼，叹金精而转态；交流汗血，爱连乾而自息。"连乾正指连乾障泥。障泥是设于马鞯之下、垂悬马腹两侧、障尘挡泥用的马具，大约始自三国时期，据《太平御览》卷三

图二　河北景县封氏墓群出土北魏陶马

五九引《魏百官名》，有"黄金镂织成万岁障泥一具"，可证当时已使用制工颇为精美的障泥。两晋南北朝时期，障泥极为流行，亦多用锦制，颇为华丽，王武子所乘马披的连钱障泥即为一例。此外，据萧方等《三十国春秋》，时高句丽曾以生罴皮障泥赠与南燕。王隐《晋书》记韩友让舒县廷椽王睦卧"虎皮马障泥"事（同上），可知障泥又可以兽皮制作。从已发现的文物看，西晋时陶马的障泥近方形，贴垂于鞍鞯下马腹两侧。东晋南朝陶马的障泥，仍然沿袭西晋的形制。至于北朝的陶马所用障泥，形制有些变化，自北魏中晚期以来渐趋长大，呈横长方形，且并不紧贴马腹，分向两侧伸张，实物似用较硬的材料托衬，颇显硬挺（图二）。这种障泥配合北朝陶马健劲的造型，更显得气韵神俊。但是目前还没有在南北朝时的马障泥上发现过类似雷台墓中的天马图像。令人感兴趣的是绘有天马的障泥实物竟在东邻韩国古文物中发现了。

中国古代马具对海东诸国影响极大，障泥之制也自然东传，在朝鲜半岛南部古新罗的"天马冢"中出土的大量马具中，发现了三副障泥，一为透雕金铜板饰的竹制障泥，一为白桦树皮制的天马图障泥，一为漆板障泥，除了最后一副残损过甚外，其余两副较完整的都作横长方形，其形制

图三 新罗天马冢出土白桦皮障泥上的天马

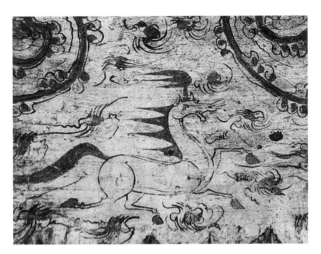

图四　甘肃酒泉丁家闸十六国墓壁画上的天马

与北朝流行的硬质障泥酷似。在用白桦皮制成的障泥上，饰有颜色鲜艳的天马（图三），边缘饰有连续的缠枝忍冬图案，其特征与北朝石窟中的缠枝忍冬图案相似。至于那幅天马图，更可看出其渊源于中国古代文化。天马的步法，与一般马的步法不同，是左侧两蹄同时腾空向后，而右侧两蹄又同时前迈，是少见的"对侧快步"的步法，它正与前面叙述过的雷台铜马的步法相同。和雷台出土的大铜马障泥上所绘图像亦同，绘的都是神化了的天马，身旁有翼，遨游云天。值得注意的是，在甘肃酒泉丁家闸的十六国时期壁画墓中，北壁也绘有天马腾空的彩画（图四），它的形貌和步法，与新罗的"天马"图障泥完全相同，其时代较雷台墓更接近于"天马冢"，但是仍比"天马冢"要早半个世纪，这可以说明天马冢障泥正是承袭着这一艺术风格而制作的。这件珍贵的古代新罗文物，说明中国古代马具对韩国古文化影响之深远，同时也是古代中国人民与朝鲜半岛上古代居民间密切的文化交往的历史见证。

（原载《文物天地》1986年第6期。后收入《逝去的风韵——杨泓谈文物》，中华书局，2007年）

中国的扇子

"来风堪避暑，静夜致清凉。"汉代班固这两句咏竹扇的诗，道出了扇子驱暑的功能。汉代的竹扇，在长沙马王堆西汉轪侯家族墓中出土过两把，扇柄一长一短。长柄的一把保存完好无缺，扇面是用仅宽2毫米的细竹篾编成的，编法是两经一纬，整个扇面近似梯形，扇面居中处，用更纤细的竹篾丝编出卷曲花饰。长约90厘米的竹扇柄，外面都包裹着漂亮的黄绢。这把竹扇的工艺已达到了相当高的水平（图一）。

据《说文解字》，"扇"字本义是门扉，并不是扇风取凉的用具。很可以因早期的扇子形状近似长方形的门扉，且在一侧安柄，故才借用"扇"字来做它的名字。在《说文解字》中，作扇子解的字还有"箑"（shà）字，此字从"竹"，表明早期形态的扇子是用竹子制成的。目前所知，在考古发掘中获得的年代最早的扇子，是战国晚期的遗物，出土于湖北江陵的马山一号楚墓中，距今已有2300年左右，它的形态和马王堆汉墓出土的扇子相同，扇面用染成红色和黑色的竹篾编成精细的几何图案，色泽如新（图二）。从战国到汉代，这种编在扇柄一侧的梯形竹扇一直很流行。东汉时期的许多画像石上都可以看到人们端坐床上，手执这样的扇子，也有的扇面做成半圆形状。

在汉代流行的另一种扇子，是形体圆圆的"纨扇"，扇面多用丝织品制成，正如汉成帝时班婕妤的《怨歌行》中所描绘的："新裂齐纨素，皎洁如霜雪，裁为合欢扇，团团似明月。"在汉唐的诗赋中，也常见吟咏纨扇的句子，如"团纱映似月，蝉翼望如空"。说明纱制的扇面是多么轻薄精美。除纨扇以外，当时常用的还有用鸟羽制成的羽扇，魏晋六朝名士常

以手持羽扇为高雅的象征。至于现在极
为流行的折扇，据说是宋代由邻邦朝鲜
传入的。直到明初永乐年间，由于明成
祖喜折扇卷舒之便，加以提倡，纸制折
扇才广为流行，同时折扇制造业也兴旺
起来。明代制扇业遍及各地，其中又以
"川扇"和"吴扇"最享盛名，而著名
的"乌骨泥金扇"则以苏州所制为
最佳。

　　为了增加扇子的华美，人们常在扇
柄和扇骨上下功夫，选用名贵的材料，
施加精致的雕饰（图三），甚至镶嵌珍

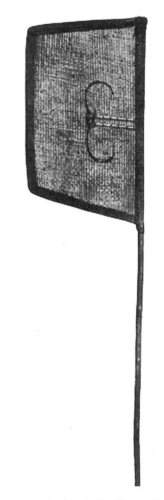

图一　湖南长沙马王堆一号墓
出土西汉竹制"大扇"

宝珠玉，但是更为名贵的则是在
扇面上延请名家书写绘画。据
《晋书·王羲之传》，有一次王羲
之在蕺山"见一老姥，持六角竹
扇卖之。羲之书其扇，各为五字。
姥初有愠色。因谓姥曰：'但言
是王右军书，以求百钱邪。'姥如

图二　湖北江陵马山一号楚墓出土竹扇

图三　江苏金坛南宋周瑀墓出土团扇

图四　宋代《松下赏月图》纨扇扇面

图五　明代沈周《杜甫骑驴图》扇面

图六　明代蓝瑛《花鸟图》扇面

其言，人竞买之。"可见晋时已有争得名人画扇之雅事。宋代传世的书画作品中，不少是纨扇扇面画，山水、花鸟、楼阁、人物均有（图四），连皇帝也在扇上书画，如宋徽宗赵佶的草书纨扇，上书"掠水燕翎寒自转，堕泥花片湿相重"诗句，运笔流畅，颇为精妙。故宫博物馆收藏一把相传为明宣德皇帝所绘的大折扇，扇面宽达152厘米，上面画着柳荫赏花和松下读书，是现明代扇中最大的一把。明代以后，纸面折扇流行，使书画扇面有了进一步的发展（图五、六）。1973年于江苏吴县明代许裕甫墓出土的文徵明书画的泥金折扇,是了解明代折扇工艺全貌的珍贵文物。清代乃至辛亥革命以后,我国不少画家如郑板桥、任伯年、吴昌硕、齐白石等,都在扇面上表现了自己的艺术特色,留下了许多艺术珍品。如白石老人所绘青蛙团扇面,仅有两只青蛙注视着上方浮游水中的四只小蝌蚪,造型简练,情趣盎然。

在科学技术有了巨大发展的今天,扇子作为我国传统的消暑用品和工艺美术品,仍然有着它很强的生命力。我国生产的扇子,品种繁多,诸如檀香木扇、象牙骨扇、绢扇、纸扇、羽毛扇、竹编和草编扇等等。苏州、杭州生产的檀香扇和折扇,工艺精美,式样典雅,在国内和海外有很高的声誉。

(原载《人民日报》海外版 1986 年 8 月 10 日)

中国画像砖艺术的轨迹

　　汉代的画像砖艺术，对于中国古典美术的爱好者说来，是绝不陌生的。特别是发现于中国西南地区的作品，它们原来嵌砌在四川省各地东汉晚期墓室内壁上，既有壁画的功能，又具有装饰效果。这些画像砖多是方形的，一块砖上模印一幅，画面完整，内容各异，除了通常的传统题材，那些神仙和显示身份地位、夸耀奢华豪富的画面，如西王母、日月神、车骑（图一）、仪卫、鼓吹、武库、庭院、楼阁、宴饮（图二）、舞乐、百戏等以外，还出现有授经、考绩，又有播种、薅秧、收割、踏碓以及采桑、采芋、采莲、弋射、行筏、酿酒、盐井等生产情景，甚至还有市井、酒肆的画像，展出了一幅又一幅风格清新的古代风俗图，生动地再现了当年的生产活动和社会生活各方面场景，不仅是精湛的艺术品，同时具有极高的史料价值，因此备受重视。从 20 世纪 50 年代以来，不断有介绍四川汉代画像砖艺术的专著出版，许多图像也经常被历史学家引用在他们的著作之中。

　　四川的东汉画像砖，从技法和制造工艺等诸方面考察，都相当成熟，已经可以说是达到了这种艺术的高峰。那么画像砖艺术的出现，自然是远较这一时期早得多，追溯上去，至少可以到公元前 3 世纪。目前发现的年代最早的画像砖，是秦代的遗物，都出土于陕西省境内，特别是秦都咸阳一带。20 世纪 70 年代中期开始了对秦都咸阳的宫殿遗址的考古发掘工作，了解到一些宫殿的踏步是用较大型的空心砖铺砌而成的，上面模印的纹样，一般是由回纹和菱形构成的几何图案，但也发现了模印龙、凤图像的空心砖。图像系阴纹线条，形象具有秦代造型艺术那种伟丽而粗放的风

格，砖的长度超过 1 米，宽度超过 0.3 米，龙体卷曲回转，四足对称，在
弧曲的背弯处托一圆璧（图三）。也有的是双龙图案，首尾相衔。

图一　四川成都出土东汉骑吏画像砖（拓片）

图二　四川成都出土东汉宴饮百戏画像砖（拓片）

图三　陕西咸阳出土秦龙纹空心砖（拓片）

凤纹的砖没有保存完好的，但可以看出凤的姿态有回转曲体的，也有挺身直立的，还有的凤背上骑有水神。上述作品正是中国古代画像砖最早的标本。除了这种整体模印的画像空心砖外，陕西出土的秦代空心砖上的画像还有另外一种类型，那是用较小的印模，在砖坯上连续捺印出来的，其中典型的代表是临潼出土的狩猎纹画像空心砖，拼命逃逸的奔鹿后面，紧随着一头扑向它的猎犬，接着是跃马弯弓的骑士，他们奔跑在起伏的山峦之间。这块砖上的画面划分为上下两栏，每栏捺印两组射猎画像，上下左右共计四组，画面虽然相同，但由于不断地连续重复地出现在观者眼前，反而增强了运动感，逃鹿、追犬、骑士反复奔驰，使人眼花缭乱，目不暇给。另外一块藏于陕西省博物馆的秦代画像空心砖，画面较为复杂，使用的印模多达五种，分别表现出侍卫、宴饮、山林和射猎的不同场景，其中的射猎画像也是一鹿、一犬、一骑，与前一块砖上的画像雷同，如果不是使用了同一块印模，那么两块印模的粉本也是出自一源。同样令人感兴趣的，是在这块砖上使用的宴饮画像的印模所印的图像，又在一块传出土于凤翔的秦代画像空心砖上出现了。在那块砖上它被用为主要的图像，自上而下连续捺印五栏。最下一栏捺印着一组山林画像，鸟兽隐现于山石树丛之间，恰又与藏于陕西省博物馆那块砖上的山林印模一样。同样的印模连续捺用并出现在不只一块砖上，反映出当时第二类画像砖制作工艺方面的特点，同时说明已出现了专门制作这类画像砖的手工业作坊，并且成批地供应这类产品。它们又似乎与从宫殿遗址出土的第一类画像砖的使用范围不同，第一类大约是专供宫廷烧造的，第二类则可能是供身份较低的人使用的，也许是用于砌造墓室。而且两类画像砖除了第一类是一砖一模，第二类是用小的反复捺用的印模外，第一类的印模是阳文的，故制出的画像的线条是阴线；第二类印模则是阴文的，因此印出的画像是凸出砖面之上，但衣纹等细部线条仍是阴文的。

到了西汉时期，画像砖艺术在承继着秦代传统的基础上，有了很大的发展。在都城长安的宫殿建筑中，看来仍然使用大型的画像空心砖作为踏步，纹样的主题是"四神"，即青龙、白虎、朱雀和玄武。在茂陵附近曾

图四　茂陵出土朱雀纹空心砖（拓片）

图五　陕西咸阳出土四神画像空心砖

出土印有朱雀纹的画像空心砖，砖面上模印出两只朱雀，雀尾相对而面向相反，朱雀高冠华尾，口内衔珠，屈项挺胸，姿态雄健而华美（图四）。此外，还有砖侧模印出白虎和玄武的长条砖，它们不是空心的。这些砖上的图像是整砖一模，应是承继着秦代第一类空心画像砖的传统，所用印模却是阴纹的，因此图像的轮廓浮出砖面。在咸阳市任家嘴附近的一些西汉中期以后的墓葬中，出土了一批模印四神纹的空心画像砖（图五），上面的图像和茂陵附近出土的近似，但线条明晰，构图变化也较多，是少见的西汉画像砖珍品。除了砖的顶端外，在砖面或砖侧的图像都是成对成双，左右对称的形式，中间常常置一圆形的玉璧图像。青龙除了相对戏璧形象

153

以外,更多的是反向回首,曲体交尾或者尾尖相对上托圆璧,姿态颇为灵活生动,富于变化。朱雀作展翅舞姿,长尾飘飞,较茂陵砖纹气韵生动,口内也都含有宝珠。玄武龟蛇相缠,龟的背甲颇为隆凸,显得形体蹒跚,但头颈颇为修长,且口中伸吐出如蛇的长舌。上述三种图像都是神奇化的出于想象的动物,只有白虎是写实的,这与茂陵出土的虎纹砖相同。除了图案趣味浓厚的双虎争璧外,还有两种画面。一种是双虎反向前行;另一种是一虎腾身前扑,另一虎反向伫立,回首目视腾扑的同伴。从构图来讲,腾扑的虎整体呈三角形,占有砖面的上斜角;伫立的虎也呈三角形,占有砖面的下斜角,两虎一动一静,因此构图严整而富于变化,虎是写实的形象,威猛异常,可以说是反映西汉画像砖艺术水平的突出例子。除四神图像的整砖一模的以外,这时也有如秦代画像空心砖的第二类砖,砖面用小型的印模反复捺印,然后结合成整幅图案,但多是几何形纹,仅茂陵附近出土的一块,砖面中心是几何形纹,但四周的边框用对龙纹小印模捺印,龙背上还骑乘有羽人,形成多方连续的图案。

除了西安地区,在洛阳地区也发现有西汉时期的模印画像空心砖,它们的基本工艺和艺术特征是与都城长安的相同,但在风格方面也有地方特色。除了大量用于构砌墓室的捺印图案的空心砖外,另一些是用小印模捺印人物、鸟兽、屋阙等,然后组合成整面图案。印模阳纹和阴纹的都有,但都是以劲健的线条勾勒出图像,简练而准确。多是一物一模,不像陕西秦砖那样把一组射猎场景刻成一长方形印模,而是一鸟、一树、一朱雀、一白虎……外无边框,因此可以灵活安排,随意捺印,组成变化无穷的画面。其中双鹿和骏马的造型极为生动,双鹿并排前奔,但姿态是一前视一回首,加上姿态不同的八条腿,构成动感很强烈而图案化又很强的图像。至于骏马,或引颈嘶鸣,或挺首伫立,异常神骏。把一牵马状的人像和一匹嘶鸣的马捺印在一起是一幅生动的牵马图;而把同样的人像和一只曲颈回首的虎捺印在一起,则形成一幅牵虎图(图六)。把回身引弓的射手印模与双鹿捺印在一起,是一幅射鹿图;而把同样的射手与猛虎捺印在一起,又成为一幅射虎图。这真不能不令人叹服古代工匠的才智。在郑州地

图六　河南洛阳出土画像砖（拓片）

图七　河南郑州汉画像砖上的骑射图像（拓片）

图八　河南郑州汉画像砖上的猎虎图像（拓片）

区相当公元前 1 世纪到公元 1 世纪前期的西汉中晚期墓葬里，也广泛使用捺印的画像空心砖，或用以构筑墓室，或仅用来作为墓门的门扉。使用的小型印模为阴纹，所以印出的画像浮出砖面，令人观后产生近似浮雕的印象。与洛阳地区相比，似乎这里的题材更为多样，而且人物的形象也更加生动，仅以 1979 年在郑州新通桥附近发现的一座西汉画像空心砖墓为例，砖纹印模的题材即达 45 种之多，有门阙、人物、乐舞、车骑、狩猎、驯兽、神仙、禽兽等等，仅骑射一项，就有姿态不同的三种以上印模，有的骑士纵马前射，有的反体回射（图七），有的不仅骑士反体回射，连骏马也回首后视（图八），还有的骑士在马上举弓挥舞，无不生动传神，把它们连续捺印在砖面上，于是形成群马奔驰声势夺人的场景。遗憾的是这些砖上的画面，多是几何状图案和画像间杂地捺印在一起，图像也是成排成栏地把相同的或不同的画面的印模捺印上去，缺乏有机联系，并未形成统一的构图，自然显得凌乱。因此在郑州南关第 159 号汉墓中发现的两块画像空心砖，就显得特别难能可贵了，虽然也是用小型印模捺印的图像，但是作者把它们有意识地组织在一起，使整个砖面（面积约 3200 平方厘米）形成一幅完整的宅院建筑图（图九）。在由家犬守卫的围墙间是旁有高阙的大门，一队骑士通过大门驰向内庭。内庭也有围墙和华美的门楼，庭内楼阁高耸，主人在楼上凭栏端坐。庭院内遍植树木，院墙外更是林木环绕，并有成群的朱雀回首振羽舞于林中。另一砖上的画面题材相同，但构图又有所变化，因而免去雷同之感。两砖仍是沿用西汉画像空心砖习用的一事一模的小形印模，分为树木、朱雀、骑士等，建筑物则是屋顶、立柱、墙（带有家犬）、门、阙分别制模，然后随意结合捺印成整座建筑，作者构思巧妙，故能把所有的印模结合成为一体，就使画像砖在艺术造型方面向前跨进一大步，开后来整幅统一构图、情节生动的东汉画像砖之先河。

西汉政权在农民大起义的怒涛中覆亡，东汉政权继之建立，政治中心移到洛阳。随着政治权力的更迭和时间的推移，在物质文化领域也发生了许多变化。在西汉初期突然广泛流行的大型空心砖（包括画像空心砖在

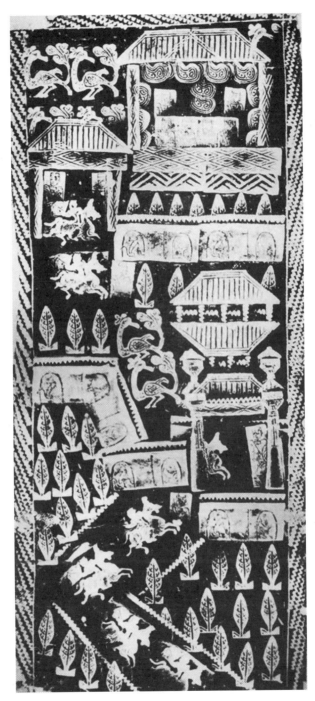

图九　河南郑州 159 号汉墓出土画像砖（拓片）

内），这时又像它盛行时那样突然衰落了，东汉时期濒于绝迹。但是空心砖的衰落，并没有导致画像砖艺术的衰微，反而使它摆脱了旧的形式的束缚，不必再去符合大型笨拙、工艺复杂的空心砖的各种限制，改而采用一般的实心的砖型，制作工艺因简便易行而开拓了画像砖艺术发展的道路，使东汉时期的画像砖艺术出现了一个高峰。东汉时期画像砖艺术的新发展，首先是题材方面的突破，西汉初期完全以四神图像构图的做法，早已被打破。西汉中期以后盛行的用程式化的小印模临时拼组画面的手法，也被摒弃，画像砖也和它的姊妹艺术画像石一样，向着题材多样化、情节故事化转变，描绘神仙信仰的题材虽然仍在流行，表现手法也有新的发展，但更多的是反映现实社会的生产和生活的画面，当时大规模的封建庄园经济的兴起和强宗豪族势力的膨胀，促使画像砖艺术出现众多表现社会生活的新题材。其次是画像砖艺术在分布地域上的扩展。西汉的画像砖仅存在于陕西和河南地区，到了东汉，随着陕西地区因政治权力的东移而经济文化各方面趋于沉寂的局面，画像砖艺术因而衰落，迄今还没有在西安一带发现东汉的画像砖，而河南地区的东汉画像砖艺术，则有了新的发展。同时，东汉的画像砖艺术，扩展到那些经济逐步发展起来的新的区域，在西南和江南等地区，都可以寻到东汉时期画像砖的身影，并且各具特色，逐渐形成鲜明的地方风格。因此，我们大致可以把东汉的画像砖艺术分成中原（主要是河南地区）、西南（主要是四川地区）和江南三个艺术风格有所不同的区域。中原地区的东汉画像砖，沿袭西汉空心画像砖的传统手法的痕迹较为明显，而且空心砖的形式在东汉早期也有所遗留，还有少量出土，但画面已摆脱用小印模捺印的做法，而是一砖一模，构图完整，形象生动。在新野出土的东汉早期空心画像砖，形体一般较西汉的空心砖为小，烧制的火候也较低，画面是用一个整印模捺印而成，印模为阴纹且较深，因此砖上的画像凸出砖面达 0.5～1 厘米高，具有浮雕趣味。至于图像的内容，颇为复杂，并具有一定的故事情节。其中一幅是泗水取鼎故事（图一〇），桥上有车骑经过，左右各有三个赤膊的力士合力搜索，索上悬有一个大鼎，桥下还有两艘小船和许多游鱼，桥侧又有表演百戏的场面，

图一〇　河南新野出土汉代泗水捞鼎图画像砖（拓片）

图一一　河南新野樊集汉画像砖上的泗水捞鼎图（拓片）

从题材到表现手法都与东汉画像石中的泗水取鼎图像极为相似（图一一）。此外，空心砖上还有兽斗、交龙等题材的图像。东汉空心砖中艺术造诣最高的作品，可以认为是在邓县发现的的一块，画面以三人搏斗为主，并有二龙二凤列于上端和左右两侧。搏斗的三人中，居中是一位身披铠甲的武士，腰佩长剑，左右各有一人与他相斗，右边的带剑手持钺斧，左边的原持有刀，但已被击而脱手，人物的体态形象生动，动感极强，确为东汉画像砖中仅见的佳作。代表这时期特征的是画面呈方形或矩形的实心的画像砖，内容多神仙、羽人、神兽及舞乐、百戏、宴享，也有武士用脚蹬弩张机的"蹶张"图。人物的动态感较强，轮廓鲜明，但细部刻画不足，作风粗犷古朴，近于南阳汉画像石的特征。西南地区的画像砖，集中出土于四川境内的东汉墓葬中，它们是在东汉才开始在这一地区流行，对当地来讲是一种创新的艺术品，因此可以较多地摆脱正统的中原地区西汉空心画像砖的固有程式，不论是题材还是技法都有新的创造，这在本文开头时已有所叙述。简言之，四川汉画像砖可以说是一幅幅风格清新的古代风俗图。

图一二　四川成都东汉画像砖上的授经图像（拓片）

图一三　江苏高淳汉画像砖（拓片）

在技法方面，和中原地区粗犷雄劲的作风不同，而是缜密细致，更富于写实性，画面多为方形，构图灵活多样，在艺术造诣方面超出中原地区，是东汉画像砖中最优秀的作品（图一二）。江南地区的画像砖作品，发现得最少，可以用来举例的只有在江苏省高淳县东汉晚期墓中出土的画像砖。画像是模印在一般的砖面或砖侧面上，也有模印在楔形砖的侧面的，不是特制的较大的方形砖，更不是空心砖，这与中原和西南等地区的画像砖不同。画像均为阴纹印模所印制，但有的人物凸出呈浮雕状，也有的是线条凸起，更具线描画的效果。不同的画面共有 11 种，包括青龙、白虎、羽人及羽人戏虎等神仙神兽，以及车马出行、乐舞等生活题材，还有的是一些人物故事画，有一种上还有文字，但皆反书而且不够清晰，难以全部辨认清楚（图一三）。这批画像砖制工不够精美，图像不甚清晰，风格浑朴古拙，艺术造诣远逊于四川的作品，但是它具有特殊的重要性。首先是表明画像砖艺术在东汉晚期已扩及江南，除江苏外，在江西的一些东汉墓中也有一些砖侧带有画像的墓砖，但技法过于拙稚，构图颇为简单，内容也较贫乏，无法与高淳的相比。其次是其影响之深远，是中原和四川地区的画像砖艺术无法与之相比的。因为在中原地区，魏晋时期至五胡十六国，画像砖艺术由衰微至于绝迹。四川地区也相类似，画像砖艺术怒放于东汉，三国以后就枯萎无存了。当画像砖艺术的星辉在中原和西南相继陨落之时，却在江南升起了新的画像砖艺术之星。东汉晚期的画像砖艺术在江南出现以后，到六朝时有了新的变化和发展，从高淳汉墓的一砖为一完整画面，到东晋时发展为用多块砖拼合砌成的模印砖画，以后盛行于南朝时期，取得了比普通画像砖更动人的艺术效果。

拼砌的模印砖画，最早发现于南京万寿村附近的东晋永和四年（348年）墓中，共有两幅，一幅是由2块砖的侧面拼合的龙，上有榜题"龙"字；另一幅是由3块砖的端面拼合成的，画面正中是一头蹲坐状的猛虎，昂首右顾，似欲张口狂啸，线条简练而劲健，画的四角各有一隶书题字，铭为"虎啸丘山"（图一四）。它是按事先勾勒的粉本，分制成模，再模印在砖坯上，入窑焙烧后，再依次拼砌成完整的画面而嵌在墙壁上，因此可以称为"拼镶砖画"。它打破了原来一块砖面上模印一幅完整画面的陈规，因此不必加大砖的面积（而无限增大砖的面积在工艺上是不可能办到的），可以用增加砖的数目的做法，把画面扩大，常能使画面的长度超过2米，这对普通的画像砖（包括大型

图一四　江苏南京万寿村东晋
永和四年墓"虎啸丘山"
拼镶砖画（拓片）

图一五　江苏南京西善桥墓"竹林七贤和荣启期"拼镶砖画（拓片）

的空心砖）是根本无法达到的长度。东晋末年至南朝初年，在南京地区的墓室内已经可以看到这样大幅的拼镶砖画了。南京西善桥的一座六朝砖墓中，在南北两壁上对称嵌砌着两幅巨大的拼镶砖画，每幅画面都接近于2平方米，题材是"竹林七贤"和荣启期八人画像，一边是王戎、山涛、阮籍、嵇康，另一边是向秀、刘灵（伶）、阮咸、荣启期。人物形象生动传神，线条劲健流畅，确能反映出六朝绘画艺术的真实风貌（图一五）。在这一重要的发现以后，又陆续在南京和丹阳的南朝墓中发现了多幅拼镶砖画，仅大型的"七贤"和荣启期拼镶砖画就又发现两处，艺术造型都可与西善桥的相媲美。此外还有日、月、龙、虎、狮子（图一六），以及披铠武士、甲骑具装、执戟仪卫、鼓吹乐队等多种题材，一般都是由几十块砖乃至上百块砖组成，为了拼砌时不致错位，砖侧常有画名、位置编号等铭记。据考证，丹阳的几座嵌砌拼镶砖画的大墓，都是南朝诸代的帝陵或王陵，可知这种造工精细的大型拼镶砖画大约只是帝王勋贵才能享用的高级艺术品。不过那些由三五块或七八块砖拼成的小幅砖画，可能就较为普及了，分布的范围也超出首都建康（今南京）附近地区，例如在江苏常州戚家村发现的一座六朝晚期砖墓中，就有由 7 块砖拼成的青龙、4 块砖拼成的神兽和飞天、3 块砖拼成的朱雀等小型砖画，构图也颇生动，并具有浮雕效果。

除了拼镶砖画外，一砖一画的画像砖在南朝也仍然流行。东晋的画像砖，可以举江苏镇江东晋隆安二年（398 年）的画像砖为代表，题材有"四神""千秋万岁"以及被除不祥的神怪图像（图一七、一八）等，其在

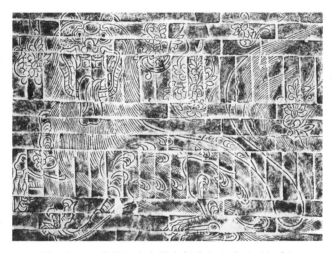

图一六　江苏丹阳金家村南朝墓狮子砖画（拓片）

图一七　江苏镇江东晋隆安二年墓人首鸟身画像砖

图一八　江苏镇江东晋隆安二年墓兽首人身画像砖

图一九　河南邓县南朝出土千秋万岁画像砖

技法上的特点是图像凸出砖面，呈浮雕状。以后到南朝时，画像砖的构图
风格转向纤巧繁缛，同时不少具有佛教色彩的图像开始出现，例如飞天以
及由莲花、荷叶和忍冬组成的各种图案，更富于装饰趣味。同时人物的形
象也更生动传神，常州戚家村的画像砖中的一些侍女和仆僮的形象，就是
很突出的例子。至于构图的变化和题材的多样，则推邓县的画像砖，砖上
并施涂各种色彩，更加华美多姿（图一九）。同时，画像砖艺术还向东南
沿海的更广大的区域扩展，福建、广西等地都有发现。福建闽侯的画像砖
墓，大约是画像砖艺术扩展到东南的最远的例子，大多是把画像模印在砖

的长侧面，也有印于端面或由两块砖拼成一幅的，题材除青龙、白虎、翔鹤、翼鱼等以外，多是与佛教有关的图像，如飞天、僧人、宝炉、狮子和各种忍冬、莲花组成的图案，纹样繁多，线条流畅，构图简练而富于变化，动感极强，显示了与江苏一带的画像砖颇为不同的独特风格。

早已在中原和西南丧失光彩的画像砖艺术，又在江南闪烁了两个多世纪，终于也转向衰微，随着南朝政权的结束而丧失了光彩，只有在江南的一些隋代墓葬里还遗留着一些残迹。在湖北和安徽的隋墓内存有少量的画像砖，内容有"四神"和少量侍臣等形象，但艺术水平已显著下降，形体呆滞，无复六朝画像砖艺术高峰时的光彩。晚到唐代，画像砖仅是偶有发现，再也不是具有时代特征的艺术了。敦煌出土的牵驼图像的画像砖，可以说是罕见的唐代画像砖艺术品。

从秦到唐，长达 9 个世纪，画像砖艺术从产生、发展、兴旺到衰微，在中国美术史的长空中划出了一道光辉的轨迹。但是它的影响似乎到宋、辽、金时期还可以看到，那时期墓中的砖雕的构图和艺术风格，还应当是受到画像砖艺术的间接影响。宋墓的砖雕中，以河南白沙、酒流沟发现的杂剧等砖雕艺术水平最高，人物姿态生动，性格鲜明，确可用"栩栩如生"一词加以形容（图二〇）。而最富生活情趣的作品，则属宁夏泾源宋墓的出土品，特别是表现碓米、推磨的画面。以推磨图为

图二〇　河南偃师酒流沟宋墓出土
厨娘砖雕（拓片）

图二一　宁夏泾源宋墓画像砖

例，左边推磨的是一位长裙妇人，右边则是一个光腚的赤体童子，他高举
双手仅及磨柄，但仍奋力帮助他的母亲劳动（图二一），画面生动而富有
哲理，发人深省。至于由几块砖拼合成一幅画面的砖雕作品，则以河南武
陟县小董公社金墓中的两幅最佳，各由 4 块砖拼嵌而成，表现庭园和宴饮
的场景，它似乎显露出与六朝拼镶砖画相似的艺术效果。

（原载香港《美术家》第 53 期，1986 年 12 月。后收入《逝去的风
韵——杨泓谈文物》，中华书局，2007 年）

跳跃的玉兔

——漫话殷代小型动物玉雕

　　两只毛色略呈褐黄的野兔，圆睁双目，长耳后抿，短尾上耸，躬腰曲体，向前跳跃。这两件距今 3000 年前的古代玉雕，形象颇为传神，刻工简练古朴，可视为古玉中的佳作。它们 1976 年出土于河南安阳殷墟 5 号墓内，那座墓是殷王武丁的配偶妇好的坟墓。迄今所知的殷代的玉器，多出土于安阳殷墟，又以妇好墓出土的为最多。据不完全统计，近 30 年河南安阳发掘出土的玉器在 1200 件以上，妇好墓中所出土的即达 750 余件，占出土总数的 3/5 以上。而在妇好墓出土的玉石雕作品中，最为生动传神的佳作，应属那些引人注目的各种小型的动物造型艺术品，其中就包括这两只跳跃的玉兔（图一）。此外还有巨口利齿的猛虎（图二），华冠秀尾的凤鸟（图三），扬鼻嬉戏的稚象，昂喙傲立的鸮鸟，抱膝蹲踞的小熊（图五），灵巧可爱的猴子……生趣盎然，题材多样，除飞禽走兽外，也有水族和草虫，以及一些神话中的动物，合起来不下 20 余种，计有象、熊、虎、猴、兔、马、牛、羊、鹤、鹰、鸮、鹅、鸬鹚、鹦鹉（图四）、鱼、蛙、龟、鳖、蝉、螳螂（图六）、龙、凤和怪鸟。其中仅鹦鹉一种，数量就超过 20 件，都是扁体浮雕，造型上突出这种鸟那高冠、长尾、钩喙等特征，形象鲜明且富图案情趣。虽然主要造型特征一致，但每件的细部都有变化，并无一件完全雷同的作品。其中的一件对尾双鹦鹉（图七），二鸟头向相反而尾部靠连在一起，形成均匀对称的构图，自右鸟喙部下经胸、爪、尾至左鸟尾、爪、胸直至喙部，形成半圆形的外轮廓线，显得稳定连续，而二鸟的冠羽高耸，背翅形成凹线，又显得富于变化，使作品既稳重又灵动，

图一 殷墟妇好墓出土玉兔

图二 殷墟妇好墓出土玉虎

图三 殷墟妇好墓出土玉凤

图四 殷墟妇好墓出土玉鹦鹉

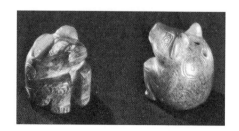
图五 殷墟妇好墓出土玉熊

图六 殷墟妇好墓出土玉蝉、玉螳螂

达到二者的和谐与统一,成为耐人寻味的精美佩饰。也有一些玉雕鹦鹉,选用了淡绿色调的玉料,使人观后会联想到现实的鹦鹉美丽的翠羽,使作品更富生趣。还有的作品构思出人意外地奇巧,把玉雕鹦鹉长尾的端面,磨出锐利的斜刃,于是成为极为精致的玉质刻刀,既是可供欣赏的玉雕工艺品,又具有实用功能。

殷代是奴隶制社会，这些精美的玉雕尽出于默默无闻的雕玉工奴之手，他们是在极为恶劣的条件下工作的。曾经在安阳小屯村北清理过一座殷代小型建筑废址，是一座两间相连的地穴式房屋，每间的面积都不超过4平方米，里面残存有一些日用陶器残片，600多块圆锥形的石料和200多块残断的磨石，以及几件精致的玉石雕刻品，表明这里是用来为殷代王室磨制玉石器的场所。那里发现的玉石器虽然很少，但极值得注意。其中包括一只昂首张目向前爬行的石鳖（图八），一只缩体于壳内的玉鳖和一双并联在一起的玉龟，还有一只石虎（图九）和一只石鸭。它们首次向世人揭示了早在殷代，人们就掌握了利用原来石料的不同色泽，雕出动物肢体不同部位的"俏色"工艺。玉鳖选用的玉料墨、灰二色相间，雕时把墨色部分安排刻为鳖的背甲处，而灰白色处安排雕刻它的头、颈和腹部。石鳖的用材与刻技更巧妙，选用了褐色与肉红色相间的石材，经过精心设计，雕出的成品上鳖甲、脚爪及双眼呈深褐色，圆润的腹部却是肉红色，真可谓巧夺天工。这次发现引起了不少古代艺术爱好者的注意，打开了殷代艺术的一个过去鲜为人知的窗口。后来妇好墓的大量玉雕的出土，使这一窗口更加扩大了。原来，在殷代玉雕作品中并不全是表现权威、身份以及与鬼神相通的祭器，诸如琮、璧、圭、瑗、璜、玦、簋、盘、戈、矛、钺、戚、刀等等，还有如此造型生动、雕工精巧的小型动物造型艺术品。当人们看惯了那些似乎被视为殷代艺术的当然代表的大型青铜礼器，熟悉了它们硕大沉重的形体和装饰繁缛的纹饰，特别是常见的鼓双目、张巨口的饕餮纹那种现实自然界并不存在的狰狞怪物之后，常有沉重、压抑、神秘、恐怖的感觉，这些纹饰被一些美学家誉为伟大的"狞厉的美"，似乎这就是殷代艺术的全部内涵。如果说在礼制森严的青铜器领域有着不可逾越的藩篱，工奴们只能严格地按当时统治者们所规定的标准题材进行艺术加工，只能耗尽毕生的精力，用自己的血汗浇灌出狞厉的青铜艺术之花，那么在玉石雕刻方面，还有一小块可以显露他们的才华、描绘那生机勃勃的大自然中自由的生灵的天地，除去琮、璧、戈、钺等礼器和仪仗以外，小型玉石装饰品是当时统治者的思想意识控制比较薄弱的角落，于是在这一

图七　殷墟妇好墓出土玉双鹦鹉

图八　殷墟出土石鳖（上）、玉鳖

图九　殷墟出土石虎

块小天地里，工奴们摆脱了艺术中神秘沉闷的氛围，抒发对自然的美好形象的激情，从而培植出殷代艺术中的奇葩，这就是我们在前面介绍给读者的那些栩栩如生的小型动物玉石雕刻品。

殷代的小型动物玉雕，显示出当时对玉料的选用、开料和琢制技术方面具有相当水平，并已熟练地掌握了钻孔、细磨、抛光等技艺。但是也显示出另一侧面，那就是与后世相比，殷代琢玉工艺仍处于中国琢玉工艺的早期阶段，故处处表现出颇为古拙的特色。特别是缺乏可以将玉料任意雕琢成作者所想要达到的形态的能力。因此，在费力地把玉坯解成片、块以后，进一步造型时，只在片、块的原轮廓上进行部分雕琢，无力做更为灵活的改型。故此妇好墓中出土的小型动物玉雕的基本轮廓大致可分为两类。一类是立体雕刻，大致都保持着原来的立体或圆柱体的玉坯的原型，甚至一些雕工较费力的人像也不例外（图一○）。另一类是扁体雕刻，是将玉坯先解成扁片，其中较多的是把扁玉片磨圆，中心钻孔形成璧状，再分割为若干玦形（图一一），然后在玦形轮廓内局部加以雕琢而成形。以跳跃的玉兔（图一）为例，身长

10.6厘米，可以推知原是在一个外径可能是约15厘米，内孔径约7厘米的圆璧形玉片上，切割下一个弧度为107°角的块形玉片。然后在外弧上修琢出面孔上缘、耳朵和弓曲的背部的外轮廓，以及翘突的短尾；再在内弧上修琢出下颌、前足、腹部和后足的轮廓。当轮廓线修琢好后，显现在人前的就是一只兔子的正侧面剪影，再精磨抛光，使其莹润。然后以线刻表现兔体的细部，最主要的是刻出圆睁的兔目，并勾画出耳朵和前、后脚爪。当时还缺乏

图一〇　殷墟妇好墓出土玉人

真实地刻画动物毛羽的手法，因此多采用勾填几何图案以象征毛羽的古拙做法，玉兔也不例外。最后在口部和尾下透钻二孔，以供穿索佩带。至此一只活跃的野兔呈现在人们面前（图一二）。那些鹦鹉扁体浮雕，皆与玉兔的雕琢工艺相同，还有凤鸟、鱼、侧面扁体玉人等，莫不如此。殷代雕玉工奴利用块形轮廓，只做部分琢修即能形成如此众多的动物形体，且均生动传神，实是花费了极大心血的精心创作。例如为了表现猛虎的凶态，就把块形倒转过来，突出了挺身张口舞爪的姿式（图一三）。此外，就是利用小块天然玉料的自然形态予以修琢成形了。至于那几件"俏色"玉石雕刻，在选材方面是下了极大的功夫，

图一一　殷墟妇好墓出土玉玦

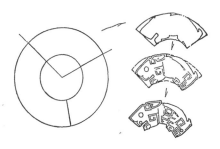

图一二　妇好墓玉兔雕造过程想象复原图

图一三 殷墟妇好墓出土玉虎

以适应古拙的雕工的局限，真是费尽心机的力作。但是为什么雕刻完工后，没有及时把它们奉献给主人呢？难道凑巧是刚雕好就遇上灾祸，房屋倒塌而砸压其中，直到今天才被发现？还是工奴雕出如此费尽心机的佳作，不肯奉献给那些凶残的奴隶主而故意藏在坯料堆中，做了一次小小的消极反抗，以致后来永埋于废墟之中？这也许是一个小小的古代之谜吧！无论如何，这些小件作品留在那座房屋中是今人的幸运，使得经发掘出土后，让我们得以获知远在 3000 年前，无名的工奴已经能够创作出如此精美的"俏色"玉石雕刻精品。

（原载《文物天地》1987 年第 4 期。后收入《逝去的风韵——杨泓谈文物》，中华书局，2007 年）

金棺银椁瘗"舍利"

苏东坡《甘露寺》诗,为游镇江甘露寺时所作,中有"薤草得断碑,斩崖出金棺。瘗藏岂不牢,见伏理可叹"之句。他在诗序中说明,所咏指"近寺僧发古殿基,得舍利七粒并石记,乃卫公为穆宗皇帝追福所葬者也"。卫公指唐代李德裕,他曾于会昌四年(844年)"以功兼守太尉,进封卫国公"(《旧唐书·李德裕传》)。李德裕瘗藏舍利的金棺,宋人重瘗于甘露寺塔下,1960年镇江市文物管理委员会修复甘露寺铁塔时,已从塔基地宫中被发掘出来。甘露寺塔基地宫在今地下3.42米处,砖筑,底铺石板。内置宋代大石函,其中放有以锦袱包裹的两个小石函,以及银函、银盒、漆盒、灵骨和铜钱等。在大石函上有宋僧守严题记,说明于熙宁时发现了李德裕所瘗舍利,又于元丰元年(1078年)就旧基建铁塔,重新瘗藏。当地的官吏、名人都曾参与此事,如王安石之弟王安礼,当时是润州太守,石函内出土的银函盖阴留有他的墨书题记,为"临川王安礼元丰元年四月七日记",出土时墨迹犹新。李德裕原瘗舍利的容器,置于那两个小石函中。西面的小石函中有金棺银椁,用以盛放他于唐大和三年(829年)发现的上元县禅众寺旧塔基下原藏舍利;东面的小石函中有小金棺、金棺和银椁,用以盛放大和三年发现的长干寺旧塔基下原藏舍利。金棺和银椁工艺精巧,外形仿自唐时棺椁,但遍体饰有繁缛细密的装饰纹样,多为飞天、迦陵频伽、云鹤、宝珠等,极工致精美。放长干寺舍利的内层小金棺为素面,盖长2.9厘米,头高仅1厘米,内放舍利11粒,其外套以金棺,盖长6.4厘米,头高2.8厘米(图一)。最外为银椁,盖长也只有11.5厘米,头高4.9厘米(图二)。这种以制工精巧的小型金

图一　江苏镇江出土唐长干寺舍利金棺

图二　江苏镇江出土唐长干寺舍利银椁

棺银椁瘗埋舍利的做法，在唐代极为流行，至于开始出现的时间，约可追溯到武后时期。

　　所谓佛舍利，是传说佛教的创始人释迦牟尼死后（佛教用语称为"涅槃"），弟子焚其身，有骨子如五色珠，光莹坚固，称为舍利。据说那些舍利重达八斛四斗，为八国所争，故分为八份，分装于八个宝坛（或说为瓶）中，藏于八国。后来阿育王时，又从各处索取舍利，作八万四千塔，将舍利分置塔中。至于舍利的大小，或说与米粒相似。根据佛经，若无舍利，还可用金、银、琉璃、水精、玛瑙等众宝造作，甚至以精净沙石，乃至药草的根节造作。至于瘗藏舍利的容器，则用坛、瓶之类。随着佛教的传播，在塔下瘗藏舍利的做法也传到我国，目前发现纪年最早的一处，是河北定县的北魏塔基，那是北魏孝文帝于太和五年（481 年）发愿修建的。

定县的北魏塔基尚未构筑地宫，是把放置舍利的石函直接埋入塔基夯土中。石函中有装舍利的玻璃瓶、玻璃钵等容器，还有用以奉请舍利的铜镊和铜匙，还有大量珠玉钱币等，其中有 41 枚波斯银币，它们大约是作为"七宝"与舍利瘗埋在一起。在石函的盝顶上，铭刻着孝文帝以官财建塔的缘起。

到隋文帝时，虔信佛教，仁寿年间曾诏诸州造塔，并遣人分送舍利。1969 年在陕西耀县发现的舍利塔基，据出土石函内塔铭文，知为仁寿四年（604 年）所建宜州宜君县神德寺舍利塔。这时已不再直接埋于塔基夯土之中，在石函以外，四周砌有护石和砖墙。同时，石函盖面篆刻"大隋皇帝舍利宝塔铭"九字，在函盖四侧有精美的线刻图像，有飞天、花草等。函体四侧也有线刻图像，除护法的天王、力士外，还有佛弟子舍利弗、大迦叶、阿难、大目犍连像，均作当佛涅槃时的悲戚哀哭之状。在石函内口上平嵌"舍利塔下铭"石刻，似模拟当时墓志的款式。3 枚舍利盛放于一个涂金盝顶铜盒内，同时还放置有波斯银币、铜钱、金环、银环、玉环等组成的"七宝"。此外，石函内还有内装头发的圆铜盒，及装于方铜盒中、内盛红色液体的玻璃瓶。可以看出，隋时瘗埋舍利的制度，更加接近当时墓葬的形制。

到了唐代，瘗藏舍利的制度发生了明显的变化，完全改变了自印度传来的瘗藏于坛瓶的做法，彻底改为模拟中国埋藏死者的制度，在塔基下构筑类似墓室的地宫，以砖砌建，并设有门和甬道，还绘制壁画。将舍利瘗藏于中国式样的金、银制造的小型棺、椁之中。这样做法年代最早的记载，见于唐高宗显庆年间。据唐释道宣《集神州塔寺三宝感通录》，显庆五年（660 年）春三月，敕取法门寺舍利在东都洛阳宫中供养，"皇后舍所寝衣帐直绢一千匹，为舍利造金棺银椁，数有九重，雕镂穷奇"。于龙朔二年（662 年）送返法门寺石室掩之。在扶风法门寺塔基地宫发掘中，碑石内记有"武后绣裙"一件，或许即为显庆时所施而经唐武宗毁佛后偶然遗留下来的，也未可知。

自显庆年间武后为法门寺舍利造九重金棺银椁后，各地瘗埋舍利时竞相仿效，目前发现的年代与之最接近的标本，出自甘肃泾川唐大云寺塔基，埋藏于延载元年（694 年）。安置于砖筑的券顶地宫之中，地宫门南向，前为绘有壁画的短甬道。门有石额，上刻香炉、宝盖和飞天，门内两侧刻天王力士像。14 颗舍利放于琉璃瓶内，置于金棺中，金棺外为银椁，再外为鎏金铜函，最外为盝顶石函，上刻"泾州大云寺舍利石函铭并序"。内外共有五重，虽然不及武后奉献法门寺舍利的九重之数，也已相当可观。金棺制工精美，前挡和两侧正中嵌白色珍珠，周围贴金片莲瓣，形似盛开的莲花，莲花四周又配以金片组成的莲蕾、莲叶。棺的后挡居中贴六瓣金莲，周绕六朵金莲或莲蕾，其上又嵌饰石英石、绿松石等，工精而华美，表现出盛唐金银细工的高度工艺技巧（图三）。

图三 甘肃泾川大云寺塔基出土唐舍利容器

武则天以后，以金棺银椁瘗舍利的做法，在唐代流行不衰。1985 年在陕西临潼庆山寺发现的一组标本，反映出唐玄宗开元盛期的情况。庆山寺塔基地宫及所瘗金棺银椁，其华美的程度超过泾川大云寺塔基的出土品。地宫亦用砖砌筑，前有甬道，两壁精绘护法的天王力士，内竖石碑，为开元二十九年（741 年）刊刻的《上方舍利塔记》。甬道内接墓室，其间安设上有精美线刻的石门，门前两侧各有一头三彩蹲狮，姿态极为生动。地宫内三壁绘有壁画，地面铺砖并涂朱红色。正面设须弥座，安放自铭"释迦如来舍利宝帐"的石雕宝帐，由 6 块青石构件组成，高达 1.09 米。帐盖中央置放彩绘联珠托宝珠顶。座前两角插两朵盛开的金莲花。其中置银椁（图四），前挡刻出门形，门扉上贴有两身鎏金菩萨，夹侍着一双佛足。两侧上贴铺首，下分列十大弟子鎏金造像。椁盖饰一朵以白玉和红玛瑙作芯的鎏金莲花，周嵌水晶等宝石，盖周悬垂以珍珠串穿的流苏。下设鎏金铜须弥座。其工精及华美远远超出大云寺银椁。银椁内放长 14 厘米的金棺，棺盖亦嵌饰宝石（图五）。棺内置锦衾，中藏一双带有铜莲座的绿玻璃瓶，瓶内盛舍利。同时，在宝帐两侧和前面，放有许多金银器和陶、瓷器。帐前还放有 3 件三足三彩盘，中间盘内供放一双三彩南瓜，这也是过去少见的情景。

安史之乱以后，唐代社会经济江河日下，但统治阶级佞佛之风并未稍减，甚至恶性膨胀。唐宪宗元和十四年（819 年）正月，命中使杜英奇领禁兵护送宫人 30 人，持香花与僧徒赴临皋驿迎佛骨，开光顺门迎入大内，留禁中三日，乃送京城佛寺。"王公士庶，奔走舍施，唯恐在后。百姓有废业破产、烧顶灼臂而求供养者"（《旧唐书·韩愈传》）。一时长安城中宗教气息弥漫，愚昧迷信泛滥，正常的社会生活遭到极大干扰，社会财富遭到严重浪费。正如韩愈指出的"皆云天子大圣，犹一心敬信；百姓微贱，于佛岂合惜身命。所以灼顶燔指，百十为群，解衣散钱，自朝至暮，转相仿效，唯恐后时，老幼奔波，弃其生业。若不即加禁遏，更历诸寺，必有断臂脔身以为供养者。伤风败俗，传笑四方，非细事也"。面对佞佛兴起的妖风迷雾，有识之士以韩愈为首，力行反对。因而韩愈写出了

图四　陕西临潼唐庆山寺塔基地宫出土舍利银椁

图五　陕西临潼唐庆山寺塔基地宫出土舍利金棺

著名的《谏迎佛骨表》，上疏宪宗，严正指出："今无故取朽秽之物，亲临观之……臣实耻之。乞以此骨付之水火。永绝根本，断天下之疑，绝后代之惑。……岂不盛哉！岂不快哉！佛如有灵，能作祸祟，凡有殃咎，宜加臣身。上天鉴临，臣不怨悔"（《旧唐书·韩愈传》）。显示出中国正直的知识分子的骨气。而在昏聩的皇帝统治下，韩愈的下场是可以想见的。结局是"一封朝奏九重天，夕贬潮州路八千。欲为圣明除弊事，肯将衰朽惜残年"（《左迁至蓝关示侄孙湘》），被贬为潮州刺史。于是那所谓佛骨，仍能存留下来继续去愚弄可怜的无知民众。在此以后，佞佛之风更盛，从中央到地方，瘗藏舍利之风仍然盛行，一些著名的政治家也热衷于此，本文开始时所引李德裕奉献甘露寺的金棺银椁即为突出的例子。从他所施金棺银椁的制造工艺和装饰风格，虽然看来纹样细密繁缛，但是已经失去盛唐以来蓬勃向上的气势，呈现出纤弱还带着做作的气息，与唐末趋于衰微的政治形势相呼应。

1987 年在陕西扶风法门寺塔基发现的咸通十五年（874 年）瘗封的大量文物，引导人们去回忆唐末最后一次从法门寺迎取佛骨的闹剧。当时懿宗欲迎佛骨，群臣谏者甚众，至有言宪宗因迎佛骨寻晏驾者，但他却说"朕生得见之，死亦无恨"（《新唐书·李蔚传》）。于是"广造浮图、宝帐、香舆、幡花、幢盖以迎之，皆饰以金玉、锦绣、珠翠。自京城至寺三百里间，道路车马，昼夜不绝"。四月"佛骨至京师，导以禁军兵仗、公私音乐，沸天烛地，绵亘数十里；仪卫之盛，过于郊祀，元和之时不及远矣。富室夹道为彩楼及无遮会，竞为侈靡"。可惜这出闹剧尚未演完，佛骨还未送还，懿宗就死掉了，结束了他想借佛骨 30 年逢太平盛事而做的美梦，新继位的僖宗李儇匆忙把它送回法门寺。从发掘出土的法门寺地宫来看，具有前、中、后三室，可能摹拟着人间皇帝的墓室的规制，因为已发掘的唐代王或公主的墓都仅有前后两室，连"号墓为陵"的懿德太子墓也不例外，推知具有三室当是皇帝陵墓的制度。但是从地宫的构筑情况来看，施工非常草率，甚至难以与并非皇帝构筑的庆山寺地宫的工程质量相比，这清楚地反映出僖宗送还舍利时仓匆的程度。这次也是唐朝皇帝最后

图六　陕西扶风法门寺唐塔地宫出土八重舍利宝函（最外的木函已朽）

一次迎佛骨舍利之举，因为僖宗以后仅传昭宗和哀帝两帝，唐王朝就覆亡了，时间尚不足30年。不过，唐朝皇帝的迷信佞佛，倒为后人留下了一批珍贵的文物，这自然是他本人始料不及的。法门寺地宫中共出土金银器皿120件组，玻璃器17件、瓷器16件、漆木及杂器19件、珠玉宝石约400件，还有大批丝织物及残品。其中属于盛瘗舍利的容器就有4套，分别瘗藏着4枚佛指舍利，其中两枚是骨质的，另两枚是石质的，但形状均制作得大致相同，它们分别安置于前、中、后三室及后室地面中北部的秘龛之中。最精美的一套舍利容器是唐懿宗供奉的，安置于地宫后室，共有八重，外用红锦袋包裹。八重宝函最外为银棱盝顶黑漆宝函，其余七重（图六）由外及里顺序为：鎏金四天王盝顶银函、素面盝顶银函、鎏金如来说法银函、纯金六臂观音盝顶宝函、金筐宝钿珍珠装纯金宝函、金筐宝钿珍珠装斌玞石宝函、宝珠顶单檐四门纯金塔，金塔内正中立焊一银柱，佛指套置其上。地宫中室安置的一套舍利容器，最外面是汉白玉双檐灵帐，内置盝顶铁函，其中有用丝绸包裹的鎏金双凤纹银棺，棺内放佛指舍利。前室的一套外为汉白玉阿育王塔，内置铜浮图，浮图中有用罗面绢里夹袱包裹的鎏金伽陵频迦纹饰银棺，佛指舍利安置在银棺中。后室的秘龛中置有外裹织金锦的铁函，其中依次套置鎏金四十五尊造像盝顶银函、银包角檀香木函、嵌宝水晶椁、壶门座玉棺，佛指舍利置于玉棺之中。其余物品，分别放置在前、中、后室之中，都是为供养舍利而奉献的，它们的名称、数量及由谁所奉献，均详细地记录在《监送真身使随真身供养道具及金银宝器衣物帐》碑文中，使我们得以看出在晚唐经济凋敝的情况下，皇帝还能如此以大量珍宝奉献佛寺，可以说从法门寺地宫珍宝光辉交映中，蕴藏着王朝末日的阴影。长安城中迎取佛骨的公私音乐的喧闹，实际奏出的是王朝末日的哀鸣。人为的宗教狂热，难以阻挡历史巨轮的前进，今天发掘出土的瘗埋舍利的金棺银椁，正告诉人们这样的真理。

（原载《文物天地》1987年第5期。后收入《逝去的风韵——杨泓谈文物》，中华书局，2007年）

蓟县独乐寺辽塑十一面观音像

　　河北蓟县独乐寺观音阁（图一）为辽代建筑，矗立在阁内的十一面观音像，是目前保存的辽代佛教塑像体态最为巨大的一躯，高达16米。它也是保存在佛教寺庙之中的中国古代最大的塑像（图二）。一走进观音阁，迎面就可看到他那立在莲台上的高大身躯。由于塑像的体高约当一般人体高的九倍，因此只有抬头仰望，才能看到观音的面容，这更增强了庄严崇高之感。为了充分显示这尊巨像的仪容，古代匠师在构筑这座高阁时进行了别具一格的设计，在阁内槽的第一层楼面上开有矩形洞口，又在第二层楼面上开了呈六角形的洞口，形成上下贯通的空井，使大像矗立在其中，头部直伸达第三层明间，几近阁顶，上面覆有一仅遮盖住十一面观音头顶的"斗八藻井"。为了使信徒在礼拜时能仰观全像，所以不像一般小型佛教立姿造像那样，采用挺身直立的姿态，而是特意地将大像塑成身躯微向前倾，这自然增加了塑制的难度，让塑像那硕大而沉重的躯体，既向前倾又须保持平衡和稳定。但是这样的体态，不仅使人们自下仰望时可看清全像，特别是可以看清他的面孔，而且微俯的神态又令人产生慈祥亲切之感。由于大像的头部（图三）直达阁内第三层明间，故此明间前檐门窗射入的光线，照亮了大像的面庞，而且自上而下照射，当人们自较暗的阁的底层仰望时，似乎巨大的十一面观音像沐浴在光焰之中，增强了庄严神圣的气氛，也散发着一种超自然的宗教神秘感。

　　当人们自下仰望大像，自然产生想要更清晰地瞻仰巨像面容的企望，观音阁的设计者充分注意到这一点，作了周密精巧的安排。这座木构殿阁

图一　独乐寺观音阁

面阔五间，进深四间，上覆单檐歇山屋顶。从外观来看是两层，中有腰檐，但在阁内实为三层，于底层和最上的明间之间，还有一暗层。阁的梁架结构，有内外两围柱，与后来的宋《营造法式》中的"金厢斗底槽"相似。由于这座建筑是专为供奉巨大的十一面观音塑像而设计建造的，故此一切都以巨像为中心，殿阁中央是前已提到的穿透第一层和第二层楼面的天井。循阁侧的阶梯登上暗层，可以回绕矩形井口四周，礼拜观赏大像，但光线颇暗。再循梯向上，登至全阁最高的第三层，由于这是前檐设置门窗的明间，人们从较暗的二层刚一登临，先是面对门窗看到阁外一望无际的天空，即是豁然开朗的感觉，似乎目前一片光明。带着这样的感觉转身向内，十一面观音的巨大头像，似乎就在这一片光明中从中央的六角形井口升起，呈现在人们目前。他面相庄严，弯眉长目，丰颐重额，略带笑意。在主面的上方，又分四层呈现出另外的十面，下层四面，第二层三面，第三层两面，最上一层一面，呈塔形配置，全高大致与下面的主面高度相当，因此显得比例协调，无上重下轻之感，显示出十一面观音与其他

图二 独乐寺观音阁内的辽代
十一面观音像

佛教造像不同的仪容。在井口的六面都安有栏杆，人们可以围绕井口对大像礼拜观赏，并可向下俯瞰阁的底层。大像主面之上的十个小面中，有的是面向斜侧或左右两侧的，而且容貌和表情各不相同，据佛经所载，或作慈悲相，或作瞋怒相，还有的作白牙上出相，暴恶大笑相，最上一面作佛面。要想看清各面的不同，也只有围绕井口，才能达到目的。可惜今日大像因遭后代特别是清代重新妆修，除巨大的主面仍保持原貌外，上面的十个小面均粉饰得一个模样，呆滞无神，无复原来的形貌。本来各面的冠上皆有佛像，也被涂饰得无迹可寻（图四）。幸而土面未遭损毁，还保留着原塑风貌，并显露着颇为浓郁的唐代遗风，是辽代较早的艺术杰作。

图三 独乐寺观音像的主面

图四 独乐寺观音像的十个小面

主尊大像的身躯也大致保持原塑形貌，只是屡被后代妆修，衣纹等较显臃肿，并施加粗俗的近代彩绘，致使大像丧失了部分光彩。但像体自两肩下垂的披帛，横于腰腹两周，并转绕两臂而下垂，仍为原塑形态，同样保存着唐代遗风。据佛经所述，十一面观音左手应下垂，执内出莲华的军持瓶，右手作施无畏印。但现大像左手下垂，并未持物，因未能仔细观察，不知是否原塑即如此。

在十一面观音所立佛坛上，左右两侧还各塑有一尊协侍菩萨立像，它们的立姿大致与中央主尊大像相同，不过由于后代妆修对它们的破坏较大像严重得多，致使两像已丧失了原塑的形体美，并将衣饰改得不伦不类，再施有极为拙劣的彩绘，几使辽塑风貌丧失殆尽。幸而其面相还保留着辽塑原貌，使它们尚能残存一些辽塑的艺术光彩。

据文献记载，独乐寺内原存有辽统和四年（986 年）刘成碑，记观音阁为统和二年（984 年）为辽"故尚父秦王"再建，阁内十一面观音菩萨亦为同时重塑。尚父秦王为韩匡嗣，蓟州玉田人，其父为韩知古，韩氏一门在辽代颇为显贵。但观音阁营造时，韩匡嗣已死，当系他的子女追韩匡嗣遗志而营建的。因此可知这尊巨大的十一面观音是 984 年重塑的，至今已逾千年。如将其与山西大同下华严寺内辽重熙七年（1038 年）建薄伽教藏殿内的辽塑菩萨像相比，可以看出十一面观音像更多地保留着唐代遗风，而薄伽教藏殿内的菩萨像，面相虽基本沿袭十一面观音面相的传统特征，但体态更加生动，塑工也更趋精美，达到辽塑艺术的高峰。

目前在独乐寺中，除观音阁外，还保存有另一座辽代建筑——山门。山门面阔三间，进深二间，单檐庑殿顶。明间开版门，其比例与寺内正对着的观音阁的轮廓近似，由其间望去，它的柱和阑额恰可作为阁的景框，可见古人营建时匠心之所在，令人赞叹。在山门两次间内外，各塑有一力士像，遭后代妆修，仅能粗略辨识出辽塑原貌。这两座珍贵的辽代建筑，已于 1961 年被国务院公布为第一批全国重点文物保护单位。

（原载《文物天地》1988 年第 2 期。后收入《逝去的风韵——杨泓谈文物》，中华书局，2007 年）

海东文物话寄生

　　1987 年日本的田野考古发掘有许多新收获，有关古坟时代的新发现中，埼玉县行田市酒卷 14 号坟出土的马形埴轮是一个令人感兴趣的重要发现。那座古坟坐落在利根川的右岸，该坟的埴轮作内外双重排列，外侧一重放置圆筒形埴轮，内侧一重放置的是人物及动物形埴轮。据已发表的资料看，人物及马形埴轮交互排列，已发现三匹马形埴轮，第一匹是没有鞍具的光背马，另一匹备有鞍具，第三匹就是令人感兴趣的那一件，该马备有鞍、镫，在鞍的后桥后侧，向后伸出一向上折曲的管状物，其上竖插旗杆，上挂上下三面尖角状小旗。全马高约 81 厘米，旗高约 33 厘米（图一）。这种鞍后附有上竖旗帜的马形埴轮，在日本古坟时代考古中尚属首次发现，因此引起了学者的注意。马形埴轮鞍后插旗的向上折曲的管状物，让人联想到日本古坟出土的铁质"蛇行状铁器"。

　　记得数年前我访问日本奈良县立橿原考古学研究所时，参加"大和的武器武具"研究集会，当时日本友人的提问中，就曾问及日本古坟时代的墓葬中出土的"蛇行状铁器"，是否与中国古代十六国南北朝时期战马所披具装铠的"寄生"有关。但当时我对日本出土的"蛇行状铁器"所知甚少，仅是在读末永雅雄博士所著《日本上

图一　日本埼玉县出土的马形埴轮

代的武器》（1941 年版）一书时，曾获知在日本冈山县赤郡山阳町穗崎古坟出土过一件"蛇行状铁器"，推测与武器有关，因此那时我还难以辨认它的确切功能，更无法确定它是否与"寄生"有关。几年以后，橿原考古学研究所的东潮君把他写的论文《蛇行状铁器考》送给我，他收集了在日本和朝鲜半岛的有关"蛇行状铁器"的资料，进行了分析排比。他在文章中列举了在日本古坟时代遗物中有关"蛇行状铁器"的六次发现，分别出土自福冈县手光南 2 号坟、山口县塔之尾古坟、冈山县穗崎古坟、奈良县团栗山古坟、埼玉县埼玉将军山古坟以及奈良飞鸟寺遗址。在朝鲜半岛上的发现，集中于庆尚北道和庆尚南道，计有 10 处 12 例。在庆尚北道的主要集中于庆州市，分别出土于金冠冢、金铃冢和天马冢，庆尚南道的分别出土于梁山夫妇冢、水精峰 2 号坟、玉峰 7 号坟、众生院 1 号坟等处，也有 3 例出土地点不很清楚。由此看来在朝鲜半岛的出土品中，时代较早的出土于韩国庆州地区的几座墓中，属新罗时期，时当公元 5 世纪末至 6 世纪初。它们明显地早于日本的古坟中出土的"蛇行状铁器"，因为那些古坟的时代都在 6 世纪中叶以后。由上述情况，可以寻到这类"蛇行状铁器"正是由朝鲜半岛传入日本的踪迹。至于这类器物的用途，过去推测它们可能与天盖、寄生或旗杆有关。如果我们仔细观察，自会看出同被称为"蛇行状铁器"的遗物，其具体形状并不尽相同，而且出土位置与伴同出土的遗物也并不相同，因此它们并不一定都是同一类器物，自然用途各异，但可以肯定其中一些与马具、兵器伴同出土或有关的标本，应是与"寄生"有关的遗物，例如朝鲜半岛的"天马冢"出土的"蛇行状铁器"。现在日本酒卷 14 号坟发现马形埴轮，鞍后所附的向上曲折的管状物，确是呈"蛇行状"，因此可以进一步推知日本古坟出土的"蛇行状铁器"中，有一些应与"寄生"有关。

"寄生"本是战马所披"具装"铠的一个组成部分，它位于马的后鞍桥以后，竖立于马尻部。通过对有关中国古代马具装的文物的排比分析，可以看出自东晋十六国至南北朝末期，马具装铠的发展大致可以分为两个阶段，前一阶段是东晋十六国时期，后一阶段是南北朝时期。在前一阶

图二 云南昭通东晋壁画墓东壁壁画（摹本）

图三 壁画上的寄生图像

1. 东晋霍承嗣墓壁画 2. 邓县南朝墓画像砖 3. 丹阳南朝墓拼镶砖画 4. 高句丽三室墓壁画 5. 德兴里壁画墓壁画 6. 敦煌285窟西魏壁画 7. 高句丽铠马冢壁画

段，马寄生的形状以树枝状为主，竖立在马尻部，最典型的是云南昭通后海子东晋太元十□年（386～394年间）霍承嗣墓壁画，竖起呈树枝形状（图二）。到了后一阶段，这种树枝状的寄生开始时也还沿袭使用，《南齐书》中记萧道成在初起兵时"军容寡阙，乃编棱（棕）皮为马具装，析竹为寄生，夜举火进军，贼望见恐惧，未战而走"。表明当时的寄生亦呈植物枝叶状。但是这一时期更多地是改为外貌华丽的长体扇面状，而且装在马上的位置，也有两种情况，一种是仍竖于尻部，如江苏丹阳南朝大墓拼镶砖画甲骑具装的寄生图像；另一种是安于马鞍的后鞍桥后部下侧，伸出向后再弧曲上扬的管状物，然后上竖寄生，以邓县画像砖墓中甲骑具装的寄生图像描绘得最为清晰（图三）。

东晋十六国至南北朝时期，马具装铠也自辽东传往以吉林集安地区为中心的高句丽族，我们可以从冬寿墓的壁画中看到甲骑具装的形象，他是在前燕内部矛盾中失败后携宗族部曲出逃高句丽的。具装铠传入高句丽后，逐渐成为高句丽族军队的重要军事装备，于是集安的高句丽墓壁画中，出现了甲骑具装的形象，例如洞沟 12 号墓和三室墓所绘，特别是三室墓内，有一幅形象生动的战斗图，双方都是甲骑具装，在右侧一骑的寄生画得颇为清晰，它是安装在马鞍的后鞍桥后下侧的（图四）。综观集安地区和朝鲜半岛上的高句丽墓壁画，可以看出寄生的情况是与中原相同的，有竖在马尻呈竹枝状的，如铠马冢壁画；也有竖于马尻呈扇状的，如德兴里壁画墓壁画；还有以曲管装于后鞍桥后下侧的扇状寄生，如三室墓和双楹冢壁画。特别是双楹冢壁画的甲骑具装图，后鞍桥后侧伸出的管状物，形状与所谓"蛇行状铁器"最为相近，且寄生向后飘拂，并呈歧出的三叉形。

图四　吉林集安高句丽族三室墓壁画上的甲骑具装战斗图像（摹本）

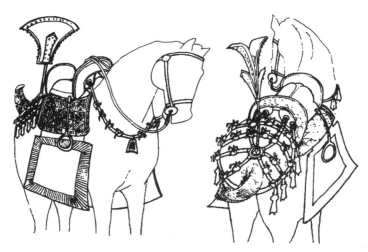

图五　新罗天马冢出土马具复原图

马"具装"铠和"寄生"，在朝鲜半岛上由北向南传播。在半岛南端的考古发掘中，也不断获得有关铁质马具装铠的实物，以及模拟其形貌的陶器。特别令人感兴趣的是新罗"天马冢"的发掘资料，那是一座有封土的积石木椁墓，后编号为皇南洞第155号坟，出土遗物达万余件。其中的马具一项，除封土顶上部放有一些以外，数量达500余件，其中有一件彩绘天马图的桦皮马障泥，因此一般称为"天马冢"。我曾试着对该墓的马具进行过复原研究，在出土物中辨认出了铜质的马寄生，在复原图中认为它竖立于马尻部鞦带交结处（图五），主要是参照了新罗"金铃冢"出土骑马人物陶壶中马寄生的安放位置。当时没有将该墓出土的"蛇行状铁器"绘入复原图，主要是考虑铜质扇面形寄生与铜饰马具配合协调的缘故。现在可以看出在"天马冢"中，的确是两种安装方式的寄生都有，一种是竖立于尻部的铜质扇面形寄生，另一种是装于马鞍的后鞍桥后下方，以蛇行状铁器上竖的寄生。

通过上面的叙述，可以看到马寄生由中国中原地区传往海东诸国的轨迹，它是由辽东地区先传入高句丽，然后自朝鲜半岛北而南，最后以朝鲜半岛为跳板，再传入日本列岛。同时它在传播过程中，也不断依据不同地区的民族爱好，而在局部上改变着它自己的外貌。当它到达日本列岛时，可能已不再保持扇面状的外貌，而代之以当时古代倭人喜好的形态，在鞍后上伸的蛇行状管状物，竖插立杆，然后挂以上下三面尖角状小旗，形成我们从埼玉县行田市酒卷 14 号坟出土马形埴轮所见的形象。通过观察"寄生"由中国大陆传播海东诸古代民族的轨迹，人们再一次认识到中国古代文化与朝鲜半岛以及日本列岛上的古代文化之间的密切联系。

（原载《文物天地》1988 年第 4 期。后收入《逝去的风韵——杨泓谈文物》，中华书局，2007 年）

三星堆铜像

　　目前考古学范畴内尚存在多少未知的事物，难以估量，因此新的考古发现不断将问号推到人们面前，四川广汉三星堆的发现，正是近年来展现出的问号之一，有待人们进行深入的探索。面对三星堆出土的那些创作于 3000 多年前的青铜人物造型，谁能否认它们具有非凡的艺术魅力?! 劲健的线条，鲜明的轮廓，夸张的容貌，巨大的体量，金属的光泽，组合成神奇瑰丽而又古朴粗犷的艺术造型，散发着诱人的异彩。刚看到它们时，最初产生的感觉，只是对这些从未见过的怪异的形貌备感惊奇。呈现在面前的是如此硕大的青铜人面，面高超过 1 米，脸宽超过 1.3 米，是真人面孔的 3 ~ 4 倍。铜面上面浮起一双粗眉，其下巨目上斜，紧闭的阔嘴和棱角分明的方形下颌，现出某种奇异、神秘甚至令人生畏的表情。还有的更为奇特，生有凸出眼眶的柱状睛球（图一），以及类似铜戈形状、向上斜伸的大耳朵，又有在前额伸出朝天的长角。再仔细看下去，发现那些面孔的轮廓线和刻画五官的棱线，竟然是出奇地鲜明、简练而准确，绝对没有任何多余的线条，正如古人惜墨如金一样，那些无名的古代雕塑家可算是"惜线如金"，因此才形成如此浑厚粗犷的美感。赞叹之余，再仔细看下去，竟然不由自主地深陷于这些古代作品的艺术魅力的感染之中，初始时突发的惊异感早已消失，也不再去注意它们的创作手法和线条，似乎产生与这些古老的铜雕溶为一体之感，听到以它那硕大的体量呼喊出的艺术最强音，震撼着人们的灵魂，情感随之沸腾，简直企望伴同它们深入那超越自然的神秘的氛围中去⋯⋯

图一　三星堆出土纵目青铜人面

这些巨大的青铜人面像发现于 1986 年，出土于四川广汉城西三星堆的两个相距约 20~30 米的大型古蜀人祭祀坑中，其中 1 号坑的坑口长度超过 4.5 米，宽度超过 3.3 米，坑口至坑底深度超过 1.4 米。除了青铜人面以外，还有铜人坐像、龙柱形器、龙虎尊、缶、盘、戈等青铜制品，又有金皮杖、金面罩、金箔虎形器等黄金制品，以及许多玉璋、戈、剑、佩、瑗、璧等，还有海贝、象牙以及大量烧骨碎渣。2 号坑的长度与 1 号坑大致相同，但宽度只有 2.2~2.3 米。在坑的表面放置有数十根象牙，其下埋有许多精美的青铜器、青铜人面、小青铜人头像、金面罩、戴金面罩的青铜人头像（图二）、玉石器等，数量之多超过第 1 号坑。其中最特殊的文物，要属高度达 3.84 米的青铜神树和高达 2.62 米的青铜立人像（图三）。青铜神树分为树与底座两部分。直树干，上分九枝杈，集成三丛。树枝上有三个桃状果，其中两

图二　三星堆出土金面
青铜人头像

个果枝下垂，另一果枝向上，在果上还立有一只钩喙的神鸟，伸展双翅，昂然挺立。自树顶又铸有一条透迤而下的游龙，龙首上昂，一足踏于树座之上，神奇瑰丽（图四）。青铜立人像尤其引人注目，它是迄今为止在中国考古发掘中获得的最大型的青铜人像，由方座和立人像两部分构成，分段嵌铸而成，人像衣饰华丽，赤足立于方座上，右臂上举，右手置于鼻

图三　三星堆出土青铜立人像　　　　图四　三星堆出土青铜神树

前，左臂平举，左手与胸平齐，双手造型夸张，其大小与身躯比例过大，粗大的拇指与食指、中指、无名指相握成环形，惜原握持物已失。人像的面型与那些巨大的青铜人面相同，也是粗眉之下巨目上斜，方颌阔嘴，大耳斜伸，表情严肃而显神秘。

对于古代蜀人铸造的这些神秘的青铜人物造型艺术品，学者们进行过研究，对当时人们制作它们的目的，作了各自认为正确的推测，但我至今还难以认定哪种推测是正确的。不过可以肯定一点，它们与古代蜀人的信仰或者宗教有关。这些作品今日仍散发着感人魅力，看来当年令人敬畏崇拜的宗教目的是达到了。但是创作者绝不曾想到，它们在地下沉寂了几十个世纪以后，再现人间，后代的"新"人（也许有些人只出于猎奇心理）还会感受到它的艺术魅力，从而得到非凡的艺术享受。其实这也无甚奥秘，只是缘于这些作品表现了时代风格以及民族特征，因而具有了持久的生命力。

这样一来，我进一步悟出了早已存在的一个道理：真正具有时代风格和民族特征的作品，其艺术魅力持久不衰。三星堆铜像之所以能拨动今日观众的心弦，产生共鸣，并非因为创作它们的古代蜀人是专为其后几十个世纪的人们所特意设计的，这又正是今天我们折服于它的艺术魅力的原因。美术考古的历史告诉我们，越是真正具有浓烈的时代风格和民族特征的作品，才越为几个甚至几十个世纪以后的人们所喜爱。

（原载《中国美术报》1988 年 12 月 2 日。后收入《逝去的风韵——杨泓谈文物》，中华书局，2007 年）

丝绸之路由中国向日本的延伸

公元前 2 世纪末，汉武帝派遣张骞通西域，正式开辟了以当时中国汉朝都城长安（今陕西西安）为起点，西经河西走廊、新疆地区通往中亚、西亚，一直延伸到地中海东岸的安都奥克（就是《魏略》中所记的安谷城）的交通路线，即所谓"丝绸之路"，全长达 7000 公里以上。这条路线的开辟至今已有 2000 多年的历史，但是"丝绸之路"这一名词，是 1877 年德国地理学家李希霍芬提出来的。他强调，这条路的开辟主要是为了将中国的丝绸送到罗马去（夏鼐《中国文明的起源》，文物出版社，1985 年）。自此以后，中外学者就习惯称这路为"丝路"或"丝绸之路"。沿着这条漫长而艰险的丝路，古代中国的产品，主要是精美的丝绸，不断源源地西运，深受当时欧亚大陆上许多文明民族的喜爱，向西一直销售到罗马帝国的首都罗马城。中国是全世界最早饲养家蚕和缫丝织绢的国家，而且在长时期内曾经是发展蚕丝手工业唯一的国家。因此在丝绸之路正式开辟以前，中国的丝绸已经由欧亚草原游牧民族运输到中亚，并传播到西亚。至少在公元前 3 世纪时候，中国丝绸可能已西运至阿姆河上游的大夏（巴克特里亚）。但是中国丝绸的大量西运，是张骞于公元前 126 年由西域返回长安以后，由于丝绸之路的正式开辟，才得以实现的。从西汉直到隋唐，作为中西交通主要陆上通道的丝绸之路一直畅通。中国的丝绸等商品不断西运，西方的毛织品、香料、宝石、金银器、金银铸币、玻璃器皿等也不断东来，输入中国。除了商品交流以外，对于农作物栽培、家畜品种改良乃至生活习俗、音乐舞蹈等方面的交流，丝绸之路也起了很大作用。例如随着丝路的开通，西域的良马，特别是由大宛输入的"天马"，对改良汉代的马种，作用就十分显著。将汉魏墓中出土的铜马或陶马，如甘肃省武威县雷台墓的许多铜马的造型，与秦俑坑中陶马的造型相比，可以生动地说明这一问题。至于佛教东传，特别是佛教艺术和佛教经典传入中国，主要也是经由丝绸之路，对中国的文化和艺术所产生的影响，更是极其深远。因此丝绸之路不仅是重要的古代商路，也是中西文化交流的通道，是各国人民间的友谊之路。

西晋以后，中国内部发生了大动乱，形成分裂割据的局面。但十六国至北朝时期，丝路并没有封闭，运输依然繁忙。辽宁省北票县西官营子北燕时期冯素弗家族墓中，出土几件罗马制造的玻璃器，应是丝绸之路畅通的佐证。北魏都城平城（今山西大同）的窖藏中出土的带有浓郁希腊风格的银碗和铜杯等，可能是东罗马（拜占庭帝国）的产品。一件海兽纹八曲银洗，可以确定为波斯萨珊朝制品。在大同小站村的北魏封和突墓中，还出土波斯萨珊朝制的狩猎纹鎏金银盘。由此可见当时丝绸之路的东方端点，延伸到统一了中国北方的北魏王朝的都城。在河北省定县的北魏塔基中，在内蒙古、河北、宁夏、青海等省区的北朝墓葬和遗迹中，不断发现东罗马（拜占庭帝国）、波斯萨珊王朝的金银铸币、玻璃器皿（图一）和金银器，其中宁夏固原县北周李贤墓出土的波斯萨珊金花胡瓶，更是举世罕见的萨珊文物精品（图三）。这些都表明丝绸之路在北朝时期畅通无阻。

图一　宁夏固原北周李贤
墓出土玻璃碗

图二　陕西西安法门寺地宫
出土蓝色玻璃盘

图三 宁夏固原北周李贤
墓出土鎏金银胡瓶

隋唐时期，随着中国的全国统一和社会经济的高度发展，通向都城长安的丝绸之路上运输更加繁忙。除了东罗马和波斯萨珊王朝的铸币、金银器皿和玻璃器皿等以外，在唐代的墓葬和遗迹中还发现了阿拉伯奥梅雅王朝（白衣大食）的金币和伊斯兰玻璃器皿。在陕西省扶风县法门寺塔地宫出土的器物中，就有保存完好的伊斯兰玻璃盘（图二）等珍贵文物。

在西汉时正式开通了向西方的丝绸之路以后，到东汉时期，另一条友谊之路也正式开通，那是通往海东的近邻日本的。古代中国与古代日本之间的文化交往，可以追溯到史前时期。中日两国的一些学者曾从探索日本绳纹时代稻作的渊源，认为源于中国大陆，据此推测中国大陆至日本列岛的交通路线，可能远在原始社会时期就已开始了。也有学者认为除稻作以外，日本的玉器制作、漆器工艺以及干栏式建筑，都源于中国南方。但是两国间的正式交往，则开始于公元 1 世纪中期。据《后汉书》记载，东汉建武中元二年（57 年）倭奴国使者来到东汉，"光武赐以印绶"。汉光武帝赠与倭奴国王的金印，1784 年出土于日本九州福冈县志贺岛，印有蛇纽，印文隶书阴刻"汉委奴国王"五字，它的形制与 20 世纪 50 年代在中国云南省晋宁县石寨山出土的蛇纽金质"滇王之印"相同，可证确为汉代金印无疑，表明《后汉书》所载东汉时中国与日本正式交往的史实确凿可信。更进一步的交往是在三国时期。据《三国志·魏书·倭人传》，日本邪马台女王卑弥呼的使者在景初年间到达曹魏都城洛阳，带来男、女生口和班布作为礼品。魏帝封女王卑弥呼为"亲魏倭王"，假金印紫绶。魏的皇帝并赠物给倭女王，诏书中写明："今以绛地交龙锦五匹、绛地绉粟罽十张、蒨绛五十匹、绀青五十匹，答汝所献贡直。又特赐汝绀地句文锦三匹、细班华罽五张、白绢五十匹、金八两、五尺刀二口、铜镜百枚、真珠、铅丹各五十

斤……悉可以示汝国中人，使知国家哀汝，故郑重赐汝好物也。"诏书中
列举赠品的前后次序，清楚地表明其中最珍贵的是精美的丝织品。而被后
世学者十分强调的铜镜，只居铅丹、真珠之前，排在倒数第三位，其重要
性自然难与列在首位的精美织锦相比。可惜这些丝织品并没有能保存下
来。可以这样讲，中国的丝绸，从汉代开始沿着丝路西运，形成中西文化
交流的纽带；中国的丝绸，同样铺平了向东的中日两国间的友谊之路。在
此以后，中国的丝织品和裁制衣服的手工艺，对改变古代日本的服饰产生
了极大影响。在《三国志·魏书·倭人传》中，前后记录了倭女王卑弥呼
及其女壹与的使者来中国时所带礼品，开始只有生口和班布，以后改为生
口和倭锦、绛青缣、帛布等。最后壹与的使者来时，奉赠的除生口等外，
已有"异文杂锦二十匹"。由赠礼的变化，或许反映出倭国纺织工艺的不
断进步。到了5世纪倭五王时期，据《日本书纪》记载，当时日本曾向吴
国（指中国南北朝时期的南朝）求织工和缝衣工。《日本书纪·雄略记》：
"十四年正月戊寅，身狭村主青等，共吴国使，将吴所献手末才伎汉织、
吴织、衣缝兄媛、弟媛等，泊于住吉津。……三月，命臣连迎吴使，即安
置吴人于阴隈野，因名吴原。以衣缝兄媛，奉大三轮神，以弟媛为汉衣缝
部也。汉织、吴织、衣缝，是飞鸟衣缝部、伊势衣缝部之先也。"据记载，
3世纪时倭人男子"其衣横幅，但结束相连，略无缝"（图四）；妇人"作
衣如单被，穿其中央，贯头衣之"；人皆赤足。到古坟时代，人物埴轮所
表现的服饰，则是男子上穿交领衣，下着长袴，在膝以下用带子结缚，类
似中国流行的"袴褶"（图五）；妇人也由穿贯头衣，改为近似中国妇女所
穿的长裙。日本服饰受中国服饰特别是南朝服饰的影响，是中国丝绸东传
产生的早期成果之一。

　　与衣服有关的带具，也由中国传往日本。日本奈良县新山古坟出土的
铜带饰，其形制和纹饰几与中国江苏、广州、洛阳等地晋墓中的出土品相
同，可能是从中国大陆输入日本的。另一种与服饰化妆有关的是照人容貌
的铜镜。3世纪至4世纪初中国南方吴地所产的大量铜镜，在日本的遗迹
中出土，其中有些带有东吴赤乌年号的纪年铭文。还发现数量众多的"三

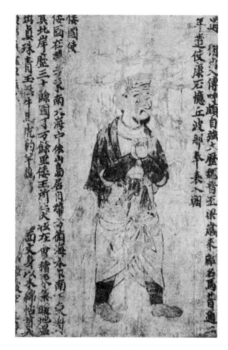

图四　《职贡图》中的倭国使者　　图五　日本古坟出土男子埴轮

角缘神兽镜"，它们是在中国铜镜影响下的产品。

　　除了由中国输往日本的物品或工艺技术以外，一些由西方输入中国的工艺品，也经中国再东传日本。例如日本奈良县新泽千冢古坟群第126号坟中出土的波斯萨珊刻花玻璃碗等，大约就是通过这一途径东传日本的。

　　隋唐时期，由于日本推古天皇时圣德太子主动派使节来中国，中日两国政府间的交往掀起了新的高潮。到唐代，日本国派"遣唐使"来中国形成制度，不断抵达中国都城长安的日本遣唐使，以及随之来华的日本留学生和学问僧，密切了两国间的文化交往。唐朝文化在日本的传播，对日本文化产生了极大的影响。从佛教在日本进一步传播和佛寺、佛塔的建筑，可以清楚地看到这种影响。日本的佛寺，与佛教发祥地印度次大陆的佛寺很不相同，而是模仿中国的形制建造的。有些寺庙甚至是按照留学中国的日本僧人所模写的图纸，依样构筑。如平城京的大安寺，就是依照日僧道慈摹写的唐长安西明寺图所造。还有的寺庙，则是由唐朝东渡的名僧设计建造的，如唐招提寺。在佛教建筑中最突出的是佛塔，日本的佛塔都是按照中国的重楼式塔所建造，而与印度的覆钵状塔完全不同。陕西扶风法门寺唐代佛塔地宫中出土一座铜塔模型，从塔檐的结构等特征，可以看出日本现存古塔正与之相同。现仍完好地保留在正仓院中的诸多宝物，更是唐朝文化影响的实物见证。

在正仓院所藏的珍贵文物中，中国的丝绸制品和受中国影响的日本丝绸制品，给人们留下了深刻的印象。同时也可以看到许多受西方影响的藏品，以及一些来自西方的藏品，它们也都是由唐朝传入日本的。在前一类藏品中，如芝鹿纹银盘（图六）。这类金花银盘近年来在中国的陕西、河北和内蒙古等地多次出土，其中河北省宽城大野峪村出土的一件，盘心花纹也是头生芝草的鹿纹（图七），鹿同样是站立的姿态，只是头作前视状，

图六　日本正仓院收藏的芝鹿纹金花银盘

图七　河北宽城出土唐芝鹿纹金花银盘

图八　日本正仓院藏白玻璃碗

而正仓院的一件立鹿作返首回顾状。这类唐代开始流行的金花银器，是受到萨珊金银器等西方工艺的启示而在中国创制的作品。再如丝织品的装饰图纹中，可以看到模仿波斯萨珊朝那种以联珠缀成的圆圈作为主纹边缘的做法。在中国新疆阿斯塔那墓地 6 世纪的墓中，已出现了以联珠圈内填对兽纹和对鸟纹为主要花纹的织锦。7 世纪的墓中，更出土了在联珠圆圈中饰以野猪纹、萨珊式立鸟纹等图案的织锦，具有更为浓郁的波斯萨珊风格。正仓院所藏文物中如绿地狩猎纹锦等，就是以联珠圆圈为主纹边缘的。此外还有以胡人狮子为图纹的织物，更具西亚风格。后一类藏品，以各种玻璃器皿最为突出。如蓝色环纹高柄杯和白玻璃碗（图八）是波斯萨珊制品，把手上端带有翘角的白琉璃瓶是伊斯兰玻璃器（图九）。这些西方制造的玻璃器皿，应是经由丝绸之路运入中国，然后输入日本的。谈到这种从西方到中国，又从中国到日本的文化传播，不妨再重复指出，传到日本的唐朝文化，与佛教有关的文化占有很大比重；而佛教之传入中国，主要途径是丝绸之路。

因此，在一定意义上可以认为，沟通中国和西方的丝绸之路，从其东端唐朝都城长安，又向东延伸，穿过中国大陆，跨越海洋，到达当时日本都城所在地奈良，成为另一座联结各国人民之间的友谊和促进文化交流的桥梁。

图九　日本正仓院藏白琉璃瓶

（原载《文物》1989 年第 1 期。后收入《逝去的风韵——杨泓谈文物》，中华书局，2007 年）

瓦当

　　瓦当是中国古代独特的建筑装饰艺术品。中国古代传统建筑是在木构梁架上铺盖瓦顶，屋瓦又分为仰置的板瓦和覆扣的筒瓦，两种瓦连续仰覆扣合，形成行行瓦垄，既利于排水又使屋顶面富有变化。在筒瓦垂铺到屋檐时，必须有遮挡，于是出现了瓦当。为了美观，还在它上面装饰各种图纹及图案化的文字。目前所知时代最早的瓦当，是西周时期的作品。出土于陕西省扶风县召陈村的瓦当，呈半圆形，上面饰有重环纹等纹饰，制作于西周晚期。到东周时期，这种呈半圆形的瓦当颇为流行，习惯称它为"半瓦当"。在当时各诸侯国的宫殿遗址中都可以寻到它们的踪迹，其中以齐国的临淄和燕国的下都所出土的最有特色。前者多是居中置一大树，两侧对称塑出人、动物或云纹，线条较细（图一）；后者主要是饕餮、对兽等图像，显得豪放浑厚（图二）。

　　进入秦汉时期，半瓦当逐渐消逝，代之而流行的是整圆的瓦当。秦瓦当的纹饰中，最常见的独特的夔纹，细部多有变化。此外，也有夔凤、奔鹿等图像，作风粗犷生动。这些圆瓦当的直径，一般是 14 厘米或 15 厘米左右，但在秦始皇陵园等遗址，出土了一种直径达 60 厘米的大瓦当（图三），形状也较特殊，在整圆的下底切割去约 1/4，形成平底，上面装饰着山形的夔纹，大约也是秦始皇好大喜功的另一种表现。汉代的圆瓦当，以图案化的文字为主题的瓦当数量增多，常将圆面分割为四等分，上各书一字。铭文的内容有的是吉语，如"长乐未央"（图八）"千秋万岁""延年益寿"等；有的表示重要事件，如"汉并天下"等；有的是宫苑的名称。至于以图像为主题的，最常见的是各种卷云纹，有龟、蛙、兔、雁等和四

图一　山东齐临淄城遗址出土树木人物纹半瓦当（拓片）

图二　河北燕下都遗址出土兽面纹半瓦当

图三　辽宁秦碣石宫遗址出土大瓦当

图四　西汉辟雍遗址出土四神纹
瓦当之青龙

图五　西汉辟雍遗址出土四神纹
瓦当之白虎

图六　西汉辟雍遗址出土四神纹
瓦当之朱雀

图七　西汉辟雍遗址出土四神纹
瓦当之玄武

神图像，以四神图像最精美。在直径不及 20 厘米的圆周内，塑造出张牙舞
爪的白虎、昂首修尾的苍龙、衔珠傲立的朱雀和蛇龟相缠的玄武，造型简
洁，布局匀称，线条劲健，富有装饰趣味（图四至图七）。

南北朝以后，瓦当纹饰变为以莲花纹（图九）和兽面纹为主，带有文
字的瓦当日渐减少。到了唐代，大量使用各式的莲花纹为瓦当的主要装饰
图像，在唐代都城长安与洛阳的宫殿遗址中，出土的大都是莲花纹瓦当，
莲花周围有一圈联珠边饰，显得富丽华美。到辽、金、元时期，普遍流行
的是兽面的瓦当，俗称"鬼脸瓦"。明清时期，兽面、莲花以及其他花卉

图八　西汉长安城未央宫遗址出土
长乐未央纹瓦当

图九　河南洛阳北魏永宁寺塔基出土
莲花纹瓦当

纹饰的瓦当，在民间仍然流行；宫廷使用的则是华美的蟠龙纹瓦当。

还应提到的是，深受中国古代文明影响的朝鲜半岛和日本，采用与古代中国同样的木构架铺盖瓦顶的建筑形式，因此同样使用瓦当。日本奈良时代大量使用的莲花纹瓦当，可以看出明显受到唐文化的影响。

（原载《人民日报》海外版 1989 年 3 月 25 日）

屏风周昉画纤腰

——漫话唐代六曲画屏

画时应遇空亡日，卖处难逢识别人。

唯有多情往来客，强将衫袖拂埃尘。

唐代诗人刘禹锡这首《燕尔馆破屏风所画至精人多叹赏题之》，借着吟咏画屏吐诉自己从政失意的愤懑牢骚，同时道出了屏画虽已残破仍吸引人们拂尘欣赏的感人情景。在屏面绘画，唐代极为盛行。缘因屏风当时是室内常备的活动屏障，系主要日用家具之一，其中又以屏面矩形、多扇横联的折叠式屏风最为普遍。这类屏风以木制作框架，以纸、帛为屏面及屏背，为了取得装饰效果，多在屏面绘画、题字，帛面的还可染缬纹样或刺绣，外缘包加锦缘，接扇处用丝纽或用金属交关。正如李贺《屏风曲》所咏："蝶栖石竹银交关，水凝绿鸭琉璃钱。团回六曲抱膏兰，将鬟镜上掷金蝉。"诗中所称"六曲"，即为六扇的折叠形式，这是唐代折叠屏风屏扇最常用的数目，可以说是标准形制。因此，见于唐人诗作中的多是六曲屏风，如"六曲连环接翠帷"（李商隐《屏风》）、"屹然六幅古屏上"（顾云《苏君厅观韩幹马障歌》）等。至于屏风画的内容，则颇为丰富多采，仅以唐人诗句的部分内容，已可见人物、山水、鸟兽、什物等多项。

人物屏风，有描绘功勋之臣的，如王建《宫词》百首之九："少年天子重边功，亲到凌烟画阁中。教觅勋臣写图本，长将殿里作屏风。"屏画中也出现了美女和携琴客，见杜牧《屏风绝句》和皇甫冉《屏风上各赋一物得携琴客》。

屏图山水，常有佳作，如屏画巫山，竟然令诗仙李白叹为"疑是天边十二峰，飞入君家彩屏里。……使人对此心缅邈，疑入嵩丘梦彩云"（《观元丹丘坐巫山屏风》）。白居易曾写《题海图屏风》，作于元和四年，即公元809年，描绘海图中波涛的变化和水族的形貌，归结为"苍然屏风上，此画良有由"。

鸟兽更是屏画常见的题材，诗人吟咏颇多。屏画骏马，见杜甫《韦讽录事宅观曹将军画马图》句"贵戚权门得笔迹，始觉屏障生光辉"。晚唐诗人顾云看到曹霸弟子韩幹所绘马屏，咏道："屹然六幅古屏上，欻见胡人牵入天厩之神龙。麟髻凤臆真相似，秋竹惨惨披两耳。轻匀杏蕊糁皮毛，细捻银丝插鬃尾。思量动步应千里，谁见初离渥洼水。"从而对杜甫指斥韩幹"幹惟画肉不画骨，忍使骅骝气凋丧"大鸣不平，大呼"今日披图见笔迹，始知甫也真凡目"（《苏君厅观韩幹马障歌》）。除骏马外，唐诗所咏画屏也有画水牛的，"江村小儿好夸骋，脚踏牛头上牛领"（顾况《杜秀才画立走水牛歌》）。在同一诗中还提到画中有白象和狮子。除走兽外，更多的屏画以花鸟为题材，诗人吟咏辞句也更美，诸如"屏开金孔雀"（杜甫《李监宅》）、"绣屏银鸭香蒙濛"（温庭筠《生禖屏风歌》）等。又如张乔诗中咏画屏上的鹭鸶图像："剪得机中如雪素，画为江上带丝禽。闲来相对茅堂下，引出烟波万里心。"（《鹭鸶障子》）但最令人瞩目的，是与神仙相联系的仙禽——鹤，"高高华亭，有鹤在屏。削玉点漆，乘轩姓丁"（卢纶《和马郎中画鹤赞》）。"点素凝姿任画工，霜毛玉羽照帘栊。借问飞鸣华表上，何如粉缋彩屏中"（钱起《画鹤篇》）。

描绘什物的屏画，也见于唐诗中，如李颀《崔五六图屏风各赋一物得乌孙佩刀》："乌孙腰间佩两刀，刀可吹毛锦为带。……主人屏风写奇状，铁鞘金镮俨相向。"

除绘画外，唐代也盛行屏面题写书法，最脍炙人口的是白居易知道元稹（微之）曾将他的诗题写于阆州西寺壁上，他也选取元诗一百首题录于屏风之上，并写了两首诗："君写我诗盈寺壁，我题君句满屏风。与君相遇知何处？两叶浮萍大海中。"（《答微之》）"相忆采君诗作障，自书自勘不辞劳。障成定被人争写，从此南中纸价高。"（《题诗屏风绝句》）充分表明两位诗人友情深厚。

正由于唐代流行画屏，因此许多著名的画家和书法家都曾书画过屏风，以画马著称的曹霸及其弟子韩幹画于屏风上的作品，均为诗人所吟咏，前文已引述过。白居易在《素屏谣》诗中为了与素屏相对比，列举画书名家如"李阳冰之篆字，张旭之笔迹，边鸾之花鸟，张璪之松石"，表明当时上述名家都曾从事屏风上的书画创作。一些以创作人物画著称的画家也不例外，如以绘美女著称的画家周昉所绘屏风，虽岁久色彩消褪，仍不失原有的艺术光采，因此诗人杜牧写道："屏风周昉画纤腰，岁久丹青色半销。斜倚玉窗鸾发女，拂尘犹自妒娇娆。"（《屏风绝句》）

屏画美女常是栩栩如生，因此在唐代就流传着许多关于屏画的神奇传闻，段成式在《酉阳杂俎》中记述了这样的故事："元和初，有一士人失姓字，因醉卧厅中，见古屏上妇人等悉于床前踏歌，歌曰：'长安女儿踏春阳，无处春阳不断肠。舞袖弓腰浑忘却，蛾眉空带九秋霜。'……士人惊惧，因叱之，忽然上屏，亦无其他。"

可惜唐代的屏风连同其上的精美书画，并没能流传后世，除因唐屏风主要以木料和纸、帛制作，难于持久保存，更由于历代动乱战火的摧残，以及随着社会生活习俗变革家具随之更新，不合时宜的旧式屏风早遭遗弃等缘故。明清以降直到 20 世纪前期，流传民间的古物中已不见唐代屏风实物的踪影，人们除从唐诗等文字描述去推知其华美风貌外，无从窥知其庐山真面目。值得欣慰的是，在一衣带水的东邻日本，整理封存于奈良东大寺西北面正仓院中的古代遗物时，发现了宝藏在其中的许多古代屏风，它们主要是日本天平胜宝八年（756 年，时当唐玄宗天宝末年）六月二十一日，光明皇后献给东大寺的圣武天皇遗物，据献物帐，有御屏风 100 叠（内一具二叠各四扇，其他各六扇）之多。后来在同年七月和天平宝字二年（758年）十月，又献有少量屏风，总计应有屏风106叠。不过因屏风很难保存，据1929年编的《正仓院御物图录（二）》所载，那时北仓中尚存屏风二叠（各六扇）以及残缺的屏扇二十七扇，这已是极难能可贵的了。现存的两叠六曲屏风，都是矩形屏面，木骨纸面碧背，装于布袋中保存。其中一叠屏扇各高1.36米，宽0.56米。纸屏面上墨绘树木和妇女图像，人物的颜面、手和袖里施彩，衣服和树叶则用鸟毛贴附，工艺精细，可惜现在鸟毛多已剥落。当时的献物帐中是如下纪录的："鸟毛立女屏风六，高四尺六寸，广一尺九寸一分，绯纱缘，以木假作斑竹帖，黑漆钉，碧背，绯𦈗缬接扇，揩布袋。"另一叠六曲屏风是"鸟毛帖成文书屏风"，每扇直书汉字8字，相邻两扇合成上下联，内容为中国流行的治国修身格言一类文字，如"谄辞之语多悦会情，正直之言倒心逆耳"，"父母不爱不孝之子，明君不纳不益之臣"等等，屏扇高1.49米，宽0.56米。与之类似的还有残缺的"鸟毛篆书屏风"，尺寸相同，但每扇各直书两行计19字。此外，有许多残缺的屏扇系夹缬等工艺染成彩纹所制屏面，鲜艳多彩，有鸟木石夹缬屏风、山水夹缬屏风、鹿草木夹缬屏风、鸟草夹缬屏风、熊鹰莺鸟武麟𦈗缬屏风、橡地象羊木𦈗缬屏风等，屏扇高度以1.49米为多，也有稍高或稍低的，在1.48～1.63米之间，宽度大致相近，为0.54～0.56米。这些屏风的题材包括人物、山水、鸟兽及书法，正与唐诗所咏唐代屏风的装饰题材相合。其中最引人注目的是"鸟毛立女屏风"，在六曲屏面上各绘一树，树下绘有女像一人，或坐或立，也以相邻两曲为一组，图中人物姿态互相呼应（图一）。第一组两曲为立像，面相左右相对；第二组两曲为坐像，一人面向前袖手而坐，另一人身朝前而回首后顾；第三组两曲中，一曲为立像，手执圆果物，另一曲除面部外均为后代补绘，已失原貌，现为坐像，但原来很可能与前一曲一样为立像。图中女像头梳高髻，丰颐腴体，服饰发式及体态均明显为唐代式样，是开元天宝时以杨玉环为代表的唐代美女的具体写照。从正仓院所藏的这些珍贵的古代屏风实物，世人开始对唐代屏风的形貌有了具体了解。虽然如此，直到20

图一　日本正仓院藏鸟毛立女屏风

世纪 40 年代，在中国本土还是缺乏有关唐代屏风的考古资料，直到 50 年代，这一情况才随着文物考古事业的空前发展而发生变化。

20 世纪 50 年代以后，在唐代墓葬的发掘中不断获得有关屏风的资料。在陕西西安附近和山西太原附近的唐墓中，在墓室壁面常保存有绘画的屏风图像，多为六曲，也有少数八曲的。在新疆吐鲁番阿斯塔那墓群中，除壁画显示的屏风图像外，还出土有木骨帛面的六曲屏风残迹，有些帛屏面保存尚完整，色泽鲜艳，是极为重要的文物。对已发现的墓室内壁画的屏风图像进行综合分析，可以看出它们在山西太原的唐墓中出现较早，大约都是在武则天当政晚期。而在都城长安附近流行稍晚，最早的例子是天宝四年（745 年）苏思勖墓中的壁画。不久在边远的西州地区也流行起来，如阿斯塔那墓群中 65TAM38 号墓的壁画。值得注意的是，上述的墓室壁画所绘六曲或八曲屏风的屏面画，都是树下人物，而人像都是男像，常是有胡须的老翁，每扇所绘的人物面相相同，但姿态各异，有的似乎是有一定情节的故事。西安和太原发现的都是一扇一像，新疆发现的除主像外，还有男女侍仆。至于树下老翁这一共同题材的含意，尚难于准确解释，有人推测可能描绘的是与墓内所葬死者有关，甚至是描绘其生前生活情景。在流行树下老翁图像以后，墓室内所画屏风画的题材发生变化，在都城长安地区，至迟在会昌年间已流行绘以翎毛、云鹤为题材的六曲屏风画像，目前已发现有会昌四年（844 年）、大中元年（847 年）、咸通五年（864 年）等纪年墓中有这样的壁画。在西州地区绘有花鸟题材六曲画屏的壁画，在 8 世纪晚期已经出现，其中一墓在六曲屏面上分绘不同的禽鸟，有孔雀、鸳鸯、雉、鹅等，并衬以花木山石，构图多变，色彩艳丽，颇具观赏价值（图二）。上述屏画内容的变化，似乎由主要服从葬制的树下人物，改为更具观赏价值的翎毛花石，世俗化的倾向加重，但其中绘有云鹤题材，或许又与道教思想流行有些关系。另外，也出现了以山水为题材的屏风壁画，如陕西富平唐墓，六曲屏面满绘山水（图三）。但是这些有关屏风的壁画中，最引人兴趣的是 1987 年在陕西长安县南里王村唐墓的发现，墓室西壁绘出六曲画屏的图像，题材也是树下

图二　新疆吐鲁番唐墓壁画花鸟屏风图像

图三　陕西富平唐墓壁画山水屏风（局部）

图四　陕西咸阳唐韦氏家族墓壁画六曲树下仕女屏风图像（局部）

人物，但与前面叙述的那些墓中人像画作老翁不同，人物主像是盛装的妇
女。在每曲屏面四周绘出红色边框，宽 10 厘米，以模拟屏风实物的锦缘。
屏扇呈矩形，每曲高 1.44 米，宽 45～50 厘米。屏面均绘一株大树，树下
绘有或坐或立的妇女，有的身后随有女侍男仆，并点缀有花草山石，还有
猴、鸟和蝴蝶。女像高髻长裙，面相丰满，颇具盛唐气韵。屏面以相邻二
曲为一组，画面布局相互呼应，左右的两组都是立像，而中间一组二曲是
坐姿（图四）。上述特征不禁令人忆起日本正仓院所藏"鸟毛立女屏风"，
后者除主像旁无侍仆外，从构图到人物的风貌几出一辙，证明"鸟毛立女
屏风"确为唐文化的产物，充分显示了当时奈良皇室吸收唐文化的热潮，
那些珍贵的屏风是古代中日文化交流的重要见证。

　　壁画显示的屏风图像，虽能相当真实地反映出唐代六曲屏风的风貌，

图五　新疆吐鲁番唐墓出土绢本仕女屏面画

但终与实物有些出入。因此新疆阿斯塔那出土的残屏面绢画，更是揭示唐屏原貌的珍贵文物。已发表的三座墓中的出土品，都是木骨绢面，在木骨边框还裱有彩绫包缘，可惜均已残毁，只有部分保存下来（图五、六）。其中72TAM187号墓出土的屏面画是以盛装妇女对弈为主题，并配以观棋的妇女，还有侍婢和儿童。该墓中出土有天宝年间文书。另一座（72TAM188）是开元年间麴仙妃墓，出土的屏风绘画牧马图，也以树木为背景，树下各绘一人牵一骏马，人物装束与骏马毛色姿态各异，颇为生动（图七、八），确可与前引唐诗咏画马屏风的诗句相印证。三墓中年代最早的是72TAM230号墓，为武则天长安二年（702年）张礼臣墓，出土的是已残缺的一叠六曲舞乐屏风，每曲屏面上绘一人像，其中有二舞伎四乐伎，相邻两曲人像相对而立。四乐伎中，两个残损过多，另两个一弹筌筷，一奏阮咸。二舞伎中一像已残损，只存双履，另一像基本保存完好，仅残右臂，她头梳高髻，额贴花钿，长裙曳地，左臂微举，翩然欲舞，色彩仍颇艳丽，姿态极为传神，确是现存初唐人物画中的精品。此外，也保留有一些纸面的屏风画，内容多花鸟（图九、一〇）或花卉组成的图案（图一一），亦颇精美。

图六　新疆吐鲁番唐墓出土绢本仕女屏面画

图七　新疆吐鲁番唐墓出土牧马屏面画（局部）

图八　新疆吐鲁番唐墓出土牧马屏面画（局部）

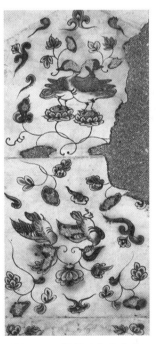

图九　新疆吐鲁番唐墓出土　　图一〇　新疆吐鲁番唐墓　　图一一　新疆吐鲁番唐墓
纸本花鸟屏面画　　　　　　出土纸本花鸟屏面画　　　　出土纸本花卉图案屏面画

　　将上述这些屏面帛画和墓室壁画图像，以及日本正仓院珍藏的唐文化风韵的古代屏风实物，与唐代诗人吟咏的诗句相对照，已不难勾画出唐代六曲画屏的精美形貌。

　　（原载《文物天地》1990 年第 2 期。后收入《逝去的风韵——杨泓谈文物》，中华书局，2007 年）

马舞与舞马

　　"万玉朝宗凤扆，千金率领龙媒。昢鼓凝骄蹉蹀，听歌弄影徘徊。""天鹿遥征卫叔，日龙上借羲和。将共两骖争舞，来随八骏齐歌。"这是唐代诗人张说所咏《舞马词》中的两首，描述了舞马的舞姿，同时这几首词又可以歌唱，也许正是为舞马表演时伴唱而创作的歌词。《舞马词》共有六首，其中一首还有如下诗句："屈膝衔杯赴节，倾心献寿无疆。"表明当时舞马演出的目的，正是为皇帝祝寿。

　　唐玄宗以他的生日八月五日为"千秋节"，届时还在兴庆宫西南角勤政、花萼两楼前的广场上举行盛大的文艺演出，场面宏伟。"其日未明，金吾引驾骑，北衙四军陈仗，列旗帜，被金甲、短后绣袍。太常卿引雅乐，每部数十人，间以胡夷之技。内闲厩使引戏马，五坊使引象、犀，入场拜舞。宫人数百衣锦绣衣，出帷中，击雷鼓，奏《小破阵乐》，岁以为常。"（《新唐书·礼乐制》）关于舞马，《新唐书·礼乐志》有更详细的记载："玄宗又尝以马百匹，盛饰分左右，施三重榻，舞倾杯数十曲，壮士举榻，马不动。乐工少年姿秀者十数人，衣黄衫、文玉带，立左右。每千秋节，舞于勤政楼下。"《旧唐书·音乐志》有类似的记载，但舞马的数量不是"百匹"，而是"三十匹"，并知舞马又称为"蹀（dié）马"。在《明皇杂录》中，有较两《唐书》更为详尽的记述，说玄宗时曾教舞马四百蹄（亦即百匹）之多，"分为左右部，目为'某家宠'、'某家娇'。时塞外亦以善马来贡者，上俾之教习，无不曲尽其妙"。舞马表演时装饰华美，"衣以文绣，络以金银。饰其鬃鬣，间杂珠玉"。正如薛曜《舞马篇》所咏："咀衔拉铁并权奇，被服雕章何陆离。紫玉鸣珂临宝镫，青丝彩络带金羁。"这些马除上引两《唐书》所叙,有时安设三层板床,乘马登床后可在上面旋转如飞。有时又由一个大力士举一榻,让马舞于榻上。更主要的是会按"倾杯乐"的乐曲应节起舞,奋首鼓尾,纵横应节,作各种舞姿,正如薛诗所咏:"随歌鼓而电惊,逐丸剑而飚驰。态聚踊还急,骄凝骤不移。光敌白日下,气拥绿烟垂。婉转盘跚殊未已,悬空步骤红尘起。"张说的《舞马千秋万岁乐府词》中描述得更为具体:"腕足徐行拜两膝,繁骄不进踏千蹄。髬髵(xiū ér)奋鬣时蹲踏,鼓怒骧身忽上跻。更有衔杯终宴曲,垂头掉尾醉如泥。"可惜唐代马舞久已失传,光读诗文难于想象当年舞马衔杯的真实情景。直到1970年10月,西安何家村金银器出土,才为人们提供了唐代舞马的生动的形象。

何家村窖藏出土的物品都装在两件大瓮之中,共达千余件,其中金银器皿等就多达270件之多,里面的一件鎏金的银质仿皮囊壶,是过去没有发现过的珍贵唐代文物。这件银壶的壶体仿效皮囊的形态,上面有鎏金的提梁。提梁前面是直的小壶口,上面覆盖着鎏金的覆莲纹盖,还从盖纽引着一条细银链,套连在壶提梁后部。在壶体两侧各锤出舞马衔杯图像,那马后肢曲坐,前肢直挺,全身呈蹲踞姿态,张口衔着一只酒杯。长鬣覆颈,长尾舞摆,颈上悬结飘于颈后的彩带流苏。马体鎏金,由于是锤凸成像,所以浮出于银白的壶体表面,具有一定的立体感,而且显得分外华美(图一)。这马的舞姿正与前引唐诗"屈膝衔杯赴节"、"更有衔杯终宴曲,垂头掉尾醉如泥"的诗句相印证。

何家村的金银器窖藏,出土地点正当唐长安城内兴化坊中部偏西南的部位,据考证埋藏时间约在安史之乱以后,具体地说,或在德宗时期(780~805年)。这批器皿的主人将它们埋入地下,但无从再回来重新掘出享用,致使那精美的舞马图像侥幸地完整保存至今。但玄宗时驯养的那些舞马的命运,则是颇为悲惨的。因为当那位皇帝惊闻"渔阳鼙鼓动地来",仓促逃往蜀地,自然无人顾及内闲厩的舞马。当安禄山攻来时,由于他曾见过舞马表演而心爱之,于是将其中数十匹带回范阳。后来这批马为田承嗣所得,但他并没有见过舞马的场面,全不知这是一些经过

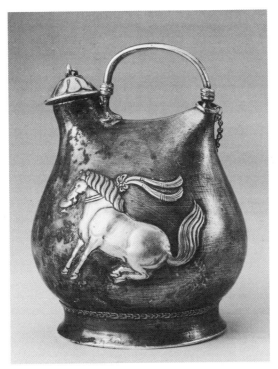

图一　陕西西安何家村唐代窖藏出土舞马衔杯银壶

特殊训练的马，而将它们与一般战马同养于外栈。有一天军中作乐，马闻乐就随之表演起舞蹈来，没想招致极为悲惨的结局。"乐作，马舞不能自止。厩养辈谓其为妖，拥篲以击之。马谓其舞不中节，抑扬顿挫尚存故态。厩吏以为惧，白承嗣。承嗣命箠之甚酷，马舞益整而鞭挞愈加，终毙于枥下。时人亦有知其舞马者，惧曰暴逆而终不敢言。"残暴无知的统治者就这样打杀了那忠于职守、认真献技的珍贵舞马，今人亦感痛惜和不平。

　　唐玄宗时教练舞马的数量和演技的高超可算是空前之举，但在史籍中早已有舞马的记载。例如在南北朝时，《宋书·谢庄传》曾记刘宋大明元年时"河南献舞马"，当时诏群臣为赋，谢庄即曾写有舞马赋，并且还使他"作舞马歌，令乐府歌之"。又据《艺文类聚》卷九十三引曹植《献文帝马表》，说曾得大宛紫骍马一匹，"教令习拜，今辄已能，又能行与鼓节

图二　新疆阿斯塔那 336 号墓出土的
白马舞泥俑

相应"。这也许说明三国时期已有可应节的舞马了。令人感兴趣的是，唐代的舞马表演，可能已东传至古代日本，至少关于舞马的图像在日本有所流传，日本天平胜宝八年（756 年）六月二十一日《东大寺献物帐》，载有"舞马屏风六扇"，"高五尺、广一尺八寸。紫地锦缘，金铜钉，漆木帖，碧绫背，绯衣接扇，黄袋，白练裹"。只可惜在今天正仓院所藏文物中，这六扇屏风似乎并没有保存下来。但就《东大寺献物帐》所记，确证当时是曾在日本宫廷中使用过绘有舞马的屏风，这又为当时中日文化交流增添了资料。

提到马舞，顺便还应提到唐代在民间还流行一种以人扮装马形的舞蹈表演。新疆阿斯塔那 336 号墓出土泥俑中有一件白马舞泥俑（图二），通高 12.8 厘米，马长 13.6 厘米。在一匹白马上骑有一个戴黑幞头的绿衣骑者，那匹白马造型奇特，头尾俱全，但躯体下却是四只人足，表明它是由两个人所扮演的。有人推测这件俑与《乐府杂录》所举戏弄名目中的"弄白马"有关，看来是一种民间流行的化装舞蹈表演，它与前述的宫廷中场面豪华的百马齐舞形成了鲜明的对照。

（原载《文物天地》1990 年第 3 期。后收入《逝去的风韵——杨泓谈文物》，中华书局，2007 年）

从唐墓三彩驴谈起

 1955 年，在西安市东郊十里铺第 337 号唐墓内出土了一批精美的三彩俑，其中最令人感兴趣的是一头立姿的三彩驴子，毛色灰褐，背置绿鞯黄鞍，造型逼真，狭面短鬃，长耳上竖，细尾后垂，姿态传神。体高 16 厘米。与同墓出土的两匹三彩骏马相比，虽缺乏后者那高大英俊的体姿和华美的马具，但却更显得质朴驯顺，是人类更为可靠的伙伴（图一）。

图一　陕西西安东郊唐墓出土三彩驴

图二　北魏洛阳元邵墓出土陶驴

 提到驴子，自然令人想起唐代文学家柳宗元关于黔驴的寓言，也会让人想起一个比柳宗元早约四个世纪的三国孙吴时诸葛恪的故事。《三国志·吴书·诸葛恪传》："恪父瑾，面长似驴。孙权大会群臣，使人牵一驴入，长检其面，题曰'诸葛子瑜'。恪跪曰：'乞请笔益两字'。因听与笔。恪续其下曰'之驴'。举坐欢笑，乃以驴赐恪。"这个故事表明当时江南已畜驴。在北方的曹魏，驴的畜养更普遍，名士中多有喜好驴鸣者，例如王粲。《世说新语·伤逝》："王仲宣好驴鸣。既葬，文帝临其丧，顾语同游曰：'王好驴鸣，可各作一声以送之。'赴客皆一作驴鸣。"贵为皇帝的曹丕领着大家学驴叫，也表明当时畜驴颇为普遍，这与西汉初年大不相同，因为当太史公写《史记·匈奴列传》时，还将驴列为匈奴之"奇畜"。孙机先生在《关于"黔驴"》一文中，从山东邹县王屈村汉画像石上刻出的驴子图像谈起，详述了从西汉时视驴为"奇畜"，到东汉时驴已成普通家畜的发展过程（参见《文物天地》1986 年第 6 期）。虽然如此，大量畜养驴并且用于军中运输，还是游牧民族。因此西晋以后，随着匈奴、鲜卑等古代游牧民族进入中原并建立政权，驴的畜养和使用达到空前的高峰。

驴属马科动物，其速度虽比马慢，载重量也不如马，但其性耐劳，脚步稳健，且能负重行走于崎岖不平的山地，又比马节省草料，因此有其优点。据说在世界范围内，驴在公元前 4000 年已做驮兽使用。东晋十六国时期，正是利用驴的上述优点，大量用于军事运输，特别是驮运粮食，有时多至千头。《晋书·祖逖传》："石勒将刘夜堂以驴千头运粮以馈桃豹，逖遣韩潜、冯铁等追击于汴水，尽获之。"刘宋袁淑曾作《庐山公九锡文》以咏驴之功绩，其中说："若乃三军陆迈，粮运艰难，谋臣停算，武夫吟叹。尔乃长鸣上党，慷慨应官，崎岖千里，荷囊致餐，用捷大勋，历世不刊，斯实尔之功者也。"（《初学记》卷二十九引《俳谐集》）以俳谐的文字，称颂了驴子在为军队运粮方面所起的重大作用。北魏时期，驴与牛、马、骡、驼同样受到重视，其早期官制中设有专管牛、马、驴、骡的饲养事宜的"驾部尚书"，见于《南齐书·魏虏传》。刘宋将中元吉击破北魏济州刺史王买德之役，所获战利品除奴婢及马匹外，有驴骡 200 头。更说明军中驴多的文献记录有以下两则：一是《魏书·司马楚之传》："车驾伐蠕蠕，诏楚之与济阴公卢中山等督运以继大军。时镇北将军封沓亡入蠕蠕，说令击楚之等以绝粮运。蠕蠕乃遣奸觇入楚之军，截驴耳而去。有告失驴耳者，诸将莫能察。楚之曰：'必是觇贼截之以为验耳，贼将至矣。'"二是《北齐书·神武纪》，武定四年（546 年）高欢攻玉壁时，"有星坠于神武营，众驴并鸣，士皆詟惧"。可见军中畜驴数量颇多。由于以上原因，在北魏墓以及东魏—北齐和西魏—北周的墓葬中，模拟出行的行列的俑群中，常常可以看到陶塑驴子的身影，下面各举一例。

北魏时期的陶驴，可以洛阳发现的建义元年（528年）葬常山文恭王元邵墓出土标本为例。陶驴高17.3厘米，立姿，短鬃长耳，造型颇生动。头有辔饰，尻络红带，背驮一白色长袋，袋侧又各系一皮囊，一侧囊后挂垂一扁壶，另一侧囊后系挂一块肉（图二）。墓中与驴同时放置的驮载牲畜，还有骆驼。

东魏的陶驴，可以河北磁县大冢营村东魏武定八年（550年）茹茹公主闾叱地连墓出土标本为例。陶驴高19.5厘米，立姿，双耳稍残缺，体施红彩。头有辔饰，背驮长囊，其旁挂有野兔、大雁等猎获物（图三）。墓中与驴同时放置的驮载牲畜亦为骆驼。

北齐的陶驴，可以河北磁县东槐树村武平七年（576年）左丞相文昭王高润墓出土标本为例。陶驴高22.6厘米，立姿，造型与茹茹公主墓陶驴近同，背上也负有长囊（图四）。同出的驮载牲畜也是骆驼。

西魏的陶驴，可以陕西咸阳市胡家沟大统十年（544年）侯义墓出土标本为例。陶驴腿尾已残，通体涂红色，背驮红色长囊。高约9厘米。其造型特征与东魏—北齐的陶驴不同，腿部粗大，与同墓出土陶马的粗腿作风近同。墓内亦出土有驮物的骆驼。

图三 河北磁县东魏茹茹公主墓出土陶驴　　图四 河北磁县北齐高润墓出土陶驴

图五　陕西西安出土唐代蓝釉驴

北周的陶驴，可以宁夏固原天和四年（569 年）使持节柱国大将军大都督河西公李贤墓出土标本为例。陶驴有两件，通体施白彩，高 10.2 厘米，立姿。头有辔饰，背驮白色长囊。四足粗大，与西魏侯义墓出土陶驴作风相同。同墓亦出载物的骆驼。

通过以上诸例，生动地表明驴子当时是鲜卑族主要的驮载牲畜之一，与骆驼和马同样受到重视。这种情况一直延续到隋唐时期，军中仍大量畜养驴子用于运输给养（图五）。《通典》卷一四八引"今制"（即唐制），每队兵为 50 人，需备驴 6 头。据《大唐卫公李靖兵法》，一军约 2 万人，以 50 人备驴 6 头计，一军约需驴子 2000 余头之多。但是由于葬俗的变化，唐代俑群中一般不再放置陶驴，因此出土标本少见，这也就是前述西安十里铺 337 号唐墓出土三彩驴（图一）后，引起人们重视的原因。唐墓中出现三彩驴子，仍应是沿袭着南北朝传统的产物。

（原载《文物天地》1990 年第 4 期。后收入《逝去的风韵——杨泓谈文物》，中华书局，2007 年）

步舆·平肩舆·步辇

三国时期的著名将帅，多具名士风度，如魏之曹操，吴之周瑜、鲁肃，蜀之诸葛亮，等等。因此宋代词人苏轼在《念奴娇·赤壁怀古》中描述周郎："遥想公瑾当年，小乔初嫁了，雄姿英发。羽扇纶巾，谈笑间，樯橹灰飞烟灭。"诸葛亮的风采似乎更胜于周郎，《语林》记述："武侯与宣王（按，即司马懿）在渭滨将战。宣王戎服莅事，使人视武侯，乘舆，葛巾，持白羽扇指麾，三军皆随其进止。宣皇闻而叹曰：可谓名士。"（《太平御览》卷七七四）

舆即步舆，又称"平肩舆"，东晋南朝时名士亦多乘舆，如《晋书·谢安传附弟万传》记，谢万妻父太原王述为扬州刺史，"万尝衣白纶巾，乘平肩舆，径至听（厅）事前"。又，《晋书·王羲之传附子献之传》："尝经吴郡，闻顾辟强有名园，先不相识，乘平肩舆径入。时辟强方集宾友，而献之游历既毕，傍若无人。"无独有偶，其兄王徽之亦如此。《世说新语·简傲》："王子猷（按，子猷字徽之）尝行过吴中，见一士大夫家极有好竹，主已知子猷当往，乃洒扫施设，在听（厅）事坐相待。王肩舆径造竹下，讽啸良久……遂直欲出门。主人大不堪，便令左右闭门，不听出。"以上诸例，亦可见当时平肩舆使用极普遍。

步舆的形貌，据《隋书·礼仪志》追叙南朝车舆之制时，记有："天子至于下贱，通乘步舆，方四尺，上施隐膝以及襻，举之。无禁限。载舆亦如之，但不施脚，以其就席便也。"又记"方州刺史，并乘通幰平肩舆，从横施八横，亦得金渡装较。"在河南邓县学庄南朝墓出土绘彩画像砖中，有一方为平肩舆图像，该砖虽左上角已残，但未损及平肩舆及抬舆人形象

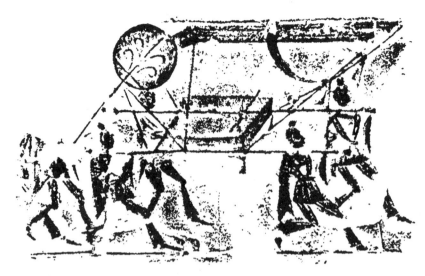

图一　河南邓县南朝墓出土平肩舆画像砖

（图一）。舆面呈方形，舆板的四面都有低栏，舆下四角各有一足，足形与当时床足相同。舆侧与舆板平齐处各装一长杆，前后伸出，以供舆夫肩扛之用。在舆前栏又向后斜装二小柱，上托一横木，极似车舆前的车轼，人坐舆上可以凭倚其上，功能又似床上所施隐几（即凭几），《礼仪志》中所说"隐膝"，或即指此物。在舆的两侧各立一幰杆，在前、后又各斜伸出两斜杆，用以支撑舆上张的"通幰"，其形貌与当时车上所张通幰相同。该舆用4位头戴小冠、身着袴褶的舆夫以肩扛抬，舆前后各2人。这种平肩舆的瓷塑模型，在广西永福县寿城南朝墓中出土过（图二）。舆的平面呈长方形，四侧有低栏，下面四角各有一足，形同床足，舆长7.5厘米，宽5.5厘米，高2.5厘米，即其长、宽、高之比约为3：2：1。舆上端坐一俑，舆前后都有抬舆的舆夫俑，现前后各存一人，但据底板上的痕迹，原来应前后各有2人，也是共用4个舆夫，均以肩扛抬舆杆，可惜舆杆已残损无存。这件青瓷模型与前述邓县画像砖不同处，只是没有舆上张的通幰。将上述两件文物相对照，大致可以了解南朝时期步舆即平肩舆的形貌。值得注意的是，在寿城南朝墓中，瓷肩舆模型与瓷持旗俑、侍从俑和陶武士俑、击鼓俑伴同出土。邓县画像砖墓中，也有着鼓吹和肩扛刀、弓，持盾的步兵行列，还有供墓主乘骑的披有白色具装铠、粉绿寄生的黑色战马图像。邓县南朝墓葬所在地又正处南北对抗的前沿地带，因此墓内所葬死者极可能是统军的官员。由此亦可推测，平肩舆既可认为是墓主出行时的乘舆，也可能是他统军战斗时的乘舆。南朝乘舆形制系承袭自魏晋，因此亦可推知当年诸葛武侯伐魏时乘舆的形貌。

在山西大同石家寨北魏延兴四年至太和八年（474～484年）司马金龙夫妇墓中，屏风漆画中有一步舆图像，旁有榜题"汉成帝班婕（倢）伃"（图三）。班倢伃故事，见于《汉书·外戚传下》："成帝游于后庭，尝欲与倢伃同辇载，倢伃辞曰：'观古图画，贤圣之君皆有名臣在侧，三代末主乃有嬖女，今欲同辇，得无近似之乎?'上善其言而止。"图中舆上坐着的著帝王装、身向后顾的是汉成帝，舆后随行的是班倢伃。所绘步舆虽也是由4个舆夫以肩扛抬，但形貌较邓县画像砖图像颇为不同。舆板四周不是低栏，而形似当时的车厢，后背两角立小柱，上施横枋，形成高靠背

图二　广西永福南朝墓出土瓷步辇俑

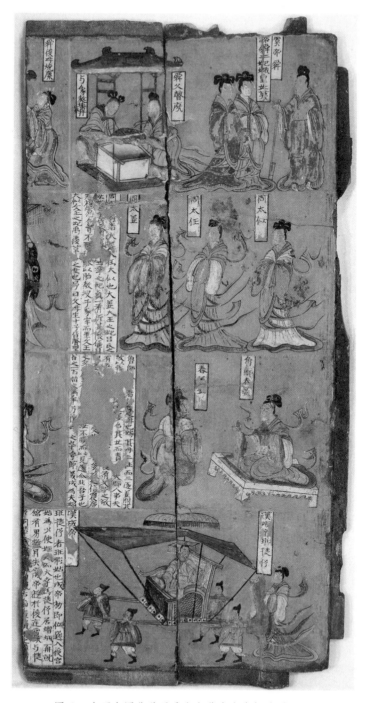

图三　山西大同北魏司马金龙墓出土木板漆屏风画

状，左右两侧栏较高，上缘弧曲而前伸。从画面可看出的前、左两面，舆下部有一圈装饰带，绘出若干方形饰片，当系由贵金属所制作。舆下无足。舆上张通幰，但在通幰正中上方处，又立张有伞盖。看来它是摹绘出当时帝王所乘坐的"辇"，也就是装饰华美的特殊步舆。据《隋书·礼仪志》载："初齐武帝造大小辇，并如轺车，但无轮毂。"大辇装饰华丽异常，"厢外凿镂金薄，碧纱衣，织成（芲）[芚]，锦衣。厢里及仰（项）[顶]隐膝后户，金涂镂面[钉]，瑇瑁帖，金涂松精，登仙花纽，绿四缘，四望纱萌子，上下前后眉，镂鍱"。小舆装饰亦颇华美，皇帝小行幸乘之，"形如轺车，柒画，金较饰，锦衣。两厢后户隐膝牙兰，皆瑇瑁帖，刀格，镂面花钉。幰竿成校栋梁，下施八枫，金涂沓，兆床副。人举之"（《南齐书·舆服志》）。梁时，大辇"中方八尺，左右开四望。金为龙首。饰其五末，谓辕毂头及衡端也。金鸾栖轭。其下施重层，以空青雕镂为龙凤象。漆木横前，名为望板。其下交施三十六横。小舆形似轺车，金装漆画，但施八横"（《隋书·礼仪志》）。因此，司马金龙墓屏板漆画所绘，应是形似轺车而无轮的辇。《隋书·礼仪志》又说："后魏天兴初，诏仪曹郎董谧撰朝飨仪，始制轩冕，未知古式，多违旧章。孝文帝时，仪曹令李韶更奏详定，讨论经籍，议改正之。唯备五辂，各依方色，其余车辇，犹未能具。"至明帝熙平年间才大造车服，形成定制。若此则司马金龙墓屏板漆画所绘小辇，当本自南方传来的粉本，所绘服色车舆仍依南方形制，唯其年代早于齐武帝，可能仍依东晋旧制，装饰不如齐梁，后趋于华美。

司马金龙墓屏板漆画"汉成帝班捷（健）仔"图像，常使人联想起传为顾恺之所绘《女史箴图》中"割欢同辇"部分的图像，该图虽为后代摹品，但尚存原图笔意。图中所画辇的结构，较屏画复杂，则更近轺车的形貌。该舆由八人肩抬，但似是前面每侧各三人，而舆后每侧只有一个。辇上坐有二人，前一个正坐向前，后一人回顾辇后的班健仔，系汉成帝。这正合于徐爰《释问》所说："天子御辇，侍中陪乘"（《隋书·礼仪志》）的制度。在这一图像中，可以看到舆饰的碧纱衣、四望沙萌子等装饰。除出行游乐外，有些帝王还乘辇外出狩猎。据《北堂书钞》引《邺中记》："石虎作猎辇，使二十人担之，如今之步辇，上安徘徊曲盖，当坐处施转关床，若射鸟兽宜有所向，关随身而转。"石虎又作金华辇、嵩路辇、朱漆辇等，嵩路辇与朱漆辇为石虎皇后外出所乘，以纯云母代纱，极为豪华奢侈。

与豪华的乘舆相对照的，是简便的版舆（亦称"板舆"）。晋潘安仁《闲居赋》有"太夫人乃御版舆"句，李善注："版舆，车名，傅畅《晋诸公赞》曰：傅祇以足疾，版舆上殿。"（《文选》卷十六）又注版舆一名步舆，并引周迁《舆服杂事记》曰："步舆方四尺，素木为之，以皮为襻捆之，自天子至庶人通得乘之。"其实版舆无足，即"载舆"。因其质朴无华，僧人亦可乘坐，《赵书》云："佛图澄号曰大和上，有事语，乃命大和上乘板辇也。"（《北堂书钞》卷一四〇）一般庶民使用的板舆，极为简便，北朝孝子石棺上有图像。1977年洛阳发现的北魏画像石棺后挡，雕有山林中二人以板舆抬一骨瘦如柴的老者，前一个回首后顾，并用右手前指，似向后一个问询该往哪里去。二人皆着袴褶。这是描述孝孙原毂图像。另一件流至海外的孝子石棺上的孝孙原毂图像，除二人以板舆抬老人外，还有将老人抛置林中，原毂将板舆收回与其父对语的画像（图四）。这种板舆，只是一方平板，两侧各有一抬竿而已，不用时一人即可挟持而行。值得注意的是其用法，抬舆的人不是以肩提荷，而是双手下垂提竿，因此板舆高只与舆夫腰高相同，极似现代人抬担架的情况。这可算是"腰舆"而非"肩舆"，与当时流行的步舆的扛抬方式有别，或许因板舆轻便而采取这种方式。

到了唐代，大驾卤簿中仍列有各式豪华的乘舆，但皇帝平时宫中乘用的是较轻便简易的步舆，即步辇。当时著名画家阎立本所绘《步辇图》流传至今，为我们留下唐太宗乘步辇接见吐蕃使者禄东赞的真实写照（图五）。图中所绘的步辇，形似坐榻，榻面两侧装有抬竿向前后伸出，两竿前、后端各设有襻带。抬辇的是两位长裙宫女，前后各一人，将襻带挂于颈后，再以两手左右提竿前行。步辇左右各有两名同样装束的宫女，分别

图四　北魏石棺孝孙原毅画像拓片

以双手托抬步辇四角，以协助抬辇。唐太宗盘膝端坐于辇上。这一唐代名画家真迹，一方面生动传神地揭示出唐代皇帝乘坐步辇的形貌；另一方面表明这种轻便的宫内代步工具，可由体力不强的宫女抬行，并且不用肩舆方式，而采取更为稳便的腰舆方式，使重心降低，更为平稳。这和上述北朝民间板舆的抬行方式相同。不过如是外出长途行进，恐仍用各式肩舆。

　　到了宋代，卤簿中的大辇仍依唐制，而且制作得更为华美，宋太祖建隆四年（963年）由陶毅创制的大辇，主辇用64人之多。真宗时，以旧辇过重，遂命别造，凡减700余斤。到南宋时，则仅有大辇、平辇、逍遥三辇而已。这些都是肩舆。此外，与唐代一样，宫中也用轻便的步辇类小辇，称为"腰舆"，据《宋史·舆服志》："腰舆，前后长竿各二，金铜螭头，绯绣凤裙襕，上施锦褥，别设小床，绯绣花龙衣。"到南宋时期，所用腰舆"赤质，方形，四面曲阑，下结绣裙网。……上设方御床、曲几，

图五　唐阎立本绘《步辇图》（局部）

异竿无螭首"。但在民间，则流行全遮式的轿子，异竿由步舆或步辇那样装于舆下，改为装于轿身中腰处，使轿体重心降低，稳定而且上下更为方便，因此很快取代了流行多年的步舆类交通工具，其图像和模型，在各地宋墓中常可见到。

（原载《文物天地》1990 年第 5 期。后收入《逝去的风韵——杨泓谈文物》，中华书局，2007 年）

"画鱼捕獭" 和三国漆画

　　《历代名画记》卷四记述三国曹魏时善画的人物共四位，其中有徐邈，说他性嗜酒，善画。《历代名画记》引《续齐谐记》中有一则他绘画极为精妙的故事。据说魏明帝游洛水时，见到有白獭，非常喜爱，但无法捕获。当时徐邈出了个主意，说獭喜欢吃"鲭鱼"，它看到这种鱼连性命都会不顾。因此他在板上画了鲭鱼悬挂在岸边。群獭看到，以为是真鱼，都赶来吃，就被捉住了，魏明帝大为赞叹，说："卿画何其神也！"

　　画鱼能引獭，其源在于徐邈画艺高超。那么三国时绘画的写生水平真能那样高超吗？徐邈所画的鱼，真能那样逼真如生吗？过去颇令人难以置信。直到 1984 年，看到从当时孙吴右军师左大司马当阳侯朱然墓中出土的漆画，人们才对三国时的绘画水平有了真正的认识。

　　朱然墓坐落在安徽省马鞍山市，虽曾遭盗扰，发掘时仍有许多劫余的珍贵文物出土，特别是其中的一批精美的漆器，种类繁多，盘、案、耳杯、盒、壶、樽、奁、槅、凭几等日用器物应有尽有，有的漆器上有"蜀郡作牢"的铭记，表明了这些漆器的产地。蜀郡即今成都地区，自汉代以来制漆手工业极为发达，曾设有专门为宫廷制作精美漆器的工官。三国时期蜀地在刘备所建汉（蜀汉）的版图之内，蜀郡漆工生产仍繁盛不衰。朱然墓出土漆器，正是当时蜀汉的产品。孙吴墓中出土大量精美的蜀汉漆器，自然是反映了当时吴蜀之间关系的密切。它们有可能是吴蜀保持联盟关系时的赠品或贸易往来的商品，但也不能排除它们是战争中获得的战利品。因为墓内所葬的孙吴名将朱然，生前曾参与了吴蜀之间两次重大的战

图一　安徽马鞍山东吴朱然墓出土彩绘漆案

争，而两次都是以吴胜蜀败而结束的。第一次是吴蜀争夺荆州的战争，在那次战争中朱然曾与潘璋一起，在临沮生擒蜀军主将关羽，因而功迁昭武将军，封为西安乡侯。第二次是在刘备倾全蜀兵力侵吴时，他又配合陆逊大破蜀军，因而拜征北将军，封永安侯。因此，朱然所拥有的蜀国精美漆器，不一定是友谊的象征或和平贸易的见证，它们是吴蜀干戈相见时的掳获品也未可知。

　　在出土的漆案、盘、槅等器物上都绘有彩色漆画，其中的漆案画面纵56.5厘米，横82厘米，是场面盛大的宫闱宴乐图（图一）。漆盘上常画有历史人物故事画，如"季札挂剑"（图二）、"百里奚会故妻""伯榆悲亲"等，人物形象生动，构图富于变化。在有关中国美术史的实物资料中，三国时期是极为贫乏的，特别是绘画作品几乎是一片空白，只能据少量文献

记载铺衍推测。这次朱然墓出土的精美蜀郡漆画,特别是其中的人物画,
确是极可贵的资料,可以说是部分地弥补了历史遗留的空白。除历史人物
画外,漆画中还有许多更富生活情趣的画面,如在一面漆盘的盘心画有二

图二　朱然墓出土"季札挂剑"故事画漆盘

图三　朱然墓出土"童子对舞棒"故事画漆盘

童子相对舞棒（图三），构图丰满而生动，人物刻画传神，特别加大了头部比例以符合童子的形体特征，丰腴的四肢也符合儿童幼嫩的体形，活画出两个稚气十足的活泼的童子，令人喜爱。装饰漆盘外缘的游鱼，也画得灵动而写实。那些鱼看来描绘的都是可以食用的品种，姿态生动，特征明显，可以辨识出鲤鱼、鳜鱼等品种，看来工匠技艺并不逊于画鱼引獭的名画家徐邈。

朱然墓出土的珍贵漆画文物，清楚地表明三国时期绘画的写生水平，比汉代有了较大的提高，可以为有关徐邈画鱼技艺那样高超的可靠性，提供有力的旁证。

（原载《中国文物报》1990 年 10 月 4 日。后收入《逝去的风韵——杨泓谈文物》，中华书局，2007 年）

山东北朝墓人物屏风壁画的新启示

　　东晋时期，以"竹林七贤"为题材的绘画颇为流行。当时被誉为"画绝"的顾恺之所绘"七贤"，流传到唐代，张彦远《历代名画记》曾有记述，卷五并且还保存有顾恺之所作《论画》一文，其中有对东晋另一位名画家戴逵所绘"七贤"的评论："唯嵇生一像欲佳，其余虽不妙合，以比前诸竹林之画莫能及者。"表明在戴、顾以前，"七贤"题材的绘画已经流行。《历代名画记》所记述的东晋画家所遗作品中，还有史道硕所画的"七贤图"。东晋以后，南朝时"七贤"题材更为盛行，刘宋时名画家陆探微所绘《竹林像》和南齐画家毛惠远的《七贤藤纸图》，都曾流传后代。20 世纪 60 年代以来，在南京、丹阳地区墓葬中发现的多幅"竹林七贤"和荣启期大型拼镶砖画，更为这一题材绘画在南朝流行提供了实物例证。发现时间最早且保存最完整的是南京西善桥墓的砖画，它对称地嵌砌在墓室的南、北两侧壁上，每侧画面都为纵 80 厘米，横 240 厘米，每侧绘出四个人像，人像之间以树木分隔，像旁均有题名，一侧为嵇康、阮籍、山涛和王戎，另一侧为向秀、刘灵（伶）和阮咸，因只有三人，故再加上先秦隐士荣启期而添为四像，以使两侧对称。丹阳胡桥鹤仙坳、吴家村和建山金家村发现的三座南朝大墓中发现的"竹林七贤"和荣启期拼镶砖画，布局和风格大致与西善桥墓相同，仅时间略迟，但似出于同一粉本，仅在技法等细节上有些差异。这些砖画中除七贤和荣启期等八像外，没有其他人物的画像。大约到南齐永元年间，"七贤"画的内容有些新变化，主要是在主像侧旁加绘侍者。据《南齐书·东昏侯纪》和《南史·齐本纪下》，东昏侯萧宝卷永元三年（501 年），建康城内宫殿失火，"北至华林，西至

图一　山东济南东八里北齐墓壁画

秘阁，三千余间皆尽"。大火之后，萧宝卷又大兴土木，重修诸殿，还别
为潘妃起神仙、永寿、玉寿三殿，"其玉寿中作飞仙帐，四面绣绮，窗间
尽画神仙。又作七贤，皆以美女侍侧"。自此以后这种在七贤主像侧旁绘
有侍者的构图，开始流行，并且对后代有颇为深远的影响，例如流传至今
的唐代画家孙位所绘《高逸图》，画出的正是"七贤"中的山涛、王戎等
形貌，除以树木山石相隔外，主像旁侧绘有侍者，正是承袭着永元年间初
创的侧旁绘女侍的传统。

　　南齐永元年间"七贤"画构图的新变化，目前还没有从已出土的南朝
文物中找到例证，但却在山东地区的北朝墓室壁画中发现了近似的构图，
这确是令人感兴趣的事。1986 年 4 月，发现了济南市东八里洼北朝壁画
墓，墓的北壁壁画保存尚好，绘出立于床后的八扇屏风（图一）。不知为
何其中左右各两扇屏面没有绘画，另四扇屏面均绘树下人物，多袒胸跣足
坐于席上饮酒，形貌与南朝七贤拼镶砖画相同，应为"七贤"题材壁画，
其中左起第四幅屏面除树下饮酒人像外，他的身后还绘出一个侍童。比济
南市东八里洼北朝墓壁画更令人感兴趣的是临朐县冶源镇海浮山崔芬墓的
壁画，该墓也发现于 1986 年 4 月，墓内所葬死者是东魏威烈将军、南讨大
行台都军长史，卒于北齐天保元年，次年（551 年）下葬。墓室壁画也绘

有多扇屏风，其中有八扇屏面上绘有人像，画面构图以树木山石为衬景，树石前地上设席，主像坐于席上，姿态各异（图二），其中一人前设书案，正执笔书写，像侧立一女侍，手执灯。另一像似作双手撑席的醉姿，身后一女侍似正为他捶背。书写者梳双丫形角髻，正与南京西善桥七贤砖画中嵇康和刘灵（伶）的发式相同。这两幅是墓壁所绘八扇屏风的第二、三幅，从构图中主像侧后有女侍的特征看，正是受到南齐永元年间"七贤"构图变化的影响后的作品。除七贤屏风画以外，墓中的另一幅出行壁画也

图二　山东临朐北齐崔芬墓屏风壁画

图三　山东临朐北齐崔芬墓墓主夫妇出行壁画

颇值得注意，那幅画绘于西壁龛额部，应是画出墓主夫妇在婢仆侍奉下出行的情景（图三），主像褒衣博带，高冠大履，双臂舒展，广袖拂垂，其形态和构图均与传世顾恺之《洛神赋图》王者出游行列极为相似，过去所见北朝雕塑中类似这样构图的作品，都是帝后礼佛的行列，例如龙门宾阳洞和巩县石窟寺的礼佛图浮雕，但如崔芬墓这样的北朝世俗的出行图还颇罕见，所表现出的南朝绘画影响更为明显。

　　山东地区北朝墓壁画中显露出的与南朝绘画艺术关系密切的特征，在同时期中原地区的东魏、北齐墓中尚未见到，这确实是值得研究南北朝文化史的学者应予注意的事，它是否意味着在当时南方物质文化对北方的影响过程中，山东是一处重要的交往通道。而在这些交往中，清河崔氏也起了相当重要的作用。前述的临朐海浮山北朝墓的墓主崔芬，是清河东武城人，属清河崔氏重要的一支。清河崔氏另一重要的支系在东清河鄃地，其族葬墓地的一部分也已经考古发掘，在今淄博市临淄区窝托村南，1973年以来发现了十余座墓葬，其中包括撰写《十六国春秋》的崔鸿的坟墓，并有墓志出土。通过窝托村崔氏墓群出土墓志的分析，可以较清楚地排出崔鸿这一支的氏系谱。崔鸿之父敬友是北魏名臣崔光（考伯）之弟。崔光和清河东武城的崔亮（原名敬儒），都是由南朝来到北朝的，并都对北朝模仿南朝典章文物制度的过程中起了重要作用，陈寅恪先生在《隋唐制度渊源略论稿》中早已在论述崔光时明确指出，崔光和刘芳"皆南朝俘虏，其所以见知于魏孝文及其嗣主者，乃以北朝正欲模仿南朝之典章文物，而二人适值其会，故能拔起俘囚，致身通显也"。至于崔亮，在北魏创官制时极起作用，据《魏书·崔亮传》："高祖在洛，欲创革旧制，选置百官，谓群臣曰：'与朕举一吏部郎，必使才望兼允者，给卿三日假。'又一日，高祖曰：'朕已得之，不烦卿辈也。'驰驿征亮兼吏部郎。"还有些值得注意的史实，北魏宫殿制度规划中曾起关键作用的蒋少游，与崔氏有亲戚关系，据《魏书·蒋少游传》："始北方不悉青州蒋族，或谓少游本非人士，又少游微因工艺自达，是以公私人望不至相重。唯高允、李冲曲为体练，由少游舅氏崔光与李冲从叔衍对门婚姻也。"又据《南齐书·魏虏传》："（永明）九年，遣使李道固、蒋少游报使。少游有机巧，密令观京师宫殿楷式。清河崔元祖启世祖曰：'少游，臣之外甥，特有公输之思，宋世陷虏，处以大匠之官。今为副使，必欲模范宫阙。岂可令毡乡之鄙，取象天宫？臣谓且留少游，令使主反命。'世祖以非和通意，不许。少游，安乐人。虏宫室制度，皆从其出。"从这段文字，一方面可以看出蒋少游在北魏宫室规制方面的作用，另一方面又可窥知清河崔氏仍留仕南朝的人士在政治上仍起作用，并且对北方崔氏家族及有关亲戚的情况仍甚了解，或许还通过各种方式有着联系。因此通过崔氏家族的这种特殊情况，或许使南朝的许多文化影响传达到北方，特别是这一家族的老家山东地区。山东地区北朝墓室壁画中显示出的南朝影响，特别是"七贤"画屏中主像侧后加女侍的构图，正为上述推测提供了值得注意的新线索，这是今后应深入进行探索的课题。

（原载《文物天地》1991 年第 3 期。后收入《逝去的风韵——杨泓谈文物》，中华书局，2007 年）

从卫贤《高士图》谈"举案齐眉"

　　五代时以界画宫室得名的卫贤，生卒年不详，仅知其曾在南唐画院任"内供奉"，据说他始学尹继昭，后又学吴道子，长于绘楼观、殿台、盘车、水磨等题材的作品，也画山水人物，但流传至今的画作恐怕只有现藏故宫博物院的《高士图》了。《高士图》所画为东汉逸民梁鸿（字伯鸾）的事迹。据《宣和画谱》所记，北宋内府共收他所绘《高士图》6 幅，分别绘黔娄、楚狂、老莱子、王仲孺、于陵子和梁伯鸾，其中仅梁伯鸾这一幅得以保留至今。

　　该图为绢本，设淡色，画幅纵 135 厘米，横 52.5 厘米（图一）。其尺寸正与唐至五代时屏风画面（高 140 厘米左右，宽 50 厘米左右）大体近似，当年或系为流行的六曲屏风所作屏画也未可知，但到北宋时已将 6 幅改为长卷，其后历经沧桑，失其 5 幅，仅存此图。

　　《高士图》画面的布局，显示出作者构思缜密，他将主题部分绘于画面下部偏左处，画出梁鸿所居的简陋瓦屋，外设疏篱，前流溪水，围绕树石，简朴幽雅，一派逸隐者居所的特有风貌。又在画幅上部几占 1/2 画面，描绘屋后山水景色，近处峰峦耸立，远处大江横流，气势恢宏，从而更衬托出山林逸隐、超尘脱俗的博大胸怀。在用笔方面亦有特色，画风精密而不板滞，皴石画树多用干笔，雄健苍厚，常被视为了解南唐山水画的重要资料。图中所描绘的两位主要人物居于瓦屋之中，梁鸿坐在一张高足大床之上，面前床面上又摆放一几，其妻孟光则跪于床前地上，双手捧举盛有饭食的盘，高齐于额部，向丈夫奉献（图二）。由于床高而人又跪在地上，她的头额仅能与床上所置几面齐平，因而床上坐着的梁鸿呈现出居高临

图一 传世五代卫贤绘《高士图》

图二 传世五代卫贤绘《高士图》局部

下的态势。其实这只是由于五代时人的卫贤，是按照他自己生活的社会情景，拟测画出的古人生活的画作，与汉代的情况并不相符。但这幅作品使我们看到由于古代家具发展演变，因而出现一些习俗与日用家具不相协调的有趣现象。

梁鸿的事迹见于《后汉书·逸民列传》，当梁鸿自霸陵山中东出关，过京师时，作《五噫之歌》曰："陟彼北芒兮，噫！顾览帝京兮，噫！宫室崔嵬兮，噫！人之劬劳兮，噫！辽辽未央兮，噫！"结果"肃宗闻而非之，求鸿不得"。弄得梁鸿易姓改名，迁居齐鲁之间，然后再迁于吴。到吴以后"依大家皋伯通，居庑下，为人赁舂。每归，妻为具食，不敢于鸿前仰视，举案齐眉。伯通察而异之，曰：'彼佣能使其妻敬之如此，非凡人也。'"从此"举案齐眉"的故事，在封建社会中一直被誉为妻子敬爱丈夫的典范。

所谓目不仰视而举案齐眉，在汉代的生活起居条件下并不难做到。汉代的案，多系木质，或髹漆彩绘，加饰金属饰边，形状或矩形或圆形，有的仅为类似后世托盘的形状,有的下设矮足,矩形的多有 4 足,圆形的或为 3 足,即使有足也极低矮,因此轻便易于捧持。以长沙马王堆一号西汉墓出土的斫木胎漆案为例(图三),系矩形平面,面积 60.2×40 平方厘米,下设矮足,足高仅 2 厘米,案全高不过 5 厘米。案的面部和底部均髹黑漆。案面在黑漆底色上又用红漆描绘两重方框,再于案心及两重框间绘以红色和灰绿色组成的云纹。案底又用红漆书写"轪侯家"三字,以表示该案所属的主人为谁。案上原置有各种漆饮食具,有五盘、二卮、一耳杯,以及竹箸、竹串等物。全套用具轻巧精美,易于捧持。至于一般人使用的案,自然比不上轪侯家物,或以木制,但其形状仍然是差不多的,即使盘杯中装满食品饭菜,其全重也易于举捧至眉以表示崇敬。同时汉代仍为席地起居,多坐于席上,即使设床榻等坐具,也都是低矮的,基本与席地起居相差无几。因坐于席上或在矮床前,把案举到眉际相当容易,虽然眼睛不看前面,也可保持案的平稳而不致使案上的食具倾覆。可以看出孟光这种尊敬丈夫的举动,是与当时社会房屋、家具、日用器皿等特点相适应的,也表明礼节是与当时社会习俗紧密关联的。

但是到了卫贤生活和进行创作的南唐时期,已与孟光举案齐眉发生的东汉肃宗(即章帝刘炟)时期(约公元 1 世纪后半期)相距近千年。其间

图三　湖南长沙马王堆一号西汉墓出土漆案

中国古代家具和生活习俗都已有了划时代的改变。而五代是中国古代家具
发展的中间时期，也是家具形体由低向高发展趋于成熟、传统的席地起居
习俗最终改变的关键时刻。在与卫贤同时的许多画家的作品中，颇为形象
而生动地反映出当时以桌、椅、大床为代表的高足家具流行于上层社会的
情景，其中最著名的当属周文矩的《重屏会棋图》（图四）与顾闳中的
《韩熙载夜宴图》（图五），人们从中可以看到各种桌、椅、屏风和大床等
高足家具的陈设，也可看到图中人物完全摆脱了席地起居的旧习惯、悠然
欢乐的情景。

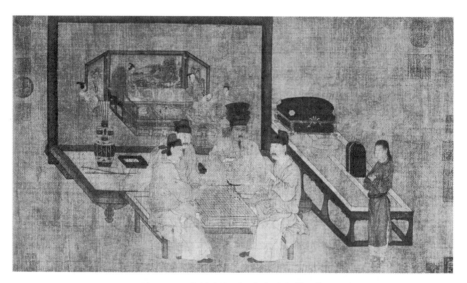

图四 五代周文矩绘《重屏会棋图》

图五 传世五代顾闳中绘《韩熙载夜宴图》局部

　　通过对生活习俗和古代家具演变的回顾，再看卫贤的《高士图》，可以想见画家为了表现古代逸隐之士的古风，还并没有绘出当时流行的高足家具如桌、椅等物，仅画了大床和上面设几的格局，这在当时已是颇为古旧的陈设了。如与敦煌莫高窟壁画中所绘家具陈设情况对照，在大床上设几的陈设方式最早出现于北朝晚期，而流行于隋和唐代前期，那也可视为在桌椅等高足家具普遍使用以前，由席地起居向高坐垂足习俗过渡阶段的典型室内陈设。所以在五代时人的眼目中，它乃是一种古代的陈设，卫贤用以描绘东汉高士的生活情景是很自然的事。在设几的大床前跪地举案，虽看来牵强，但尚勉强可为，再迟些到高足家具流行的北宋时，一般桌高已近于今日桌子的高度，案也不再是汉案的形式而近于桌形，再跪地举案，即使孟光如《后汉书》所说能"力举石臼"，也难以为之，"举案齐眉"只能是男人们企望而无法身受的古代佳话了。

　　（原载《文物天地》1991 年第 4 期。后收入《逝去的风韵——杨泓谈文物》，中华书局，2007 年）

雷公怒引连鼓辨

　　湖北武昌东湖三官殿梁普通元年（520 年）墓出土的画像砖中，在一块方砖的上方中部出现一个裸身力士像。发表在《江汉考古》1991 年第 2 期的简报中是这样描述的："砖的中上方由八边和八个椭圆形组成图案，似应与表方位的'八卦'有关，图中有一赤体小人，双手持物，其物似锤亦或蛇，是否与古神话中的'雨师妾'有关？"文中所附那件砖拓片，清晰地看出人像作裸体力士形象，仅裆部束犊鼻裤，双手上扬，各执一柄部较长的鼓桴，双足也用足趾夹持着同样形制的鼓桴。围绕着他的身体上下左右，是一圈连在一起的椭圆形状的鼓，那个力士正挥舞手足，以四个鼓桴连续不断地击鼓（图一），这正是东汉以来的雷公图像。

　　在中国古代，人们常以车声或鼓声来比拟雷声，也因此衍生出一些有关的典故和神话传说。用车声比拟雷声，如西晋傅玄《杂言诗》："雷隐隐，感妾心，倾耳清听非车音。"至于有关的神话，以阿香推雷车最脍炙人口，见于《续搜神记》。人们更多地以鼓音拟雷声，认为雷乃天之鼓。东方朔《神异经》说："八方之荒有石鼓，其径千里，撞之其音即雷也，天以此为喜怒之威。"（《太平御览》卷十三引）因此虚拟中的雷神的形象多与鼓联系

图一　湖北武昌南朝梁墓出土
雷公图画像（摹本）

在一起，关于雷神的形貌，王充曾在《论衡·雷虚篇》中有颇为形象的描述，原文照录如下："图画之工，图雷之状，累累如连鼓之形；又图一人，若力士之容，谓之雷公，使之左手引连鼓，右手推椎，若击之状。其意以为雷声隆隆者，连鼓相扣击之音也；其魄然若敝裂者，椎所击之声也；其杀人也，引连鼓相椎，并击之矣。"

图二　敦煌莫高窟第 249 窟窟顶西魏壁画（摹本）

当时将这种"雷公怒引连鼓"的图像绘于虚空之中，故此王充又在《雷虚篇》中提出诘问："钟鼓而不空悬，须有筍簴，然后能安，然后能鸣。今钟鼓所悬着，雷公之足无所蹈履，安得而为雷？"

东汉时右手持椎、左手执连鼓的力士形貌的雷公图像，到南北朝时略有变化，那就是原执手内的连鼓，改而呈环状围绕在雷公身体的周围，形成匀称的圆轮形状构图，雷公位于圆轮的中心，形象更为突出，举手投足都敲踏在不同的鼓面上，令人感到连鼓在雷公暴怒的敲踏之下不停地旋转，发出连续的惊人的轰鸣。整个画面充满强烈的动感，还有撼人心扉的节奏感和韵律感。其中典型的代表作，是敦煌莫高窟第 249 窟窟顶西披的西魏壁画（图二）。画中的连鼓雷神，是与西王母等中原汉族传统的神话题材图像一起出现的，它们绘在佛教洞窟的窟顶四披，是当时莫高窟艺术受到中原传统艺术影响的具体表现。

除了敦煌莫高窟的西魏壁画中的连鼓雷公图像外，在北朝的墓室壁画中也可看到连鼓雷公的图像，其构图特点也是以连鼓围绕在雷公身体周围，形成动感强烈的圆轮形状，可举山西太原北齐娄叡墓壁画为例。娄叡葬于北齐武平元年（570 年），雷公壁画位于墓室顶部东壁十二辰之下，与青龙图像绘在一起，面积达 1.4 平方米。在十面雷鼓环绕之中的雷公，面

图三　山西太原北齐娄叡墓壁画上的雷公图像

相威猛，赤唇环眼，身躯赤裸而肌肉凸强，垂乳大腹，臂肘及腿膝后侧都
有毛羽飞扬，只在胯下束白色短裤。与敦煌莫高窟壁画中雷公以手足击踏
连鼓不同，这里画出的是在双手两足都握持有黑色的鼓桴，手舞足蹈地连
续敲击雷鼓，形象极为生动（图三）。类似的图像，早在北魏时期的墓室
壁画中已有出现。

　　北朝的连鼓雷公图像已如上述，过去还没能见到有纪年的南朝的连鼓
雷公图像，这一缺欠由武昌东湖三官殿梁墓画像砖的发现所弥补，其图像
与娄叡墓的雷公图像基本相同，仅围绕雷公的连鼓数目略少，只绘出八
面，但构图与手足均执桴敲击的姿态，如出一辙，这可以看出连鼓雷公是
南朝和北朝都流行的绘画题材。

　　（原载《中国文物报》1991 年 11 月 1 日。后收入《逝去的风韵——杨
泓谈文物》，中华书局，2007 年）

宁夏五塔

宁夏多古塔。

宁夏古塔被列为全国重点文物保护单位的已有三处,第一批全国重点文物保护单位有银川市海宝塔,第三批全国重点文物保护单位有贺兰县拜寺口双塔和青铜峡市一百零八塔。除了上述"国宝"以外,著名的宁夏古塔还可以举出许多,诸如银川市承天寺塔、贺兰县宏佛塔、平罗县田州塔、同心县康济寺塔等等。

1991年8月至9月,我有机会先后考察了宁夏的五座古塔。按考察时间的先后次序,五座塔是银川市承天寺塔、同心县康济寺塔、贺兰县拜寺口双塔和潘昶乡宏佛塔。这五座古塔虽然形制各异,特征鲜明,但可能都是创建于西夏时期,只是大多屡经后代重修,有的已经改变了面貌。也有的基本保持原貌,如宏佛塔,颇能显示出鲜明的时代风格,难能可贵;有的在塔身内还保存着极珍贵的西夏遗物。

承天寺塔(图一)原建于西夏天祐垂圣元年(1050年),但现在的建筑是清代重修过的。乾隆三年(1738年)冬,该塔因地震塌毁,82年以后才于嘉庆二十五年(1820年)重修,至于是否仍依西夏时原貌就不清楚了。如今这是一座11层的八角形砖塔,至刹顶通高64.5米。塔室方形,采用木板楼层结构,可沿木梯盘旋登至顶层。塔逐层向上有收分,出檐颇窄,以致外轮廓呈八角尖锥形,显得削挺单调,缺乏美感,应是清代重建时造成的。塔顶端没有通常的覆钵和刹,而是以绿色琉璃砌成呈桃形的四角攒尖顶,与海宝塔的顶端装饰相同,可能是具有地方特色的做法。登临承天寺塔的顶层后向四周眺望,银川市容尽收眼底,并与俗称"北塔"的海宝塔遥遥相望。承天寺塔虽系后代重建，但它仍坐落在寺内的中轴线上，可能仍保留着较早的西夏时寺庙平面布局的特征。又由于它还保留着西夏时原建的位置，或许对将来探寻西夏国都的遗址有参考价值。谈到这里，顺便说一句，不论是登临俗称"西塔"的承天寺塔，还是登临海宝塔，鸟瞰银川市区时，总会令人联想到贺兰山下的西夏王陵遗迹今日犹存，那么西夏国都的遗址又在何处？这一难题，终究需要花力量去探寻答案。登临承天寺塔俯瞰银川市容，我发现与7年前登临海宝塔所见的景貌变化极大，无数现代建筑拔地而起，显示出近年来银川市的建设成就。欣喜之余，也感到如此快的发展速度，使探寻西夏国都遗迹的难度与日俱增，不免令人担忧。

同心县康济寺塔，坐落在县东北韦州乡古城康济寺废墟内，是一座八角13层密檐式空心砖塔，残高39.66米，塔刹已残毁（图三）。在维修这座塔时，在第13层塔身的东、西、南、北四面的佛龛中，发现有铜、银、木、泥等质料的佛像30余尊，经书30余册，还有木塔模和汉文题记砖等文物。又在第9层塔檐发现有墨书西夏文题记砖，而且9层以下的砌塔用砖是背面有手印纹的砖，这表明塔的9层以下很可能是西夏时原砌。后来在明代嘉靖六年（1527年）修葺时在9层以上增建4层，成为13层塔。但后来因地震，新增部分坍毁，又于万历九年（1581年）再修上部四层。以后，据现存清碑记载，清乾隆三十一年（1766年）又曾对塔进行过维修。虽然没有来得及去康济寺塔，但在同心县文管所看了塔内出土的文物。出土的铜造像多有铭文，制作精细，确是明代造像中的精品。值得注意的是，造像中除佛教题材外，还有老子像等道教题材的作品。而佛教和道教造像又同放于佛塔之中，对研究当时的宗教信仰是颇为有趣的资料。更令人感兴趣的是明代手抄或印制的经书，多达十三种27册之多，其中有些过去未见著录的经文，诸如《太上灵宝补灶神经》等，更为珍贵。不少经书卷首有雕工精细的版画，是极好的明代美术品。一座塔内出土这样多明代印本书籍，确是弥足珍贵的。

贺兰县拜寺口双塔，坐落在贺兰县金山乡贺兰山拜寺口北坡台地上，东西对峙，相距约80米，形制大体相同，都是高13层的密檐砖塔，仅细

图一　宁夏银川承天寺塔

图二　宁夏贺兰县拜寺口西塔

部结构有些差异。双塔原来的刹顶塌圮，西塔残高35.96米、东塔残高
34.88米。塔内选取的朽木样品经放射性碳素年代测定，相当于西夏中晚
期。现在双塔已整修一新，配装上铜质刹顶宝盖、宝瓶。西塔上第2层至
13层各龛中的影塑罗汉、金刚、化生童子、供养菩萨和七宝等图像，也适
当修整复原，还依原存彩绘的色彩，重新施色敷彩。各层檐角的铁铎也已
补齐，在贺兰山景的衬托之下，显得分外挺拔秀美。山风徐来，檐角铁马
叮咚，更是别具情趣（图二）。

关于双塔创修年代，过去并不明确。这次因残木的放射性碳素测定，
可知其的确建于西夏时。又在修整西塔的塔刹时，发现一处密封的空心穹
室，壁画存有朱书梵文和藏文，室内出土有银质"大朝通宝"钱、中统元
宝交钞以及木雕佛像、桌、椅、木花瓶、绢纸花等文物，应是后来修整该
塔时放入的。同时还出土有两幅绢质佛画，其彩绘风格与宏佛塔出土的西
夏绢质佛画相同，应是西夏时的遗物。

　　贺兰县潘昶乡宏佛塔，是最值得注意的一座。第一，塔的外观较为特殊；第二，它不像承天寺塔、康济寺塔等皆经过后代重修而原貌尽失，还基本保存着西夏时的原貌；第三，在拆修过程中发现了大量珍贵的西夏文物。

　　首先谈宏佛塔特殊的外貌（图四）。宏佛塔的结构可以分为上下两部分。下部塔体呈八角形，上砌三层，每层向上略有收分，以砖砌出略为外伸的塔檐，檐下有砖的斗栱，檐上托平座。上部塔体呈覆钵状，为使下层的八角形平面过渡到近圆形的覆钵体，所以在覆钵以下设置了三层多折角的基座，上托圆形须弥座，再上转为圆形覆钵。在覆钵以上有粗大的多层相轮，再托塔刹，但仅存两重相轮，其上部分均已残毁。由于塔刹已毁，全塔残高 28.29 米。因年久失修，又历经地震破坏，以及地下水及风雨的侵袭，弄得塔基下沉，塔体劈裂，因此只得逐层落架拆修，目前塔已按原样重新砌筑。

　　与宏佛塔外貌相同的古塔颇为罕见，仅天津蓟县独乐寺白塔大致与之

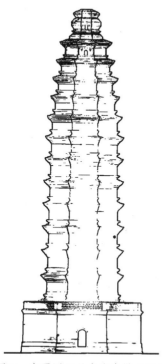

图三　宁夏同心县康济寺塔立面图

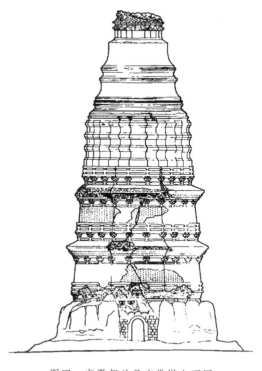

图四　宁夏贺兰县宏佛塔立面图

相近似。独乐寺塔因遭 1976 年唐山大地震破坏，岌岌可危，因此于 1983 年将第一层以上部分拆除重修。在拆修过程中，由于去掉后代包砌的砖壁等，露出辽代修建时的原来面貌。这座塔也是分为上下两部分，下部是八角形的重檐塔体，上部是半球形的覆钵，覆钵与塔檐之间原有过渡状态的基座，可惜在后来修塔包砖时被剥毁，原状不明。刹顶部分的辽代原物已不存，现为明代遗物。塔的建造时间，据考定与蓟县独乐寺重建同时，即辽统和四年（986 年），可能略早于宏佛塔修建的时间。此外，北京房山云居寺北塔的外貌也与以上二塔近似。该塔建于辽天庆年间（1111~1120 年），其下部为两层八角形塔身，上部为覆钵，其上承粗大的多层相轮和刹。由此看来，这种外貌的塔，在当时辽、西夏地区应是流行的样式，这是很值得注意的。

其次是拆修过程中，在覆钵式塔身上部发现有砖砌的梯形塔室，室内堆放泥塑残像、西夏文残雕版和绢质佛画等文物。雕版残块多达 2000 余块，版面所刻西夏文字可分大中小三种，可惜多已炭化变黑，但仍是研究西夏刻版印书的绝好资料。出土的绢质佛画多达 14 幅，内容有佛像、千佛像、千手观音、喜金刚像、护法神像、大日如来、八相塔等，笔法细腻，施彩鲜艳，是西夏绘画的精品。其中有佛像上方左右绘出黄道十二宫的炽盛光佛二幅，这是继河北宣化辽代张氏家族墓壁画十二宫图以后，又一次重要的发现，对研究十二宫的传入和传播等问题，是极为重要的资料。此外，出土的西夏文木简及西夏文《番汉合时掌中珠》残页，都对确定宏佛塔的年代，是有用的证据。

宏佛塔外貌使我联想到西夏王陵中体量硕大的夯土塔状基址，它那多边的平面，以及逐层向上收分的形体，以及整体外形轮廓都近于宏佛塔和独乐寺白塔这类佛塔的外观。再联想到古代北方或东北少数民族中曾有过在墓地建塔的习俗，例如渤海贞孝公主墓，因此在西夏墓地筑有当时流行形制的墓塔也不是不可能的，但目前这也仅仅是一种联想而已。

（原载《文物天地》1991 年第 6 期。后收入《逝去的风韵——杨泓谈文物》，中华书局，2007 年）

青瓷羊的启示

——漫话六朝青瓷羊和百济古坟出土的青瓷羊

南京出土的东吴时期青瓷器精品之一，是 1958 年从清凉山发掘中获得的青瓷卧羊（图一），它与另一件带有东吴末帝孙皓甘露元年（265 年）铭的青瓷熊灯同出于一座墓葬之中。卧羊造型颇为生动，呈挺胸昂首的卧姿，四足蜷伏，长角弯曲卷于耳后，双目圆睁，羊嘴微张。在前肢肩后，以阴线刻出羽翼，使它与常羊有别，带有几分神异的色彩。通体施釉，匀净无瑕，莹润美观，显示出东吴时期青瓷工艺达到的高水平。青瓷羊体长30.5 厘米，高 25 厘米。羊体中空，额头有圆孔，或许是盛放酒浆等的器皿。从青瓷羊的造型特征观察，它应是承继着汉代卧羊形态器皿造型的传统。虽然早在殷周青铜器中已有羊形酒尊，但那时期的羊尊与别的兽形尊相同，仍是四足直立的立姿，陕西宝鸡茹家庄西周墓出土的一件是典型的代表。该尊高 20.1 厘米，带有一双盘曲大角的羊头部，塑得颇为别致。尊口在背部，上有虎纽尊盖，盖内壁有强伯为井姬制作该器的铭文（图二）。只是到了汉代，羊尊的造型才由立姿改为伏卧的姿态。西汉早期的实例，可举出河北满城中山靖王刘胜墓中出土的青铜羊尊灯（图三）。那件灯体正是一只四肢蜷伏的卧羊形状，但是在羊前肢肩部并没有做出羽翼。类似的卧羊状陶尊在东汉文物中常能见到，例如在河南荥阳河王村东汉墓中，曾在一座墓内出土多达 6 件彩绘陶羊尊，尊口竖立在羊背部，其中有一件陶羊尊体内贮满物品，据发掘者的报告，认为是栗子，表明汉代羊尊的用途可盛各种物品，但当时主要仍是用作酒尊。四川彭县发现的东汉画像砖中，有一幅描绘酒肆卖酒的图像，图中画出了三件盛酒的羊尊，其中两件放在案上，另一件被放在独轮车上，有一人正推着那辆车离开酒肆运往它处。图像中的那些羊尊，都是四足蜷伏、挺胸昂首的卧姿，头上的一双长角都盘曲在羊耳后面。

东吴时期出现的青瓷卧羊，到东晋时仍然盛行，江南各地的东晋墓中常有出土，例如著名的南京象山王氏家族墓群中，在其中的7号墓内出土

图一　江苏南京出土孙吴青瓷卧羊

图二　陕西宝鸡茹家庄西周井姬墓出土铜羊尊

259

有青瓷卧羊，它的基本造型与清凉山东吴墓出土的青瓷卧羊相同，前肢肩后也刻有羽翼，但出现一些与东吴时不同的细部特点，主要是脖颈略显细长，且嘴下垂有羊须（图五）。江苏镇江东晋墓出土的两件青瓷卧羊，具有与南京象山王氏墓青瓷卧羊相同的细部特征，颈较细长而嘴唇下垂有一撮羊须，它们都出土于那里的东晋早期墓中，约当公元4世纪前半期。

令人感兴趣的是，远在韩国的江原道原城郡富论面法泉里2号坟中，出土有一件青瓷卧羊（图四），其形体特征与南京、镇江东晋墓出土的青瓷卧羊相同，不但是四肢蜷曲、挺胸昂首的卧姿，长角弯卷耳后并且肩刻羽翼，而且脖颈略细长，且嘴下垂有羊须。那座坟墓是百济时代的，约当公元4世纪中至后半。这件青瓷卧羊充分表明在东晋时期，百济与中国江南地区有着密切的文化交流。青瓷羊尊的出土，是中国古代文化对百济影响的实物例证。在日本保存的百济赠予的"七支刀"铭中的纪年，用的是中国东晋"泰和四年"的年号，同样说明百济受中国文化影响之深。

据《宋书·百济传》，东晋安帝义熙十二年（416年），封百济王余映为使持节都督百济诸军事、镇东将军、百济王，从而正式确立了东晋与百

图三 河北满城西汉刘胜墓出土铜羊形灯

图四　韩国百济时代墓葬出土青瓷卧羊　　　图五　江苏象山东晋墓出土青瓷羊

济国家之间的正式关系。此后，南朝的宋、齐和梁都曾授百济王以封号和官职，宋时进百济王为镇东大将军，梁时又改赠百济王余隆为宁东大将军。百济的使节多次来到东晋、南朝的首都建康（今南京），两国间交往日趋密切，文化交流发展到新阶段。百济从中国引进了诗书、史籍和经义，并曾请中国的工匠、画师等去百济，忠清南道公州郡宋山里古坟出土的莲花纹砖侧有"梁官瓦为师矣"铭文，正表明百济引进南朝工匠及其技艺的事实。尤其是百济王逝世后所修筑的陵墓，也仿效着南朝陵墓建筑的形制，并且将梁朝所赠"宁东大将军"官职记入墓内志文中，这些都是发掘武宁王（即中国史籍中的百济王余隆）陵后才为学者所知。那座陵墓是一座带有甬道的大型拱券顶单室砖墓，以模印莲花纹和网纹的花纹砖砌筑，在室壁砌有仿木结构的直棂窗，窗上砌出放置灯盏的桃状灯龛，酷似南朝陵墓的建筑。墓内的石墓志以汉文书写，随葬的瓷器和铜镜（包括一枚"七子镜"），有的就是南朝的输入品，石雕的镇墓兽也仿效南朝的形制，充分显示了公元 6 世纪初，百济受中国南朝文化影响之深。因此，4 世纪中后期百济古坟中出土的青瓷卧羊，象征着东晋、南朝与百济密切交往的启始期，可以说是一个预告，因此其意义是值得重视的。

（原载香港《文汇报》1991 年 2 月 24 日。后收入《逝去的风韵——杨泓谈文物》，中华书局，2007 年）

天降仙猿

　　在中国古代文物中，常常可以看到生动传神的猿猴造型艺术品，这不仅因为它那似人的容貌，灵活的体态，滑稽的动作为人们所喜爱，还因为它是长寿的象征，《抱朴子》一书中就有所谓"猴寿八百岁"的记载。传说猿猴长寿而且面目似老人，加上长臂善于攀援，因此猿猴在中国古代传说中又被赋予更为神异的色彩。最脍炙人口的故事，当属《吴越春秋》中所记越女与袁公比剑之事，当对搏三击之后，袁公飞上树梢化白猿而去。这则故事流传后世，所以唐代名诗人李贺曾有"见买若耶溪水剑，明朝归去事猿公"的诗句。

　　目前所见时代最早的猿猴造型文物，是在湖北省天门市石家河遗址出土的新石器时代晚期小型泥塑，体高不过 5 厘米左右（图一），所以仅塑出形体的大轮廓，不作细部刻画，古拙而生动，在出土的各种鸟兽塑像中

图一　湖北天门石家河文化小型陶动物（中为陶猴）

图二　山西闻喜出土西周刖人守囿青铜挽车（盖上蹲猴）

间，以猿猴最引人注目，它昂首挺身坐地，一副傲然的神态，表明石家河文化的原始艺术家，不仅掌握了猿猴的体质特征，而且达到初步追求传神的境界。

进入青铜时代，猿猴造型仍是人们喜爱的艺术形象，在青铜文物中可以寻到它的身影。山西闻喜出土的青铜刖人守囿挽车盖上，有一只立体塑的蹲猴（图二）。

北京故宫博物院所藏战国时期青铜螭梁盉的盖纽，同样铸成猿猴的形貌。以猿猴造型作为青铜器装饰的更为成功的例子，是出土于战国时中山王陵的十五连盏灯，在托出灯盏的连枝上，塑出许多猴子攀援其上，姿态各异，灯下还有两个赤膊男子，正给群猴喂食，更显生动有趣（图三）。这一时期西南地区的古代民族的青铜文物中，也常有以猿猴造型为题材的艺术品。云南石寨山的一件圆形镶嵌饰牌，周缘是连续爬行的镂空猴子群像，显得灵活而有规律，富于韵律感（图四）。江川李家山的一件青铜臂甲上有各种动物刻纹，角落里有一只猿猴的图像，张臂露齿，颇为雄奇生动。青铜时代，利用猿猴的体态特征制作的实用美术品中，最成功的还是山东曲阜鲁国故城出土的银质猿形带钩，猿呈探身取物的姿势，一臂前

图三　河北平山战国中山王陵出土青铜十五连盏灯

伸，爪作钩状，用以作带钩，并在猿身上贴金，双目嵌有蓝色料珠，闪烁有神，华美异常（图五）。

　　以猿伸臂作钩的造型构思，在汉代文物中多有体现，且更为生动实用。河北满城西汉中山靖王刘胜墓出土的青铜花形悬猿钩，是一件成功的作品，在倒垂的四瓣花朵的花芯处，倒悬一猿，它以右臂和右足上抓花芯，而伸长左臂下探，爪呈钩状，用以悬物，而且花芯和悬猿还可以随意转动，构思颇为奇巧（图六）。

图四　云南晋宁石寨山滇人墓 M71 出土青铜牌饰

图五　山东曲阜鲁国故城出土东周猿形银带钩

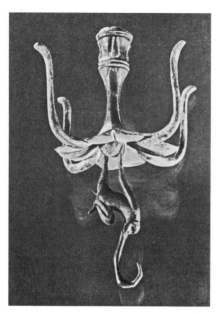 

图六　河北满城西汉刘胜墓出土花形悬猿青铜钩　　图七　甘肃武威汉墓出土木猴

　　但是汉代猿猴造型中艺术水平最高的，还属甘肃武威东汉墓中出土的一些木雕像，其刀法简练，形态多变，特别是直线和弧线的对比，更使雕像神韵十足（图七）。

　　至迟在汉代，猴子已与十二辰中的"申"联系在一起。王充《论衡·物势篇》中就说："申，猴也。"这就形成了至今还盛行的十二生肖，它们的图像后来经常出现在古代文物之中。最初的十二生肖都是写实的动物形象，稍后在唐墓中放置的十二生肖俑，形貌上由写实转向富于浪漫色彩的拟人化造型，让这些动物像人那样站立着，并且穿上人类的袍服，只是从领口伸出的头是动物的形象，于是平时燥动不安的猴子，也只得肃立不动，颇觉得有些装模作样，带有几分滑稽的色彩（图八）。有些十二辰俑还塑成正襟端坐的姿态，那挺身正坐双手捧圭的猴子，似乎万分无奈的样子，更是引人发笑。

　　这种猴首人身的艺术造型，大约在唐末五代时期又出现在佛教石窟的壁画之中。在早期的石窟壁画中，猿猴的图像多出现于佛本生故事之中。例如新疆的克孜尔石窟，在菱形格排列的本生故事中，常见猴王本生，画

图八　陕西西安唐墓　　　　图九　甘肃榆林窟第 3 窟西夏壁画普贤菩萨
出土陶申猴俑　　　　　　　　经变中的猴行者图像

出了许多形态生动的猴子，都是极为写实的图像。而在唐末五代时，猴子图像更富传奇色彩，它是随侍着到西方求经的圣僧出现的。唐朝三藏法师赴印度求法，由于这次远行路途险阻丛生，艰苦异常，富于传奇色彩，所以当时就流传许多神奇夸张的传闻，逐渐构成脍炙人口的传奇小说，还出现了随侍法师的杜撰人物猴行者。在相当于五代时修筑的甘肃安西榆林窟第 3 窟西夏时壁画，在普贤菩萨经变画中，左侧山石上有向菩萨行礼的法师。身后随有驮经的白马，白马侧旁画出一位合掌行礼的猴行者，这可算是时代较早的唐僧携带猴行者西天取经图（图九）。在安西县的东千佛洞中，也有好几幅绘有猴行者随侍唐僧的画像。这位猴首人身的猴行者，正是后来著名小说《西游记》中那神通广大的孙悟空的前身。

　　（原载香港《文汇报》1992 年 2 月 2 日。后收入《逝去的风韵——杨泓谈文物》，中华书局，2007 年）

车马坑和殉马坑

　　中国古代自先秦至汉代，王侯贵族墓流行以车马随葬。埋葬的都是实用的木车和真马，一般不埋在墓室中，而是在近旁另掘一坑，将车马埋放其中，称为"车马坑"。

　　发掘车马坑是一项较难掌握的田野考古技术。早年在安阳殷墟发掘中，虽已发现一些车子的残迹，但多不能准确地弄清楚车子的全貌。因为木质的车子易腐朽，仅在黄土中保存着木头的痕迹。剥剔车子木痕的工作，需要极为认真细致地进行。中华人民共和国成立后，20世纪50年代，中国考古学家首先在河南辉县琉璃阁成功地剥剔了战国时代的车子，根据木痕弄清楚了它们的形状和细部尺寸，复原了木车的全貌。以后陆续在安阳大司空村、孝民屯发掘了殷代的车子，在陕西长安张家坡发掘了西周的车子，在河南陕县上村岭虢国墓地发掘了春秋的车子。70年代以后，各地区的考古学者普遍地掌握了这种难度较高的田野考古技术，在河南、甘肃、山东、山西等省和北京市，成功地剥剔了殷商至战国的多处车马坑，以及汉墓墓道中随葬的车马等，从而对先秦时期的车马坑，以及从殷商至汉代木车的结构和马具的演变，都有了更为清楚的了解。

　　先秦时期的车马坑，一般形状比较规则，平面呈方形或长方形；也有的形状不太规则，呈曲尺等形状。埋入时，多是整车埋放，或在车舆位置先掘出放车轮的凹坑。也有的车是将车轮拆卸以后把车放入坑中，而将车轮排列在坑壁四周。前一种放法较普遍，安阳殷墟发现的殷代车马坑和沣西的西周车马坑，都是这样放置的（图一）。后一种卸去车轮的放法较少见，北京琉璃河西周燕国墓地发掘的1100号车马坑，就是拆下车轮，将它

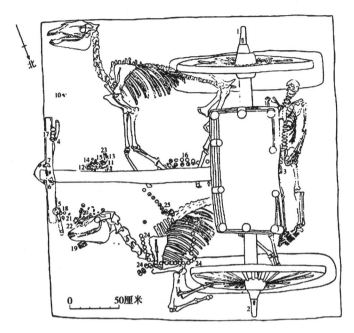

图一　河南安阳孝民屯南地商代车马坑

们另行倚放在坑壁旁。坑内经常是埋放一辆车和驾车的辕马。视身份地位不同，随葬的车马数量也不同，有的坑中埋有两辆以上乃至几十辆车。凡是埋葬多车的，都排列有序，车辕朝同一方向，有时将后面车的辕压在前面车的车舆上。

　　驾车的辕马，都是杀死后再放入坑中，通常是侧卧在车辕两侧，正在原来辕马驾车的位置，但也有车马分开放置的。辕马的马具经常配饰在马身上，最著名的例子是沣西发掘的车马坑，青铜装饰的华美马具，包括笼嘴和饰有兽面纹的马冠，都套佩在马上（图二）。另一套马具是串饰海贝的，也颇为华美。也有的车马坑中，马上不饰马具，琉璃河西周燕国墓地1100号车马坑就是一个例子。

　　先秦车马坑中埋入的木车，都是独辕（辀），两轮，方形车厢（舆），长毂。车辕后端压置在车厢下面的车轴上，辕尾稍稍露在厢后。辕前端横置车衡，在衡上缚轭，用以驾马。车厢的门都开在后面。车轮较大，辐条18至24根不等。车子的基本形制，从殷商到战国变化不大，只是随着时

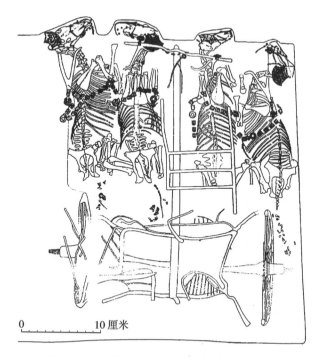

0 _____ 10厘米

图二　陕西西安沣西张家坡西周时期车马坑

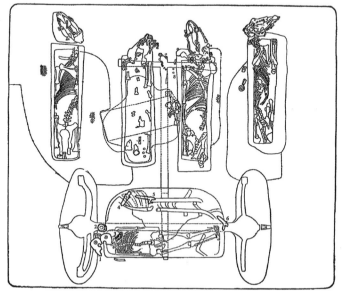

图三　山东胶县西庵出土的西周战车

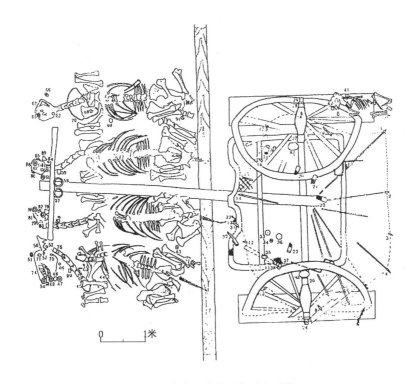

图四　河南洛阳中州路战国车马坑

间的推移，轨宽逐渐减小，车辕逐渐缩短，而轮上辐条的数目则由少增多（图四）。车前所驾辕马一般为偶数，因独辕至少需一侧驾一马，车体才能平衡。商殷时以驾二马为主，据统计到 1984 年止，在安阳殷墟发掘的 14 座车马坑中，除两座马数不明外，只有小屯宫殿区 20 号墓所出的是驾四匹马，其余全是驾两匹马。表明当时流行用双马驾车。到西周以后，以四马驾车之风逐渐盛行，沣西发掘的西周车马坑中，已多见四马驾车。河南、山东、北京等地所发掘的两周时期的车马坑中，都常见驾四马的马车。

关于车马坑的性质，殷商时期有的车马坑发现于殷墟宫殿区，在宗庙基址附近的祭祀坑间，应是祭祀遗迹的一部分。但是大部分车马坑还是与墓葬有关，都是随葬的车马。殷商时期的车马坑还有一项与后世不同之处，是大部分坑中都有殉人。这些人往往被压在车厢下或车厢后面，俯身放置。人骨经过鉴定，都是成年的男子。据推测这些人生前可能就是车上的御手，被杀死以后随车埋葬。这些车马坑中的死者，正是殷商社会流行野蛮的殉人制度的具体表现。西周以后，殉人之风日减，到东周时车马坑中就看不到殉人的踪影了。

车马坑中埋放的木车，主要是实用的乘车。值得注意的是，不少车子的上面或旁边放置有各种兵器。例如安阳殷墟大司空村 175 号车上就有戈、镞等兵器；白家坟西地 43 号车马坑中，车舆内还放有皮制矢箙，内有 10 支装有铜镞的箭，表明这些是可供作战用的战车。山东胶县西庵的西周车马坑中，车舆上放置有三组兵器，包括铜戈、戟、镞和盾饰，以供车上三个乘员作战时使用（图三）。先秦时战车最典型的标本，出土于河南淮阳马鞍冢战国楚墓的车马坑中，其中的 2 号车马坑中的四号车，在车舆的后半部镶有青铜的护甲板，甲板呈长方形，上缘有一排穿孔，用以与木车板钉合，排成行列，车舆两侧和后部共镶铜甲板 80 块。外镶铜护甲加强了战车的防护能力，是中国古代单辕四马战车最成熟的形态，不过这时已是古代战车落日前的余晖，因为那时骑兵与步兵的地位上升，逐渐排挤战车而成为战争舞台的主角。

西汉时期，诸王墓中还以真实车马随葬，但常被放置在墓道、甬道或耳室之中。河北满城陵山西汉中山靖王刘胜墓，是凿于山岩之中的大崖墓，南耳室和甬道是车马房，内放置 6 辆车、16 匹马和 11 只狗。其妻窦绾墓的随葬车马，放置在北耳室，有 4 辆车、13 匹马，其中有 1 辆小车和 2 匹小马。北京大葆台汉墓是一座黄肠题凑墓，在 1 号墓的墓道里安放有随葬的车马，共计 3 辆车、13 匹马。木车髹黑漆，轮部加施红色彩绘。马上没有佩带马具，而把马具堆放在一边。至于一般的墓葬中，则只是放些车饰马具，用以象征随葬有车马了。

除了车马坑以外，考古发掘中还可见到仅埋有马匹的马坑。安阳殷墟中有些马坑，是属于祭祀坑性质。以马作为祭祀或盟誓的牺牲，直到东周时仍盛行，在山西侯马发现的盟誓遗址处，所埋的牺牲以羊的数量最多，牛次之，再次是马，发现近 20 处马坑，用马 19 匹。随葬的马坑，早在 20

世纪30年代发掘河南浚县辛村西周时期卫国贵族墓地时已有发现，那次发掘的14座车马坑中，只两座埋有车马，另12座只埋马匹，每坑埋马1至8匹不等。至于埋马数量最多的殉马坑，发现于山东临淄齐故城东北部，在一座被盗掘一空的大墓的东、西、北三面，围有呈曲尺形状的殉马坑，已清理过北面的一段和西面的一段，共出殉马228匹，估计全坑至少埋有殉马600匹以上。这些马都是先杀死后，再侧卧埋入坑中，排成齐整的两列，规模宏大，蔚为壮观。

（原载香港《文汇报》1992年2月6日。后收入《逝去的风韵——杨泓谈文物》，中华书局，2007年）

汉玉新风

　　1992 年故宫博物院在永寿宫举办了一个"中国文物精华展览",所展出的汉代玉器数量不多,但皆精品。其中最引人注目的当属广州南越王墓出土的承盘高足玉杯和玉盒,与河北定县东汉中山王墓(可能是中山穆王刘畅的陵墓)出土的透雕玉座屏和玉璧。

　　广州市象岗山南越王墓,据出土玺印等判断,墓主是南越国文帝赵眜,也就是南越国第二代王赵胡。他大约死于汉武帝元朔末或元狩初,推测在公元前 122 年左右。墓中出土的大量玉器,与全国各地出土的汉代玉器无大区别,仅在造型细部显现出标新立异的风格,应是在中原内地的影响之下,由南越宫廷中玉雕作坊所制作。至于玉料,经鉴定有的产地可能在今广东曲江一带。因此,南越王墓出土玉器,对于探讨汉玉风格的转变,无疑是一组极为重要的实物标本。

　　在南越王墓出土的玉器中,数量最多的可能是璧,仅在主棺室就放置多达 47 件。这些与葬殓有关的玉璧,都作传统的圆孔平圆形状。墓内发现的另一些玉璧雕饰精美,周缘之外另加一组或几组透雕动物纹,都作佩饰之用,有的与玉璜等合缀为"组玉佩"(图一)。似乎墓中出土的玉璧,都不具有礼天的礼玉的功能。至于"礼玉"中具有神秘色彩的玉琮,在墓里找不到它的踪影。而南越王墓中最具特色的玉雕,还应是这次展出的承盘高足玉杯和玉盒,以及用整块青玉雕成的角形玉杯(图二),它们都是首次被发现的新颖的器型。

　　承盘高足玉杯确是一件古代工艺珍品,制作时别具匠心。玉杯的杯体和高足分别由两块青玉雕成,以小竹条上下插联。下面的承盘为铜质,下

图一　广东广州西汉南越王墓出土龙凤纹重环玉佩

图二　西汉南越王墓出土角形玉杯

有三足。盘上由边沿伸出三条金首银身的龙，张口向内，共衔住一个三瓣形状的玉环托，玉杯就套置在环托之中（图三）。这种器形独特、制工精美的铜盘玉杯，原来用丝绢包裹，放置于南越王棺椁的头端。承孙机同志见告，应为当时人为求长生的"承露盘"。据《三辅黄图》，汉武帝在建章宫造神明台，上置铜仙人，"舒掌捧铜盘玉杯，以承云表之露，以露和玉屑服之，以求仙道"。

图三 西汉南越王墓出土承盘高足玉杯

图四 西汉南越王墓出土玉盒

　　玉盒也是一件极精致的玉雕工艺品，盖顶心有桥形纽，内套绞索纹圆环（图四）。不仅盒盖和盒体外表雕饰勾连雷纹、变体云纹等纹饰，揭起盒盖，可以看到盖内壁上还用单线勾勒刻出圆形装饰图案，由环转反顾的两只高冠凤鸟所组成。盖上还有破损后修补的痕迹，表明是长久使用的实用器皿。出土时与玉角杯和铜框玉盖杯等相邻放置，可能是一组南越王生前使用的玉雕器皿。

西汉初南越王墓内放置的铜盘玉杯——承露盘，与求仙的思想有关。无独有偶，展览中展出的东汉透雕玉座屏，也是与神仙思想有关的工艺美术佳作。这件高15.6厘米的玉屏，由4件玉片组成，两侧是两个支架，其间上下各插接一块透雕玉屏板，上边一块雕出东王公的坐像，下面一块雕出西王母坐像，东王公和西王母身旁还雕有侍者、日、月和各种神兽（图五）。1969年出土于河北定县北陵头汉墓，可惜墓盗扰严重，玉座屏散乱地发现在西后室内，原来放置位置已不清楚，目前也还不清楚其用途。这件别致的小型座屏，正以其独特的造型特征，显示着早已突破先秦礼玉藩篱的汉代玉雕新风貌。

图五　河北定县43号东汉墓出
土玉座屏

图六　河北定县43号东汉墓出
土青玉璧（拓片）

与透雕玉座屏同墓出土的青玉璧，雕工更加精美，璧的上缘附雕双龙衔环纹，镂空的环孔颇大，正好用为挂系玉璧的穿孔。在璧的左右两侧，又对称附雕一向上行进的龙纹。在玉璧圆形外轮廓上附雕的三组纹饰，均衡对称，使全璧造型更富装饰趣味，成为构图精巧的佩饰（图六）。

图七　江苏邗江老虎墩东汉墓出土
"宜子孙"玉璧（拓片）

在这一次的文物精华展中，还陈列有另一件雕工同样精美的东汉玉璧，系 1982 年出土于山东青州。在玉璧上缘雕出的双龙纹之间，刻出隶书"宜子孙"铭文。它又使人联想起 1984 年在江苏邗江县甘泉老虎墩东汉墓发现的另一件玉璧，刻有同样的"宜子孙"铭文，由于形体较小，所以铭刻的位置稍有不同，"宜"字刻在璧上缘附雕的凤鸟纹之下，而"子""孙"二字却雕于璧上，在圆孔的上下各雕一字（图七）。据考证，老虎墩汉墓可能是东汉某一代广陵侯或其重臣的坟墓（见《文物》1991 年第 10 期）。在玉璧上雕"宜子孙"吉语铭刻，更雄辩地表明它们与礼仪使用的祭天玉器无涉，只是具有装饰佩悬的性能，也都是显示汉玉新风的典型作品。

（原载香港《文汇报》1992 年 2 月 24 日。后收入《逝去的风韵——杨泓谈文物》，中华书局，2007 年）

丹阳南朝陵墓石刻

中国古代的大型立体石雕作品，概言之可以归纳为两类，一类是纪念碑性质的群雕作品；另一类是宗教造像，主要是佛教造像。保留至今的遗迹，以宗教造像为多。纪念性的作品保留较少，而且多是陵墓石刻，其中时代最早的作品，是西汉时期名将霍去病墓冢上的石刻。西汉朝廷为了缅怀那位威震祁连山的青年将军，将他的墓冢模拟祁连山的形象，并在如山的墓冢上安放有一组巨石雕琢的群像，包括骏马、伏虎、卧牛等，以及一件"马踏匈奴"石雕，这组造型古拙的立体石雕，用以纪念长眠冢中的英雄，同时也是强盛的西汉王朝的精神象征。两汉时期，帝王陵墓的陵园中是否安置神道石刻，因无遗迹可寻，尚不清楚。目前只是保存有东汉时一些官员墓前的石刻，包括神道墓表石柱、神兽和石刻人像（门吏、亭长）。魏晋以后，南北朝时期墓前安放石刻之风转盛，南朝和北朝的帝王陵墓前的石刻都有遗迹保存，而以南朝石刻保存的数量多。有的组合完整，更为珍贵。南朝石刻不论从陵墓墓园制度方面还是艺术造型方面，都正处于由秦汉向隋唐转变的关键时刻，因此具有特殊重要的意义。

南朝的陵墓石刻，保留至今的遗迹分布在江苏的南京、丹阳和句容境内，其中南京的 17 处石刻和丹阳的 13 处石刻，都已在 1988 年被公布为第三批全国重点文物保护单位。但两地保存的石刻又各有特点，宋、陈两代帝陵石刻和梁代的一些王侯墓前石刻，集中分布在南京境内，齐、梁两代帝陵石刻则集中分布在丹阳市境内。南朝的陵墓石刻，随着时间的先后，作品表现的气势有所变化，宋是开创期，以神兽为例，其造型稍感简朴，但颇浑厚自然。齐、梁时是成熟期，作品造型雄健，态势更为生动。到陈则入衰微期,当时国势日微,衰败之气反映到艺术作品上,所雕神兽的头颅颇大而向后仰,显得缩颈拱肩,四肢矮短无力,无复过去那挺胸傲视的雄姿,似乎预示着王朝的衰微乃至覆亡。丹阳所存石刻,是成熟期的代表作,正代表了南朝石刻的时代风貌,这也是它们更具诱人的艺术魅力的主要原因。

丹阳南朝陵区,主要集中在距市区约 5 公里的荆林一带,那里由南向北排列有四座南朝帝陵,并都保留有石刻遗迹,它们分别是:

齐明帝萧鸾兴安陵,陵前神道石刻仅存一神兽;

梁文帝萧顺之的建陵,陵前神道石刻保留较好,依次排列有神兽、方形石础、石柱和龟趺各一对(图一);

梁武帝萧衍修陵,陵前石刻仅存一神兽;

梁简文帝萧纲庄陵,陵前石刻仅存一残神兽。

图一　梁文帝萧顺之建陵神道石刻

图二　齐武帝萧赜景安陵神道上的石刻神兽

除荆林一带集中分布的四陵石刻以外，还有 7 座齐代的帝王陵墓分散
地坐落在丹阳市境内，包括齐宣帝萧承之永安陵、齐高帝萧道成泰安陵、
齐景帝萧道生修安陵、齐武帝萧赜的景安陵（图二）和东昏侯萧宝卷墓，
还有两处佚名的陵墓，可能分别是废帝郁林王萧昭业和海陵王萧昭文二人
的坟墓，这些墓前都保留有石刻遗迹。此外，在齐、梁时由都城建康来谒
陵时，进入陵区的陵口处，也遗留有两件石刻神兽。

南朝陵墓石刻一般是由成对的神兽、神道石柱和碑组成，但丹阳境内
的齐、梁陵墓石刻，保存数量最多而且保存情况较好的是石雕神兽，现存
的各组陵墓石刻中都有神兽保留下来。其次是神道石柱，仅有两座陵前有
所保存，但形制大体可以看清。保存情况最差的是碑，仅梁文帝建陵一处
尚存碑座龟趺，但碑石早已无存，从这一角度观察，丹阳的南朝石刻又逊
于南京的南朝石刻。因此对丹阳南朝石刻的形制及其渊源的探讨，就以石
刻神兽及神道石柱为主。南朝石刻中，神兽及石柱的造型渊源曾引起人们

产生不同的论断，好在龟趺上负的巨碑，完全没人能否认是具有鲜明的中国特色的作品，可以暂不讨论了。

先看神道石柱。丹阳现存的南朝石刻中，神道石柱保存较完好的标本，立于梁文帝萧顺之建陵之前，其柱础、柱体和柱顶的圆盖尚大致完好，只是盖顶心矗立的小型神兽已缺失。柱础下为方座，其上由两条龙左右环转成圆形，中央形成插立石柱的圆孔，两条龙首在柱础前方对合，它们的头上都刻出双角，口内含珠。柱体刻出凹入的瓦楞状，在柱顶刻出一周绚索纹。作横长方形的墓表雕于柱体偏上处，在其上下又各在柱体上刻出一周绚索纹，下周绚索纹下又刻一周交龙纹。柱顶圆盖刻成覆莲状。墓表上刻"太祖文皇帝之神道"4 行 8 字，但一侧为正刻顺读，另一侧为反文逆读。这里引人注意的是石柱体上刻出的瓦楞纹，或者认为它肖似古希腊建筑的石柱，因为那里的几种柱式，不论是陶立安式、爱奥尼式或科林斯式，柱体都刻有纵置的凹楞。猛然一看，南朝神道石柱从质料到凹楞的柱体，都颇似希腊的石杆，但稍加推敲，就可看出它们之间毫无联系。

首先南朝石柱并不像希腊石柱，不是支撑建筑物的组成部分，而是墓前神道的标识。在墓前神道开始处立墓表，是中国古代的传统习俗，至迟在汉代已颇流行。1964 年在北京市石景山上庄村发现的汉幽州书佐秦君神道石柱，就是典型的代表（图三）。石柱共两件，形制全同，柱体纵刻凹楞纹，顶托方形墓表，上刻 3 行 11 字，隶书阳文，为"汉故幽州书佐秦君之神道"。柱础下座方形，上雕二虎，作同向环转，中央有圆形柱孔，以上插承石柱。从石柱、石础的造型特征以及墓表行文格式，都明显地可以看出南朝神道石柱正是承袭着汉代的传统。类似的标本，还有山东历城出土的一件汉琅琊相刘君石柱。《后汉书·光武十王·中山简王焉传》："大为修冢茔，开神道。"李贤注："墓前开道，建石柱以为标，谓之神道。"此外，《水经注》中的《洛水》《清水》等条多有墓前石柱的记载。汉代以后，西晋时墓前设神道石柱仍流行，洛阳尚存西晋韩寿神道石柱残段（图四）。石柱体刻纵凹楞纹，石表近方形，两侧均残，表上及表下石柱体

图三 汉幽州书佐秦
君神道石柱（拓片）

图四 河南洛阳博物馆藏
西晋韩寿神道石柱

图五 青州博物馆藏
汉束竹纹石柱

上均刻出两周绚索纹。表文隶书，原为4行20字，现存居中两行，原文应为"〔晋〕〔故〕〔散〕〔骑〕〔常〕侍骠骑将军南阳堵阳韩〔府〕〔君〕〔之〕〔神〕〔道〕"。石柱残存部分与南朝石柱相同，可证明南朝石柱承袭着西晋遗风。

其次，汉晋至南朝的神道石柱，形制系仿自传统的木表柱，其上所刻纵凹楞纹，也是仿自原来的木柱的外貌而形成。中国的传统建筑是砖木结构，用木柱抬梁，并不像地中海沿岸及西亚的古代文明那样以石材建筑为传统，因此从不用类似希腊建筑那种石柱。至于柱上的纹饰，原来源于中国的传统的木柱的一种，即仿自束竹柱的外貌。先秦时期，人们为了使兵器的长柄质轻而坚韧，采取了"积竹"或称"束竹"的办法，即在一根木芯的外周，围绕排列十数根竹篾，然后用丝线紧密缠绕，最后髹漆加固，制成质坚而有韧性的优良器柄。近年来在湖南、湖北等地的战国墓中，不断有积竹柄出土。同样的原理应用于建筑物的立柱，也可得到使用较细的材料聚合成粗大的柱材，牢固耐用。在汉代遗物中，可以找到仿照束竹柱刻成的石柱，在《中国古代建筑史》中将其列为汉柱的一种形式，并举四川柿子湾汉墓的束竹柱为例（中国建筑工业出版社，1980 年）。束竹柱外表因是以小材围绕芯材而成，故形成美观的纵凹凸的楞线，又在柱体上绑缚有多道加固的绳索，所以仿束竹柱的石柱体上面，同样刻出上下多道绚索纹饰。在山东青州博物馆藏有高 234 厘米的汉画像石柱，其中一段在绚索纹下刻出积竹柱的原貌，除凹楞外，并清楚地刻出竹节纹饰（图五）。而希腊等西方古文明的立柱，本身即为石柱，故不见束柱绳索演变而成的绚索纹，更没有竹节纹饰。

从上面的分析可以看出，南朝的神道石柱（图六）正是承袭汉晋文化传统的作品，其造型风格完全显示着中国古代文明的民族特征。

再看石刻神兽。南朝陵墓前的石刻神兽，均呈四足按地、昂首挺胸的态势，前肢肩后都刻出双翼。皇帝陵前的神兽，头上生有独角或双角，一般认为是天禄和麒麟；王侯墓前的神兽，头上无角，一般称之为辟邪，或说是狮子。总之它们都是传奇的瑞兽，经人们想象而创造出来的神奇造型。过去有人看到它那肩生双翼的形貌，认为颇有西亚北非古文明中有翼兽雕刻的味道，其实它完全是中国古文明的结晶。我们只要去看一下河北平山战国时期中山王陵出土的错金银有翼神兽（图七），自会寻出南朝陵墓石雕形貌的渊源所在。它们那四肢微曲、四爪按地、挺胸昂首的态势，神韵一般无二。两者只是质料不同，体量有大小，时代风格有所变化而已。战国时已颇成熟的有翼神兽造型，到汉代有所发展，并已出现在墓前神道石刻的行列之中，还出现了天禄、辟邪的名称。南阳宗资墓前有石兽，自铭天禄、辟邪。据《后汉书·灵帝纪》李贤注："今邓州南阳县北有宗资碑，旁有两石兽，镌其膊一曰天禄，一曰辟邪"。目前所存汉代文物中，以河南洛阳出土的一对东汉石刻神兽保存最好，刻工最精，颈背有"缑氏蒿聚成奴作"刻铭。两兽呈昂首挺胸、四肢微曲、四爪按地的态势，颔下长毛垂胸，前肢肩后生翼，长尾后垂接地，气势威猛（图八）。十分

图六　梁文帝萧顺之建陵神道石柱

明显，南朝的神兽正是沿袭汉代石兽上述造型特征，发展改进而成。以南朝石刻神兽与汉代同类石刻相比，雕琢技艺明显进步，特别是镂雕技术有较大提高，绝非西汉霍去病墓石刻古拙技法可比。尤其是南朝石刻的巨大体量，更非汉代石兽可比。因此南朝石刻气势非凡，当你看到伏在绿野中的巨兽，昂首直对苍穹，更加令人有积聚力量即将展翅腾飞之

图七 河北平山中山王陵出土错金银铜辟邪

图八 洛阳涧西出土东汉石神兽

图九　齐宣帝萧承之永安陵东侧神兽

感（图九）。

　　南朝的陵墓石刻，是当时陵园的组成部分。过去人们常常只将注意力集中在保存在地表的石刻上，却忽略了沦于地下的墓园建筑遗址，也没有了解地下墓室结构。近年来丹阳地区的文物考古有了长足的进展，在提升保护陵墓石刻的过程中，于梁文帝萧顺之建陵的石柱等周围发现了砖筑基址等遗迹。同时在丹阳境内发掘了三座南朝陵墓，其中在鹤仙坳和金家村（金王陈）的两座已有报告发表（南京博物院《江苏丹阳胡桥南朝大墓及砖刻壁画》，《文物》1974年第2期；南京博物院《江苏丹阳县胡桥、建山两座南朝墓葬》，《文物》1980年第2期）。据考证，鹤仙坳大墓可能是齐景帝萧道生修安陵，金家村大墓可能是东昏侯萧宝卷墓或者齐和帝萧宝融恭安陵。这两座陵墓都是巨大的砖筑单室墓，墓内从甬道至墓室的壁面嵌有成组的大型拼镶砖画，显得富丽壮观。金家村墓内的拼镶砖画保存较为完整，首先出现的是嵌于甬道顶的日、月图像，分嵌东西两侧。再向内是对称地蹲踞在左右壁面的狮子，长鬣利爪，张口伸舌，形象威猛，为死者守门以辟除不祥。接着是一对手扶仪刀的披铠武士。进入墓室以后，两侧壁面均嵌有上下两栏砖画。靠前部上层是体态修长的青龙和白虎，它们既是表示方位的神兽，也是引导死者升天的前导，画面各长 240 厘米，气势宏伟。在龙和虎的前面，各有一位毛羽遍体的仙人，手执仙草，回身引逗召唤着龙和虎，向天空飞去。在龙、虎身躯上方，又各有三位手捧仙果、丹鼎的"天人"相随，体态婀娜，衣带飘飞，配上虎龙周围飞腾的朵朵浮云，更使得整个画面灵动起来，产生凌云飞升之感。在龙虎之后是七贤砖画，一侧四像，像旁各有姓名榜题，是竹林七贤和荣启期的画像。在上面两幅砖画的下栏，是死者出行的仪卫卤簿，自前而后排列着四幅对称的砖画，以人马都披着铠甲的"甲骑具装"为先导，随着是执戟的仪卫和高举伞盖的卤簿，最后是三骑一组的鼓吹乐队。这仪卫卤簿拼镶画，显示着死者生前的仪威权势。

南北朝时期的陵墓神道石刻，承袭汉魏旧制，但南北方各有特点。现存南朝石刻，由神兽、石柱和碑组合而成，却不见人像。而现存的北朝陵墓石刻残迹，却仅有人像遗存，例如洛阳邙山发现的北魏宣武帝景陵前的石刻，有身高 3.14 米的扶剑石人像。在河北磁县湾漳北朝晚期大墓前，也发现有石刻人像。但因保存的残迹太少，不知是否原有石柱、神兽等石刻存在。仅就目前的情况来看，隋唐时期的陵墓石刻，应是直接分别承继了南、北两地陵墓石刻的传统，融会发展，从而形成具有新的时代风貌的纪念性大型石刻群雕，焕发出更加灿烂的艺术光彩。

（原载《文物天地》1992 年第 4 期。后收入《逝去的风韵——杨泓谈文物》，中华书局，2007 年）

七祖墓塔披露的禅宗秘史

　　提到曾在中国唐代盛极一时的佛教禅宗，今天人们不很清楚，但是《红楼梦》中引述的一则关于禅宗的故事，却是人们所熟悉的。第二十二回"听曲文宝玉悟禅机"中，借小说主人公宝玉与黛玉、宝钗等谈禅时，转述了禅宗五祖弘忍传法于六祖慧能的故事。据说弘忍为传法衣，命寺内众人作偈，神秀偈为："身是菩提树，心如明镜台。时时勤拂拭，莫使染尘埃。"慧能偈为："菩提本非树，明镜亦非台。本来无一物，何处惹尘埃。"因此弘忍看中了并不识字的舂米粗工慧能，深夜秘密将禅宗传法的达摩木棉袈裟授与他，为免争端，让他连夜南逃。这一颇富传奇色彩的传说，后来也常为影剧作者们所采撷，铺叙出一些引人入胜的故事情节。

　　在唐代佛教盛行、宗派众多的形势下，禅宗能广泛流行的原因，主要是由于其不立文字，摒弃烦琐教义及规仪，不需苦修，主张顿悟见性，一念悟时，众生是佛，从自心中顿见真如本性，因之易于为大众所接受。慧能正是语多临机，以顿悟相夸的代表人物。不过在弘忍以后，禅宗以神秀和慧能为代表分成南北两派，当时还是以北宗神秀一派占上风。神秀曾被武则天迎入都城长安，其时长安、洛阳两京皆宗神秀，他死后弟子普寂承袭其位。慧能虽创南宗，但其影响仅及南方一隅，难达关中、中原等唐朝中心区域，只是神会从慧能修法后，于天宝初年北上洛阳，情况才有所转变。神会在极为不利的条件下，展开与北宗争禅宗正统的斗争，经过他不懈的努力，特别在安史之乱唐朝政府财政困乏之际，他协力卖度牒，并取"香水钱"以充军费，得到唐肃宗的赏识，被招入内廷供养，终于使南宗

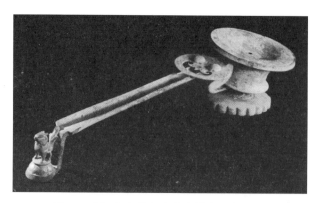

图一　洛阳唐代神会和尚身塔出土铜手炉

兴盛起来，北宗则由盛转衰，而至一蹶不振。后来禅宗中流行的沩仰宗、临济宗、曹洞宗、云门宗、法眼宗等都出于慧能的南宗。禅宗不仅流行于中国，还渡海东传，流行于古代朝鲜与日本。

由于神会是使禅宗南宗勃兴的关键历史人物，所以极受中外研究中国哲学史和中国佛学史学者的重视。例如早在20世纪20年代，胡适之先生已注意收集有关神会的史料，于1930年出版《神会和尚遗集》一书，卷首有他所著《荷泽大师神会传》。直到50年代，他还在注意对神会的研究，写有《宗密的〈神会略传〉》等论文。令人遗憾的是有关神会的文献记载极为贫乏，且诸书所记有许多矛盾之处，使神会事迹存在许多难解之谜，甚至连他去世的年岁都难于确认。由于对卒年及岁数的说法不同，所推算出的神会生年也随之产生差异，自然又会影响到以年岁记述的神会事迹发生的具体时日。

1983年12月神会身塔塔基石室的发现，特别是身塔铭石刻的出土，为廓清神会事迹之谜，提供了一把解题的钥匙。这处塔基坐落在河南洛阳龙门西山北麓，塔已无存。塔基石室呈正方形，以石板叠砌而成。在东壁第一块石板内侧，镌刻楷书"大唐东都荷泽寺殁故第七祖国师大德于龙门宝应寺龙首腹建身塔铭"，共17行，满行24字。石室内未见尸骨或骨灰，但在东西两壁下和室内中部，发现一些随葬的物品，主要是一组佛具，包括铜手炉、塔式盖铜盒、铜净瓶、银盒、铜勺和陶胎漆钵，还有一些已不

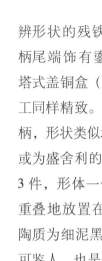

图二 洛阳唐代神会和尚身
塔出土塔式盖铜盒

辨形状的残铁器。手炉制作精致，柄尾端饰有鎏金狮子镇（图一）。塔式盖铜盒（图二）和铜净瓶的制工同样精致。在铜盒盖顶心竖有高柄，形状类似塔刹，上饰九重相轮，或为盛舍利的容器。陶胎漆钵一套3件，形体一件比一件小，出土时重叠地放置在一起，陶胎轻而薄，陶质为细泥黑陶，外表髹黑漆，光可鉴人，也是极精致的唐代手工艺品（图三）。这组精美的佛具，有人推测当为神会生前传道时所用。

据石室中出土的"身塔铭"所记，神会死于唐乾元元年（758年）五月十三日，享年七十有五。证明宗密所记是准确的，从而结束了多年来学者们对神会去世年月的考证和猜测。更值得注意的是，"身塔铭"已明确称神会为"第七祖"，又以记述禅宗的宗统为塔铭的开始："粤自佛法东流，传乎达摩，达摩传可，可传璨，璨传道信，信传弘忍，忍传惠能，能传神会。宗承七叶，永播千秋。"过去都据宗密的《禅门师资承袭图》，认为到贞元十二年（796年）才由皇帝下敕立荷泽神会为禅宗第七祖，现在可知神会身塔建造之永泰元年（765年）时，神会已称七祖，较原来所知提早近1/3世纪，可见那时南宗已确立为禅宗的正统，后来皇帝的敕命只不过是最后确认这一事实而已，这对研究中国佛教史和禅宗的历史，都是极为重要的史料。此外，神

图三 洛阳唐代神会和尚身塔出土陶胎漆钵

会"身塔铭"的出土，又为考古学家探寻唐代龙门重要的寺院之一的宝应寺遗址，提供了准确的位置。

不过龙门神会身塔塔基石室和室内"身塔铭"的发现，也提出了一些新的疑问。据《宋高僧传》的记载，唐肃宗曾诏神会入内供养，并"敕将作大匠并功齐力，为造禅宇于荷泽寺中是也"。但神会为何不居荷泽寺而去曾遭贬居的荆州开元寺，并死于开元寺？又为何过了七年迁塔回洛阳龙门宝应寺？为何出土的塔铭刻工潦草，还选用了旧石材，对禅宗七祖"身塔铭"如此漫不经心随意刻出，又是为何？这些还都是未解之谜。

（原载香港《文汇报》1992 年 7 月 8 日。后收入《逝去的风韵——杨泓谈文物》，中华书局，2007 年）

一唱雄鸡天下白

——漫话有关鸡造型的文物

"鸡鸣将旦，为人起居"。在计时器尚不完善的中国古代，人们更习惯以雄鸡报晓的啼鸣作为一天的开始，因此曾引出不少动人的历史故事，也衍生出许多奇异的神话。在战国时期，秦国开启关门以鸡鸣为准。据《史记·孟尝君列传》，齐国的孟尝君拟逃离秦境，至关而天未明，不闻鸡啼，追兵已近。正在紧要关头，幸而随行的门客中有善学鸡鸣的人，他一学鸡鸣，引得群鸡尽鸣，守关人只凭鸡鸣就开关放行，孟尝君一行得以逃回齐国。类似的情节，在《燕丹子》中却将主人公说成是燕太子丹，"燕太子丹质于秦，逃归到关，丹为鸡鸣，遂得逃归"。与上述故事寓意不同，晋朝祖逖闻鸡起舞，常被用于比喻志士奋发之情。

至于由雄鸡报晓衍生出的神话，最值得注意的是有关"桃都"与"天鸡"的传说。据《太平御览》引《玄中记》："东南有桃都山，上有大树名曰桃都，枝相去三千里，上有天鸡，日初出照此木，天鸡即鸣，天下鸡皆随之鸣。"令人感兴趣的是在汉代文物中，可以看到桃都树的形貌。1969 年在河南省济源县泗涧沟的一座西汉晚期墓中，出土了一株釉陶树，全高近 63 厘米。树座及主干下部施黄釉，主干上部及枝叶则施绿釉。树座底设三足，造型稳定，座上浮出三个裸体人像。主干修直，挺立在树座上，侧旁横生九枝，枝端有上翘的花叶，并分别塑有飞鸟、猴子和蝉等。主干顶端塑一立鸡，头上鸡冠明显，长颈敛翅，挺胸傲立，似引颈欲鸣（图一）。对于这件釉陶树，郭沫若先生曾作考证，起初曾认定其为"古代传说中的扶桑"；后来又据《玄中记》，将该树定为"桃都"，傲立树端的

图一　河南济源汉墓出土
釉陶"桃都"树

正是世间众鸡随其朝鸣的"天鸡"（郭沫若：《出土文物二三事》，《文物》1972年第2期；郭沫若：《桃都、女娲、加陵》，《文物》1973年第1期）。

关于桃都树，神话中还有关于其下有二神的传说。据《玉烛宝典》引文，桃都树"下有二神，左名隆，右名窭。并执苇索伺不祥之鬼，得而杀之"。至于《太平御览》所引《括地图》中，所记桃都树文字大同小异，但二神的名字，改为"一名郁，一名垒"。虽然神名有些差异，但都道出辟邪之神与桃都、天鸡的联系，鸡的形象，同样被用来辟除不祥。据《荆楚岁时记》："正月一日，三元之日，鸡鸣而起，先于庭中爆竹，贴画鸡，或斫镂五彩及鸡于户上。"

桃都和天鸡的神奇造型，在汉代出土文物中极罕见，与之相比，模拟家中畜养的家鸡的陶模型，则在汉墓中大量被发现。它们常常与猪、犬等家畜模型，以及井、灶等庖厨炊具模型放在一起，反映出鸡这种家禽作为"六畜"之一，与人们日常生活有着紧密的联系。回忆中国古代养鸡的历史，至少可以追溯到新石器时代。在北方的一些较早的新石器时代遗址，例如河北武安县磁山遗址、河南新郑裴李岗遗址等处，都有鸡的遗骸出土，表明家鸡在黄河流域驯化的年代，可以早到公元前6000年左右。这也是目前已知的国内外最早的养鸡的纪录。稍后在中原地区的仰韶文化和龙山文化的遗址中，大都有家鸡遗骸出土，表明家鸡的饲养日趋普遍。在江南的新石器时代遗存中，虽然少见鸡骨，但是出现有最早的表现家鸡体态的雕塑作品。湖北天门市石河镇邓家塆遗址出土的小型动物陶塑中，以鸡和犬的造型最为多见，形体虽小，但轮廓鲜明，突出了家鸡高冠短喙的特征，颇具神采

（图二）。当时的雕塑技艺尚颇拙稚。

到了汉代，家鸡的造型日趋写实，肖形而生动（图三、四）。墓中出土的家鸡模型以陶质为主，也常见木雕作品，不论是中原地区、西北地区还是广州一带，汉墓中都可以见到造型生动的家鸡模型。在广州汉墓中，以东汉后期墓中的陶鸡造型最为生动，虽然多呈伏卧姿态，但颇具生动的气韵。在河南、甘肃的一些汉墓中，还可以看到家鸡模型与鸡埘和鸡桀（栖鸡的木架）结合放置的例子，特别是甘肃武威磨嘴子汉墓中，多见在木制的鸡桀之上，伏卧着木雕的家鸡，刀法简练，木鸡仅具大轮廓，但颇肖形而生动，可算是汉代小型木雕的佳作（图五）。

除立体雕塑品外，在汉代画像砖和画像石上也可见到描绘家鸡的图像。最典型的作品，当属重庆市博物馆藏的一方残砖（图六），该砖出土于四川德阳县黄浒镇蒋家坪，画面上方中央有栖在木架上的鹦鹉和两头鹅，在其下方左侧有一高冠长尾的雄鸡，

图二 湖北天门石河出土新石器时代陶鸡

图三 陕西咸阳西汉景帝阳陵从葬坑出土陶雄鸡

图四 陕西咸阳西汉景帝阳陵从葬坑出土陶雌鸡

图五　甘肃武威磨嘴子汉墓出土木鸡埘和木鸡

图六　四川出土汉画像砖雄鸡图像（拓片）

图七　甘肃嘉峪关魏晋墓砖画打谷场群鸡图像

挺胸翘尾，趾爪锐利，或许描绘的是专供搏戏的"斗鸡"。在时代更迟一些的甘肃嘉峪关魏晋墓的画砖中，更有许多描绘家鸡的生动画面。有的画砖绘出在打谷场上觅食的家鸡"家族"（图七），雄鸡和雌鸡仅是在打谷人背后啄食散落的谷粒，而不谙世情的雏鸡，竟然攀到谷垛上去觅食，画中绘出的这一鸡家族的情景，似乎隐喻着人间的世情。另外的画砖上还有描绘鸡群的画面，在一只趾高气扬的雄鸡引领下，成群的雌鸡随之行进。这些被畜养的家鸡，最终的命运是成为庄园主人盘中的佳肴，画砖中也有表现女侍杀鸡煺毛的场景，颇具生活情趣。

　　六朝时期，江南的青瓷制作日趋繁盛，墓内随葬的家鸡模型随之改以青瓷制作，更常常制成鸡埘的模型，釉色莹碧，别具风趣。就在这一时期的青瓷器皿中，出现了一种选取雄鸡的鸡首作为主要装饰造型的瓷壶，通称"鸡首壶"（也被附会呼为"天鸡壶"）。时代较早的鸡首壶，形体较矮，装饰朴素，例如出土于南京象山东晋王氏墓的青瓷鸡首壶，短颈球腹，前伸的壶流塑成高冠的鸡首，鸡嘴处开圆孔即为流口。后设朴素的壶鋬，由盘口弧下联接到壶肩之上（图八）。到南朝晚期，随着日用家具由低向高发展的趋势，青瓷器皿也逐渐改变器形，由矮胖到修长。鸡首壶的外貌，主要表现在壶腹由球状改为修长的变化。与之对应，北方的北朝墓葬中，也开始出现鸡首壶的身影。在河北磁县和山西太原等地的北齐墓中的鸡首壶，除了壶体修长外，一反六朝青瓷壶的朴素风格，装饰极为繁缛，有的鸡首制作逼真，但仅是装饰，有的连口都没有，另外在壶鋬上饰

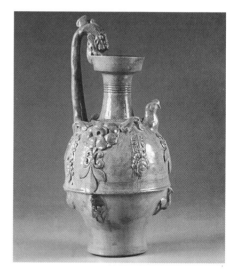

图八　江苏南京象山东晋王氏墓
出土青瓷鸡首壶

图九　山西太原北齐娄叡墓
出土黄釉鸡首壶

有螭首，以口衔住盘口的口沿。其中最华美的一件，当属出自太原北齐右丞相东安王娄叡墓的釉陶鸡首壶（图九）。这种造型的鸡首壶，一直沿用到隋，西安发掘的北周宣帝杨皇后（入隋称乐平公主）的外孙女李静训（又名李小孩，卒于 608 年）墓中的青瓷鸡首壶，是其中小巧精致的作品，由于去掉多余的华饰，显得更为典雅美观。

隋唐墓中，仍保持有随葬家鸡模型的习俗，质料以陶瓷为主，有时采取群鸡造型，例如安徽合肥西郊隋开皇年间的墓中，出土的家鸡是将雌雄双鸡塑在一起，都是昂头翘尾的姿态，雌鸡腹下附有八只鸡雏。除了作为家禽的家鸡模型外，在唐墓中出现了另一种以鸡造型的艺术品，就是十二时俑（又名十二辰俑）中的酉鸡的形貌。这些十二时俑，都塑成兽首人身的造型，身着袍服，或坐或立，其中的酉鸡，都是塑出雄鸡的头像。昂首伸颈的雄鸡（图一○），比同列的猴、兔、牛、羊等生肖，更显得傲然脱俗，与众不同。其中立姿的十二时俑中，以西安杨思勖墓出土的较为典型；坐姿的十二时俑中，以湖南唐墓中的陶瓷俑为典型，特别是湘阴唐墓中的出土品，造型颇显生动。

图一〇　新疆阿斯塔那唐墓
出土陶十二时俑中的酉鸡

图一一　陕西唐章怀太子墓壁画侍女抱雄鸡图像

　　除此以外，在唐墓的壁画中，还可以看到雄鸡的形貌。值得注意的有
唐章怀太子李贤墓甬道西壁的侍女壁画中，有一位黄衫绿裙的高髻侍女，
怀抱一只高冠修尾的雄鸡，大约是用于斗鸡之用，也可说是一幅生动的风
俗画（图一一）。

　　（原载《文物天地》1993 年第 1 期。后收入《逝去的风韵——杨泓谈
文物》，中华书局，2007 年）

中国青铜兵器装饰艺术

　　中国古代商周时期，王公贵族将征战视为与祭祀同等重要的大事。战车隆隆、戈矛铿锵的战场，正是他们施展才华的广阔天地。因此，当时青铜器的制作，除了占首位的用于祭祀的礼器外，其次便是用于兵戎的各类兵器和防护装具（图一）。

　　为了提高青铜兵器的杀伤功能，需要不断改进其形体，使锋刃更加锐利，而且更加牢固耐用，一般必须设计得脊厚刃薄，外轮廓平滑流畅，弧

图一　江西新干大洋洲商代大墓出土青铜胄

曲适度，重量分布均衡等等，这些
都符合于艺术造型的一些基本规律。
例如青铜剑，窄长具有中脊的剑体
和两度弧曲的侧刃，构成极均衡对
称、轮廓线平滑流畅又富有变化的
优美造型。再如越王勾践剑，剑体上
饰有漂亮的菱格暗纹和错金的铭文，
今日看起来确是颇具美感的古代青铜
艺术品（图二）。堪与其媲美的，还
有同样带有错金铭文的吴王夫差矛。

除青铜兵器造型本身流露出的
美感外，王公贵族装备的兵器还不
乏装饰华美的精品。更有一些身大
体重的青铜钺，纹饰繁缛精美，显
示出持有者高贵的身份和社会地位，
是权威的象征物。殷墟妇好墓中出
土的两件大钺，正是她生前统领大
军时作为统帅的权威的象征。大钺
上饰有双虎扑噬人头图案，散发着
狰狞、恐怖而神秘的色彩（图三）。
类似造型的钺，在山东、湖北、陕

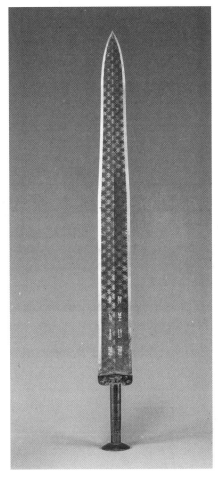

图二　湖北江陵望山一号楚墓出土
春秋时期越王勾践剑

西等地都有出土，钺体上常饰有镂空的半人半兽的图像，圆口巨目，獠牙
外露，面貌狰狞而令人心悸，或者认为它是《山海经》中刑神蓐收的
图像。

除青铜钺外，戈、矛、戟等也常铸出精美的纹饰。另有一些造型奇特
的青铜兵器，属于仪仗用具，镶嵌有精致的玉石装饰，或者嵌以玉质的器
刃，如嵌有玉刃的铜矛，在造型、装饰和色彩诸方面都力求华丽美观。

青铜铸制的防护装具，更是装饰有令人望而生畏的纹饰。殷墟出土青

图三　河南安阳殷墟妇好墓出土青铜钺

铜胄铸出的兽面纹，有牛、虎等种，狰狞又美观。至于青铜盾饰，多铸成人面或兽面纹饰，神奇恐怖，借以威吓敌人。

图四　云南晋宁石寨山滇人墓出土青铜蛙纹矛

图五　云南昆明官渡羊甫头113号墓出土青铜鹿蛇纹錾斧

图六　云南晋宁石寨山滇人墓出土青铜吊人饰矛

在边陲活动的古代少数民族，都很注重青铜兵器的装饰。以游牧为业的北方诸族，喜好将刀剑的柄首铸成羊、马、鹿、虎等动物的形貌，具有民族特色。西南的滇族青铜兵器，上面常附加大量立体的鸟兽图像。一些戈、盾、啄、斧的銎管上，附有立体的鹿（图五）、牛、猿、虎、狼、蛇、蛙（图四）、穿山甲等，有时更铸出人像。其中的一件吊人青铜矛（图六），是在矛的双翼下角，各用锁链吊绑着一个裸体人像，双臂反剪绑在背后，头无力地低垂，任凭乱发在额前垂摆，可能是奴隶或俘虏，造型凄惨动人，最能揭示出当时滇族社会中残忍的一面。

（原载《人民日报》海外版 1993 年 2 月 27 日）

说坐、踞和跂坐

在中国古代，自史前至汉晋，生活习俗为席地起居，坐、踞、跪姿原有明显区别。但自东晋十六国时期始，世风日变，起居习俗逐渐与古不同。迨至今日，古俗自然早被世人所遗忘，因此当一些古代人物造型文物被发掘出土后，对他们体姿的描述往往产生歧义，令人莫衷一是。试举两个为大家所熟悉的重要文物标本为例。

第一个例子是安阳妇好墓出土的着衣玉人（原报告编号为标本三七一）（图一），考古报告称其姿势为"跪坐"（《殷墟妇好墓》第151页）。

图一　河南安阳殷墟妇好墓出土坐姿玉人

图二　河北满城西汉刘胜墓出土
鎏金铜"长信宫"灯

图三　河北满城西汉刘胜墓出土
鎏金铜"长信宫"灯背面

但《国宝大观》一书称其为"踞坐玉人"。另一部《中华文物鉴赏》则称
其为"玉跪式人"。

　　第二个例子是满城西汉中山靖王刘胜妻窦绾墓出土鎏金铜"长信
宫"灯（图二、三），考古报告称"灯外形作宫女跪坐持灯状"（《满城
汉墓发掘报告》第 255 页）。另一些著述中则有不同描述，有的称其为
"踞坐"（《中华文物鉴赏》第 81 页），有的称其"形象是踞地执灯的带
有稚气的宫女"（马承源《中国古代青铜器》第 139 页），还有的描述为
"作宫女坐持灯状"（《"文化大革命"期间出土文物》第一辑图版说明
第 1 页）。

　　上述两件文物标本刻画的本是古人的坐姿，因此只有《"文化大革命"
期间出土文物》的作者对"长信宫"灯的描述准确无误。但今日"华"
人早受"夷"风影响而习惯于垂足高坐，故而对古代坐姿已无印象，作者
在坐前加一"跪"字，用以描述古之坐姿与今日不同，也还说得过去。如
果将"踞"与"坐"连用并列，似乎就不太说得过去了。

古时坐姿与踞姿区分明显，请看《史记·项羽本纪》关于鸿门宴与会诸人体姿的描述。在那次杀机四伏的鸿门宴上，"项王、项伯东向坐，亚父南向坐。亚父者，范增也。沛公北向坐，张良西向侍"。当项庄入而舞剑，意在沛公，形势危急，张良急至军门召樊哙。樊哙带剑拥盾撞倒卫士入内，"披帷西向立，瞋目视项王，头发上指，目眦尽裂。项王按剑而踞曰：'客何为者？'"由太史公生动的描述，可知原来坐而饮酒的项羽，看见樊哙全副武装闯入，心里一惊，为防不测，忙作准备，才"按剑而踞"，由坐姿转为踞姿，这样可随时起立，拔剑御敌。唐代司马贞"索隐"释"踞"曰："其纪反，谓长跪。"更表明古人的踞姿与跪姿尚有近似之处，而与坐姿绝然不同。原来那时人们席地起居，坐姿乃是双膝屈而接地，臀股贴坐于双足跟上。"跪"则是双膝接地，但臀股与双足跟保持着一定距离。只有当臀股不着于足跟，而且挺身直腰，才称"踞"，或谓之为"长跪"。这些不同的姿势，又和当时的礼俗联系在一起，一般分野明显。请看《礼记·曲礼》待客之礼："若非饮食之客，则布席，席间函丈。主人跪正席，客跪抚席而辞。客彻重席，主人固辞。客践席，乃坐。"主客相互谦让时，均为跪姿，谦让的礼节结束后，才转为坐姿，然后进入正式的交谈。但是在古籍中记述礼节，有时"坐"可涵盖跪姿。《礼记·曲礼》又有"先生书策、琴瑟在前，坐而迁之，戒勿越。"孔颖达疏："坐亦跪也。坐通名跪，跪名不通坐也。"意思是"弟子将行，若遇师诸物或当己前，则跪而迁移之，戒慎得逾越，广敬也"。

综上所述，古人生活中坐、跪、踞有别，某些情况下"坐"可涵盖跪姿，但跪不能通坐。至于"坐"和"踞"决不能互通，也是截然不同的两种姿式。因此前引妇好墓玉人和满城汉墓"长信宫"灯宫女像，皆为坐姿。至于目前一些文物考古论著中所称的"踞坐"姿态的人像，绝大部分为坐姿之误，仅举两例《文物》月刊过去误为"踞坐"的较重要的文物为例，予以校正。例一，秦始皇陵二号铜车马的铜御官俑，臀股紧贴双足并无任何间隙，为端正的坐姿（图四），简报误为"踞坐"（《文物》1983年第7期）。例二，徐州北洞山西汉墓出土Ⅲ式女侍俑及抚瑟俑，皆为坐姿，文中误为"踞坐"（《文物》1988年第2期）。此外，诸如殷墟妇好墓出土

图四　陕西秦始皇陵园出土 2 号
铜车坐姿御手俑

图五　秦始皇陵园出土坐姿陶俑

石人像（图六、七）、秦始皇陵园出土陶俑（图五）等，概为坐姿。

　　"长信宫"灯宫女像，坐姿端正，态度恭谨，自是古时奴婢侍奉主人的常态，她服饰齐整，却赤着双足。无独有偶，在西安白鹿原任家坡西汉文帝窦后陵从葬坑出土的女侍俑中，也有端坐姿态的，亦为赤足（图八、九）。考古简报说："膝着地，脚掌向上，双趾内向交叠，臀压掌上。"（《考古》1976 年第 2 期）这正准确地塑出西汉时坐姿足、臀的形态。至于宫中女侍赤足，也合于礼法。"长信宫"灯塑造的宫女端坐捧举明灯，自是室内侍奉主人的形象。古时宫室内铺满"筵"（席子），入室必须脱履，自成礼俗。而卑微者入觐时，除解履尚须脱袜，跣足入殿。《左传·哀公二十五年》记褚师声子因足疾见卫侯险些被杀的故事，就因为他"袜而登席"的缘故。直到《隋书·礼仪志》中，仍记"极敬之所，莫不皆跣"。因此汉宫女侍在室内侍奉，自当脱履解袜而跣足，这正是制灯作俑的匠师对当时礼俗的如实摹写。

　　华夏古俗的坐姿，到西晋以后，特别在南北朝时期，受到"夷"俗的冲击。依华夏古俗，人们坐在席或床上，双足不能伸到体前来，因为那样

图六 河南安阳殷墟妇好墓出土坐姿石人

图七 殷墟妇好墓出土坐姿石人背面

图八 西汉窦太后陵从葬坑出土坐姿陶女俑

图九 窦太后陵从葬坑出土坐姿陶女俑侧面

太粗俗无礼，只有像汉高祖刘邦那样的无赖才干得出来。《史记·郦生陆贾列传》记载，郦食其去高阳传舍见刘邦时，"沛公方倨床使两女子洗足"，极其无礼。不过平时刘邦也是很有坐相的。如西汉四年（前 203 年），刘邦被楚困于荥阳，韩信致书请为齐王。刘邦刚怒骂，"张良、陈平伏后蹑汉王足"，刘邦醒悟，急忙改口，遣张良去立韩信为齐王。如果刘邦还把脚伸在前面，张、陈就无法蹑其足而暗示了。但是当西晋灭亡以后，一些历史上的少数民族（如匈奴、羯、鲜卑、氐、羌等）陆续进入中原地区，并先后建立政权，形成汉人史学家所谓"五胡乱华"的局面，在这发生社会大动乱，特别是居统治地位的民族有所变更的时刻，传统的华夏礼俗受到极大冲击。于是原被斥为"虏俗"的垂足坐及蹲踞等坐姿开始流行，并出现于北方宫廷之中。《南齐书·魏虏传》中，作者用讽刺的语言记述北魏宫室车服之制，说北魏帝王后妃"在殿上，亦跂据"。跂据，或跂坐，就是坐在高坐具上，将双足垂在体前，或仅足趾着地而足踵不着地。不久，这种被南朝士大夫所不齿的虏俗坐姿，竟也出现在南朝的皇宫之中。公元 551 年，侯景矫萧栋诏，禅位于己，升坛受禅日，"辇上置筌蹄，垂脚坐"（《梁书·侯景传》）。坐姿的改变自然导致适于垂足跂坐的高足家具如椅、凳等物日渐流行，传统的床、榻等坐具也随之呈现不断增高的趋势。经过隋唐五代，日用家具的这一发展变化的势头越来越猛，席地起居的旧俗随之日遭废弃。到了北宋时期，垂足的跂坐已成人们日常的坐姿，新式的高足家具已形成完整的组合，并且日益排挤着传统的供席地起居的旧的家具组合，迫使它们退出历史舞台，形成改变人们社会生活面貌的新潮流。

宋元以后，人们对华夏古俗的坐姿早已遗忘，"虏俗"的"跂据"已化成汉风的典型坐姿了。只是在深受唐文化影响的东邻日本，至今还保留席地起居的古俗，连双膝屈而接地、臀股贴于双足跟上的坐姿也保存至今。但在中国，华夏古俗早已不存，这也就是当人们看到古文物中人像的坐姿时，之所以辨识不清的原因吧！

（原载《文物天地》1993 年第 6 期。后收入《逝去的风韵——杨泓谈文物》，中华书局，2007 年）

犬文物漫谈

在发掘河北省平山县战国中山王的陵墓时，曾于第二号车马坑以西又清理了一座坑（简报称为"杂殉坑"），在坑中发现两具完整的狗的骸骨，由它们安然侧卧的体态看，应是先杀死、后埋葬的，在狗的脖颈上，套有金银制作的华美项圈，显系猎犬，或许是中山王生前的爱犬，故死以后用以殉葬。由此令人想起《诗·秦风·驷驖（tiě）》的诗句："游于北园，驷马既闲。輶（yóu）车鸾镳，载猃（xiǎn）歇骄。"这首诗描述了秦襄公田猎前调整车马之事，车上所载的猃与歇骄，都是猎犬。"长喙曰猃，短喙曰歇骄"，所以先用车载，应是发现猎物以前，保存猎犬的体力。上述考古发现与古诗诗文，表明周代贵族田猎时使用猎犬的实况。

古人养犬，并不只用于田猎，依其用途至少有三种。《礼记·少仪》："犬则执緤（xiè），守犬、田犬，则授摈者。既受，乃问犬名。"疏："犬有三种，一曰守犬，守御宅舍者也；二曰田犬，田猎所用也；三曰食犬，充君子庖厨庶羞用也。田犬、守犬有名，食犬无名。献田犬、守犬，则主人摈者既受之，乃问犬名。"正因为犬有以上三方面的实用价值，中国古代将其列入"六畜"之一。

据目前所知的考古资料，在河北武安磁山遗址和河南新郑裴李岗遗址的发掘中，都曾获得过家犬的遗骨，因此我国豢养家犬至少是距今8000～7000年左右的事。以后在北方和南方的新石器时代遗址中，都经常可以发现家犬的骸骨。同时有的遗址中还出土过模拟家犬形貌的史前陶塑，其中造型最逼真的应属山东胶县三里河遗址出土的黑陶兽形鬶（图一），塑出一条立姿、仰首、伸颈的黑犬，狗齿龇露，姿态生动。家犬陶塑出土数量最多的则属湖北石家河遗址，如邓家湾遗址出土的数千件小型动物形陶塑中，主要是犬和鸡的造型，虽然形体颇小，但塑得姿态生动多变（图二）。还有的陶犬背上蹲伏有小鸟，颇为有趣。值得注意的是在江苏邳县大墩子遗址出土的史前陶屋模型，在门侧外壁线刻有犬的图像，表明当时已经用犬守门。

　　到了汉代，畜狗之风更盛，汉墓中的随葬俑群中，经常可以看到家犬的身影。其中较早的西汉时陶犬塑像，可以陕西咸阳张家湾村北汉景帝阳

图一　山东胶县三里河新石器时代遗址出土黑陶兽形鬶

图二　湖北天门邓家湾新石器时代遗址出土陶狗

图三　陕西咸阳汉景帝阳陵俑坑出土陶犬

陵俑坑出土的陶犬为代表（图三）。阳陵陶犬都塑成立姿，稍嫌呆板，但犬头塑造精细，双目前视，耸耳闭口，显得威猛而机警。陶犬还明显有雌雄之分，雌犬腹下塑出成排乳头，长尾下垂；雄犬更显劲猛之势，有的尾卷于背上。此后，在西北、华北、华南、西南等地区的汉墓中，常可在随葬俑群中看到家犬的形象。它们的姿态，也逐渐从较呆板的立姿改为姿态富于变化，或立，或卧，或呈行走态势，因而造型更显生动。又由于时间有早晚和地域有不同，因此使用的材质和具体特征都有差异。概言之，北方的作品较写实，南方的作品较夸张（图四、五）。从材质看，中原一带及四川、广东多用陶质，而西北的甘肃一带常用木质，特别是武威汉墓中出土的木犬，刀法简练，削出形体的大轮廓，再稍加彩绘，颇具粗犷浑厚之美。东汉陶犬中塑造得最逼真生动的作品，首推20世纪50年代从河南辉县百泉一号墓出土的一件（图六），体高仅12.4厘米，但塑工极为精细，伸尾挺胸，仰首张口，全身呈前倾伸颈吠叫的态势，令人观后如闻其声。在河南郑州南关汉墓出土的一组陶宅院模型的大门之内，放置有一条蹲卧姿态的陶犬，自应是模拟着守御宅舍的守犬。在广州东汉前期墓葬出土陶宅院模型的门旁，也有守门的陶犬。由此推之，汉墓随葬俑群中的陶犬主要是模拟着现实生活中的守犬，所以许多陶犬的造

图四　南京博物院藏东汉陶狗　　　　　图五　南京博物院藏东汉陶狗

型都尽力夸大犬的头部，再塑成张口瞪目、露出满口如刃利齿的凶像，藉以吓退敢于侵犯墓室的邪祟。至于汉代的田犬和食犬的形貌，则可以在画像石和画像砖中寻到，表现田猎的画像中，经常可以见到尖喙细足，善于追逐猎物的田犬（图七、八）。另一些庖厨画像中，又常见被宰杀待食的食犬。马王堆1号西汉墓东边厢下层盛放食物的竹笥中，就放有串以竹签的狗肉，现仅余竹签串的残骨，与羊、猪、鹿肉放在一起。在该墓遣策竹

图六　河南辉县东汉墓出土陶犬

图七　河南南阳出土东汉猛犬画像石（拓片）

图八　河南南阳英庄出土东汉骑射田猎画像石（拓片）

图九　唐永泰公主李仙蕙墓出土彩绘骑马带犬狩猎俑（局部）

图一〇　唐章怀太子李贤墓墓道东壁狩猎出行图

简中，也多见以犬肉制作的各种食品，如"狗羹一鼎""狗中羹一鼎""狗苦羹一鼎""犬其劦（胁）炙一器""犬肝炙一器""犬载（戴）一器"等，简文中用字，狗、犬有别，分别指幼犬和成年犬，"大者为犬，小者为狗"。

　　魏晋南北朝时期，墓葬中的随葬俑群中的家畜模型中，仍有陶犬，其姿态由立姿逐渐改为卧姿，例如河北磁县大冢营村东魏茹茹公主闾叱地连墓中数量庞大的随葬俑群中，有 3 条陶犬，是前肢前伸的卧姿，昂首而口微张，颇显机警之状。到隋代时，随葬陶犬有作子母犬合塑的，例如安徽合肥西郊杏花村隋墓的陶犬，就是一条雌犬伏卧在那里哺乳6只小犬，造型颇生动有趣。

唐墓随葬俑群中也有陶犬，姿态以蹲坐形状的居多，由于盛行三彩制品，因此又常见釉色鲜艳的三彩犬，虽然有时与真犬的毛色不同，但工艺精湛，更具工艺美术特色。除了单只的大约是守犬的模拟像以外，最令人感兴趣的是田犬的塑像，葬于神龙二年（706年）的永泰公主李仙蕙墓出土的彩绘陶俑中，有不少是表现随公主出猎的骑马俑，这些骑俑有的臂上架鹰，有的鞍后携猎豹，另一些是携带着田犬（图九）。这些供狩猎的田犬，蹲坐在鞍后马尻上，骑士则塑成以手牵系犬索的生动姿态，或许是犬索原本用真的绳索制成，故现已朽毁无迹，但从人犬的姿态，仍似以无形的系索牵连一起，似更具艺术魅力。同时葬于神龙二年（706年）的章怀太子李贤墓中壁画，也绘有田猎的场景（图一〇）。在骑马猎手鞍后，也有蹲坐着田犬或猎豹的图像，也有的猎手将它们抱在怀中。这些文物表明在唐代皇族出猎时，为了保持田犬追逐猎物的充沛体力，习惯先让犬乘息在马尻上，这与先秦时田猎、将犬载于车上的做法有异曲同工之妙，只是时代不同，贵族田猎由车改骑，所以载田犬的方式也得随时代潮流变迁，不能再墨守古俗了。

（原载《中国文物报》1994年2月6日。后收入《逝去的风韵——杨泓谈文物》，中华书局，2007年）

威严和权势的象征——钺

商周王侯墓出土的大青铜钺，是具有传奇色彩的特殊兵器，是威严和权势的象征物。《史记·殷本纪》记述，商朝的开国君主成汤，曾经亲自持钺指挥六军征伐昆吾，继而灭桀，取代夏朝，建立了商朝。表明钺并非一般的兵器，而是统帅权威的象征物。同时，钺也是当时国君授予诸侯权力的象征物，商王命周文王昌为西伯时，也赐钺于他。到西周时，钺依然是显示王权威严的象征物，当武王伐商纣，誓于商郊牧野时，他"左仗黄钺，右秉白旄以麾"。当商纣自焚于鹿台后，武王"至纣死所。武王自射之，三发而后下车，以轻剑击之，以黄钺斩纣头，悬大白之旗。已而至纣之嬖妾二女，二女皆经自杀。武王又射三发，击以剑，斩以玄钺，悬其头小白之旗"。明日举行社祭，"周公旦把大钺，毕公把小钺，以夹武王"。这些都见于《史记·周本纪》的记载，均表明钺是权威的象征物，也是刑杀之器。至今已历数千年，商周君王当年所执的钺究竟何等形貌？人们仅据文献的记述，还是不甚分明。迟到明清时期，皇帝的大驾卤簿的仪仗中虽然还有"金钺"，但只是"朱漆攒竹竿，刻木为斧形，承以龙头贴金饰，置竿首"，全失商周时钺的原貌。只是近年来田野考古发掘所获得的新成果，才逐渐将商周时钺的真实形貌揭示于世人面前。

山东省益都县（现青州市）苏埠屯商代大墓出土的两件形体硕大的青铜钺，发现较早。那座墓内埋葬的死者，应是商王朝时东方某方国的方伯，很可能是薄姑氏的国君。墓中随葬的两件青铜钺体长一为31.7厘米，一为32.5厘米；刃宽一为34.5厘米，一为35.7厘米。皆厚重精美，钺面透雕出张口怒目的人面形图案，眉、目、鼻、口皆镂空，显得狰狞威严，

图一　山东益都苏埠屯商墓出土青铜钺

令人生畏。其中一件在人面两侧，还有"亚醜"铭文（图一）。这种硕大沉重的青铜钺，不适于在实战中使用，乃是权势的象征物。也可用于刑杀，在出军征伐胜利凯旋后，举行献俘祭祀时使用。由墓内所葬死者的身份，可推知这两件大青铜钺系附庸商王朝的方伯权威的象征物。后来在湖北省黄陂县盘龙城的商墓中，也出土一件大青铜钺，体长略长于苏埠屯铜钺，但刃宽又略狭些，长41厘米，刃宽26厘米，其性质也同苏埠屯铜钺相同，是当地方伯身份的人物所拥有。

至于属于殷王的钺，目前还没有被发现，但是在1976年于殷墟发掘的妇好墓中，出土过两件比苏埠屯铜钺更为硕大沉重的青铜钺。那座墓中埋葬的死者是妇好。她是商王武丁的配偶，也是当时重要的军事统帅。据甲骨文的记录，她曾多次受命于商王，统率大军，南征北伐。出土的两件大钺分别体长39.3厘米和39.5厘米，体重分别为9千克和8.5千克。一件钺上饰有双虎扑噬人头的图案（参见本书《中国青铜兵器装饰艺术》图三），另一件上饰身躯向左右分别伸展的双体龙纹（图二），并且都有"妇好"铭文。它们器体厚重，纹饰精美而且具有神秘的威慑感，正是妇好生

图二　河南安阳殷墟妇好墓出土商代青铜钺

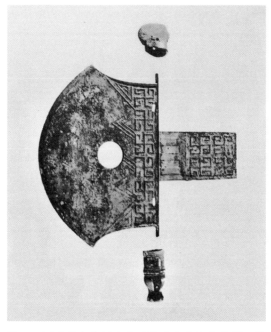

图三　河北平山战国中山王墓出土青铜钺及帽、鐏

前崇高身份和军事统帅权力的象征。通过商王武丁配偶妇好青铜钺的形貌，我们自可推知商王所自用的青铜钺，当更为硕大而精美。

西周时国君使用的钺也还没有被发现，但从历史文献和青铜器铭文中经常可以看到当时钺仍是威严和权势的象征，特别是命将帅出征赐钺更形成一种制度。在陕西宝鸡出土的西周宣王时的虢季子白盘，是现存商周青铜水器中最大的一件，现藏于国家博物馆。盘的中心铸有长达 111 个字的长篇铭文，其中就有"赐用戉（钺），用征蛮方"的内容。直到东周时，青铜钺仍是权威的象征物。河北省平山县战国时中山王陵墓出土的钺（图三），就是当时诸侯国的国君用钺的典型代表。那件青铜钺体长 29.4 厘米，刃宽 25.5 厘米，钺身上有三角形状的山形图案，并有铭文 16 字，说明受命于周天子的中山侯威严不可侵犯。在钺柄的顶端饰铜帽，柄的末端饰错银。大钺制工精致，但威重浑厚之感不及商代大钺。

（原载香港《文汇报》1994 年 5 月 4 日。后收入《逝去的风韵——杨泓谈文物》，中华书局，2007 年）

镜奁·镜盒·镜台

中国古人自照容颜，长期使用青铜镜。追溯以青铜制镜的历史，至少是在距今 4000 年以前的齐家文化时期。殷商时期的青铜镜，也已在安阳殷墟的墓葬中出土过，仅妇好墓中就出土过 4 件。东周时期，青铜镜制工日趋精美，使用颇为普遍。后历经汉魏六朝，直至隋唐宋元，青铜镜的制作和使用经久不衰。殆至玻璃镜于晚清流行，才最终退出历史舞台。制工精美的青铜镜，自为人们珍爱的日常用具，为保镜面明莹，除适时打磨外，也须仔细收贮，自然就制作了专为贮镜的器具。而以镜照容时，除以手持外，也须有支承的器具，特别是当梳理头发和做面部化妆时，总须双手同时操作，自然无法再以手执镜，因此支承铜镜的器具乃是不可缺少之物。由于上述原因，存贮铜镜的镜奁、镜盒以及支承铜镜的镜台等物应运而生，它们也与铜镜一样，是古人日常生活中不可或缺的用具。目前在考古发掘中出土铜镜数量颇多，而与铜镜有关的存贮或支承的器具虽有发现，却不如纹饰精美、制工精良的青铜镜受人注意。

先秦时期用以存贮青铜镜的器具，在湖北的楚墓里曾有出土。1982 年发掘的江陵马山 1 号楚墓中，在头箱的大竹笥内存放的物品中有一件小圆竹笥，放有包裹在凤鸟花卉纹绣绢镜衣内的羽地蟠螭纹铜镜。圆竹笥编工精巧，盖顶周边及转折处，口沿的内外层均用宽竹片相夹，细篾锁口。外层经篾涂成红色，纬篾黑色，编织成矩形和十字形花纹，内层篾为素色，正中用红、黑色篾编成十字交叉纹。盖、底套合通高 5.4 厘米，直径 23.2 厘米。江陵马山 1 号楚墓中埋葬的是一位年龄约 40 至 45 岁的女性，那件

图一　湖北江陵马山1号楚墓出土竹编镜奁及丝织品包裹的铜镜

精工编成的圆竹笥，即是她用以存贮铜镜的"镜奁"（图一）。与镜奁同时出土的小竹笥，还盛有梳篦等物。

到了汉代，存贮铜镜的器具常常是精致的漆器。湖南长沙马王堆西汉轪侯家族墓中，在1号墓内发现有单层五子漆奁，其中放置有裹在镜衣中的青铜镜，还有梳、篦、笄、镊等物品。那座墓中的死者也是一位年长的妇女。

如从上述墓例看，镜奁似多出土于妇女墓中。《后汉书·皇后纪》中，亦记有光武帝阴皇后镜奁之事，汉明帝谒原陵时，"从席前伏御床，视太后镜奁中物，感动悲涕"，《后汉书》作者以此作为明帝"性孝爱"的例证。上述考古发现与文献中，镜奁均与女性生活相联系，但如果得出当时镜奁仅只妇女使用物的结论，则是不切实际的，如广州市象岗山西汉南越王墓中，放置南越王物品的西耳室中，出土有目前国内考古发掘所见最大的西汉绘画青铜镜，就存贮在圆形的漆镜奁之中。可惜那件漆镜奁早已残损，难辨全貌。同时文献中还有皇帝赏赐物品中有镜奁的记载，《太平御览》引蔡邕表曰："赐镜奁等，前后重叠，父母于子，无以加此。"感激之情溢于言表。

以漆奁盛镜，直到晋时仍盛行，《太平御览》引晋《东宫旧事》："皇太子纳妃，有着衣大镜尺八寸，银花小镜尺二寸，漆匣盛盖。"此外，晋

图二　江苏宜兴西晋周氏墓 M5
　　　出土铜镜奁

图三　江苏宜兴西晋周氏墓 M5 出土
　　　铜镜奁以及镜奁打开情况

时又流行以青铜制作镜奁。在江苏宜兴发掘的西晋周处家族墓中，第 5 号墓和第 6 号墓都出有铜质镜奁。镜奁的形制相同，都是圆形，有盖，盖顶心有纽，盖面和奁腹各饰弦纹数周。第 5 号墓出有两件镜奁，一件盖径19.2 厘米，高 10.5 厘米；另一件盖径18.9 厘米，高 10 厘米。奁内除各存贮有铜镜和铁镜外，一件镜奁内还有铁匕首，另一件内有铜弩机（图二、三）。第 6 号墓的镜奁，亦高 10 厘米，其中只放一面圆铁镜。看来这些铜质镜奁，都是死者生前的实用器具，表明当时社会上既流行以铜制作镜奁，又流行使用铁镜。至于晋时漆镜奁的残迹，可以从南京象山王氏家族墓中看到，其中第 3 号墓（王丹虎墓）出土铁镜上有丝织物残痕，周围尚存圆形漆镜奁痕迹，奁上有银质柿蒂纹饰件，可见铁镜原是裹于镜囊内，再置于漆镜奁之中。第 2 号墓出土的铜镜上面，也存有红漆片残迹，也应贮存于漆镜奁之中。

　　类似周处家族墓出土铜质镜奁形貌的青瓷器，在六朝青瓷中常可见到，或许有些是瓷镜奁亦未可知。目前所知确为贮存铜镜而烧造的瓷器，只有迟至宋代的遗物。在南京博物院所藏古代瓷器中，有一件北宋白釉黑花带盖瓷盒，通高 12.2 厘米。盒盖上饰黑彩莲花、荷叶和水生植物图像，内圈盖纽两侧分写有"镜盒"两字铭文（图四）。瓷器上有书明用途铭文的作品，是颇为罕见的。以宋代白釉黑花瓷镜盒与前述宜兴周处家族墓出土铜质镜奁相比，虽然时代相距甚远而且质料不同，但其基本造型大致相近，看来古人选择这种样式的容器来贮存铜镜，是经过深思且经过实用的考验，才能流传久远，长用不衰。至于传统的漆镜盒，宋代仍然沿用，并采用了当时流行的新工艺技巧，20世纪70年代末期，曾在江苏武进发现一些精美的南宋漆器，其中有一件镜盒，木胎，长27厘米，以剔犀工艺制作而成，褐底，黑面，朱、黄、黑三色更叠，剔刻云纹图案（图五）。而且这件镜盒是为收贮新式样的有执柄的铜镜而制作，更表现出当时流行的新款式。

图四 南京博物院藏宋代瓷镜盒图案

图五 江苏武进出土宋代漆镜盒

至于支承铜镜的镜台，特别是帝王官僚所使用的，多追求华美，文献中多有记述，如《太平御览》引《三国典略》曰，"胡太后使沙门灵昭造七宝镜台"。《魏武杂物疏》曰："镜台出魏宫中，有纯银参带镜台一，纯银七贵人公主镜台四。"晋《东宫旧事》曰："皇太子纳妃有玳瑁钿镂镜台一。"此外，《世说新语》还记载温峤北讨刘聪时，曾获"玉镜台"。可惜目前在考古发掘中，还没有能够寻到这些豪华精美的古代镜台的身影。只有在传为顾恺之绘的《女史箴图》中，有对镜梳妆的图像，绘出一镜台，但结构颇简单，下有覆钵状基座，上设立柱，柱端悬铜镜，柱中段设一方盘（图六），从其形貌自难想象古文献所记豪华镜台的庐山真貌。

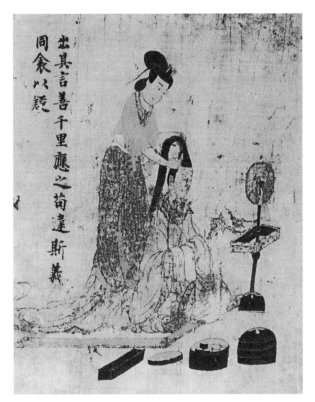

图六　传东晋顾恺之《女史箴图》中的镜台图像

目前考古发掘中能较清楚地揭示出形貌的古代镜台，已是迟至宋代的物品。在宋墓的壁画或雕砖中，常可看到镜台的形貌，其中发现较早的，

图七　河南禹州白沙宋墓壁画上妇女对镜戴冠

图八　河南禹州白沙宋墓
壁画上的镜台图像

是 20 世纪 50 年代初发掘的河南禹县白沙宋墓中的镜台壁画，绘于第 1 号墓后室西南壁。画面绘出女子对镜著冠，旁有四女侍执物侍奉。镜台形貌清晰，着淡赭色，台端画七枚蕉叶饰，下系圆镜一面（图七、八）。镜台之下有方桌或方台，使镜面高度正好与站立著冠的女子脸部持平。据宋陆游《老学庵笔记》："今犹有高镜台，盖施床则与人面适平也。"白沙宋墓所绘就是这类高镜台的一种，是将镜悬挂在镜台上，这还是承袭着晋唐以来的传统，如《女史箴图》中将镜悬挂在镜台

图九　江苏苏州元末张士诚母曹氏墓出土银镜台

上。与白沙宋墓所绘镜台相似的砖雕，在郑州一带的宋墓中也有发现。在
宋墓壁画中还绘有另一种高镜台，是将铜镜放置在镜台的支架上。河南新
密平陌村北宋大观二年（1108 年）墓壁画，绘有以支架承镜的高镜台。但
是迄今还没有出土过宋代镜台实物。目前所获得的制工最为精美的镜台，
已是元末的制品，出土于江苏省苏州南郊吴门桥南的张士诚母亲曹氏
墓中。

　　曹氏墓发掘于 1964 年，因曹氏葬时，张士诚割据姑苏称吴王，所以墓
中随葬有象牙哀册，并随葬有大量豪华物品，有许多金银器、玉器及大量
丝织品，其中有银镜一面，放置于银奁上层。另有一制工精细的银镜台
（图九），镜台是折叠支架式，由前后两部分组成，后身顶部镂雕的双凤戏

牡丹纹，中心的方框内有六瓣花形图案。内凸雕玉兔跳跃于流云、仙草之中，制作纤巧华美。将奁中银镜放置其上，恰为适宜。镜台通高32.8厘米。这件银镜台，可称中国古镜台中的佳作。

（原载《文物天地》1994年第6期。后收入《逝去的风韵——杨泓谈文物》，中华书局，2007年）

记柿庄金墓壁画"捣练图"

　　河北省井陉县柿庄金元墓群，发掘于 1960 年 4 月，发掘报告刊登于《考古学报》1962 年第 2 期。在柿庄村南面分布着 9 座墓，这组墓的东南处有《师氏族谱记》石碑一通，立石于元朝至大元年（1308 年）三月初六日。其中的第 6 号墓墓室四壁所绘壁画最为精彩（图一）。那是一座平面呈方形的单室砖墓，墓门有砖砌仿木构建筑门楼。墓室内也有砖砌仿木构斗栱及假门、假窗。穹隆式墓顶，上绘日月星宿。四壁均有彩绘壁画，南壁墓门两侧各绘放牧图，东侧放牧的为羊群，西侧为牛、马和驴，均是畜群前行、牧者殿后，画面上方以树木为衬景。北壁（后壁）居中砌假门，两侧砌直棂假窗，仅在假门上方墨绘卷帘。西壁绘树前安放桌椅，桌上设酒食，主人坐于桌北侧椅上，对面桌南侧列有男装或女装的女乐，伎乐身后立有屏心有墨书草字的大立屏。主人侧旁有两个女侍，身后有一个托盘女侍。与西壁相对应的东壁壁面，绘出的是"捣练图"（图三），画面北侧是一妇女，坐地在圆形红色石砧上捣衣，其上衣架上搭满衣衫。捣衣妇女面前有一个大柜子，柜前一妇女脚踏脚床，开启柜门取物，柜面还伏一狸猫，颇具生趣。画面居中是三个妇女熨练，二人左右将白练拉平，一人在中间持熨斗将白练熨平。画面南侧砌出砖质灯檠，灯檠以南绘一男子担水北行。画中人物衣裙色彩鲜明，姿态亦较生动，是这组墓中壁画最为完整精美的一幅。看到这幅画中那三位妇女熨练的画面，自然令人忆起传世的宋人摹写的唐张萱《捣练图》中三妇女以熨斗熨白练的情景（图四）。

　　传世的张萱《捣练图》摹本，今藏美国波士顿美术馆，绢本设色，纵37 厘米，横 147 厘米，全卷绘出长幼人物 12 人，分段绘出唐宫中妇女捣

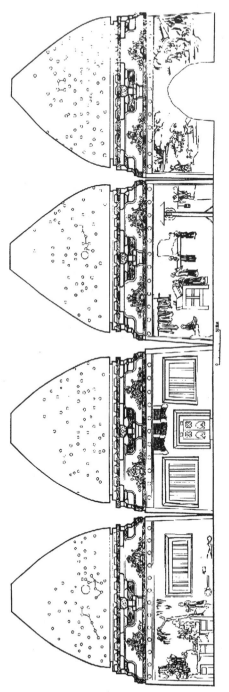

图一 河北井陉柿庄6号金墓壁画展开图

图二 传世唐张萱《捣练图》

图三　柿庄 6 号金墓壁画"捣练图"

图四　传世唐张萱《捣练图》局部

练、织修与熨平等不同工序，显示了加工白练的过程（图二）。图中人物姿态各异，神情生动，妇人体姿丰硕，面形圆满，衣饰华美，设色鲜丽，依然盛唐风貌，应是认真摹写张萱原作，能够反映出原画风貌。过去人们多据该图卷前隔水细花黄绫上的金章宗完颜璟题签："天水摹张萱捣练图"八字，认定该图为宋徽宗赵佶所摹，如吴升《大观录》、安岐《墨缘汇观》均持此说法。不过近来研究者多认为图上无款，且宋徽宗署款签押者尚多为当时画院诸画家所作，何况该图还缺少署款签押，故无任何确证可定为宋徽宗手摹，认为它是宋时名手所摹，当更合乎事实。

除《捣练图》外，在传世的宋摹本《虢国夫人游春图》的卷前隔水也有金章宗完颜璟题签，也指为宋徽宗赵佶所摹。金章宗的题签，字体均学宋徽宗所创的"瘦金书"，初看两人书体近似，细看则运笔和结体仍有差别。《书史会要》亦记"章宗喜作字，专师宋徽宗瘦金书"（杨仁恺主编：《中国书画》，上海古籍出版社，1990 年）。金章宗这样喜好宋徽宗书体，与金世宗朝以来金宋之间形成相对稳定的和平局面，而金朝境内经济恢复、文化发展的历史现实有关。据《金史·章宗本纪》，他 10 岁时除习"本朝语言小字"以外，还学"汉字经书"。他在位时很注意尊学祀孔，甚至曾在泰和四年（1204 年）诏亲军 35 岁以下令习《孝经》《论语》。故《金史·文艺传》说："世宗、章宗之世，儒风丕变，庠序日盛，士繇科第位至宰辅者接踵，当时儒者虽无专门名家之学，然而朝廷典策、邻国书命，粲然有可观者矣。金用武得国，无以异于辽，而一代制作能自树立唐、宋之间，有非辽世所及，以文而不以武也。"在这种形势下，金章宗明昌内府重视书画收藏，他亲自为张萱宋摹本题签，亦表示其个人的喜爱。上有所好，下必效焉，粉本流传，或许民间也会流传张萱画风的作品，甚至据其粉本绘成墓室壁画，亦未可知。

柿庄墓地的年代，原发掘报告认为是北宋末至金初，徐苹芳先生已指出"这个墓地的确切年代一直是个很不明确的问题"，并据元《师氏族谱记》称避忌改"尹"姓为"师"姓，又由第 2 号墓小瓷碗底墨书"尹纪"二字，断定该墓时代下限当在明昌元年（1190 年），而 6 号墓应较其为早。这样看来，6 号墓中所绘捣练图又早于金章宗为宋摹张萱《捣练图》题签之时，或又说明自北宋末金初，这类绘画的粉本已在民间流传了，至于哪种推测更可靠，还有待今后的考古新发现来解决。

对照画院摹本及民间流传的《捣练图》，可以看出前者是如实地摹写，画中人物依旧唐时宫廷装束；后者则据当时的时装改绘画中人物的衣裙，并且依据时尚改绘人物面相，虽然壁画的技法较画院摹本粗疏，人物神态亦欠生动，但其面相衣饰更显时代风习，具有新的艺术生命力。

（原载《文物天地》1997 年第 6 期。后收入《逝去的风韵——杨泓谈文物》，中华书局，2007 年）

东周的剑椟与剑鞘

周时重剑，平时服用，但不能露刃佩带，必须插置于鞘中，方可随身佩饰。因此剑鞘是佩剑时不可缺少之物。至于收藏时，除插置鞘中以外，还须储藏于剑椟之中。《礼记·少仪》："剑则启椟，盖袭之，加夫襓（ráo）与剑焉。"郑注"椟，谓剑函也。袭，却合之。夫襓，剑衣也，加剑于衣上。"孔疏："启，开也。椟，剑函也，献剑则先开函也。""盖袭之者。盖，剑函之盖也。袭，谓却合也。开函而以盖却合于函下，底于盖上。"也就是说奉献剑时，先将储放剑的椟（剑函）开启，然后仰盖于函下，加函底于上重合，这样就将函中的剑显露出来。现已发现的东周时剑椟，正合其制，均可将椟盖揭启后仰合于椟下，自可依礼献奉。剑椟皆木制，髹漆，目前多出土于楚地。在经田野考古发掘出土的标本，最早的例子如 20 世纪 50 年代在长沙楚墓发掘的出土品，湖南长沙左家公山第 15 号战国楚墓出土木剑椟，通长 72 厘米，内储一铜剑。此后在湖南、湖北等地的楚墓中不断有东周时的髹漆木剑椟出土，择其要者，选已刊出正式考古发掘报告的资料，计有 1965 年在湖北江陵望山 1 号墓出土的两件（图一）、1971 年在湖南长沙浏城桥 1 号墓出土的一件、1973～1978 年在湖北当阳赵家湖墓群出土的两件、1975～1976 年在湖北江陵雨台山楚墓群出土的 22 件、1978 年在湖北江陵天星观 1 号墓出土的一件（图二）和 1981～1989 年在湖北江陵九店墓群出土的 31 件。仅上述诸处的发现，出土髹漆木剑椟总数已近 60 件，其使用时间自春秋晚期延续到战国时期。但综观这些剑椟的形制及制作工艺，却大致相同，表明东周时楚地剑椟已形成定制。这些剑椟的椟身和盖均选用整段木材，先修出外轮廓，再刳修内匣，

图一　湖北江陵望山战国 1 号楚墓出土漆木剑椟

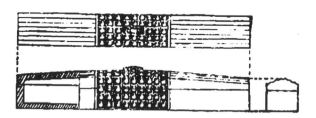

图二　湖北江陵天星观战国 1 号楚墓出土漆木剑椟

器身、器盖以子母口套合，形体均为适应铜剑而呈狭长的长方形，长度随剑长而略有不同，一般在 62～78 厘米之间，宽度在 8～12 厘米之间，其长宽比以 7∶1 至 8∶1 之间最常见。木剑椟的椟盖均呈纵向隆起，一般制成纵向的瓦楞形纹，使内匣呈纵向拱形，以利存储。通常在剑椟中段施有装饰纹带，自椟盖横向延伸至椟身两侧壁，宽度约当椟身长度的 1/3 至 1/4。纹样多是多方连续的方形单元卷云纹、涡纹、菱纹等，为浅浮雕，微凸出盖面。有的椟盖上施纽，也是在装饰纹带处纵置盖面中部。剑椟表面与内匣均髹黑漆，有的在装饰纹样处加施红彩，以增美观。在江陵九店墓群发掘中所获木剑椟数量最多，其形制除常见的身盖以子母口扣合的结构，还有少数采用平盖或榫眼扣合的结构。在装饰纹样方面，也有的除椟身中段的装饰纹带外，在椟身两侧通体饰有云纹图案的例子。从出土情况又可看出，当时并不是每件剑均附有剑椟，例如雨台山楚墓群出土铜剑总数多达 172 件，只出土剑椟 22 件；九店墓群出土铜剑 203 件，只出土剑椟 31 件；赵家湖墓群出土铜剑 57 件，只出土剑椟两件。天星观 1 号墓是一座墓中随葬铜剑数量最多的例子，共出土 32 件，但仅出土剑椟一件。因此，剑椟的数量远较铜剑为少，且漆木质的文物保存困难，所以漆剑椟在文物收藏品中颇为罕见。

　　剑鞘与剑椟不同，一般说来每件铜剑均应附有鞘。在浏城桥 1 号墓中随葬的两件铜剑，均附有髹黑漆木剑鞘。天星观 1 号墓随葬铜剑 32 件，件件附有髹黑漆木剑鞘（图三）。望山 1 号墓随葬的 4 件铜剑，也都附有鞘。但是由于木质剑鞘极易腐朽，所以大多数埋在地下后与缠于剑茎的剑缑都先行朽毁，只有铜剑保存下来。例如江陵九店墓群出土的铜剑超过 200 件，但只有 47 件剑鞘保存下来，其中器形清楚的有 25 件。所以能保存完整的东周时期髹漆木剑鞘，也是颇为值得珍视的文物收藏品。一般的木剑鞘，是由两片木片合成，外用丝绸缠裹，再髹黑漆。剑鞘外轮廓因适应铜剑的剑体外轮廓，也是前面从口至约长度 2/3 处，两侧大致平直，然后由两侧向内微窄呈弧曲形状，鞘末端齐平。

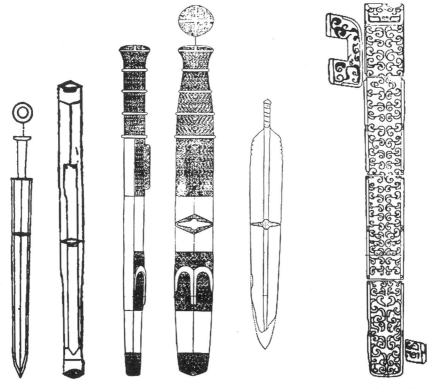

图三　湖北江陵天星观战国 1 号楚墓出土漆木剑鞘和铜剑　　　图四　河南洛阳中州路春秋 M2415 出土象牙剑鞘和铜剑　　　图五　河南洛阳中州路东周墓 M115 出土骨剑鞘

　　在目前发现的东周时期剑鞘中，时间较早的应属河南洛阳中州路（西工段）第 2415 号墓铜剑所附象牙质剑鞘（图四），该墓属春秋早期。那是一件中原的早期柱脊式铜剑，装有象牙剑柄。象牙鞘由整块象牙雕刻而成，横剖面作菱形，中心挖空以纳剑体。在鞘的正面靠上端处，雕出凸起状物，横穿三小孔，孔中遗有朱色痕迹，表明原用朱色绦带贯孔佩剑。这是公元前 8 世纪后期已使用佩剑的实例，证明这种佩剑方式确为中国所创造。以象牙制剑鞘，在中原地区或曾流行，在洛阳中州路北的一座战国墓中，曾出土一件有"繁阳之金"铭的铜剑，外附象牙鞘，但制法与前引春秋时第 2415 号墓象牙剑鞘不同，是由上下两叶合成，边缘均对称地钻有上下叶对合的小孔，将两叶编缀成一体。在鞘上端两侧各有两对小耳，可穿系佩带。除以象牙外，也以骨雕装饰剑鞘，洛阳中州路（西工段）第 115 号墓，曾出土浮雕兽面和绘有涡纹的骨剑鞘（图五），由四块构成鞘身，另附一骨雕小耳，应起同样的佩带作用。骨鞘仅有上叶，两侧有穿缀用的小孔，可能与另一叶木质部分缀连成整鞘，但木质部分已朽毁无痕。在中原地区发掘到的东周时铜剑也有附木鞘的实例，1956～1958 年在河南陕县发掘的东周墓中，所获铜剑的剑体上，常附有木鞘遗痕，可惜没有完整的木鞘实物保存下来。

　　在江南楚地东周墓出土的剑鞘，还没有见到过如洛阳春秋墓那样的象牙剑鞘，目前所见绝大多数为髹漆木鞘，其中又以由上下两片合成、外缠丝带或丝绸、然后表面髹漆制成的为主，髹漆的色泽均用黑色。近年来浙江省博物馆新入藏的越王者旨於睗剑所附髹漆木剑鞘，也是这种形制（图六、七）。除上述式样的髹漆木鞘外，楚墓中也有一些形制特殊的木剑鞘，例如望山 1 号墓出土的 4 件髹漆木剑鞘中，3 件为楚地典型样式，包括著名的越王勾践剑的剑鞘在内。另一件则形制特殊，在上下两片边缘各设有 18 个小孔，通过穿孔用丝线将两片连缀成鞘，鞘身与鞘口的横剖面均呈椭圆形。在鞘的正面近鞘口处，浮雕有精细的变形兽面图案。楚墓出土剑鞘中颇为值得注目的发现，是湖北荆门包山 2 号楚墓出土剑鞘中，有一件骨剑鞘，是由两块薄骨片拼合而成，其两侧及顶端有对称的圆形或椭圆形小

图六　浙江省博物馆藏越王者旨於賜剑

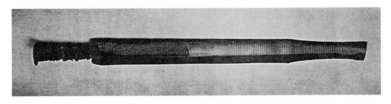

图七　浙江省博物馆藏越王者旨於賜剑剑鞘

孔，用丝带交叉对穿固定。近鞘口处饰一浮雕兽面纹的骨片，通过骨片四角小孔，以丝带系联固定在骨鞘之上。又在鞘身两侧各编缀半月形方穿附耳，以供佩系。鞘身还髹黑漆。这件骨剑鞘的形制与编联成鞘的方式，都与前述洛阳出土"繁阳之金"铭铜剑所附象牙鞘接近，二者应有一定的联系。据发掘者考证，包山2号墓所葬死者为左尹邵，下葬于公元前316年，洛阳出土的"繁阳之金"铭铜剑，应为楚器，所附象牙鞘的形制又与包山2号墓骨鞘一致，也应为原楚剑所佩之鞘，亦应为楚器。据此推测，虽然目前楚地出土剑鞘绝大多数为髹漆木鞘，尚未发现象牙制品，但当时楚地也用象牙制作剑鞘是没有问题的，尚待今后的考古新发现予以证实。

（写于1998年，后收入《逝去的风韵——杨泓谈文物》，中华书局，2007年）

虎贲·虎符·虎节

——与古代军旅有关的虎纹文物

中国古代，将虎视为"山兽之君"，也就是兽王。又因它凶猛，故被视为武勇的象征，常以之称誉军中勇猛善战的将士。三国时期，曹军中名将许褚，被称为"虎痴"，而被马超称为"虎侯"。据《三国志·魏书·许褚传》，曹操率军攻打韩遂、马超时，操曾与遂、超等单马会语，"左右皆不得从，唯将褚。超负其力，阴欲前突太祖，素闻褚勇，疑从骑是褚。乃问太祖曰：'公有虎侯者安在？'太祖顾指褚，褚瞋目盼之，超不敢动，乃各罢"。原本"军中以褚力如虎而痴，故号曰虎痴；是以超问虎侯，至今天下称焉，皆谓其姓名也"。同时许褚所从侠者，来曹军后，亦"皆以为虎士"。这些许褚帐下的虎士均英勇善战，"其后以功为将军封侯者数十人，都尉、校尉百余人，皆剑客也"。追溯历史，以虎之威猛而名军中精锐，至迟在商周之际。《史记·周本纪》记武王伐纣，至于盟津，所率军队有"戎车三百乘，虎贲三千人，甲士四万五千人"。"集解"引孔安国曰："虎贲，勇士称也。若虎贲兽，言其猛也。"对虎贲的取名，还有另一种解释，见《后汉书·百官志》注："虎贲旧作'虎奔'，言如虎之奔也，王莽以古有勇士孟贲，故名焉。"据《周礼·夏官·司马》，有虎贲氏"掌先后王而趋以卒伍。军旅会同，亦如之，舍则守王闲。王在国，则守王宫。国有大故，则守王门。大丧，亦如之。及葬，从遣车而哭"。表明虎贲当时是宿卫王左右的部队。直到汉代，军中仍有虎贲名号，设虎贲中郎将。据《后汉书·百官志》："虎贲中郎将，比二千石。本注曰：主虎贲宿卫。"注："《前书》武帝置期门，平帝更名虎贲。蔡质《汉仪》曰：

'主虎贲千五百人，无常员，多至千人。戴鹖冠，次右将府。'"西晋时仍依汉制，光禄勋下统武贲中郎将。在中朝大驾卤簿中，虎贲中郎将（又作"武贲中郎将"）在御史中丞之后，九游车之前，骑乘，行中道，见《晋书》的《职官志》和《舆服志》。

在中国古代，除以猛虎称誉军中勇猛的将士，或以虎作军旅名称外，还常将与军旅有关的事物器用以虎为名，例如将武将的营幕称为"虎帐""虎幄"，发兵符节称为"虎符""虎节"，遮护营垒的障碍物称"虎落"（"虎路"），强弩的一种称"虎蹲弩"，明朝时还将一种形体短粗的火炮称"虎蹲炮"，等等。至于以猛虎的形象装饰各种兵器和装具，更是时间久远，甚至可以上溯到史前时期。在江南的良渚文化的玉钺上，有的精细地刻出造型奇特的神人骑虎纹图案。1986 年在发掘浙江余杭反山良渚文化墓地时，在第 12 号墓中出土一柄宽 16.8 厘米的青玉钺（图一、二），装有白玉冠饰，柄末装有白玉端饰，钺体玉质优良，磨制光洁，两面刃部上角浮雕神人骑虎图像，两面刃部下角雕有大嘴神鸟。神人雕成倒梯形的人面，头戴放射状羽冠，胯下是巨睛的猛虎头的正面形象，头很大，环形重圈眼，两眼间以短脊相连，阔鼻、扁嘴，头下浅雕有折曲的前肢。环眼、阔鼻、扁嘴明显地呈现出猛虎的特征，是别具情趣的猛虎的变形图案，有人认为表现出威力无比的神人降服了凶猛的巨虎，又有人认为本是表现巫师借助巨虎的助力沟通天地。不论作何种推测，可以肯定这类图像应是当时人们尊敬的神圣的"徽帜"，持有镌刻这种徽帜的玉钺的人，自是具有权威的军事和宗教方面的领袖。后来中国文字中的"王"字，正是由钺的形象演化而成，钺也一直是权威的象征物。后来到商代，大钺这种具有传奇色彩的特殊兵器，虽然已改用青铜铸制，但仍常以猛虎图像作装饰图案。目前所发现的形体最为硕大的青铜钺，应属 1976 年在河南安阳殷墟发掘的妇好墓出土的一对。其中较重的那件，在钺体两面靠肩处饰有双虎扑噬人头的图案，居中是一个圆脸尖颏的人头像，左右两侧各有一只瞪目张口的猛虎，扑向中间的人头，似欲吞噬，散发着狰狞、恐怖而神秘的色彩（参见本书《中国青铜兵器装饰艺术》图三）。上面铸有"妇好"铭文，表

图一　浙江余杭良渚反山 12 号
墓出土玉钺

图二　浙江余杭良渚反山 12 号
墓出上玉钺上的神人兽面纹

明大钺是专为她制作的器物。此外，商周时期的别的青铜兵器，也常以虎纹装饰。例如河南洛阳庞家村的西周墓中，就曾出土过一件带有"太保"铭文的青铜戈，在戈阑前浮雕出虎头纹，瞪目张口，颇显威猛。不仅在格斗兵器上以虎纹为饰，将士装备的防护装具也常以猛虎为饰，特别是胄（头盔）和盾牌。在发掘河南安阳殷墟的殷商王陵时，曾在第 1004 号大墓内出土有大量的青铜铸造的胄，其中有的铜胄正面额部的图案，就是猛虎的头像，大耳巨目，形貌威猛（图三）。与安阳出土商代虎纹铜胄图案近似的，还有在江西新干县大洋洲商墓出土的铜胄，正面额部也饰猛虎头像，大耳巨目，鼻的下缘就是胄的前沿（参见本书《中国青铜兵器装饰艺术》图一）。当战士戴上这类铜胄以后，在相当于虎嘴的地方，正露出他们那英武的面庞，显得分外雄劲威严。此外，有时还用剥下的虎皮装饰兵器，特别是用虎皮来制作弓袋，又称"虎韔（chàng）"。见于《诗经·秦风·小戎》："虎韔镂膺，交韔二弓。"注："虎，虎皮也；韔，弓室也。"用以形容秦军威之盛。此外，当时生活在中国边疆地区的古代民族，更是常常以虎纹来装饰兵器，带有草原文化气息的青铜短剑，有的柄端以虎纹装饰；云南的滇文化兵器中，也常见虎纹图案用于装饰，特别是一件出土于云南江川李家山的刻纹铜臂甲（图四），以兽纹为装饰图纹，其中刻

图三　河南安阳殷墟 M1004 出土虎纹铜胄

图四　云南江川李家山出土铜臂护

出一只扭体舞爪的猛虎体态生动，是滇族猛虎刻纹中最精致的作品之一。
蜀地的巴蜀文化青铜兵器，不论是戈还是剑，虎纹都是其主要装饰图像，
这可能与古代巴人"白虎夷王"的古老传说有关。

　　军中以虎的形貌作为器物外形的青铜制品，还有虎符。《史记·魏公
子列传》曾生动地记述了如姬为信陵君盗晋鄙兵符，从而夺晋鄙十万大军

救赵的故事。信陵君得符后"至邺，矫魏王令代晋鄙。晋鄙合符……"表明这种兵符分为两半，发兵时持留于王处的半符为信，与主将所持半符合符，方可发兵。当时这类兵符都制成伏虎形貌，故又称"虎符"。目前保存的先秦时的虎符文物中，最精致的是 1973 年陕西西安郊区发现的秦国杜虎符（图五），虎作走动姿态，伸颈昂首，长尾卷曲，体长 9.5 厘米，背面有用于合符的槽。虎体有错金铭文 9 行共 40 字："兵甲之符，右才（在）君，左才杜。凡兴土披甲，用兵五十人以上，必会君符，乃敢行之。燔燧之事，虽母（毋）会符，行殹（也）。"据考证，秦代称"君"者，只惠文君一人，他即位 14 年后更元为王，因此该符之铸造当在惠文君元年至十三年间（前 337 ~ 前 325 年）。铭文字体绝大部分是小篆，错金技艺精湛，至今金光闪熠，尚如新制。此后，各代沿用虎符为兵符，1955 年曾在内蒙古呼和浩特美岱北魏墓出土有北魏时虎符，为完整的两半合成整符，形作伏虎状，前胸左右各刻"河内太守"铭文，腹下分刻"铜虎符左"和"铜虎符右"铭文，背铭"皇帝与河内太守铜虎符第三"一行文字中剖为二，只有合符才能通读。北魏铜符不仅四肢伏卧，而且头部过大，造型远不如先秦虎符英俊生动，刻文亦拙稚，远不如秦杜虎符错金铭文精美。

图五　陕西西安出土秦国杜虎符

图六　广东广州西汉南越王墓出土错金铜虎节

至于虎形铜节，以 20 世纪 80 年代初在广东广州象岗山西汉南越王墓出土的虎节最为精美（图六），它被包裹于丝绢内，放置在墓内西耳室中部南墙根下。外貌铸成蹲踞的猛虎，张口露齿，弓腰卷尾，虎体主斑系在铸出的弯叶形浅凹槽内贴以金箔片，呈现出斑斓的虎皮形貌，华美生动，器长 19 厘米。虎节正面有错金铭文，为"王命 = 车（徒）"五字。从纹饰、文字等方面看，与楚文化似有渊源，值得深入探研。

（原载《文物天地》1998 年第 1 期。后收入《逝去的风韵——杨泓谈文物》，中华书局，2007 年）

龙舞晴空

　　节日舞龙，已是中华民族流传久远的习俗，不论在祖国大陆还是台湾等沿海岛屿，乃至离家千万里侨居世界不同地方的炎黄子孙，在欢度民族节日或举行庆典时，总忘不了演出那欢快火炽的龙舞。彩扎长龙，在多人举舞中，随着锣鼓的节拍，翻滚进退，矫健起舞。特别是入夜后舞起的龙灯，如四川的火龙，赤膊的壮汉高举遍体鳞甲通明的光焰长龙，在夜色中蟠转飞腾，散播着光明和欢乐，发出奋发向上的豪情，象征着中华各族人民不畏艰险的传统民族精神。飞舞的彩龙也像是一条纽带，将生活在地球不同角落的所有炎黄子孙的心连结在一起。

　　谈到龙舞，其起源虽不十分清楚，但人们常引述《春秋繁露》中有关求雨时舞龙的记述，可知西汉时已有，再上溯其渊源，至少在先秦或更早。但是沿袭至今，地无分南北，民族无分汉苗或其他民族，龙舞的道具——龙都有着共同的特征，都有制工精美的巨大龙头，其后接连着颇为修长的躯体，由若干节接合而成，每节下面有长杆供舞龙者执握，短的龙躯有9节，长的多达几十节，但是躯体上绝没有腿和爪，犹如长蛇一般，只是背脊上竖立有鳍，从颈部直伸延到尾部。巨首长身而无足的造型，令人不得不联想起史前玉龙的形貌特征。在内蒙古翁牛特旗三星他拉出土的红山文化玉龙（图一），至迟是距今5000年前的玉雕精品，其形貌特征正是在硕大的头颅后接连着修长的蜷勾的身躯，没有腿、爪。头上吻部前伸而前端平齐，有人说像猪，有人说像熊，还有人说像马……总之是个头大而身躯修长蜷勾的神奇之物。类似造型的玉龙，在内蒙古、辽宁等地红山文化遗址中屡有发现，有的头部更粗大，身躯勾蜷得更甚，乃至首尾接近呈玦形（图二）。

图一　内蒙古翁牛特旗出土红山文化玉龙　　　图二　辽宁出土红山文化玉猪龙

　　较其时代更早的内蒙古敖汉旗小山遗址出土过一件属于赵宝沟文化的陶尊，上面有几个纠缠搏斗的神怪的图像，其中一个是长吻獠牙蛇躯，身上似有羽翼，或被认为与红山蜷勾的龙有关，其实可能是与战神有关的原始神怪（参见本书《亥年话猪》图一）。在艺术造型上与三星他拉玉龙更为接近的史前玉雕，看来是远在南方的史前文化的遗物。在安徽含山县凌家滩遗址出土的玉雕中，也有大头身躯修长蜷勾的玉龙，没有腿、爪，勾反的尾端甚至与下颏相连，只是头上有角而背鳍更明显。同样身躯修长蜷勾而无足的史前龙的图像，稍后出现于山西襄汾陶寺龙山文化的陶盘绘纹中，但它的头稍小而且口中牙齿明显，并有长舌外吐，身躯遍布鳞纹（图三）。到了商代，巨头长体无足的龙纹为商人所承继，殷墟妇好墓出土的玉龙（图四）仍是这样的造型，同墓出土铜盘内心所饰龙纹更是精美，硕大的龙头在盘心中央，更为修长的身躯周环蟠转，极富图案韵律，均无脚、爪，头生双角而身躯上鳞片密布。甲骨文中的龙字，也正是采自巨首长身无足龙纹的象形而成。由此看来，龙舞或许真的与史前到殷商的文化渊源有关亦未可知。同时巨首长体无足龙纹的发展轨迹，也可表明中华先民自古就有着民族文化的共性和向心力，这也是直至今日中华民族凝聚统

一的精神象征，炎黄子孙欢舞于世界各处的长龙，不正给人以启迪吗？民族要团结，国家要统一，这是历史潮流的必然趋向。

除了巨首长体无足的龙以外，史前艺术中也出现过一些模拟自现实生物、被一些人认为是"龙"的图像，如模拟扬子鳄的蚌塑图像，它出现于河南濮阳西水坡；还有模拟鲵鱼（娃娃鱼）图像的，它出现于甘肃马家窑文化彩陶图纹中，等等。它们虽有四足，但与秦汉以后的四足龙不同，那

图三　山西襄汾陶寺出土龙纹彩绘陶盘

图四　河南安阳殷墟妇好墓出土玉龙

图五　河北平山战国中山王墓出土龙形玉佩

图六　安徽繁昌出土春秋时期龙纽盖铜盉（俯视）

些行进姿态的龙的肢体修长，与白虎一样是模拟走兽的姿态，与四肢短小的爬行动物无涉。

　　如前所述，由于远古文化的汇聚融合，商殷时龙的形貌日趋丰满成熟。但直到春秋、战国时期，与当时各地分立的诸侯国的政治形势适应，作为青铜器、丝织品等的装饰纹样，龙纹仍然形貌繁多，富于变化（图五），造型亦因时代、地域的不同而有差异（图六、七）。秦始皇统一六国以后，龙纹逐渐规范化。到西汉时更定型为身躯修长、鳞甲遍体、四足有

图七　安徽繁昌出土春秋时期龙纽盖铜盉（侧视）

图八　汉代青龙纹瓦当

爪、顶生长角的外貌。它经常与朱雀、白虎和玄武一起出现，分别是代表四方的星宿的象征，又合称"四灵"或"四神"（图八）。南北朝以后，龙的体态由汉代过分修长转向较为丰满，更显神俊，背脊起竖的鳍甲日趋明显，肘后或有羽翼（图九）。最典型的形貌是丹阳南朝大墓壁上拼镶的巨幅砖画。直到隋唐宋元，龙仍然是常见的装饰图案，不断出现在日常使用的铜镜（图一〇）和陶瓷器皿之上（图一一、一二），在拟人化的"十二辰"图像于隋唐时流行以后，龙首人体袍服形貌的"辰"俑，成为后世小说戏曲中描绘龙王冠冕龙首人身艺术造型的祖型。

图九　江苏常州戚家村南朝墓青龙砖画

图一〇　河南偃师杏园唐墓出土龙纹铜镜（拓片）

　　虽然很早就把龙与封建帝王联系在一起，如称秦始皇为"祖龙"。但是只有到明清时期，它才最终被禁锢于宫廷之中，成为不准百姓使用的御用图案和皇权的象征。即使如此，森严的禁令还是无法阻隔几千年来龙的

图一一　元代蓝釉白龙纹梅瓶

图一二　元青花云龙纹带盖梅瓶

形象与中华民族成长过程形成的联系，它不但长存于文学作品的描述里，也保留在民俗活动中，五月端阳的龙舟竞渡就是最生动的事例。

（写于 2000 年，后收入《逝去的风韵——杨泓谈文物》，中华书局，2007 年）

二 考古文博忆往

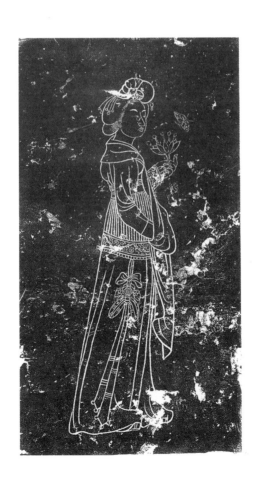

引导我走上考古研究道路三位老师

今年是丙寅年，距离我出生的乙亥年，已经过了51年。这半个多世纪我主要是在北京度过的，少年时代就读于私立育英中学（1949年以后改为第二十五中学），17岁考入北京大学历史系，在考古专门化学习5年，以后分配到中国科学院考古研究所（现中国社会科学院考古研究所），工作至今。除了初中以前的时光，在高中、大学读书和到考古所工作这三个阶段中，也就是在学术方面从启蒙、接受基本训练到独立进行研究的三个阶段中，对我影响最深的老师先后有金启孮先生、宿白先生和夏鼐先生三位，由于他们的引导，我才有可能走上考古研究的道路。

15岁时，我升入高中一年级，当时是中华人民共和国诞生的第二年，人们为建设新中国竭尽全力地工作，青年学生个个热情高涨，唯恐无法赶上时代的步伐，憧憬着将来走上为人民服务的岗位。不过，在那急速转折的热潮中，大家都想成为对祖国有用的专门家，但该成为个什么家，幼稚的头脑中还是一张白纸，缺乏扎扎实实地学习文化知识的务实精神。就在这时候，金启孮先生来担任我的班主任，并且教授语文课。由于我那年偶然被推选负责班里团的工作，因此开始了和金先生的密切接触。在当时一切都似乎急促而喧闹的氛围中，金先生那稳重的不慌不忙的作风颇令我们这些年轻的孩子惊讶。开始只听说先生原是学历史的，曾赴日本就读于东京帝国大学，回国后因一些不愉快的经历不肯教历史而改教语文，别的就不清楚了。现在还记得他第一堂课是讲授鲁迅的文章《社戏》，他认真仔细地向同学分析、讲解文章的写作背景及艺术特色，还向同学介绍了鲁迅回忆他幼年经历的其他文章以及瞿秋白对鲁迅的评价，这和原来的中学语文教学的风格迥异，让学生开阔了眼界。从那时起，直到金先生离开北京去呼和浩特的内蒙古大学任教为止的几年里，几乎每星期六的晚上我都是在先生家度过的，金先生的教诲和金师母的热情，都是我永生难忘的。金先生在灯下娓娓而谈，他想到什么就讲什么，他告诉我当年选学历史的原因，由于要研究满族的历史，因此要上溯到对女真族的研究。当时先生已翻译日本学者三上次男所著《金代女真之研究》一书，他向我介绍了白鸟库吉、三上次男、原男淑人等日本学者和他们的研究成果，又讲述了日本的东方学与匈牙利东方学的关系。他还告诉我应该学习满文，弄清老满文和新满文的不同，并应对女真文字进行研究。他向我介绍了中国古代文化与日本古代文化的关系，讲了日本奈良正仓院和其中保存下来的唐代文物、东大寺的著名铜铸大佛和散养在寺前那些偎依游人的鹿群（当我1982年首次到正仓院和东大寺参观时，感到似乎十分面熟，回想起来正是金先生当年的介绍在我脑海中留下了深刻印象的缘故）。金先生向我讲解过他写的关于晚唐敦煌归义军节度使张议潮的论文，同时介绍了敦煌出土文书中的"变文"，进而介绍了敦煌莫高窟的佛教艺术，还把《文物参考资料》中两本敦煌专号送给我，引导我对敦煌石窟的研究产生兴趣。此外，他还广泛地向我介绍文史知识，给我讲满族词人纳兰性德的词、日本大相扑的历史、东北地区少数民族信奉的萨满教、《红楼梦》中反映的满族上层人物的生活……总之，在那些难忘的夜晚，金先生把他掌握的渊博的文史知识，亲切地用漫谈的方式灌输到我的脑海中，把我引入了一个充满诱人知识的新领域，培育了我对历史学的兴趣，这对我后来选择专业和确定研究方向，有着决定性的影响。

还应提到，那时在周末经常去金先生家的还有陶君起、金寄水等先生，他们和金先生一起所谈的内容更加广泛，从戏剧、诗词到逸闻掌故，甚至狐鬼仙佛，无所不谈，这些不可能从正规学习中获得的知识，对一个年轻的中学生开阔眼界确是大有好处的。

同时，金先生还反复教导我下述道理：一个人向自己的老师学习，一定要学他的治学方法，学会方法自可体会发挥而青出于蓝，切不要一味模仿老师而亦步亦趋，甚至连咳嗽的声音也学得和老师一模一样，那是没有出息的，不会在学术方面有什么成就。金先生这一精辟的分析，对我有很大启发，至今不忘，而且一直是按先生的教导去做的，也正是抱着这样的态度向后来教我的各位老师进行学习的。总之，由于金启孮先生的引导，我在报考大学时主要选择了文史方面的专业，而且幸运地进入北京大学历史系。

跨进大学的门槛以后，一直憧憬着能够独立地进行专题研究，学习了大量的课程以后，头脑中的知识越积越多，但是量的增加并不能自动地引起质的飞跃，学得越多反而感到更难驾驭，至于如何进行专题研究，依旧是茫然的。授给我打开专题研究之门钥匙的是宿白先生，那是已经读了三年大学以后开始写学年论文的时候，我所在的小组共三个人由宿先生指导。开始宿先生征询我们自己对选题的意见，当时我们都不知该如何选，因此他就按他的想法给我们分别指定了题目。宿先生让我准备的选题是分析高句丽的壁画石墓，他当时向我指出，选择自己的论文题目，原则主要有三条。第一是所选的题目要有一定的重要性，还应有一定的难度，有些题目很容易写来不疼不痒，不能解决学术问题，因此没有选择的价值，写出来也让人笑话。第二是所选的题目要有完成的可能，资料较完备，虽有难度，但经努力可以克服。第三是所选的题目以后有继续扩展的可能，不是一个孤立的特殊事物，所收集的资料（考古资料和文献资料）和进行的研究，可以作为将来范围更广的研究的基础。因此有关高句丽壁画石墓的研究是合于上述三项原则的。首先，高句丽壁画石墓的研究对魏晋南北朝阶段考古研究是重要的，同时对古代朝鲜和日本的研究也是重要的。而且在那以前已有一些日本学者进行过部分研究，因此要想超出前人的成绩还是有一定难度的。其次，分布于吉林省集安县的高句丽墓，主要是积石墓和有封土的壁画石墓两类。对抗日战争时期及以前发现的墓葬，当时有过一些报告发表，对于积石墓还难以分析，但对壁画石墓的资料加以综合整理，还是有进行分析的条件。第三，对集安的高句丽壁画石墓的分析工作，可以为日后对中原地区两晋南北朝壁画墓的分析作准备工作。但是宿先生一再向我指出，选这一题目后，不准偷懒，不要企图找捷径，要认真踏实地去作（图一、二）。

图一　1957 年与宿白先生在邯郸

图二　1957 年与宿白先生在邯郸

　　题目选定以后，宿先生又仔细地教给我们收集资料和分析资料的具体方法（图三）。他让我做两种卡片，一种是文献资料卡片，另一种是墓葬卡片。墓葬卡片以壁画为主，又分为整壁壁画和壁画细部两类，都要绘出形象准确的图像。然后整理成以墓为单位的资料，包括各壁壁画内容和完整的图像。再以墓为单位，综列成包括形制及壁画内容的大型图表，经分

图三　1983 年与宿白先生在亚洲地区（中国）考古讨论会

析排比，分出型、式后，选择典型，集成《高句丽壁画石墓的形制及壁画内容变化表》，在此基础上再结合文献等资料定出文章提纲，最后写成《高句丽壁画石墓》一文。在整个过程中，宿先生随时进行检查，不但对文章内容及引用文献详加指点，甚至对卡片都加以检查，对所记内容或图像描绘的细部上的粗略处都不放过，每当看到我有畏难情绪时他就说，只有在学校里老师肯这样教你，如果你不想学，将来工作时再明白可就晚了。于是我只有认真对待，再不敢掉以轻心，对于一些只有局部照片的资料，也尽量拼接成较全面的形象。例如有座墓的藻井只有四面的局部照片，后来还是根据它们复原出整个藻井，因此得以与其他墓的藻井画进行综合排比，使结论更准确些。那篇论文经由宿先生审定后，他让我送给《文物参考资料》编辑部，发表于 1958 年第 4 期。文章刊出后，当时曾引起日本和朝鲜学者的重视。离开学校到考古所工作后，我按宿先生教的方法开始摸索着自己写论文，第一次成功的尝试是写成了《邓县画象砖墓的时代和研究》，得以发表于《考古》1959 年第 5 期（署名"柳涵"）。至今距《高句丽壁画石墓》一文的发表，已经过去 28 年了，回想起来，它虽然是我发表的第一篇考古学论文，但那篇文章逐段逐句都渗透着老师的心血。正是那次受到宿先生的严格的基本训练，给予我以后进行考古研究的资本，至今享用不尽，时间过得越久，越体会到当年先生对学生培育的恩情之重（图四）。

　　宿先生对学生的缺点从不放过。记得在《高句丽壁画石墓》发表后，我感到自己的文字写得还可以，不免有些沾沾自喜。一天，宿先生忽然问我平常看不看小说，我一时不知如何回答。他说，你就是看小说也一定只看故事，从不学学人家文章是如何写的，你写的文字太晦涩，简直让人没法读，自己真得好好下些功夫，写出东西不让人家读懂有什么用。后来我也从别的方面听到对我文字晦涩的批评，特别是后来从事考古书刊的编辑工作后，更是感到这是必须弥补的欠缺，所以尽力设法加深文字修养。现

图四　1994 年与宿白先生在云冈石窟

图五 2012 年与宿白先生合影，右立者为杭侃

在我凡写论文时，除了学科的要求外，总是尽力注意其可读性，那是因为一提起笔来就经常想起宿先生的话的缘故（图五）。

如果说《高句丽壁画石墓》一文的发表，是我步上考古研究旅程的开始，那么《中国古代的甲胄》的发表（原刊于《考古学报》1976 年第 1 期和第 2 期，修改后收入《中国古兵器论丛》一书）则是在学术上趋于成熟的标志，这一论文的初稿是经夏鼐先生审阅，并在他的具体指导下完成的。

回想我第一次听夏先生讲课，是在 32 年前，他给我们班讲授考古学通论的绪论部分，但是当时我实在听不懂先生那温州味极浓的普通话，虽然他讲得很有风趣，但整整一节课我几乎一句也没听懂。到了考古所以后，特别是参加编辑工作以后，有越来越多的机会和夏先生接触，我才得以逐渐听懂他的谈话。在我的记忆中，夏先生对他平辈的学者在治学中出现的问题是不太客气的，有时还会有相当苛刻但又颇有幽默感的评论。但是对我们这些后学之辈，则是极为关怀的，对我们在工作中出现的问题从不发脾气，而是耐心地讲解，并具体而微地指明问题，告诉我们该去查找什么文献，连版本、页码甚至第几行都指示得清清楚楚。如果是国外的资料，则常常是亲自把书找来，翻到需要参考的那一页再拿给我们看。审阅稿件更是极为认真，经他看过的稿子的天头或稿边，必然留有他那独特的小字仔细批写的意见，而且很少积压，上万字的稿子常是三四天就阅毕退回。这些优点是值得我们认真学习的。

当我到考古所工作后，夏鼐先生对我就很关心，先生曾把《清史稿》中我的曾祖父杨儒的传翻给徐苹芳同志看，并让他引导去看过我的住处。以后，在工作中他给过我许多具体指导，并且一再嘱咐年轻人应该对自己要求严一些。粉碎"四人帮"以后恢复评定学术职称时，他不止一次告诫我，作为考古所的助理研究员至少要有相当于其他单位副研究员的水平，而不应计较别的。在学术研究方面对我帮助最大的一次，就是前面已经讲到的对《中国古代的甲胄》一文的指导。我在写初稿时，总想表现出自己掌握的材料如何全面，对文献的查考如何周到，什么都想写上，于是字数很多而文章显得臃肿不堪。夏先生很尖锐地指出写论文不应该是"长编"，不能罗列资料，必须论点突出。按他的意见改写后果然面貌为之一变，提高了论文的学术水平。对于这样的修改，夏先生感到满意，后来在审阅我写的《日本古坟时代甲胄与中国古代甲胄的关系》一文时，他还提到对《中国古代的甲胄》一文的改写，认为是因为我听了他的话文章才写成功的。事情正是这样，《日本古坟时代甲胄与中国古代甲胄的关系》一文，也是按照夏先生的具体意见修改后，才有了发表时的面貌。现在夏先生仙逝已久，再也无法聆听他的教诲，但夏先生对我那两篇文章写的长篇的意见，我至今保留着，每看到它们就想起先生对晚辈的关怀和期望，鞭策我学习先生忘我的治学精神去尽力工作。

上面讲到的三位老师和其他许多老师。引导我走上考古研究的道路，今后我还要以三位老师为榜样，努力向前走。同时我也一定牢记金启孮先生的话，一定要学他们的治学方法，并不要模仿他们咳嗽的声音，这样去走我自己的路。

（原载《文物天地》1986 年第 5 期）

夏鼐先生对中国科技史的考古学研究

夏鼐先生曾经谦虚地声明："我是搞考古学的。对于中国科技史，可以说是一个门外汉，完全外行。"透过这一谦虚的声明，也可以反映出他对中国科技史方面进行的仍是考古学的研究，也就是创造性地利用各种考古学的资料，运用考古学的方法进行的。由于他在考古学方面造诣之深，对与考古学关系密切的许多学科了解之广，因此能够精辟地阐明中国古代在天文、数学、纺织、冶金、化学等科技领域中的许多光辉成就①。同时，他还尽力促进考古学界和科技史学界之间学术上的密切联系，相互配合地取得了许多重要的研究成果，特别是在陶瓷史、冶金史等方面最为突出。以致一些国外的科学史学者把中国大陆上中国考古学家和中国科技史专家之间对于古代文物研究方面的密切合作，以及中国考古学家特别重视中国古物的技术史方面研究，都归功于夏鼐先生②。在这方面，他是当之无愧的。

夏鼐先生在《沈括和考古学》一文中，十分推崇沈括在冶金学方面的"实事求是唯物主义思想"，"研究古器的制法和用法，不局限于表面的描述"，"注意各门学科的协作，不孤立地研究问题"等等。其实他自己在治学中也同样具备上述特点，特别是以严谨的实事求是的科学态度，认真对待每一个学术问题，坚持真理，从不考虑个人得失。下面的例子就充分显示出一个坚持真理的正直学者的本色。

---

① 夏鼐：《中国考古学和中国科技史》，《考古》1984 年第 5 期，第 427 页。
② 夏鼐：《中国考古学和中国科技史》，《考古》1984 年第 5 期，第 427 页。

图一　河北藁城台西商代遗址
出土铁刃铜钺

1972 年，河北省藁城商代遗址发现了一件铁刃青铜钺（图一），铁刃经初步检验，曾被认定是人工炼铁[1]。消息传开，在当时的政治条件下，就被宣传为铁器的使用是标志着中国历史进入阶级社会第一阶梯——奴隶社会的实物例证，认为这才符合马克思主义经典作家的指示，并预示着商代铁器将继续出土。那件标本发现之初，发现者曾拿到考古研究所请夏鼐先生看，当时他即指出，据肉眼观察，这是铁制的无疑。但是在人类能炼铁以前，还曾利用陨铁制器，这件是陨铁或人工炼铁，要找科技专家来鉴定。二者在人类文化发展史上的意义是大不相同的。并且嘱咐说，要特别注意其中的镍的含量，因为一般人工炼铁中很少能含镍达 5 % 以上，都是 1 % 以下。当报道这一发现的考古简报送到《考古》杂志要求发表时，编辑部诸先生认为根据夏先生意见应慎重从事，需有认真的科学鉴定，未敢贸然刊出。后来由于受到所谓"上面"和其他方面的压力，只得将该简报于 1973 年第 5 期刊出。夏先生看到校样后，认为至少应该加上几句编者附记，指明"藁城商代遗址出土的铁刃铜利器，是一个很有意思的发现。但是，根据已做过的化学分析和金相考察，似乎并不排斥这铁是陨铁的可能，还不能确定其'系古代冶炼的熟铁'"。当时编辑部认为不宜加"编者按"，而希望夏先生署名，于是在该简报后附有他署名的"读后记"[2]。原简报所附冶金部钢铁研究院实验报告写道："金相观察小试样因已锈蚀看不到金

---

[1]　河北省博物馆、河北省文物管理处：《河北藁城台西村的商代遗址》，《考古》1973 年第 5 期。
[2]　详见《考古》1973 年第 5 期，第 271 页。

属组织，但发现大量条带状夹杂物，并且铖本身有分层现象，说明金属经过热变形。电子探针微区分析小试样含有硅酸盐（FeO）x（SiO₂）y和大块的氧化钙，条带状夹杂物，夹渣和渣子的化学成分都具有'熟铁'的特征。"对此夏先生指出，发现大量条带状物并且有分层现象，只能证明金属经过热变形和锤打，因之不是生铁（生铁锤打即碎），而不足以确定其为熟铁或陨铁，并指出，大多数陨铁可以锤锻成器，这不仅有民族志的实例，还有人做过实验。又指出，含镍较多是陨铁的特点，定量分析一个小试样是含镍 1.76%，是一般冶炼的熟铁所罕见的，所以这方面还要再作分析。至于含有硅酸盐夹杂物和含锰很低，并不仅是"熟铁的特征"，陨铁也常如此。而石灰可能是埋进土中后沾污上去的。夏先生还指出，简报中提到的流入美国的 1931 年浚县出土的两件铁刃铜利器于 1946 年发表后，"1954 年梅原末治加以研究，认为是冶炼的铁，并且还认为这两件的发现是'划时代的事实'，但是后来做了科学分析，证明实是陨铁所制"。在阐述了以上理由后，他慎重地提出："我们以为这次所发现的青铜利器的铁刃是否系冶炼的熟铁，还有待进一步的分析研究。"夏先生的意见是有科学基础和说服力的，自然引起国内外学术界的重视。但是当时的政治气候极为险恶，所内、所外都有人正罗织罪名，来"批判"夏先生，于是这一"读后记"就被作为他"反马克思主义""学阀作风""打击新生力量"等的证据。虽然如此，夏鼐先生仍旧坚定地认为这是一个需要深入分析的学术问题，继续安排重新鉴定事宜，请钢铁学院的柯俊先生主持这一鉴定工作。经过柯先生和钢院冶金史组同志的认真工作，证明这件青铜铖的铁刃的确是用陨铁制成的，他们的鉴定报告《关于藁城商代铜铖铁刃的分析》，以"李众"的笔名发表于《考古学报》1976 年第 2 期，结论是"藁城铜铖铁刃中没有人工冶铁所含的大量夹杂物，原材料镍估计在 6% 以上，钴含量在 0.4% 以上。更为重要的是，尽管经过锻造和长期风化，铁刃中仍保留有高低镍、钴层状分布，高镍带风化前金属镍含量达到 12%，甚至可能在 30% 以上。这种分层的高镍偏聚，只能发生在冷却极为缓慢的铁镍天体中。根据这些结果以及与陨铁、陨铁风化壳结构的对比，可以确定，藁城铜钺的铁刃不是人工冶炼的铁，而是用陨铁锻成的"①。柯先生的科学结论，澄清了前此引起的混乱，为中国冶金史和中国考古学两方面都解决了一个重要问题。同时，也证明了夏鼐先生原来所作的论述（指明商代铜钺上铁刃的性质）是正确的，既表明了先生的渊博学识，也显示出先生实事求是、坚持真理的学风。

对中国科技史的考古学研究，是夏鼐先生生前最感兴趣的研究课题之一，从 20 世纪 50 年代后期到达 80 年代初期，他完成的学术论文主要集中在两方面，其一是对中西交通史的研究，另外就是对中国科技史的研究②。他并且将《考古学和科技史——最近我国有关科技史的考古新发现》《沈括和考古学》《从宣化辽墓的星图论二十八宿和黄道十二宫》《洛阳西汉壁画墓中的星象图》《元安西王府址和阿拉伯数码幻方》《新疆新发现的元代丝织品——绮、锦和刺绣》《我国古代蚕、桑、丝绸的历史》《吐鲁番新发现的古代丝绸》《晋周处墓出土的金属带饰和重新鉴定》《我国出土的蚀花的肉红石髓珠》等十篇亲自修改编定为《考古学和科技史》一书，由科学出版社出版③。提到该书的出版，还应介绍夏鼐先生在逆境中仍孜孜不倦地钻研学术的可贵精神。那本书开始编集是 1975 年，当时正值"批儒评法"的高潮，他自己面临着新的"批判"，前景茫茫，但是夏先生并不为险恶的形势所动，他致函科学出版社，提出准备将历年来的有关科技史方面的论文集结出版。我个人受科学出版社王玉生同志之托，协助夏先生做具体的编辑及配图工作，面对当时所内对他不利的局面，我真为他担心，但他自己仍旧照常修改旧作并开展新的研究。这本书编成时已是"四人帮"被粉碎之后，他把新发表的《考古学和科技史》一文收入集内，作为全书的"代序"，并以该篇名为全书的书名，这时才得以正式列入考古学专刊甲种之中。该书出版以后，夏先生又继续发表了《另一件敦煌星图写本——〈敦煌星图乙本〉》《有关安阳殷墟玉器的几个问题》《中国考古学

---

① 李众：《关于藁城商代铜钺铁刃的分析》，《考古学报》1976 年第 2 期。
② 王仲殊：《夏鼐先生传略》，《考古》1985 年第 8 期。
③ 夏鼐：《考古学和科技史》（考古学专刊甲种第十四号），科学出版社，1979 年。

和中国科技史》《所谓玉璿玑不会是天文仪器》《梦溪笔谈中的喻皓木经》以及《湖北铜绿山古铜矿》（与殷玮璋合写）等论文，完成了许多新的有关科技史的研究课题。下面想概要地介绍夏先生在上述一系列论文中的主要成果。

一

《中国考古学和中国科技史》和《考古学和科技史——最近我国有关科技史的考古新发现》是两篇综合性的研究论文。在前一篇中夏先生明确了考古学和科技史的定义，阐述了它们各自的特点以及它们之间的密切关系。后一篇则"在表面上是介绍自1966年以来我国有关科技史的考古新发现，实际上是想说明考古资料对于科技史研究工作的重要性；同时也是告诉考古工作的同行们，应该设法取得科技工作者的协作，以解决考古学上的问题，有些同时也是科技史上的重要问题"[1]。因此这两篇对考古界的同行们，都是具有指导性的重要文章。

夏先生指出科学技术史便是自然科学和应用科学的历史，它应该算作社会科学中的历史科学，而不是自然科学。科学史家要有专业性的自然科学的训练，但是他研究的对象不是自然现象，而是作为社会成员的人类对于自然界的认识的发展过程和人类关于这方面的知识的累积过程。现代的考古学是历史科学的一个部门，是利用古代留传下来的实物来研究古代人类的社会、经济、日常生活等各方面情况和它们的演化过程。至于二者的关系，科技史的"史"字是广义的历史，包括利用文献记载的狭义的历史和利用实物资料的考古学。因此其中许多方面是要依靠考古学提供实物标本和涉及标本的有关资料（例如标本的年代和出土情况等）；有时候需要合作，共同进行研究。另一方面，考古学有很多地方要依靠科技史专家来帮忙解决，例如陶瓷史和冶金史中的问题，也是科技史中有关部门的问

---

① 夏鼐：《考古学和科技史》（考古学专刊甲种第十四号），科学出版社，1979年，第135页。

题，只能提供资料请科技史专家或科技专家来加以鉴定和研究。在请科技史专家配合时，首先要明确提出想解决什么问题，其次必须实事求是地提供出土情况等资料，如果田野工作当时有疏忽或者不确切，最好自己加以更正，以免引出不够正确的结论①。

为了说明考古资料对于科技史研究工作的重要性，夏先生在《考古学和科技史》一文中择要综述了自 1966 年至 1977 年初我国有关科技史的考古新发现，按（一）天文和历法，（二）数学和度量衡，（三）地学，（四）水利工程和交通工具，（五）纺织、陶瓷和冶金，（六）医学和药物学，（七）农业科学的顺序编排。在该文的补记里又补叙了有关铜绿山春秋炼铜竖炉和关于古代甲胄的综合研究。

二

夏鼐先生对有关天文学的考古资料的研究，集中表现在对古代星图的研究，对二十八宿和黄道十二宫的研究以及对古天文仪器的辨伪。

晴朗的夜晚，万里长空，星辰灿烂。古代人民很早便注意到这些星辰的星移斗转的现象，因为这和生产实践的季节性活动有密切联系。后来将观测星辰的结果绘成星图，它是根据恒星观测绘出天空中各星座的位置，一般绘制得比较准确，所反映的天象也比较完整。它和现代天文学上的星图性质相同，只是由于没有望远镜的帮助，星数和星座数较少而已。这类星图如现存的唐代敦煌星图、苏州宋代石刻天文图（图二）等。"另一类是为了宗教目的而作象征天空的星图和为了装饰用的个别星座的星图"②，这一类多发现于古代的墓葬中。汉画像石中的织女图等，是为了装饰用的个别星座的星图的例子。墓室顶部绘出或刻出的星图，是为了宗教目的而

---

① 夏鼐：《另一件敦煌星图写本——〈敦煌星图乙本〉》，李国豪等主编《中国科技史探索》，上海古籍出版社，1982 年，第 143 ~ 153 页。
② 夏鼐：《从宣化辽墓的星图论二十八宿和黄道十二宫》，《考古学报》1976 年第 2 期，后收入《考古学和科技史》，第 29 ~ 50 页。

用以象征天空的，这种风俗在我国现存文献中最早出现于秦代。《史记·秦始皇本纪》记载秦始皇陵中，"上具天文，下具地理"，当是在墓室顶部绘画或线刻日、月、星象图。迄今发掘以洛阳西汉墓中星象图为最早。这些象征天空的星图又分两种，以唐、宋墓中的二十八宿图为例。"其中一种，各宿的相对位置依实测图绘制，又绘有赤道，可以依之推算出观测年代。例如杭州吴越王钱元瓘墓中石刻星图。"（图三）"另一种是将二十八宿排成一圈，不管它们的相对距离，也没有绘出赤道。"例如新疆吐鲁番唐墓顶部的星图和宣化辽墓的星图，"它们是无法推测出观测年代的"①。

图二　江苏苏州南宋石刻天文图

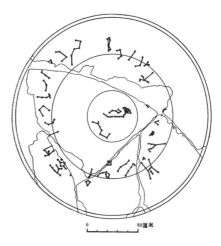

图三　浙江杭州五代钱元瓘墓
石刻天象图（摹本）

　　对于第一类星图，夏鼐先生近年对敦煌星图写本进行了研究，主要是现藏甘肃敦煌文化馆的《敦煌星图乙本》（编号为写经类58号），并兼及李约瑟博士已论述过的甲本（斯坦因敦煌卷子 S. 3326 号）的有关问题。乙本现存部分是一残卷，原为可能和甲本一样，在《紫微宫图》前面，还

---

① 夏鼐：《从宣化辽墓的星图论二十八宿和黄道十二宫》，《考古学报》1976 年第 2 期，后收入《考古学和科技史》，第 49 页。

有几幅星图，绘上了当时观测过的全部"星官"，即"星座"（严格言之，我国星图中的星应称为星官，因为有些只有一颗星，不能称为星座）①。他将甲本、乙本（图四）与唐人王希明《丹元子步天歌》及《晋书》《隋书》两书内《天文志》中紫微宫一项内的星官名和星数一起，列成详细的对照一览表。通过比较它们之间的异同，指出"敦煌两种星图的内容和《步天歌》最为相近，与《晋书》《隋书》两史的《天文志》差异较多，但都属于一个系统。"因为《晋书》《隋书》两史的《天文志》的"紫宫"（即紫微宫），共有 36 个星官，161 颗星。《步天歌》的紫微宫一节中没有造父和钩星，它把这二者都改放在危宿中。但是它又多出了玄戈、天枪、天棓、八谷和太尊，所以它共有 39 个星官，163 颗星（其中华盖缺少 2 颗星）。甲本和乙本的紫微图都没有造父和钩星。甲本也把这二者放在危宿，乙本失去危宿图，可能也同样处理。甲本和乙本都没有内厨和太尊，但是有玄戈、天枪、天棓和八谷，也与《步天歌》相同。到于甲、乙两本之间，虽大致相同也稍有差异，乙本在紫宫垣用一个封闭的圆圈来表示，在它外面另有一更大的同心圆，当是表示上规（内规）的，即天极上"北极出地"常见不隐的地方的界线。这图的星辰位置绘制得并不十分准确，但是根据传舍、八谷及文冒等星来推测，这星图的观测点的地理纬度约为北纬35°左右，即相当于西安、洛阳等处。这图中圆心的星是北极第三星，"按第五星天枢代替第二星帝星为极星，一般认为隋唐之际；第二星帝星为极星，约在周初（公元前1000年）；则第三星代替第二星帝星为极星，约为汉魏时，如果这幅图是正确的话，那么这便是这星图的观测年代"。乙本由于"既照顾到紫微宫应列入的星座，又绘出上规（内规）的圆圈，使我们得以推测它的观测地点和年代，这是它胜于甲本的优点之一"②。它们之间的另一个差异，是图幅的上下二者适相颠倒。至于各星官的形象和

---

① 夏鼐：《另一件敦煌星图写本——〈敦煌星图乙本〉》，李国豪等主编《中国科技史探索》，上海古籍出版社，1982年，第143页。

② 夏鼐：《另一件敦煌星图写本——〈敦煌星图乙本〉》，李国豪等主编《中国科技史探索》，上海古籍出版社，1982年，第147页。

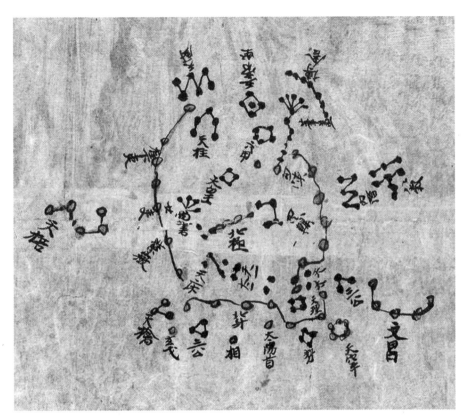

图四　敦煌星图甲本（局部）

位置，一般而论，甲、乙两本的图，都绘制得不很正确，但也没有很重大
的错误。总之，乙本原来的蓝本，在星官数和星数方面，实稍胜于甲本的
原本，但两个原本大同小异，是一个系统的两个不同本子。关于这两种星
图的年代，甲本稍早，李约瑟认为抄写年代约在公元 940 年，即后晋天福
年间，判断似乎偏晚了。根据甲本的字体和卷末雹神的图形，夏先生以为
可能早到开元天宝时期（公元 8 世纪）。至于乙本，这写本正面是《唐人
地志残卷》，据向达教授考证，当撰于天宝初年（8 世纪中叶），但抄写年代
可能晚一些。星图抄在背面，其抄写时代当比正面还要晚，字体近于五代
（10 世纪）写本，要比甲本晚一些，《中国古代天文文物图集》认为，抄写
年代已经在晚唐五代时期（10 世纪上半叶）。由于上述对甲本和乙本的研究，
夏先生对《步天歌》的年代和作者提出考证，指出王希明是唐开元时人，

《步天歌》的歌辞撰述的时代不能早于李淳风活动的时代。因为初唐时（7世纪）所撰的晋、隋二史的《天文志》中的紫微宫与《步天歌》和两种敦煌星图比较，可以看出它们之间的一些显著差异。又将《步天歌》与两种敦煌星图抄本相比较，则几乎完全符合。如果《步天歌》是隋代作品，则这种现象很难解释。如果它是唐开元时作品，这种解释上的困难便不存在了。

对后一类古墓墓室内为宗教目的而作、象征天空的星图，夏先生着重研究了现在发现年代最早的洛阳西汉壁画墓星图。该墓发掘于1957年，日、月、星象图发现于前室的顶脊上，它以彩色描绘在12块长方块上，由西向东，第一幅是太阳，第七幅是月亮兼星象，其余10幅都是星象图（图五）。都是用粉白涂地，然后用墨、朱二色绘以流云，用朱色圆点标出星辰。夏先生逐幅考证了所绘星座以后，指出"如果所推定的星座大致不错，那么，我们可以说，这十二幅的日、月、星象图，最东的一幅是太阳图，然后是'中宫'的北斗及其有关的五车和贯索；然后是二十八宿中的东方的心、房，西方的毕、昴、参，北方的虚、危，南方的柳、鬼（或轸）等九宿，还插入月亮图和河鼓（及其有关的旗星）和织女"①。因此它并不是以12个星座表示12次（更不是十二宫），也不是象征十二时辰，而是汉代天官家所区分的"五宫"中每宫选取几个星座用以代表天体而已。我国古代的生产以农业为主，劳动人民注意一年四季的更迭，以求不失农时，而四季的更迭，可以由观测赤道附近的某一恒星或星座在初昏时（或昧旦时）的"中天"作为标准，也可以由初昏时北斗的斗柄所指的方向作为标准。记载殷末周初的天文现象的《尧典》中，便有观测"四仲中星"的记录。后来受了五行学说的影响，在四方之上又添"中宫"，成为"五宫"。而"四中星"也扩充到二十八宿，但仍旧分属"四宫"。洛阳西汉墓星图便是在这天文知识的基础上绘成的，它提供了我国天文学史上的重要新资料。

---

① 夏鼐：《洛阳西汉壁画墓中的星象图》，《考古》1965年第2期。后收入《考古学和科技史》，第59页。

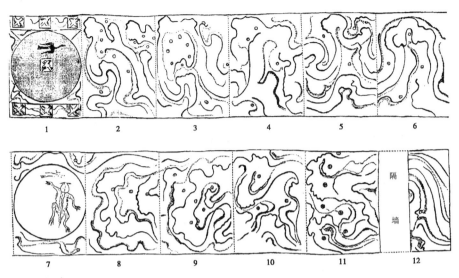

图五　河南洛阳西汉壁画墓中的日、月、星象图（摹本）

　　夏先生对二十八宿和黄道十二宫的研究，是结合对宣化辽墓星图的考证进行的。1974 年发掘的河北宣化辽张世卿墓（死于辽天庆六年，即1116 年）所绘星图，属前述第二类中的后一种，在室顶中央以铜镜为莲心的九瓣重瓣莲花周围，绕绘二十八宿，在其外边又环绕以西方传来但已中国化的"黄道十二宫"的图像①。十二宫中的双子和室女，都是穿中国古代服装的汉人，宝瓶为中国式瓶子，双鱼作汉洗中双鱼游水状，说明画法和风格完全中国化了（图六）。这一星图的发现，引起了夏先生的注意，认为对二十八宿这问题的进一步探讨，具有学术上的理论意义。由于明末西洋来华的耶稣会教士们，误认我国的二十八宿及与之相关的十二星次，便是巴比伦、希腊天文学的黄道十二宫的翻版。后来主张"中国文明西来说"的西洋汉学家，仍多袭这种错误说法。苏联的 Л. С. 瓦西里耶夫在讨论殷商文化元素时，还说什么中国在当时借用了西方的"黄道带"概念，仍袭"中国文明西来说"。因此对这一问题的探讨也具有政治上的现实意义②。经

①　河北省文物管理处等：《河北宣化辽壁画墓发掘简报》，《文物》1975 年第 8 期。
②　夏鼐：《从宣化辽墓的星图论二十八宿和黄道十二宫》，《考古学报》1976 年第 2 期。后收入《考古学和科技史》，第 29 页。

图六　河北宣化辽墓天象壁画

过研究，夏先生发表了《从宣化辽墓的星图论二十八宿和黄道十二宫》，结论主要是以下几点：（1）二十八宿的巴比伦起源论是没有根据的。中、印两国的二十八宿是同源的，而中国起源论比印度起源论具有更为充分的理由。（2）二十八宿体系在中国创立的年代，就文献记载而言，最早是战国中期（公元前 4 世纪）；但可以根据天文现象，推算到公元前 8 ~ 6 世纪（620 ± 100B. C）。虽然可能创始更早，但是公元前 4 世纪以前的文献中只有个别的星宿名称，文献本身不足以证明这些星宿是已成体系的二十八宿的组成部分。（3）黄道十二宫体系起源于巴比伦，完成于希腊，由希腊传入印度。后来这体系随着佛教传入中国，最早见于隋代所译的佛经中。十二宫图形的输入也已证明，至晚可以早到唐代。但是在明代末年近代西洋天文学输入以前，这体系在中国始终未受重视，未能取代二十八宿和十二星次。（4）二十八宿和黄道十二宫，是和天文学中其他成果一样，最初起源于生产实践。中国和西方的劳动人民累积生产实践的长期经验，分别创立这两种体系来划分天球，以便于观测日、月、星辰等运行的位置，从而规定季节岁时，以利于季节性的生产活动。后来这两种体系都曾被占星术所借用，以宣扬迷信的宿命论。这是天文学方面唯心主义和唯物主义的斗争的反映。（5）宣化辽墓中的星图，要放在这些历史背景中来考察研究，才有意义。对二十八宿起源这一聚讼已久的问题，用夏先生自己的话说："这篇利用辽墓壁画上的二十八宿和十二宫，结合大量文献，以论证二十八宿起源于中国。这问题虽不能完全解决，但已可得初步的结论。"① 因此对天文学史的研究的贡献是很大的。

通过上面两方面的研究，夏先生还提出了分析研究有关中国天文考古资料的方法论问题，并且作了示范。首先，"天空上的星辰是客观存在的，但是它们本来并没有自行结合归队为不同的星座。所谓'星座'，是天文学者就星辰的排列布局，对比人神、动物、器物等的形象，或虚拟州国、百官等列布，而想象出来的。我们古代天文学和西洋的天文学起源不同，所以关于星座的划分，除了少数的例外，也是并不相同的……所以我们只能利用我国古代星座作为对照之用，而不该采用西洋星座作对照"②。其次，古人绘星图绝不会是在一幅西洋的星图上乱选出几个星座作为点缀，也不会只是在我国古代星图任意选择几个星座，漫无目的。我们要问：它的用意到底是什么？它的选择标准是什么？同时还要注意到一般墓室内星图的描绘者，不会自己便是一个天文学者，他大概是根据一个蓝本，依样画葫芦。因之会有某些方面走了样甚至发生遗漏，要把这些都考虑进去，才能得出比较完满的结果。最后还要注意古代各民族文化的相互影响，把外来的因素认识清楚，以研究它传入的时代、传播的原因和传入后的影响。

① 夏鼐：《考古学和科技史》（考古学专刊甲种第十四号），科学出版社，1979年，第135页。
② 夏鼐：《洛阳西汉壁画墓中的星象图》，《考古》1965年第2期。后收入《考古学和科技史》，第51~52页。

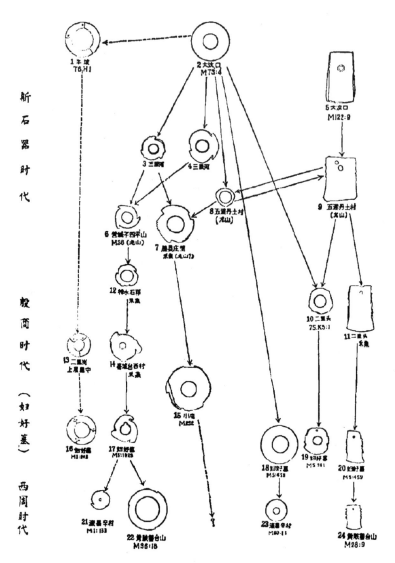

图七　牙璧谱系图
（引自夏鼐《所谓玉璇玑不会是天文仪器》图三）

　　关于对古天文仪器的辨伪，夏先生的成果之一是指出所谓玉璇玑不会是天文仪器，澄清了自一百年前吴大澂至后来中外一些学者把外缘带有三节或四节叶状突起（即牙形）的玉璧都叫作"璇玑"，并认为是天文仪器所引起的混乱。根据近年的考古发掘资料，玉璧在中国出现很早。浙江河姆渡遗址曾出土过小璧（^{14}C 年代为距今 6960 ± 100 年）。新石器中期至晚期，在山东大汶口文化、龙山文化，浙江的良渚文化和甘肃的半山文化等遗址，都有发现。它的用途是作为装饰品，可能也带有宗教或辟邪作用。至于被称为璇玑的实际上是玉璧的一种，外缘带有三处作牙状突起的玉璧出现于龙山文化晚期，夏先生根据出土资料绘出牙璧的谱系图（图七），清楚地说明了它的发展和演变。并指出典型的多齿三牙璧，目前在考古发掘中出土的只有一件，是在安阳小屯 232 号墓中，和玉鸟形饰物等同出，它的年代是商代后期，可能较妇好墓略早。根据发掘出土物的线索，典型的带齿三牙璧可能早到龙山文化晚期，但不会晚于西周。结论是不管是简单的三牙璧或多齿三牙璧，都是装饰品，可能同时带有礼仪上或者宗教上的意义。但是它并不是天文仪器，更不能叫作"璇玑"。另外，还应提到有关安徽阜阳西汉汝阴侯墓出土的式盘和占盘，开始有同志把它们与另一件仪器一起都归为天文仪器①。夏先生知道后告诉阜阳的同志，应把它们分开，式盘与占盘并不能算为天文仪器。后来他又让考古编辑部约请严敦杰同志写出专文，论述了汝阴侯墓的六壬式盘和太一九宫占盘。严文指出，六壬式和太一九宫占都属于伪科学，但由于它和天文、历法都有密切的关联，因此研究科学史时，对这些材料也应给予应有的注意②。

三

关于数学史方面的考古学资料，夏先生在《考古学和科技史》一文中着重介绍了当时已发现的两组最早的算筹实物标本，分别发现于陕西千阳县西汉墓和湖北江陵凤凰山 168 号西汉墓中，后一组是和砝码、天平衡杆等一起放在竹笥中的③。算筹是我国在发明和使用算盘以前，普遍使用的

---

① 安徽省文物工作队等：《阜阳双古堆西汉汝阴侯墓发掘简报》，《文物》1978 年第 8 期。
② 严敦杰：《关于西汉初期的式盘和占盘》，《考古》1978 年第 5 期。
③ 宝鸡市博物馆等：《千阳县西汉墓中出土算筹》，《考古》1976 年第 2 期；纪南城凤凰山一六八号汉墓发掘整理组：《湖北江陵凤凰山一六八号汉墓发掘简报》，《文物》1975 年第 9 期。

一种帮助计算的工具，它的使用可以上溯到春秋时期或更早，而我国的算盘要到大约 11 世纪才开始使用，15 世纪中叶才盛行①。夏先生对数学史方面的研究，主要表现在讨论中国幻方的历史，并阐述中国引进阿拉伯的幻方和数码字的经过，那是通过对元代安西王府址出土的阿拉伯数码幻方的研究进行的。

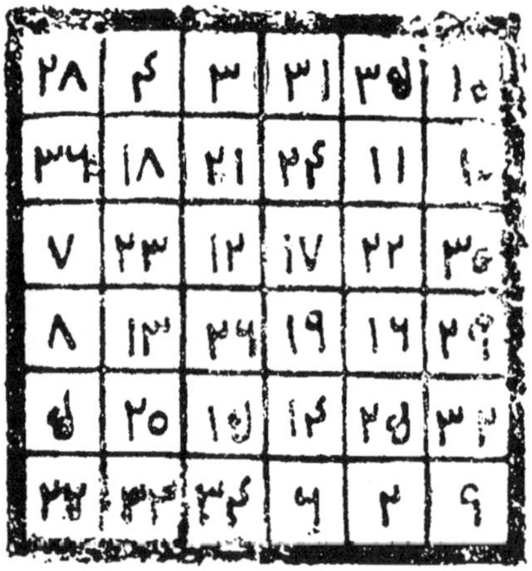

28	4	3	31	35	10
36	18	21	24	11	1
7	23	12	17	22	30
8	13	26	19	16	29
5	20	15	14	25	32
27	33	34	6	2	9

图八　西安元代安西王府
出土幻方铁板及释文

1957 年春，在西安元代安西王府故址的发掘工作中，在夯土台基中一件石函内发现 4 块幻方铁板（图八），这些幻方据说也出土于另一石函之中②。夏先生对幻方作了考证，幻方是数学中组合分析的一支，但是因为它有神秘色彩，宗教迷信便加以利用。这几件六六幻方藏在石函内，被埋于夯土台的房基中，是用来压胜或辟邪的器物，以求保护这些建筑永久不受灾害。幻方埋于奠基时，即在 13 世纪 70 年代，故它们的制作年代应当相去不远，可以假定为 13 世纪 50 年代到 70 年代③。因此是元初（相当于南宋末年）的东西。取 10 世纪的数码、现代阿拉伯数码与幻方上的数码相比较，可以看出幻方所用的 10 个数码中，5、6、9 三个与 10 世纪数码相同

---

① 夏鼐：《考古学和科技史》（考古学专刊甲种第十四号），科学出版社，1979 年，第 3 页。
② 马得志：《西安元代安西王府勘查记》，《考古》1960 年第 5 期。
③ 夏鼐：《元安西王府址和阿拉伯数码幻方》，《考古》1960 年第 5 期。后收入《考古学和科技史》，第 68 页。

或相近，2、3、4、8 四个与现代阿拉伯数码相同或相接近，而 1 和 7 是三者都相同的，这表明西安的一套数码是由 10 世纪到现代的中间过渡形式，而接近于 10 世纪的数码，可以作为研究阿拉伯数码演变史的资料。由于安西王忙哥剌之子阿难答是一个笃诚的回教徒，他本人可能晚年也崇信回教，至少他的亲信中有回教徒，"那么这几件阿拉伯数码的幻方，虽是毫无疑问地受了阿拉伯的影响，但它们的铸造，仍有可能是西安当地回教徒书写出来交工铸造的，不一定原物非由阿拉伯国家输入不可"①。它们可以提供研究当时宗教和风俗的史料，同时也是 13 世纪中西交通频繁的重要的物证。夏先生还指出幻方埋入的时间较宋代杨辉《续古摘奇算法》（1275年）一书为早，"我国古代的幻方，有了可能是全世界最早的幻方'九宫图'以后，长时期没有什么发展。到了杨辉的书中，忽然发展到十几个纵横图，还讨论了构成的方法，突飞猛进。这是不是受到阿拉伯的纵横图的传入的影响？此图与杨书中六六纵横图不同。但杨书中四四纵横图显然是受阿拉伯的影响，后者在阿拉伯的算书中比杨书较早出现三百来年（公元990 年）"②。

四

对于中国古代纺织史的研究，夏鼐先生有着浓厚的兴趣，早在 20 世纪60 年代初，根据 1959～1960 年新疆新发现的丝织品，他写出了《新疆新发现的古代丝织品——绮、锦和刺绣》，以讨论汉唐时代的绮、锦和刺绣，研究它的织法和花纹，并且附带讨论汉唐时代的中西交通史。到 70 年代初，他连续完成《我国古代蚕、桑、丝绸的历史》《吐鲁番新发现的古代丝绸》两篇文章。在前一篇文章中研究了我国汉代以及汉以前的关于养

---

① 夏鼐：《元安西王府址和阿拉伯数码幻方》，《考古》1960 年第 5 期。后收入《考古学和科技史》，第 68 页。

② 夏鼐：《元安西王府址和阿拉伯数码幻方》，《考古》1960 年第 5 期。后收入《考古学和科技史》，第 68 页。

蚕、植桑、缫丝和织绸的历史，对于汉代织机做了新的复原，对于各种丝织品的组织做了分析。在后一篇文章中主要介绍 1966～1969 年间吐鲁番新发现的几件标本，作为《新疆新发现的元代丝织品——绮、锦和刺绣》及《我国古代蚕、桑、丝绸的历史》二文的补充。此外，在《考古学和科技史》中，他又介绍了新发现的西周丝织物等考古资料。后来他在去日本所做的演讲《汉唐丝绸和丝绸之路》中，对他的上述成果作了概要的通俗性的综合介绍。现将他对纺织史的研究成果，归纳为下述几方面加以简介。

（一）夏先生指出："中国是全世界一个最早饲养家蚕和缫丝制绢的国家，长期以来曾经是从事这种手工业的唯一的国家，有人认为丝绸或许是中国对于世界物质文化最大的一项贡献。"[1]

（二）根据考古发掘的结果，一般认为中国丝织物开始出现于中国东南地区的良渚文化（约公元前 3300～前 2300 年）（图九）。到了商代，中国丝织物便已达到相当高的水平，主要有三种织法：（1）普通的平纹组织。（2）由经线显出畦纹的平纹组织。（3）由经线显花的文绮，这便需要有简单的提花装置的织机。三种织物的丝线都是未加绞捻的或捻度极轻的，这表示当时已经知道缫丝。殷代刺绣的实物也有发现，花纹作菱形纹和折角波浪纹[2]。西周的丝织物和刺绣也已发现，丝织物和殷代相同，有简单的平纹组织，也有斜纹显花（菱形图案）的变化组织的织物[3]。刺绣是采用辫绣的针法。到了战国时代，又添了色泽鲜艳多彩的织锦，长沙左家塘战国中期墓中所发现的织锦，是现今所能看到的我国织锦的最早实物，其染色据云有"石染"（矿物染料）和"草染"（植物染料）两类。1982 年在江陵的一座战国墓中（约公元前 4 世纪），发现了精美的织锦和

---

① 夏鼐：《汉唐丝绸和丝绸之路》，《中国文明的起源》第二章，文物出版社，1985 年，第 48～70 页。
② 夏鼐：《我国古代蚕、桑、丝绸的历史》，《考古》1972 年第 2 期。后收入《考古学和科技史》，第 98～116 页。
③ 夏鼐：《考古学和科技史——最近我国有关科技史的考古发现》，《考古》1977 年第 2 期。后收入《考古学和科技史》，第 7～8 页。

图九　浙江湖州钱山漾良渚文化遗址出土绢片

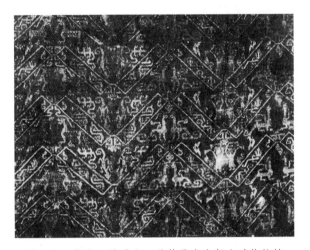

图一〇　湖北江陵马山一号楚墓出土舞人动物纹锦

刺绣（图一〇、一一）①。

（三）在西周和春秋的墓葬中发现过玉蚕，即雕刻成蚕形的玉饰。在5件战国铜器上有采桑图，其中4件壶都是公元前5世纪中叶到前4世纪的，一件钫较晚些。3件上的桑树很高，采桑人要攀登树上采桑；另2件上的桑树和采桑人等高。如果绘者依照实物比例，则表明当时已能培养出矮株的"地桑"（或"鲁桑"），它是人工改良的结果。东汉画像石中也有采桑图，便是这种"地桑"。地桑不但低矮、利于采摘，并且叶多而嫩润，宜于饲蚕②。

①　夏鼐：《汉唐丝绸和丝绸之路》，《中国文明的起源》第二章，文物出版社，1985年，第49页。

②　夏鼐：《我国古代蚕、桑、丝、绸的历史》，《考古》1972年第2期。后收入《考古学和科技史》，第102、105页。

图一一　湖北江陵马山一号
楚墓出土龙凤虎纹绣

同时汉代更讲究养蚕方法，东汉时崔寔的《四民月令》提到"治蚕室，除缲穴，具槌（阁架蚕箔的木柱）、持（蚕架横木）、箔（养蚕的竹筛）、笼（竹编的罩子）"，记载的养蚕方法，比前人更详细一些。因为讲究饲养的方法，所以汉代便有了优良的蚕丝。根据实测，汉代蚕丝的直径是 20～30 穆（一穆为 0.001 毫米），近代中国广州丝是 21.8 穆，日本、叙利亚、法国为 27.7～31.7 穆。长沙马王堆出土的丝，其原纤维（单丝）的直径为 6.15～9.25 穆，而近代中国丝为 6～18 穆。纵便由于年久老化而萎缩，但是毫无疑问，汉丝是相当纤细的。这是中国人对于养蚕技术长期而细心的考究饲养的结果。为汉代丝绸业的发达提供了优质原料①。

（四）汉代织机新的复原。东汉画像石上有几幅织机图，可依照来复原（图一二、一三），特别是江苏铜山洪楼发现的一件，参考后世和现今民间的简单织机，曾有人做过复原，但依照那一复原图，织机是不能工作的。因此，夏先生重新绘制了一幅汉代织机的复原图（图一四）②。这是为平织物用的较简单的织机。这种织机有卷经线的轴，还有开梭口用的"分经木"和"综片"，分开经线以便投梭。织机下有脚踏板两片，用以提综片、开梭口。有了脚踏板，提综的工作不必用手而用脚，可以腾出手来以打筘或者投梭。东汉画像石上的织机都已有脚踏板（公元 1～2 世纪），这是全世界织机上出现脚踏板最早的例子。欧洲要到公元 6 世纪才开始采用，到 13 世纪才广泛流行。所以许多人相信织机上的脚踏板是中国人的发明，

---

① 夏鼐：《汉唐丝绸和丝绸之路》，《中国文明的起源》第二章，文物出版社，1985 年，第 52 页。
② 夏鼐：《我国古代蚕、桑、丝、绸的历史》，《考古》1972 年第 2 期。后收入《考古学和科技史》，第 114 页图十三。

图一二　江苏铜山洪楼出土汉画像石上的纹织图（拓片）

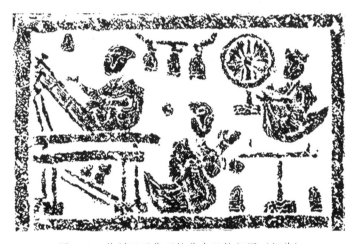

图一三　徐州汉画像石馆藏东汉纺织图（拓片）

大概是和中国另一发明提花机一起输入西方①。

　　汉画像石上的织机都是简单的织机，没有复杂的提花机。夏先生曾根据对新疆出土汉代锦、绮等织物的观察，推测当时已有了提花机，可能是"提花线束"的形式，不是长方架子的"综框"形式。但是最近他又有新的看法，他说："最近我研究了马王堆汉墓的丝织物之后，我同

------

① 夏鼐：《汉唐丝绸和丝绸之路》，《中国文明的起源》第二章，文物出版社，1985 年，第 54 ~ 55 页。

意 H. B. 柏恩汉（Burhan）的意见，汉代提花织物可能是在普通织机上使用挑花棒织成花纹的。真正的提花机的出现可能稍晚。"至于和欧洲提花机的关系，他指出，欧洲最早使用提花机的时间，各家的意见不一致。有人以为始于 6 世纪，有人以为 7 世纪或更晚。但是也有人以为早在第 3 世纪时，波斯、拜占庭、叙利亚和埃及各国便已使用一种简单的提花机，而真正的提花机要到 12 世纪才出现。他们对于提花机何时在欧洲开始使用，说法虽然不一致，但是都认为要较中国为晚，并且认为可能受了中国的影响①。

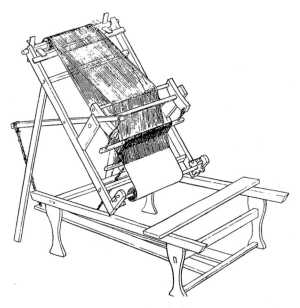

图一四　汉代织机复原图

（五）关于汉代织物的品种和织法，夏先生把重点放在考古发现实物的研究上，兼及有关的文献。汉代织物中以平纹组织的"素"或"纨"（又合称"纨素"）最为普通，这便是今日的绢。绢可分两种：一种是经、纬线根数大略相同的一般平纹绢，密度每平方厘米为 50 ~ 59 根；另一种是

---

① 夏鼐：《汉唐丝绸和丝绸之路》，《中国文明的起源》第二章，文物出版社，1985 年，第 55 页。

经线密的畦纹绢，经线以每平方厘米 60 ~ 85 根最普通，比纬线多出约一倍。其次为罗纱，战国时已有的疏织的方孔纱，汉代也有，是平纹组织的方孔纱，经、纬线密度有疏到 23.5 × 20 根的，多用于冠帻。又出现了"罗纱组织"的提花罗纱。它的罗纱组织使用纠经法，织成后经、纬线都不易滑动。织工利用罗纱组织中纠经的变化，用一种纠经法织出孔眼较大的底地，用另一种纠经法织成孔眼较细的花纹，是提花的罗纱组织，在马王堆墓中曾有发现。汉代织物中最重要的是绮和锦。绮是斜纹起花的绸，其织法除了承继前代那种"类似经斜纹组织"（即底地平织而显花处是经斜织）之外，还有一种特别的织法，可称"汉绮组织"，它不但底地是平织，并且显花部分中，同每一根有浮线的经线相邻的另一根经线，也是平纹组织。这样增添一组平纹组织的经线，可以增加组织的坚牢程度，但又不影响花纹的外观。1959 年在民丰发现过两件汉绮，每平方厘米经线 66 根，纬线 26 ~ 36 根。汉锦是五色缤纷的多彩织物，是汉代织物最高水平的代表（图一五）。它的织法是"经线起花的平纹重组织"。它与绮的相同处是基本平纹组织和经线起花，但与绮有以下不同：（1）汉锦采用"重组织"（即复合组织），由两组或两组以上的经线（其中轮流有一组作为表经，其余为里经）和一组纬线更迭交织而成。（2）纬线虽只有一组（只有一种颜色），却可依其作用分为交织纬（即"明纬"）和花纹纬（即"夹纬"）。（3）二或三色的经线，每色各一根成为一副。织工利用夹纬将每副经线中表经和里经分开。表经是需要显色以表现花纹的经线，里经是转到背里的其他颜色的经线。这样便使表经成为飞数三的浮线（在转换不同颜色的表经时，也有飞线为二的）。因为每副经线所包括的不同颜色的里经不能过多，如果一个花纹需要四色或四色以上，那便采用分区法，在同一区中一般是在四色以下。花纹的循环（即一花纹单元的大小），其长度（纬线循环）常是横贯全幅（幅广约 45 ~ 50 厘米），一根纬线要和 5000 根以上经线打交道。高度（纬线循环）不等，但都不过几厘米；便是这样，有时也需要提花综数达 50 综左右。汉代还有一种高级的织锦，称为绒圈锦，又称起绒锦或起毛锦，是 1971 年在长沙马王堆一号汉墓中初次发现的（图一六），1972 年武威磨嘴子 62 号西汉墓又有出土。这是经线显花起绒圈的重组织。织时它需要有一种织入绒圈经内起填充成圈作用的假织纬（即起圈纬）。它在织后便被抽掉。这种绒圈锦不仅具彩色花纹，还有高出锦面约 0.7 ～ 0.8 毫米的绒圈。所以织物更显得厚实，而且花纹美观，具有一种立体效果。各种绒圈锦的织机，由于起绒圈的经线用量较大，需要另配一经线轴。为了起绒圈，又需要配备假织纬。这二者都是汉代的创新。汉代的刺绣和织锦齐名，据新疆尼雅的几件汉绣标本，都有非常精美的花纹，它们都是在单色细绢上用锁绣法（或称辫绣法）绣上花纹的。汉绣也有使用平绣法的，但不多见。关于染色，各种颜色的绢、罗纱、文绮，都可以织成以后染色，锦和绣则需要织或绣之前先把丝线染色。汉锦有红、紫、绿、蓝、缁（黑）等各色。依照对于汉代丝织物所作的化学分析，我们知道染料中有茜草素和靛蓝。前者当由茜草而来，后者取自木蓝属植物。媒染剂当为铁盐和铝盐（矾石）。如果和茜草素相结合，前者成绿色（还原状态）或者褐色（氧化状态），后者成红色。①

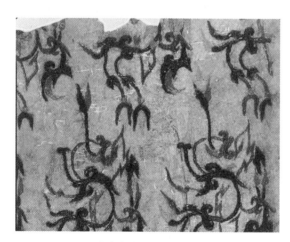

图一五　湖南出土西汉茱萸纹绣锦

图一六　湖南长沙马王堆一号西汉墓出土绒圈锦

---

① 夏鼐：《我国古代蚕、桑、丝、绸的历史》，《考古》1972 年第 2 期。后收入《考古学和科技史》，第 110 页。

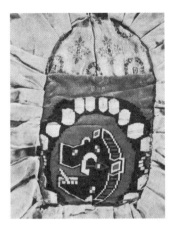

图一七　新疆阿斯塔那出土
唐代联珠猪头纹锦

图一八　新疆阿斯塔那出土唐代蜡缬绿地狩猎纹纱

　　汉代以后的重要丝织物，有敦煌石窟出土的北魏刺绣和唐代织物，还有新疆吐鲁番、巴楚发现的北朝至唐代的丝织物。唐代的织锦，除了像汉锦那样平纹经线显花的以外，织法逐渐采用斜纹纬线显花法，最后完全用斜线纬锦的织法。后者似乎是受了波斯锦织法的影响。花纹方面如猪头纹、双鸭纹、双骑士纹、联珠纹等（图一七），也是受到波斯锦的影响。印染方面，唐代盛行绞缬和蜡缬等制品（图一八）。唐代还出现了用通经断纬法织造的织花毛毯。巴楚发现的织花毛毯是迄今发现采用这种织法较早的一件。后来推广这种织法于丝织品，便成为宋朝以来著名的缂丝，或称刻丝①。

五

　　冶金史的研究，主要是铸铜和炼铁两个方面。关于古代炼铁方面，夏先生对藁城出土商代铜钺的铁刃应系陨铁的论断，在本文前面已有过较详

① 夏鼐：《考古学和科技史——最近我国有关科技史的考古发现》，《考古》1977 年第 2 期。后收入《考古学和科技史》，第 8 页。

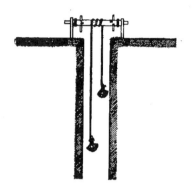

图一九　铜绿山第10炼铜竖炉结构　　　　图二〇　使用辘轳提升设想图
　　　　复原图（剖面）

细的叙述，此处从略。关于铸铜方面，根据湖北大冶铜绿山发掘的春秋至
战国中晚期的矿井、采掘工具、装载和提运工具、排水工具，以及发掘出
的古代炼铜竖炉（图一九）等资料，夏鼐先生写出《铜绿山古铜矿的发
掘》的论文，于1980年6月2日在纽约大都会艺术博物馆召开的中国古代
青铜器的学术讨论会上宣读。以后又增入1980年下半年及1981年发表的
简报及论文的一些内容，补充了矿山部分。在和王振铎先生的谈话中受
到启发后，夏先生设计了木辘轳的复原方案（图二〇），并由白荣金同
志做成复原的模型。炼炉部分又由主持发掘和模拟试验的殷玮璋同志重
新写过，然后又和殷玮璋共同商量定稿，写成《湖北铜绿山古铜矿》一
文，以他和殷玮璋二人的名义发表于《考古学报》1982年第1期。该文
最后指出："铜绿山古铜矿的发现和发掘，对了解我国古代的社会生产，
尤其是青铜业的生产具有重要意义。它证实了我国商周时代青铜器铸造
业与采矿、冶炼业是分地进行的，并在采矿、冶炼和铸造业之间，甚至
它们的内部都已有了分工。从铜绿山古铜矿获得的丰富资料，还说明东
周时期的楚国在铜矿的开采和冶炼方面都已达到较高的水平，从而对于
像曾侯乙墓出土的青铜器具，总重量达到十吨之多的惊人数字也就有了
更深的理解。"①

---

① 　夏鼐、殷玮璋：《湖北铜绿山古铜矿》，《考古学报》1982年第1期。

其他有关冶金史方面的考古研究，最重要的是对西晋周处墓出土金属带饰的考察，以澄清西晋是否有铝的问题。关于这一问题，夏鼐先生在《中国考古学和中国科技史》的演讲中说了以下一段话，现录于下：

1953 年在江苏宜兴的西晋周处墓的发掘工作中，在人骨架中部，发现了十七件金属带饰（后来失落一件）。周处是元康七年（297 年）死的，墓砖有"元康七年……周前将军砖"字样。这墓早年曾经盗掘。这次打开后，曾有人进去看过，还取出一部分文物，后加封闭了两个多月才进行正式清理。据发掘报告，这些金属带饰大部分压在淤土下面，而另有一些碎片是"从淤土中尽可能捡出来的"。其中一碎片经鉴定是铝（或 85 % 铝合金）。发掘者认为全部金属带饰都是铝，并且说："像这样含有大量铝的合金，在我们工作中还是初次发现，为我们研究晋代冶金术提出了新的资料"（《考古学报》1957 年 4 期94 页）。我当时审稿，便写信告诉主持发掘的工作者说，这不仅在他们工作中是初次发现，并且是全世界范围内初次发现这样早的铝制品。铝是不容易提炼的。炼铝法是十九世纪才发明的。所以我请他们寄一碎片来。我请应用物理所作光谱分析来鉴定，仍旧是铝。我们只好接受这种看法。但是 1962 年东北的沈时英同志对这批金属碎片的另一片作了化学分析，证明它是银。清华大学张子高教授加以调和，说铝质带饰中还出现银质的，二者并不矛盾。铝质带饰出现于西晋（公元三世纪末），这事仍应加以肯定。他还用化学方法而不用电解法，居然提炼出少量的铝。李约瑟教授不相信张教授这种化学方法古代能炼出实用的铝。但是李教授仍然相信中国考古工作不会有错误。我于1972 年请人重加鉴定，结果证明现存的全部 16 件完整的金属带饰都是银质的。而小块碎片中，有银的，也有铝的。我根据技术发展史和发掘记录，认为这两、三（也可能原属于一片）碎片的铝，很可能是近来这古墓打开后混进去的。另一座毗邻的同一家族的西晋墓中，清理时还发现过塑料纽扣。这时候，西晋有铝说已传闻于海内外。外国科学杂志中都刊登过这消息。有一位瑞士人叫做德尼克（Erich von Dāniken）在一本叫做《众神之车》（英文，1968年出版）的书中大谈太空人（Spaceman）古代来过地球，带来过高度文明的产品。中国三世纪西晋墓中的铝质带饰，便是太空人带来的（1981年上海科技出版社汉译本，27页）。我的那篇重新鉴定的文章（见《考古》1972年4期，34～39页）发表后，许多人都接受我的说法，周处墓的铝碎片，有重大的后世混入的嫌疑，不能作为西晋有铝的证据。但是仍旧有人相信西晋有铝，这也没有办法。就这件事而论，以我们考古工作者的教训是：我们做考古发掘工作的人，要工作细致，记录详实。如果科技专家鉴定的结果提出疑问，我们便应重新检查我们的工作中是否有疏忽的地方。因为发掘工作中小疏忽的地方是时常发生的事①。

夏鼐先生这种慎重、诚实的治学态度，值得我们认真学习。在充分肯定中国古代科技成就对世界文明所做贡献的同时，必须坚持实事求是的原则，反对不切实际的虚夸。

六

古代的交通工具，主要是陆地用的车子和水上用的船舶。殷周时期的木制马车，虽有文献记载，但一直缺乏实物形象，因此过去的学者无法弄清它们的真实面貌。埋葬在车马坑中的殷周木车，车子的木质部分已经全部腐朽，仅在黄土中保留木痕，剥剔车子遗下的木痕，在20世纪50年代是一项极难掌握的田野考古技术。在中国首次成功地剥剔木车遗迹，正是由夏鼐先生亲自进行的。1950年夏先生主持河南辉县琉璃阁战国墓地发掘时，亲自进行了第131车马坑中木车遗迹的剥剔工作，在那

---

① 夏鼐：《中国考古学和中国科技史》，《考古》1984年第5期，第430页。

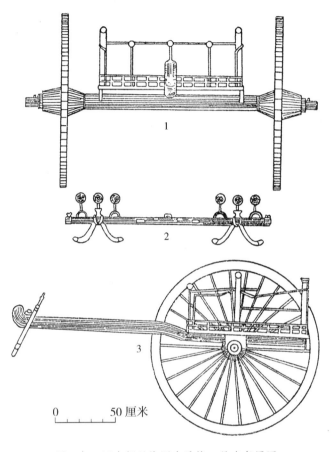

0   50 厘米

图二一　河南辉县战国车马坑一号车复原图

座车马坑中成功地剥剔出 19 辆完整程度不同的木车遗迹。夏先生还亲自
撰写了《辉县发掘报告》中的《战国车马坑》一节，详尽地叙述了发掘
经过和车马坑的形制，并根据出土木车遗迹阐述了车子的结构，从而绘
出复原图，制成木车模型。这是我国第一次科学地复制出古代木制马车
（图二一）。由于有了辉县的经验作指导，在以后的考古发掘中不断完成
新的对殷周时期木车的剥剔工作，陆续于安阳大司空村、孝民屯发掘了
殷代的车子，在陕西长安张家坡发掘了西周的车子，在河南陕县上村岭
虢国墓地发掘了春秋车子，进一步对殷周车制有了较清楚的了解。它们
的形制基本相同，都是一车二马或四马，独辕两轮，辐条 18 至 24 根，

车舆后边开门①。编写《长沙发掘报告》时，夏鼐先生又研究了长沙203号西汉后期墓随葬的木车模型，亲自撰写了附录一《长沙203号墓出土的木车模型》，对4辆木车（第1号车残缺过甚，不能做进一步复原）模型做了复原，其中第2号和第3号都是汉代所谓轺车，第4号车大概是古代所谓"栈车"，第5号车没有发现车轮，辕木安装法也特殊，大概是大车的一种。

　　水上的交通工具是船舶，夏先生对有关古船的考古资料也很重视。在《考古学和科技史》中，他综合介绍了20世纪60年代后期到70年代发现的有关古代木船的资料，包括江苏如皋的唐船以及新发现的模型和图像（四川成都百花潭铜壶攻战图中的船、湖北江陵凤凰山西汉木船模型、内蒙古和林格尔东汉墓壁画、山东苍山画像石、四川郫县石棺上的图像以及云南晋宁铜鼓上的船形纹），着重介绍的是泉州的13世纪海船残骸和在广州首次发现的一处规模巨大的秦汉之际的造船工场遗址②。他指出："我国造船是有长久的历史，并且有独创之处（例如设置后舵，舱房互不渗水等）。"他以缜密的科学态度，反对一些人根据不确实的资料的附会。记得在1976年大连红旗造船厂送来一本油印的《中国造船史（古代部分）》的稿本要我提意见，当时夏鼐先生有些空闲，就拿去审阅。过了两天，他退回油印稿本时，附上了很详细的审阅意见。他特别让我转告作者要认真核查史料，要实事求是地写历史，不能附和某些人去夸大猎奇。例如书稿中提到因秦始皇到处访求仙药，宛渠那里的老百姓进献一种螺舟，可入海底采药，这种舟是一种能潜水的船。并因此得出结论："当时能造出这样的船，足见劳动人民对造船技术是很有研究的。"其根据是前秦王嘉的《拾遗记》。夏先生在审阅意见中特别指出："潜水艇式的'螺舟'，当时不会有的，《拾遗记》及荒诞不经的小说类，不可信。"

---

① 夏鼐：《考古学和科技史》（考古学专刊甲种第十四号），科学出版社，1979年，第6页。
② 夏鼐：《考古学和科技史》（考古学专刊甲种第十四号），科学出版社，1979年，第4~6页。

七

除了以上关于天文、数学、纺织、冶金、交通工具等方面的研究外，夏鼐先生在他的许多考古论文中常常包含有关科技史的研究。例如他对中国古代玉器的研究中，特别注意对玉器的质料、产地和制玉工艺的分析。在讨论安阳殷墟玉器的质料时，指出"玉"在中国古代文献中是指一切温润而有光泽的美石。而今日矿物学上，玉是专指软玉（nephrite）和硬玉（jadeite），是二者的总称。玉在今日中国有广、狭二义。广义的玉仍是泛指许多美石，包括汉白玉（细粒大理石）、玉髓（石髓）、密县玉（石英岩）、岫岩玉（蛇纹石，包括鲍文石）等；狭义的或比较严格的用法，也是专指软玉和硬玉。他认为："考古学中使用名词，应该要求科学性，所以我以为应采用矿物学的定名。只有南阳玉，我以为研究中国古代玉器时可以把它归入'玉'的范畴内。""为了叙述方便，可以在描述玉器的项目中附带叙述其他似玉的美石，但要尽量注明它们经科学鉴定是何种矿物。"① 关于殷周玉器的工艺特点，他指出："由于玉质坚硬，所以玉工常就砾石形的玉料的原来形状和大小，设计造型，以省切削琢磨的劳力。遇到较大玉料，古代玉匠常把它们锯成薄片，然后将薄片周缘磨琢出轮廓线，再在一面或两面磨琢出花纹。到了后代，治玉技术提高，才会雕刻出自由设计的各种形状的玉器。古代的立体玉雕，在一定程度上常受原料的大小和形状的限制，这在讨论古代玉器制造技术和形状时应加注意的。殷周的玉器似乎大部分都是利用砾石形的玉料加工而成的。"②

夏鼐先生没有发表过专论古代兵器的研究论文，但是他在这一领域的学术造诣是极深的。我在写出《中国古代的甲胄》一文③草稿后，曾经先

---

① 夏鼐：《有关安阳殷墟玉器的几个问题》，《殷墟玉器》，文物出版社，1982年，第2页。
② 夏鼐：《有关安阳殷墟玉器的几个问题》，《殷墟玉器》，文物出版社，1982年，第6页。
③ 杨泓：《中国古代的甲胄》，《考古学报》1976年第1、2期。后收入《中国古兵器论丛》，文物出版社，1980年，第1~78页。

生审阅，他几乎是逐节逐段地提出详细的修改意见，甚至连注文的页数的错误也不放过。我按夏先生的指导重新写过，再将初稿送他审阅，他又对关于"明光铠"、马"当胸"、锁子甲等提出精辟的见解，并让我加入除汉族以外少数民族的贡献以及和中外文化交流有关的研究，我是按夏先生的意见完成该文的定稿，才得以发表的。最近写成的《日本古坟时代甲胄及其和中国甲胄的关系》一文①，同样是经过夏先生仔细审阅后，才得以修改定稿的。至于我在分析古代兵器、复原古代马具等时遇到的许多难题，都是经夏先生启发后才得以解决的。

最后，还想再提一下夏鼐先生对利用自然科学来解决考古问题的努力。"碳十四断定年代法的发现和应用是被认为史前考古学的发展史上一场划时代的革命。"② 早在 1955 年，夏先生就撰文向中国考古界介绍放射性同位素在考古学上的应用③。以后，由于他的努力，使得本来在中国科学院原子能研究所任职的仇士华、蔡莲珍同志调来考古研究所，在夏先生的指导和帮助下建成碳十四实验室，20 世纪 70 年代初开始发表数据。"从前我们只能由地层学和类型学分析得出史前时期各文化的相对年代，现在可以由碳十四测定它们的绝对年代。这使中国的史前考古学的编年获得了一个新的框架。"④ 继考古所的实验室之后，在国内后来陆续建立了好几个实验室，也开始发表数据。到 1977 年，夏鼐先生综合分析了当时已发表的134 个数据，结合丰富的发掘资料，写了《碳－14 测定年代和中国史前考古学》一文，就全国各地区新石器时代文化年代序列进行全面、系统的探讨，对中国史前考古学的研究提出了重要的指导性意见⑤。除碳十四年代测定外，在夏先生的部署和计划下，考古研究所还在实验室里开展化学分析、光谱分析、金相分析和热释光测定年代等项的工作，都取得了不少成绩。

---

① 杨泓：《日本古坟时代甲胄及其和中国甲胄的关系》，《考古》1985 年第 1 期。
② 《新中国的考古发现和研究》的《前言》，文物出版社，1984 年，第 2 页。
③ 夏鼐：《放射性同位素在考古学上的应用》，《考古通讯》1955 年第 4 期。
④ 夏鼐：《放射性同位素在考古学上的应用》，《考古通讯》1955 年第 4 期。
⑤ 王仲殊：《夏鼐先生传略》，《考古》1985 年第 8 期。

后记 这篇文章是应石兴邦先生之约而写的，原本的目的是想用以纪念夏作铭师从事考古工作50周年。原来和石先生商定，想在写成后请夏先生亲自过目。后来因我的右眼视网膜发生新的病变，文章的写作因而搁置下来。万没想到夏先生竟于1985年6月19日逝世，现在只有完成此文章寄托我的哀思，用以纪念夏先生。

我虽然在具体协助夏先生编《考古学和科技史》一书时，反复校阅过先生有关科技史的论文，作为他的学生因本人过于顽劣，很难学得先生治学之真谛，对科技史仍是门外汉，实无法宣传先生的学术成就，更不敢妄加评论。因此，这篇文章只能是夏先生的有关论文的摘要的汇编①，并在写时尽量引用先生的原话，以免走样。由于水平所限，如有与先生原意不符的误述之处，应由我个人负责，并企望读者指正。

附录　　　夏鼐先生有关科技史论著目录（部分）

（以发表先后为序）

1.《放射性同位素在考古学上的应用》，《考古通讯》1955年第4期。

2.《战国车马坑》，《辉县发掘报告》第一编第三章附录，科学出版社，1956年，第40~51页。

3.《长沙203号墓出土的木车模型》，《长沙发掘报告》附录一，科学出版社，1957年，第139~153页。

4.《元安西王府址和阿拉伯数码幻方》，《考古》1960年第5期。后收入《考古学和科技史》，第63~68页。

5.《新疆新发现的元代丝织品——绮、锦和刺绣》，《考古学报》1963年第1期。后收入《考古学和科技史》，第69~97页。

---

① 夏鼐先生曾写有《西洋种痘法初传中国补考》（《科学》第32卷第4期，1950年）和《略谈蕃薯和薯蓣》（《文物》1961年第8期）二文，在编辑《考古学和科技史》一书时，我曾问他收不收入这两篇，他认为这两篇不属于科技史的考古学研究，故不予收入。本目录遵照夏先生的意见，不收入该二文。

6.《洛阳西汉壁画墓中的星象图》,《考古》1965 年第 2 期。后收入《考古学和科技史》,第 51~62 页。

7.《我国古代蚕、桑、丝、绸的历史》,《考古》1972 年第 2 期。后收入《考古学和科技史》,第 98~116 页。

8.《吐鲁番新发现的古代丝绸》(发表时署名"竺敏"),《考古》1972 年第 2 期。后收入《考古学和科技史》,第 117~121 页。

9.《晋周处墓出土的金属带饰的重新鉴定》,《考古》1972 年第 4 期。后收入《考古学和科技史》,第 122~129 页。

10.《沈括和考古学》,《考古学报》1974 年第 2 期。后收入《考古学和科技史》,第 15~28 页。

11.《我国出土的蚀花的肉红石髓珠》,《考古》1974 年第 6 期。后收入《考古学和科技史》,第 130~134 页。

12.《从宣化辽墓的星图论二十八宿和黄道十二宫》,《考古学报》1976 年第 2 期。后收入《考古学和科技史》,第 29~50 页。

13.《考古学和科技史——最近我国有关科技史的考古新发现》,《考古》1977 年第 2 期。后收入《考古学和科技史》,第 1~14 页。

14.《碳-14 测定年代和中国史前考古学》,《考古》1977 年第 4 期。

15.《考古学和科技史》(考古学专刊甲种第十四号),科学出版社,1979 年。

16.《梦溪笔谈中的喻皓木经》,《考古》1982 年第 1 期。

17.《湖北铜绿山古铜矿》(与殷玮璋合写),《考古学报》1982 年第 1 期。

18.《有关安阳殷墟玉器的几个问题》,《殷墟玉器》,文物出版社,1982 年,第 1~7 页。

19.《另一件敦煌星图写本——〈敦煌星图乙本〉》,李国豪等主编《中国科技史探索》,上海古籍出版社,1982 年,第 143~153 页。

20.《中国考古学和中国科技史》,《考古》1984 年第 5 期。

21.《所谓玉璇玑不会是天文仪器》,《考古学报》1984 年第 4 期。

22. 夏鼐：《汉唐丝绸和丝绸之路》，《中国文明的起源》第二章，文物出版社，1985年，第48~70页。日文版为NHK丛书第453种，日本放送出版协会，1984年，第97~134页。

（原载《中国考古学研究论集——纪念夏鼐先生考古五十周年》，三秦出版社，1987年）

步上新阶梯

——忆刘慧达先生

36 年以前，一篇标志着石窟寺考古步上新阶梯的重要论文，发表于《考古学报》1958 年第 4 期，那就是刘慧达先生撰写的《北魏石窟中的"三佛"》。

刘先生的论文，探讨了在整个北魏石窟造像中颇为流行的"三佛"题材的意义，扫除了外国学者投于这一题材研究上错误的阴影。原来有些法国学者认为"三佛"题材是"舍卫城大神变"；而日本学者又在研究云冈图像学时说，三佛的布置非与教义有关，而应视作美术造型之考虑。刘先生在她的论文里，首先提出宗教造像是为宣传宗教的目的而创造的，故决定造像配置的主要原因，应该是宗教的教义，也就是造像的题材内容。因此对于题材内容的研究，就不能脱离当时的历史和佛教史。她指出北魏佛教承袭了凉州和长安的传统，曾盛行《法华经》，特别应注意到当时石窟铭记中出现大量与《法华经》有关的材料，从而得出《法华经》直接影响了石窟寺造像题材的结论。她又进一步分析了《法华经》中提倡建寺开窟的有关章句，指出当时石窟中较为普遍的"三佛"石窟，正应与《法华经》中最强调的诸佛——即过去、现在和未来的三佛相联系。而从佛教史方面考虑，主持开凿以"三佛"为造像中心的"昙曜五窟"的沙门统昙曜，曾一再选择有关三佛的内典进行翻译或与人合译。之所以如此，正和昙曜在北魏再兴佛法之后大力致力于佛教谱系之宣传意义相同，因此在他所主持开凿的石窟中，尊崇和强调可以昭示传灯之由来的"三佛"。此后北魏佛教徒对三佛之重视并未少歇，于是"三佛"石窟由云冈而龙门而炳灵寺而麦积山，几乎传遍当时的中国北方。文后所附的"三佛"石窟之演变也极为重要，那是利用考古学的类型学方法，结合题材的考证，列出了"三佛"石窟的编年学研究。

图一　刘慧达先生像

这篇论文发表后，当时在国内外产生的反响，自是不言而喻的。那时我刚刚到考古所编辑室工作，对于刘先生论文的发表我感到分外高兴，因为我了解刘先生在宿白先生指导下撰写这篇论文所花的心血，同时我也为自己为她出了一点小力而欣慰，那篇论文中的图四（龙门宾阳洞三佛布置示意图），是她让我帮助画出的。

谈到画图，我与刘慧达先生的接触，也正是由喜欢画图开始的。

回忆那是近 40 年前的事。1953 年我考入北京大学历史系，在分专业的时候，我特别想学考古，为了多找一条适合学考古的理由，就一再诉说我喜欢画图。这说法被刘慧达先生知道了。当时我刚步入大学，觉得什么事都新奇而神秘，特别想进考古的资料室，在文史楼二楼那间窗明几净的办公室中，一边坐着待人慈祥的容媛先生，一边坐着手持长旱烟袋的孙贯老（孙贯文先生），不论提出什么幼稚可笑的问题，他们俩都不厌其烦地向你解释。一天我刚迈入资料室，却有人从背后拍我肩膀，并问"你就是那个喜欢画图的同学吗？"我回头，背后是一位年轻的女教员，身材不高，朴素的蓝衣，长长的发辫，两只眼睛满含笑意（图一）。决没有一般教员对学生那种居高临下的态势，简直像一位亲切的大姐姐。她询问了我对画图的喜好，对美术考古的憧憬，表示需要时可以帮助我，嘱我随时可以去找她，她就住在未名湖畔的健斋楼上。自此开始，直到 5 年后毕业离开学校，我们师生间的情谊深厚，我不断得到刘先生的指导和帮助。而刘先生治学之勤奋，一直是激励我学习的榜样。对刘先生的过去，我了解不多，只知道她曾教过书，后来参加过考古训练班，后来到北大考古教研室工作，似是因为善于绘图的缘故。刘先生的家，似乎住在什刹海附近，她曾邀我去过，只记得家里人很多，别的记忆已经模糊了。

刘先生的指导，开始比较多的是绘图方面。她的指导，都是采取平等的讨论式的态度，令学生倍感亲切。那时不少同学热衷于拍照，而不注意绘图，但刘先生认为，考古工作者只有亲自绘图才能更深刻地认识所研究的对象，拍照有时只能表现其外貌，好的线图则可以揭示其实质。她告诉我们，宿白先生的研究文章是自己绘图，就因为他有深厚的基本功力，曾向董希文学过油画，至今挂在室内的那幅油画是他自己的作品。为此，我们几个同学特地去拜访宿先生，目的是欣赏先生画的油画。刘先生还和我讨论过绘图技巧的创新，我认为用绘图钢笔尖所绘的彩塑或石刻造像，线条过于硬挺，质感不强，想用毛笔试绘，她很支持。第一批这样的试验，是刘先生让我给阎文儒先生的石窟寺艺术讲稿画的插图，后来那些图文正式发表于《考古学基础》的插图中（图二）。刘先生认为这 ·尝试是成功的，她虽喜欢但自己仍习惯用钢笔绘图，这也是后来她让我为她的论文，用毛笔绘宾阳洞三佛布置示意图（图三）的原因。当刘先生去清华建筑系

图二　1955年作者为阎文儒先生石窟寺艺术所绘插图

图三　作者为刘慧达所绘龙门石窟宾阳洞造像展开示意图

听课时，又随时教我关于建筑绘图的基本知识。有一次她选中颐和园中一座垂花门为绘图作业的内容，叫我去帮她测量，从而教会我对古建测量的基本技能。1956 年，宿白先生指导我写学年论文《高句丽壁画石墓》，所用的绘图我都曾请刘先生审定。特别是当时囿于资料的限制，只能利用 4 张并不完全衔接而且角度不同的壁画照片（那些照片发表于《文物参考资料》1957 年第 1 期的封二和封三），拼接复原全部藻井壁画的仰视图，复原前是先同刘先生仔细研究以后才动笔拼接的。

　　刘先生在绘图方面的指导，远不及她的治学态度对我的影响为大。她治学之勤奋，从学生时代至今仍是激励我学习的榜样。在我的印象里，似乎刘先生除了在教研室的工作以外，几乎将全部精力都集中在石窟寺考古的钻研方面，从不计较职称、职务等困扰常人的问题。记得我每次去看她时，她总是手不释卷，埋头学习。

　　有一个时期，刘先生的案头总是放着《魏书》，那是一部线装的百衲本《魏书》，而她反复研读的是其中的《释老志》。那时我还不明白什么是"释"和"老"，她耐心地告诉我，今后要学习石窟寺考古，必须首先认真研读《魏书·释老志》，这是宿白先生对她的教导。于是那时我回宿舍后也认真去读《释老志》，今天回忆，这也确是为我后来略懂一点石窟寺考古打下了基础。与此同时，她还仔细研读汤用彤先生的著作和翻检《法华经》，积极为撰写《北魏石窟的"三佛"》作准备。

刘先生在宿白先生指导下，孜孜苦读，全力撰写"三佛"论文的时候，正处在中国石窟研究的关键转折时刻。在 20 世纪初，中国石窟的研究几乎垄断在西方和日本的学者手中，40 年代日本学者编写的云冈石窟大型报告书，可说是达到他们研究的巅峰。进入 50 年代，形势为之一变，中国学者对石窟遗存开展了大规模的勘察、保护工作，同时开始以考古学方法调查记录和进行研究。宿白先生的《参观敦煌第 285 窟札记》和《"大金西京武州山重修大石窟寺碑"校注——新发现的大同云冈石窟寺历史材料的初步整理》等论文陆续发表。在前一篇论文中，开创用考古学方法进行敦煌魏窟分期的研究；后一篇论文中，将对重要史料的考证与考古学方法相结合，重新开始了对云冈石窟的编年研究。继此之后，宿先生又亲自带领学生去响堂山石窟，揭开正式以考古学方法勘测纪录石窟的序幕。所有这一切，标志着中国石窟寺的研究工作进入一个新阶段。刘慧达先生完成的"三佛"论文，正是在这新阶段中，将对石窟题材的探研，推上了一个新的阶梯。

关于响堂山石窟的勘测记录，是宿白先生在 1957 年指导 53 级考古专门化的同学进行的（图四）。刘慧达先生参加了这一工作，同去的还有赵思训先生，学生有我、刘勋和孙国璋，此外响堂山文物保管所的柴俊林和河北省文物工作队的两位也参与其事。工作范围包括南响堂石窟、北响堂石窟和水浴寺（小响堂）石窟，由我们 3 个学生负责石窟的全部测绘工作，赵公（赵思训先生）专司摄影，刘先生对洞窟的窟形、造像、刻经等进行全面记录，同时还要检查学生的测图，是最忙和最辛苦的一位。工作结束以后，全部记录、笔记、实测图稿都交由刘先生整理，并在宿先生指导下，由她准备撰写正式的考古报告。当时我们都满怀信心，想使这一报告成为用考古学方法勘测记录和研究石窟的首次成功的尝试。

响堂山勘测结束后回到学校，我们就忙着准备毕业了，那一年很少有时间去看刘先生，只知道她的"三佛"论文已脱稿，正在向一个新的课题冲刺，那篇论文的题目是《北魏石窟与禅》。同时她把带领学生邯郸实习

图四　1957 年宿白先生带领 53 级考古班学生勘测响堂山石窟
右 4 为宿白先生，右 1 孙国璋，右 2 刘慧达先生，左 1 刘勋，左 2 为作者

时对冀南豫北地区的地面文物调查，陆续整理成文，后来其中的一篇《河北邢台地上文物调查记》，发表于《文物》1963 年第 5 期。

1958 年我到考古研究所工作以后，去学校的机会不多，见到刘先生的机会就更少。"三佛"论文在《考古学报》发表后，我一直期待她的新作早日送到编辑部来。1962 年，她果然将《北魏石窟与禅》的初稿送来了，我很兴奋地阅读了论文，真为刘先生继"三佛"论文之后的又一力作而高兴，这篇论文的深度和重要性，超过《北魏石窟中的"三佛"》。

《北魏石窟与禅》全文分为五节：（一）北魏盛禅与开窟；（二）石窟的地理环境和禅僧窟居；（三）禅僧观像和石窟造像题材；（四）禅僧造像和礼佛供养；（五）余论。这篇论文，她得到病中的汤用彤先生的亲自指导。汤先生向她讲授了北魏佛学上的问题，并指导阅读有关的文献资料。在中国佛教史上，北魏僧人的宗教行为特别重视修禅，刘先生的论文就是从石窟所在的环境和石窟造像的题材入手，来探索当时僧人修窟与习禅的关系。她依据大量文献，对石窟的窟形和图像题材进行考古学研究，阐明"造像、观像、礼佛和供养，都是禅僧修持的课题，亦即北魏时代禅僧们大行开窟造像的重要原因"。她指出"这种性质的凿窟，开始于北魏以前，北魏最盛，历东魏、西魏、北齐、北周，一直延续到隋"。禅僧观像的主要内容是观释伽牟尼佛、释伽与多宝佛、十方三世佛、无量寿佛、七佛和弥勒菩萨等，由此不难了解这些题材的造像在北魏石窟中盛行的原因。至于石窟的中心柱式窟，中心柱大都做成塔形，或在门外凿出双塔，这在云冈表现明显。而"东魏至北齐的北响堂山石窟第 2、3、5、7 等窟，更把窟门及其上部都雕成塔形。因此，我们推测当时僧人进入这类石窟中去观像，也就等于'入塔观像'"。

但是我的兴奋心表很快就被忧虑所代替，因为按照所内规定，当时负责《考古学报》的饶惠元先生将那篇文稿送外审稿，出现了我始料不及的结局，由于我难于披露的其他情况，刘先生的论文当时未能刊出。我真不敢想这对花费超人功力、历经坎坷的刘先生，会是多么沉重的打击。过后不久，我们都被席卷于史无前例的浩劫之中，长期未通音信。

在《北魏石窟与禅》稿本再次送到《考古学报》编辑部时，距第一次已过了 16 年。当我再次阅读这篇本应早日发表的文稿时，刘慧达先生已经离开我们仙逝了。面对那抄写齐整的笔迹，眼前不由闪现出她那熟悉的身影。我只有按审稿意见规定的范围内，用全力对文稿进行编辑加工，仅能以此作为对刘慧达先生的最后的纪念，寄托那不尽的哀思。发稿前向夏先生请示后，破例为她在文末保留了写作的时间和地点："1962 年 7 月 27 日于燕园"。这篇论文发表于《考古学报》1978 年第 3 期。

近年来，不少年轻的同志向我询问《北魏石窟的"三佛"》和《北魏石窟与禅》这两篇重要论文作者的情况，这一次又一次引起我的哀思。这篇短文是对那些同志的回答，也是为了纪念。刘慧达先生是不应被人遗忘的。

最后还要提起的是，刘先生临终前一直致力编写的响堂山石窟的报告，以及有关的全部测图、记录和其他资料，都在她逝世后散失了，恐怕再也没有面世的希望，这是极为遗憾的事。

（原载《文物天地》1992 年第 6 期）

我认识的阎述祖先生

我认识阎文儒（述祖）先生时，还是刚入初中的小男孩，认真地说，我是先认识阎师母而后知道先生的。当时述祖先生家住北京市山老胡同，与我居住的西扬威胡同是前后胡同。北京解放不久，我母亲和阎师母都经常参加街道的各种活动，故此经常往来，又曾一起学习使用缝纫机，那时我上学用的蓝布书包，就是阎师母试手的作品。对于阎先生，街坊都极尊敬，知道是有学问的教授，平时一提到述祖先生时，师母总是带着特殊的感情说："他啥都不行，是个书呆子。"那时我真想看看有学问的教授到底是什么样子，由于母亲不准我们到别人家串门，总是没有机会去述祖先生家，好不容易有次母亲让我去给师母送东西，却值述祖先生正要出去，只是向我和善地笑笑，问："你妈妈好？"然后就匆匆离去，连先生长得什么模样也没看清。后来先生迁居城外，母亲和师母的交往也就中断了。

1953年进入北京大学后，我才有机会和同学们一起去中关园述祖先生的家拜见老师，直到那时我才看清先生的容貌。述祖先生曾自嘲地说自己的长相像"胡人"，深目，面多须，猛一看威猛吓人，似难接近，但只要先生一开口，语气平和，对人诚恳之态溢于言表，令对方倍感亲切。与其他同学不同，到述祖先生家，我必先去师母处问起居，她总是希望我母亲能出城看她，述祖先生也如此希望。我母亲也同样记惦师母。但是她们二位，一位很少进城，一位从未出城，直至二位仙逝，终未再见，只是通过我互致问候而已。

进入北大，方知述祖先生前此的学术活动，也才得以研读先生的论著。述祖先生从事田野考古调查发掘工作，应始自 1943 年，那年成立了西北科学考察团历史考古组，由向觉明（向达）先生任组长，夏作铭（夏鼐）先生任副组长，述祖先生为组员，赴甘肃，在河西地区开展调查发掘工作，并勘察了敦煌莫高窟，考察组的工作站设在敦煌鸣沙山佛爷庙。关于这次在河西发掘魏晋和唐代墓葬的情况，作铭先生在《敦煌考古漫记》中曾有生动的描述，述祖先生也曾撰《河西考古简报》，刊于《国学季刊》。这是中国学者在河西地区首次科学发掘魏晋和唐代墓葬，是中国考古学史上值得记述的重要事件。

中华人民共和国成立以后，述祖先生一直任教于北京大学。在 20 世纪 50 年代初，除讲课外，述祖先生在田野考古勘察方面的成就可举下述两项。一项是 1950 年参加明华（裴文中）先生领导的东北考古发掘团，对义县万佛堂石窟进行勘察，报告发表于《文物参考资料》第 2 卷第 9 期；一项是 1954 年参加中国科学院考古研究所由郭子衡（郭宝钧）先生领导的发掘队，负责勘察洛阳汉魏隋唐城址，报告发表于《考古学报》第 9 册。前一项是勘察了我国东北地区目前所存时代最早的佛教石窟，并对保存的题记进行研究。后一项工作更为重要，大约用了两个月的时间，对洛阳汉魏城址和隋唐城址进行了勘察，据报告中叙述："汉、魏、隋、唐洛阳城址的勘察工作，于 4 月 3 日开始，至 5 月 31 日结束；由阎文儒及王二旺同工人 7 名，担负行李工具，从苗家沟唐城西北隅出发，顺西城垣洛水而南，经古城砦、圪塔庙、塔湾、唐寺门各地，又转回苗家沟。以后在宫城、皇城区，也作了勘察。在隋唐城的勘察工作结束后，6 月 2 日又开始勘察魏晋时代的洛阳城；先由城东垣起，以后及于北垣、西垣、洛水南岸及汉魏太学遗址，至 6 月 5 日，工作完毕。"在当时艰苦的条件下，用那样短的时间所勘测的汉魏洛阳和隋唐洛阳城平面图，今日看来虽有许多不足之处，但的确为这两处重要的古代都城遗址的考古工作奠定了基础，其功不可没。

述祖先生在北大历史系考古教研室，主要教授石窟寺考古和考古学史，我在校学习时也正是听述祖先生讲授上述课程。述祖先生依据考古学的类型学和分期分区的方法，结合历史文献，建立了他自己的研究中国石窟寺考古的体系，从而突破了前此论述石窟仅囿于艺术特征或时代考索的状况。依据石窟形制结构、造像题材内容及艺术特征，结合社会历史概况，述祖先生在讲课中将中国佛教石窟分为汉至南北朝、隋至唐初、盛唐、中晚唐、五代宋初五大阶段。在汉至南北朝阶段，又分为四期，一期为汉末、西晋；二期为东晋、十六国至北魏太和十九年（495 年）前后；三期为南北朝中期，五世纪至六世纪上半叶；四期为南北朝末期，六世纪中叶至七世纪初。又将石窟寺的分布地区分为西北区、华北区、华东区和西南区。除了向学生讲授以外，1956 年述祖先生还为考古研究所见习员训练班讲授了石窟寺艺术课，并将讲义发表于《考古学基础》中。当时述祖先生曾请刘慧达先生为他的讲义配插图，刘先生因工作忙就让我来画，述祖先生也表示同意，后来不少被录用于《考古学基础》书中。文中所附佛、菩萨、天王、飞天的集成示意图，都是我在学生时代为他绘画的，我还为他的中国雕塑艺术概论课配了插图（图一、二）。为述祖先生绘图，系里给了一些绘图费，那也是我第一次靠自己劳作获得的稿酬，我用它买了一些书，据书上所记的日期，是 1955 年 12 月 18 日。后来经多年授课，述祖先生将讲义不断补充修改，直到 70 年代又在讲义的基础上撰写成《中国石窟艺术总论》一书，直到 1987 年才得以出版。

我自北大毕业以后，就分配到中国科学院考古研究所工作。述祖先生一直很关心我，我也常去看望先生和师母。当建国十周年之际，中国历史博物馆筹备建馆时，述祖先生被请去筹备隋唐部分陈列，他想让我去帮他筹备，但因所内工作紧张，未被同意。60 年代初，述祖先生应中国佛教学会之约，为了与国际合作，准备编写中国佛教石窟寺专著，常住在广济寺内，又想让我去帮他，但夏作铭先生没有同意，只是告诉我业余可多去看他，如有急需再另考虑。所以那时晚上我常去广济寺看望述祖先生，也有幸得以聆听巨赞法师和佛协领导人的许多有益的谈论。那时在述祖先生催促下，也曾经为《现代佛学》杂志写过几篇关于中国早期佛教造像及石窟寺艺术的文章。

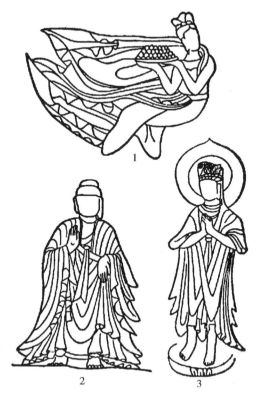

图一 1955 年作者为阎文儒先生石窟寺艺术所绘插图

图二 1955 年作者为阎文儒先生石窟寺艺术所绘插图

在"史无前例"的年代，自顾不暇，与述祖先生的联系中断，只听到先生因历史问题而备受折磨。好容易熬到那个时代结束，才又能去看述祖先生和师母，相见似有隔世之感。先生极高兴，谈了许多拟研究的课题。可惜不久先生重病，虽未危及生命，但导致偏瘫，右手难以握笔，但他以顽强的毅力，练习左手握笔，竟能左书，继续治学不辍，实为学人楷模。

在向觉明先生逝世 15 周年时，述祖先生主持《向达先生纪念论文集》以兹纪念，他约请的撰稿人，或为觉明先生同辈老友，或为学术界知名人士，当时述祖先生也命我为文集撰写文章。我虽听过觉明先生讲课，但对中西交通史素无研究，而且也有自知之明，不敢与述祖先生列举已答应撰写论文的那些前辈学者并列，因此只得告诉述祖先生我实难从命。但是述祖先生非常不高兴，说一些年轻人也答应写文章，举出了去非、马雍诸兄为例，我再次说明他们均比我年长，又学有专长，马雍兄更是专攻中外交流，我实不能比。述祖先生更为不悦，指出还有年岁比我小的也踊跃参加，举出丁明夷、萧默为例，我只有说人家年轻但有才华，且我又没有能写的题目。先生这时说，你如说没有题目，我可以想办法，但是不许想方设法不写文章，说着拿出一册手抄的资料，看来是先生自己装订成册的，封面以毛笔题写"西游记程、敦煌古籍、河西疆域杂抄""一九四四——九四五敦煌考古时""真斋"，册内均为毛笔直书抄录的资料，有些注明是抄自觉明先生的稿本。他把这册资料赠给我，让我回去仔细读，然后选择题目，早日回报，以决定可否收入文集之中。至此我已不敢再说不写文章的事，捧回述祖先生赠与的资料回家。不过那次我最终还是有违师命，没有能写出有关中西交通的论文，只能将对觉明先生的纪念和对述祖先生的感激深埋心中。并将述祖先生赠与的珍贵资料妥为收藏，今先生已仙逝，这也是他遗留给我的永久纪念品。

述祖先生和阎师母待人极诚恳，有时或许失之过迁，徒生烦恼。记得有一时期先生被推为系工会主席，有时极努力去排解教员的家庭纠纷，自己还真动感情。有一次我去他家，只见两位正相对垂泪，当我大惑不解时，阎师母告诉我，那是因某位教员已离婚，引起他的伤感所致。直到先生病后，仍是如此。他有一位原在山西的老友，来京宿于先生家，甚至同榻而眠。在其欲调来京时，述祖先生以病残之躯为之四处奔走（当然，能调到北京的决定性因素并非述祖先生这位病残教授奔走所致），尽其最大努力。当那位先生调职成功，来京当日，述祖先生遣其子去火车站迎至家中，午间设宴欢迎，不巧那天我正好去看先生，述祖先生与师母一再让我留下陪客。席间听那位先生一再表示将培养阎先生的孩子成才云云，其情之真切确使我极感动。事后我也曾劝过述祖先生不能轻信，因任何人收博士生，要经各种考试审查，私人何能满口应承一定收某人为其研究生？但他认为与那位先生的情谊之深我这辈人不易理解，那人自不会食言。其实这正是述祖先生过迁之处，后来果因此而二位先生反目。为此事阎师母曾向我哭诉过两次，认为那人食言而不尽情理，我只能劝她以后不要轻信别人的允诺，述祖先生自无言以对。不过虽经多次吃亏，述祖先生待人照样诚恳，照样轻信，也照样吃亏，事例颇多，不再例举。这种性格，确也是述祖先生的可爱之处。

图三　1993 年阎文儒先生在北京图书馆讲座后合影

述祖先生最后一次发表学术演讲，应是 1993 年夏天应徐自强同志之约，在北京图书馆分馆敦煌吐鲁番中心。那天先生非常高兴，精神很好，向大家畅谈当年周游全国调查研究的壮举，还朗读并讲解了所写的诗词，豪迈地说调查石窟所走的里程，实际上超过了闻名于世的二万五千里长征的里程。会后又高兴地与大家合影（图三）。不料那就是述祖先生学术历程中最后一次公开的学术活动，那张照片也成为他最后一次学术活动的历史记录。在那次讲座后不久，徐自强同志告诉我将把述祖先生的论文集录在一起，编辑为敦煌吐鲁番讲座第一集，由书目文献出版社出版，其中所收中国雕塑艺术总论一篇，原稿后半部分需加调整，希望我能代先生整理完稿，时间又极紧迫，以如期发稿。那时正好是应宁夏文物处雷润泽处长之约，我与马世长、丁明夷两位赴宁夏考察，我只得在旅途中的晚间灯下为先生修润原稿，终于按时完成。现书稿已由徐自强同志送出版社排印，不料尚未出版，述祖先生于 1994 年仙逝，实为学生们始料所不及之事。将来文集出版后，仍可作为对述祖先生永久的纪念。

（原载《文物天地》1995 年第 3 期）

响堂山石窟随想

经过 35 年以后，我再次来到位于河北邯郸市峰峰矿区的北响堂山。响堂山山景依旧，只是树木较前增加许多，郁郁葱葱，平添几多生趣。登山道路也进行过修整，汽车已能驶达山腰的常乐寺废址。

记得过去废址地旁本是一片空旷，仅有石窟保管所孤零零的一座小院，现在它的四周增添了许多建筑，颇显热闹，不过寺院的废址却较前更显颓残，寺址内那座九级八角古塔，虽然还屹立在原处，但是顶上的几层塌残更甚，再也无法攀登，如不进行大修，坍塌的噩运恐难避免。

看到这座危塔，顿感凄凉，不禁忆及 35 年前与该塔有关的几段往事。

1957 年，北京大学历史系 53 级考古专业同学，赴河北邯郸进行考古实习。12 月初，我和刘勋、孙国璋在宿白先生的指导下去响堂山石窟，同去的教师还有赵思训和刘慧达两位。先到南响堂山，进行勘察测绘，然后转往北响堂山。因保管所的老柴告诉宿白先生，在去北响堂山途中有一处小石窟，当地老乡称为"洞窨"（"洞"老乡读为"墩"音），他曾去调查过，并拍了照片，可惜照片颇为模糊，仅依稀可见窟门两侧有些雕刻，故此宿先生决定赴北响堂山时顺路去调查一下。

当日吃过午饭，由刘先生与孙国璋二位女士随行李车取道大路先去北响堂山，宿先生、赵公与我、刘勋由老柴引路，步行山间小路，先去看"洞窨"，然后去北响堂山与刘先生二位会合。

走了约一小时，远远望见半山腰有一处洞门，但无路可循，只得拨开漫山的荆棘、野草往上攀。虽已初冬，但大家都累得大汗淋漓，好不容易登至窟口，向内探视，石窟内造像早已被损毁，只有近人泥塑一尊，供乡人求子孙拜奉。窟门外的雕刻系唐代雕造，但已漫漶不清。

此时诸人已登至窟口，仅宿先生落后于半山间处，原因是足下皮鞋不宜登山之故。目睹此残毁之小型石窟，大家兴趣索然。此时老柴又说，前方不远处的山脊上，尚存唐末农民起义军遗迹一处，方又引起大家的兴味。

由于宿先生皮鞋不宜登山，老柴又出一妙计，建议将他的布鞋脱一只换给宿先生，两位均一足踏皮鞋、一足穿布鞋，就解脱了皮鞋难行山路之苦。鞋子换好后，大家又欣然上路。此时兴发，我随口诌了一首打油诗《调寄西江月》：

> 淋漓汗水倾盆，咻咻喘息牛吼。
>
> 洞窖原来是破窑，革布竟然成偶。

又走了个把小时，到了老柴所说的起义军遗迹，原来只是山石上凿刻的一道凹槽，两侧各有一个圆孔，或许是一处石碓残迹？但也无法辨明其时代。看了以后，大家又一次感到兴趣索然。眼看天色已近黄昏，山脊上荒无人烟，山下树丛已朦胧于暮霭之中，却遥望不见北响堂石窟，于是催促老柴快引路前行，争取天黑前赶到北响堂保管所。

又走了一程，天色更晚，大家忆起方才老柴讲过的山中有狼之事，更加情急，偏偏老柴又辨不出该走何路，越急越寻不到路，一行人徬徨彳亍于山脊。天已黑，人更急。偶遇一孤立的农舍，老柴前去探询，仍不得要领。大家再无心说笑，默然匆匆前行，又都心中无数。

宿先生嘱咐大家，去北响堂山最易寻的目标应是常乐寺塔，要注意观察，见到塔就可到达目的地……突然一人惊喜地大呼，山腰处看到塔了！众人一齐望去，黑黝黝的丛莽中确实矗立着一座高塔，它的轮廓凸浮于夜空之中，平静而安详，却又端庄伟丽。当时看到它，心中涌出一股难以说出的情感，那动荡不安的急烦心情一扫而光。

这是我生平第一次见到常乐寺塔，它指引我们踏破迷津，解脱困境，顺利抵达在它近旁的北响堂山石窟保管所。看来世间诸事或如佛家所说：

有缘相聚,人与人,人与物,相聚自是有缘,缘尽则散,亦是常情。由此说来,此番也是人塔有缘吧!

　　当晚在常乐寺废址旁的石窟寺保管所住下,我们也是那处保管所建成后最早的居住者,因为房屋落成后,当时周边无其他建筑,且不通水电,远离山下乡村约一里左右,保管员怕狼,仍住在村中,这里本无人居。第二天,我们就开始了对北响堂山石窟群的记录和测绘工作(图一)。

图一　1957 年测量响堂山石窟,举标杆者为刘勋,持皮尺者为孙国璋

　　响堂山石窟是一座创建于北齐时的重要佛教石窟寺,地当晋阳(今山西太原)至邺都(今河北临漳县境内)之间的主要交通道上,共有三组石窟,其中南响堂石窟共有 7 座洞窟,北响堂石窟也有 7 座洞窟,小响堂石窟(水浴寺石窟)现存两座洞窟。三处的主要洞窟和龛像都创建于北齐时期,其中又以北响堂的 3 座大型洞窟规制尤为宏伟,刻工精湛,是标志北齐石窟艺术最高水平的代表作品。

　　其中位于北侧和居中两座大窟,外檐原雕出檐柱和屋檐,其上崖面又雕出巨大的覆钵顶和山花塔刹,虽然多已残毁,或已被后世修砌的石券等遮蔽，但仔细审视仍可窥明原窟形貌，是模拟覆钵顶佛塔的塔形佛窟。窟内都凿有巨大的中心塔柱，正面和左右各开大龛，雕刻佛像，洞窟内空间又以北侧大窟最大，面阔超过 12 米，两侧壁和前壁、后壁的两侧，都雕出装饰华美的佛塔状佛龛，更显庄严而富丽。这些大窟，都是北齐皇室所创建。

当测绘了北响堂诸窟以后，在 12 月 12 日转至常乐寺废址，测绘那里遗存的石经幢和砖塔。石经幢有两座，都是宋代所建，一件建于北宋建隆三年（962 年），另一座建于北宋乾德三年（965 年）。除实测绘图外，我还画了一些素描，至今留存在我的速写本中（图二）。测绘砖塔时，我才得以仔细观赏它的艺术造型。

砖塔年久失修，塔刹已无存，最顶两层也坍毁较甚，不过下面的 7 层保存尚好。登塔的阶梯虽损毁过甚，尚勉强可以攀登，只是有些地方需手足并用，贴壁爬攀。

宿先生怕我们攀登出危险，严令不许登塔。不过我当时少年气盛，还是偷偷爬了上去。三位同学中一位是女士，一位身躯颇胖，自然登塔非我莫属。爬了一半心里颇有些害怕，勉强登至五层，阶梯更残，每攀一级，都感觉塔体似平微微晃动，顿生恐怖之感，想下去而欲罢不能，这时又想起那天夜间初睹塔影的兴奋情景，也许是人塔有缘，反觉得每一踏步产生的晃动，竟与自己攀登的节奏合拍，心中顿安，竟然攀至第七层，向上张望，最上两层已坍毁，塔已无顶，可以直透苍穹，阳光射入，满目光明。

图二　北响堂山常乐寺遗址北宋石经幢
（1957 年作者所绘素描）

探身于塔门向下张望，塔下的同学为我拍了一张照片。

目的已达，心愿已了，我欣然下塔。但向下走比向上攀登还感艰难，到得塔下，满身尘土，满面污垢，然后挨了宿先生一顿训，因为没有遵从师命。今日回想，当时登塔的豪情，现在是再也无力抒发，那时未出意外，或许真是人塔有缘吧！

"缘分"或许与"偶然性"有些联系。南响堂山北齐原雕崖面的再现，恰也是出于并未充分科学论证就冒然施工的结果。

那是 1985 年发现南响堂山第 6 窟和第 7 窟顶部挡土墙即将坍塌，危及到石刻安全，本也是进行抢修，但主持人发现第 7 窟的窟顶瓦垄和正脊保存完好，于是决定拆除清代建于石窟顶上的 7 间靠山阁，又拆掉明清时于第 1 窟、第 2 窟前的石构券洞，结果把北齐时原雕崖面全部揭露出来。原来这里的洞窟，本是模拟覆钵顶佛塔的塔形佛窟，由此恢复了窟前雕凿的檐柱，仿瓦檐及覆钵顶的原貌。而且在第 2 窟前壁，揭露出分刻洞窟两侧的隋碑。

由《滏山石窟之碑》所记，可知石窟由北齐天统元年（565 年）灵化寺僧慧义兴凿，后来大丞相淮阴王高阿那肱舍财助修，功成于北周武帝东并齐地以前，从而解决了过去多年来弄不清的南响堂山石窟的开创年代问题。

正因为有这些重要的发现，促使我萌发了再访响堂山石窟的念头。这一念头在 1992 年终于实现了，这就是我 35 年之后再次来到响堂山，同行的有文物编辑部的姚涌彬先生、李力女士和河南省古建所的几位先生。这次也是先访南响堂，再去北响堂，重睹常乐寺古塔，正如本文开始所谈。

第二次访响堂山石窟至今，又过了三年，第一次同行诸位中刘慧达先生早已仙逝，第二次同行的诸位中姚涌彬先生又已仙逝，实感人世沧桑，谨祈二位先生冥福。

每忆及此，常乐寺塔影似即浮现眼前，想来今日它的面貌会更为颓残，希望它不要倒塌。

后记　本文写于 1995 年。原应台湾南海印经会高仰崇之约，发表于《清福集——北长街二十七号》第 135～142 页，台湾如闻出版社，1997 年。现又过了 26 年，当年指导实习的宿季庚先生和赵思训、刘慧达先生均已仙逝，同行的同学刘勋也已仙逝，故捡出此文，以示怀念。

我与中国古代兵器研究

　　1980年6月，文物出版社出版了我的《中国古兵器论丛》一书，它是我自1976年在《考古学报》发表《中国古代的甲胄》以后五年间研究工作的总结，也是我以考古学为基础对中国古代兵器研究获得成功的标志。该书出版后引起国内外学者的注意，日本著名的古代兵器研究权威末永雅雄博士1981年再版他的《日本上代的甲胄》一书时，曾根据我的研究增补了《中国的甲胄》一章，并因此邀请我于1982年冬访问日本（图一），在关西大学（图二）和奈良橿原考古学研究所演讲《中国古代甲胄概说——考古学所见中国古代的甲胄》。同时日本关西大学考古学研究室将《中国古兵器论丛》译成日文，由网干善教授监译，来村多加史翻译，关西大学出版部于1985年出版。该书亦曾于1983年被台北市明文书局翻印出版，明文书局翻印未经我同意，但考虑到该书的出版能够促进海峡两岸的学术交流，也算是有益于祖国统一的事。

　　回溯过去，我对中国古代兵器研究产生兴趣，还是20世纪50年代初我就读于北京大学历史系考古专业时的事。当宿白先生讲授魏晋南北朝考古学时，曾依据考古发掘所获实物和图像，讲述过当时的马具和兵器发展演变的简况，首次点燃了我对古代马具和兵器兴趣的火花。后来宿先生指导我写学年论文《高句丽壁画石墓》时（该文后经宿先生推荐发表于《文物参考资料》1958年第4期，这也是我发表的第一篇考古学论文），又较仔细地收集和分析了有关高句丽壁画中的马具和兵器。在此基础上，我于1959年写成短文《北朝的铠马骑俑》，发表于《考古》1959年第2期，以"柳涵"为笔名。那是我对古代兵器研究的第一次尝试。该文刊出后，武

图一　在关西大学演讲前，与末永雅雄（前排右一）及大学院的教授们合影

图二　1982年作者在日本关西大学

伯纶先生曾发表不同意见，他认为霍去病墓石雕中石牛身上线刻的镫为西汉有马镫的明证，此文发表于《考古》1961年第3期。夏鼐先生支持我关于长沙西晋墓骑俑的马镫为目前考古资料中发现的最早马镫的意见，并告诉我，霍去病墓石雕中石牛身上的镫为后人伪刻，且"牛镫"又非马镫，他告诉我应该回答武先生。所以我又写了《关于铁甲、马铠和马镫问题》，后发表于《考古》1961年第12期。但是60年代初我对中国古代甲胄研究的这些初步尝试，由于"文化大革命"而匆匆结束。

1971年，考古研究所大部分人员去河南息县的"五七干校"，艰苦的劳做之余，脑子里还不时浮起一些考古学问题，后来的一件事再次点燃我对兵器考古的火花。在一次批判"五一六分子"的会上，苏秉琦先生不知为何打破他一贯的沉寂，发言说"五一六分子"是铤而走险，铤而走险意味着失败的前夕，铤是短的匕首类兵器，到使用短的匕首类兵器时正是战斗到最后没有办法的时候了（大意如此）。当时我想，铤似不能释成匕首，或许老师把铤误为铤，即短柄矛了，我想找时间和他讨论，始终没有机会。虽然我与先生的床靠在一起，但苏先生的发言竟招致左派同志的批判，认为是反动权威不老实考虑自己问题，我怕再和他讨论"铤"的含义会被认为是阶级斗争新动向。不过我的头脑里又不断思考起有关兵器的考古学资料。从干校返京以后，我们一些当时尚未解除审查的人被集中于考古所内的"编南室"中，终日无事，大家就各自研究自己感兴趣的问题。那时我就在所内上班时和回到家里后全力收集、整理有关古代兵器的考古学资料，并且检索、考辨有关古代兵器的文献。当时我之所以选择兵器考古，主要出于以下考虑。

首先是由于当时的政治环境。20世纪50年代末到60年代初，我的兴趣主要在佛教考古等方面，但都与意识形态关系密切，兵器则有所不同，不易被人抓辫子。

第二，中华人民共和国成立后，古兵器研究领域仍是学术研究园地中荒芜的一角，几乎是一片空白。1949年以前，注意到中国古代兵器的只有少数考古学家，主要从考古学的标型学排比和年代分析的角度，研究在田野考古发掘中获得的古代兵器。例如李济的《记小屯出土之青铜器·锋刃器》(《中国考古学报》1949 年第 4 期)。也有的学者结合文献对古代兵器进行考订,如王献唐的《甲饰》(《说文月刊》第 3 卷第 7 号,1943 年)。只有周纬有志于中国兵器史的探研,在国内外搜求资料,着手编写《中国兵器史稿》。1949 年以后,随着田野考古工作的蓬勃开展,不断有古代兵器出土,极大地丰富了有关古代兵器的实物资料。但是利用这些考古资料进行的研究工作明显滞后,仅是在 1957 年由生活·读书·新知三联书店出版了经郭宝钧先生整理的周纬遗稿《中国兵器史稿》,也是当时唯一的一本叙述中国古代兵器的专著。此外,50 年代末至 60 年代初,有关中国古兵器的论文有郭宝钧先生的《殷周的青铜武器》(《考古》1961 年第 2期),后经改写,成为他的《中国青铜时代》一书中的有关章节。还有冯家升所著《火药的发明和西传》(上海人民出版社,1954 年),首次较全面地阐述了中国古代发明火药和火器的历史。另外,只有一本科普读物,即王荣所著《军事技术史话》(科学普及出版社,1959 年)。渡海去台湾的考古学家,还继续对发掘出土的古代兵器进行考古学标型学研究,发表的论文如李济的《豫北出土青铜句兵分类图解》,石璋如的《小屯殷代的成套兵器》(均发表于《历史语言研究所集刊》)。而对从田野考古获得的大量新资料,上述研究是远远不够的。特别是周纬的书,并没有收入 1949 年以后的新资料,而且受其知识的局限,错误颇多,如将巴蜀青铜剑误为夏代铜剑,等等。因此,从考古学的角度研究中国古代兵器,可以填补这一领域的空白。填补空白虽非易事,但只要努力,自然易出成果。

第三,我自 1959 年冬开始,一直担负考古书刊的编辑工作。特别是1959 年后,主要编辑《考古》月刊,常年审阅并编辑加工别人的文稿,为避嫌,就只有选择别的学者不涉及的领域,为自己寻找文章选题,古兵器研究正是当时尚未引起别的考古学者兴趣的选题。

出于以上三方面的考虑,我在 1973 年后选了中国古兵器研究作为努力方向。

　　开始进行古兵器研究时，首选的研究题目是中国古代的甲胄。选取甲胄的原因，首先是关于甲胄的文献资料和考古资料都相对较少，易于搜集完备；其次是前人又较少研究，除王献唐的《甲饰》外，几无值得注意的论文；同时甲胄又是军中的主要防护装具，在中国古代兵器研究中有其重要位置，值得深入探研。于是我对中国古代兵器的研究，就从对中国古代甲胄的研究开始，大约用了两年的时间，写成《中国古代的甲胄》论文初稿。初稿完成，当时并未考虑到能有发表的机会，仅属一般习作性质。这时夏鼐先生知道我写了有关甲胄的文章，他当时虽已"解放"，但并未真正能主持考古研究所的领导工作，所以有空闲时间，就将我写的《中国古代的甲胄》初稿索要去看。大约一星期左右他已看完，退还给我。夏先生对文稿详加批示，并指出那时的文稿过于庞杂，把所找到的资料全罗列进去，只算是"资治通鉴"长编，但文章要写成"资治通鉴"，必须认真剪裁取舍，重新精炼改写。当我按夏先生意见改写后，已是 1975 年底，那时由于安志敏先生的帮助，我早已返回考古所编辑室原来的工作岗位。当时因《考古学报》缺稿，《中国古代的甲胄》分为上下两篇，分别发表于《考古学报》1976 年的第 1 期和第 2 期。

　　《中国古代的甲胄》发表以后，我就被认为是在研究古代兵器，于是《文物》编辑部的沈玉成先生就催促我连续写中国古代军事装备札记，自《文物》1977 年第 5 期开始，至 1979 年第 3 期，共发表了《战车与车战》《骑兵和甲骑具装》《甲和铠》《水军和战船》等多篇文章，还在《社会科学战线》1979 年第 1 期发表了《剑和刀——中国古代兵器丛谈》一篇。后来我将以上文章增补修改，集成《中国古兵器论丛》一书。该书出版前，夏鼐先生代我请王振铎先生题写了书名。在集成《中国古兵器论丛》的同时，我还完成了一本通俗的科普读物《古代兵器史话》，后由上海科学技术出版社收入《中国科技史话丛书》，于 1988 年 5 月出版；另有一本图录《中国古代兵器》，交给科学出版社，1988 年已排出校样，但迄今未见出版，却于 1992 年出版了英文版《Weapons in Ancient China》。

　　当《中国古兵器论丛》出版后，我又应邀参加了《中国大百科全书·

军事》卷有关中国古代兵器的条目的编写。此后，中央军事委员会决定
编纂《中国军事百科全书》时，我又被聘为《古代兵器》学科主编，这
项工作现已完成，1991 年 5 月先由军事科学出版社出版了《中国军事百
科全书·古代兵器分册》，现已收录于 1997 年合编的《中国军事百科全
书》之中。《中国古兵器论丛》一书，也于 1986 年由文物出版社出版了增
订本，将原第一版所收论文作为上编，又增加《中国古代的戟》《弓和弩》
《中国古代甲胄的新发现和有关问题》《日本古坟时代甲胄与中国古代甲胄
的关系》《汉魏的武库和兰锜》等论文编为下编。该书获得中国社会科学
院 1993 年颁发的中国社会科学院 1977～1991 年优秀科研成果奖。

对于中国古代兵器的研究，我主要立足于对 1949 年以来田野考古所获
得的新资料，与过去周纬等先生不同之处，首先在于依据考古学的层位学
和类型学分析的基本方法，保证了所依据的实物标本的可靠性和科学性。
同时对有关文献史料，同样要认真考辨，去伪存真，然后再与实物标本相
结合，进行深入探研。

在探研中国古代兵器产生和发展演进的历史进程，着重注意以下几个
方面：（一）中国古代兵器的发展阶段的分析；（二）工艺技术的发展与兵
器的演变的关系；（三）兵器的发展与作战方式方法变化的关系；（四）防
护装具与进攻性兵器发展的辩证关系；（五）设防城堡与攻城器械的发展
的关系；（六）火药兵器的出现引起兵器生产的革命性变革。

通过对上列各方面的综合分析，完成了对中国古代兵器的分期。中国
古代兵器，指从史前时期兵器出现开始，直到封建社会结束，即清王朝的
闭关政策在 1840 年鸦片战争后被帝国主义列强打破为止，装备中国古代军
队用于实战的各类兵器。以火药开始用于制造兵器为分野，可分为前后两
大阶段。北宋初编著的《武经总要》，是明确记载了火药兵器的最早史籍，
因此北宋正是前后两大阶段的转折期，从史前直到北宋是使用冷兵器的阶
段，从北宋开始为火药兵器和冷兵器并用的阶段。在前一阶段中，又可以
依据主要兵器的质地和工艺特点，区分为连续发展的三个较小阶段，即石
器时代的兵器、青铜时代的兵器和铁器时代的兵器，也正是中国古代冷兵

器的产生阶段、发展阶段和成熟阶段。在后一阶段中，也可以区分为连续发展的两个较小阶段，以明初大规模将金属管状射击火器用于实战为分野。值得注意的是，考古学与中国古代兵器研究密切相关的是前面的冷兵器阶段，重要的和大量的古代冷兵器都是田野考古工作中所获得的。而北宋以后的古兵器资料，考古发掘品相对稀少，特别是关于早期火药兵器的实物，至今未曾获得过。出土物中有可能是元代的火铳和有明初纪年的火铳，已是金属管形射击火器出现后的遗物，因此对于后一阶段古兵器的研究，主要依靠文献资料和传世实物。

在探研中国古兵器时，必须注意分析装备军队的普遍的大量的实战兵器，而不是如文物研究时注意那些形制罕见或装饰华丽的特殊文物。在后一阶段，更要分清军队的制式实战兵器和民间庞杂的武术器械，否则容易在研究工作中引起混乱。

目前对中国古兵器的研究还存在许多有待深入探寻的疑难课题，诸如古兵器起源的准确时间、火药发明的准确时间以及用于制作兵器的准确时间，等等。尚待今后获得新的实物证据予以解决。

（此为 1998 年北京大学中国传统文化研究中心 "98 汉学研究国际会议" 发言稿）

忆夏作铭师

　　第一次听夏作铭（夏鼐）先生讲课，是在进入北京大学历史系学习的第二年。先生给我们讲考古学通论的第一堂课，他操着他那温州腔极浓的普通话，讲得很有风趣，因为有许多听懂的同学不时发出会心的笑声。但是当时我实在听不懂先生的话，又因为这是几个班共上、还有许多其他听讲者参加的大课，教室大人又多，加之先生的声音又较低，一堂课下来几乎没有听懂多少，笔记记得也很不完整。没想到我那不完整的笔记还有人借去抄，那个人就是史树青，当时他在北京历史博物馆工作，因为没学过考古学，馆长韩寿萱先生就严令他补课，于是他到北大随我们班上课。他比我还听不懂夏先生的话，只好借我的笔记补抄，这也成就了后来我们近半个世纪的友情。除了考古学通论课，在北大学习的五年中没有什么机会和夏先生接触，只是在两次参加会议时见到过他。一次是北大邀请的埃及专家费克里教授（图一）与在京的考古学者的座谈会上，夏先生和徐老（徐旭生）等考古所的老专家都来了。徐老听说费克里会法语，于是就用法语跟他交谈，结果说了半天谁也没听懂对方的话，还是由费克里说英语，由周一良先生来翻译。夏先生就风趣地跟我们说，徐老讲的是老法文，费克里年龄小，所以听不懂。另一次是在开考古工作会议时，准许我们班学生去听会，夏先生陪着郭沫若和郑振铎所长过来看望同学。郭老指着鼐老说，你是孔夫子；又指着学生说，他们是七十二大贤人。夏先生没有说话，只是站在旁边笑。

　　在北京大学历史系考古专门化学习了五年后，1958 年我被分配到中国科学院考古研究所（现中国社会科学院考古研究所）。由于在"反右斗争"

图一 1954年，北京大学历史系53级同学与埃及专家费克里在北大西校门合影

等运动中表现不好，离开北大时我被勒令退团，所以我是心情忐忑地到考古所报到的。果然当时人事处一位同志翻阅我的材料后，很关心地对我说："你这么年轻，可惜政治生命就结束了，以后要好好注意。"幸而到考古所工作以后，夏作铭等先生并没有因为我已没有政治生命而嫌弃我，仍旧对我热情关怀，并在学术方面悉心指导（图二）。1958年冬，我调到编辑室和第三研究室工作，这样就有越来越多的机会与夏先生接触，当时他在审完的稿子签注意见后，还要嘱咐一些修改、加工时应注意的问题。开始我听不太懂他那温州腔极浓的普通话，只得请求他加注在稿签上，他都会不嫌麻烦地用他习惯的比蝇头小楷还要细小得多的笔体，一条一条写清楚。后来接触多了，这才逐渐听懂了他的谈话。在我的记忆中，夏先生对与他平辈的学者在治学中出现的问题是不太客气的，有时还会有相当苛刻但又颇有幽默感的评论。但是对我们这些后学之辈，则是极为和蔼的。他对我们在工作中出现的问题从不发脾气，而是耐心地讲解，并具体而微地指明问题，告诉我们该去查找什么文献，连版本、页码甚至第几行都指示

图二　1985 年作者与夏鼐先生讨论安阳出土十六国时期马具的复原

得清清楚楚。如果是外国的资料，则常常是亲自把书找来，翻到需要参考的那一页再拿给我们看。审阅稿件更是极为认真，经他看过的稿子的天头或稿边，必然留有他那独特的小字批写的意见，而且很少积压，上万字的文稿常是三四天就阅毕退回。而当时所内另一些老专家，虽然也列为刊物编委，但在审稿方面，就没有夏先生那么认真负责，有时还给我们设置一些意想不到的障碍。对做编辑的工作人员，夏先生一再叮嘱对作者要一碗水端平，绝不要有亲疏远近。对于来稿的作者，对所内的人一定要严格，对所外的作者特别是地方县区的基层工作者，则应适当照顾，必要时要帮助他们根据审稿意见提高改写，以鼓励、帮助基层的考古工作者。对学术研究，他更是坚持百家争鸣的方针，力促有争议的学术论文的发表，决无帮派之见。以下仅举一例。

　　我想举的例子是《考古学报》1965 年第 1 期刊登苏秉琦先生撰写的《关于仰韶文化的若干问题》的经过。令今日那些热衷于讲述夏、苏矛盾的从没与他们二位真正共事过的年轻人想不到的是，那篇被苏公研究生俞伟超赞誉为"寻找到了一条考察各种考古学文化的正确途径"，"可以认为是类型学方法的又一重大进步"的有重要意义的论文，并不是苏公自己交给编辑室的，而是夏先生亲自拿来让在《考古学报》上刊登的。那年多雨，老编辑室漏雨抢修，我们只得暂时借用西屋的北侧两间办公（南侧一间是隔断开的，原是苏公与许道龄先生共用的办公室，那时许先生已退休，室内只剩下苏公一人），因周永珍、徐保善两位去辽宁金县参加"四清"，徐元邦去山东黄县参加"四清"，室内只剩下我和饶惠元先生，再加上陈梦家先生也暂时搬到西屋，与我们两人合在一起办公。那天下着小雨，夏先生急匆匆地由北屋来到西屋，将一份文稿交到饶惠元手中，叮嘱说："这是苏先生的文章，原是要用在考古学会上，现在学会成立不了了，要尽快在学报发表。"饶先生回答学报正准备发稿，还可以赶上这一期，夏先生点头，并说他有事马上要离开北京，然后又和陈梦家先生说了两句关于汉简的话，就又匆匆离去。夏先生走后，我们三个人传看了那篇文章，我当时只是注意苏公将庙底沟彩陶辨识为蔷薇科植物和菊科植物那一段，陈梦家注意到说"华山"是"花山"那一段。饶惠元特别喜欢那张黑陶鹰鼎的插图，后来在制插图时做得比通常插图的尺寸要大得多。因学报发稿日期已临近，饶先生就抓紧时间进行编辑加工，然后按当时规定，将准备发排的文稿送主管刊物的学术秘书组组长终审。当时学术秘书组组长王伯洪去金县参加"四清"，所以送交当班的学术秘书去终审。几天后，那位学术秘书叫饶先生去谈话。不久他愁眉苦脸地回到东屋，原来当夏先生交来文稿那天，因见他忙着要出差，我们谁都忘了应先填稿件登记表请他留下审稿意见。虽然饶先生一再解释这是夏先生指示刊发的，但当班的学术秘书指出按规定，发稿必须有正式审稿意见，任何人的文章都不能例外。因夏先生不在，只得由他指定了另一位先生去审。那位先生好像写了八条意见，认为该文不应发表。饶先生非常着急，因为学报即将发稿，已无法临时抽换稿件，而且该稿又是夏先生让发的，现在又说不能发，夏先生又不在京，不知该怎么办才好。我们三个人商量了半天，认为只能采取先根据审稿意见对文稿做些修改，然后再送审以求发排。经仔细研究了那几条审稿意见，陈梦家先生提出，看来只有考虑请苏公将"华山"即"花山"一段割爱删除，但不能说原因是遵照了那位审稿的先生的意见。因为1949年以前苏公在北平研究院工作，故徐旭生先生是他老师，而且徐老又是古史传说的权威，要先请徐老审阅，如果徐老认同这种说法，编辑部可以按徐老的意见去说服审稿的先生；如果徐老不认同，则可按他的意见请苏公割爱删除。饶惠元和我都同意，但是我们两个去找徐老和苏公谈都不合适。陈梦家认为他去谈比较合适，就由他去谈。结果徐旭生先生认为说"华山"即"花山"与华族联系没有根据，陈梦家又去找苏公，苏公同意删除了那一段。于是饶先生拿着改过的文稿再次送审，说明已按审稿意见并经徐老再审，作者也已按徐老意见改过，请准许发稿。但是该稿又被退回，原因是审稿意见人又指出稿内大量使用了陕西华县发掘的未发表的材料。眼瞧着发稿期限已到，饶惠元一筹莫展。幸好这时夏先生回来了，按他的习惯先下来编辑室看看，饶惠元赶忙向他汇报，他听后大笑，说华县发掘是苏先生主持的，他自然可以使用发掘的材料。一切难题均迎刃而解，就这样苏公的文章终于能如期刊出。

总之，夏先生处理稿件不按亲疏远近、一碗水端平的做法，对我教育极深，在我50多年的编辑、审稿工作中，我一直是努力排除一切干扰，按夏先生的教导去做的。除此之外，夏先生还教会我在工作中要注意编辑的道德，要协调好和兄弟刊物的关系，要无私地去帮助别人，要胸怀宽广。他总说一个学术刊物的成功是刊物的质量，是刊物的水平，不在于去抢什么新发现的资料。在20世纪50年代到70年代，考古所编辑室所编的两本期刊《考古学报》和《考古》（原名《考古通讯》）的主要兄弟刊物是《文物》（原名《文物参考资料》），下面举两个在夏先生指导下处理与《文物》之间关系的事例。

第一个事例发生在1964年下半年，河北省文化局文物工作队将《河北定县北庄汉墓发掘报告》送交考古所编辑室，因资料重要，决定在《考古学报》1964年第2期刊出。当报告发排并将付印时，一天夏先生带着当时主管《文物》的庄敏来到编辑室。庄敏很客气地说，局（文物局）里认为北庄汉墓发掘出的文物很重要，知道正式报告已经送给学报发表，希望同时在《文物》上再刊登一个简报，可以更广泛地宣传，夏所长已经同意，所以来商量一下。接着又提出，再让作者写一篇简报时间已来不及，同时也没有必要，他想要一份学报排好的清样，回去摘编一下发表。夏先生当即欣然同意，让饶惠元先生取出一份报告的清样给庄敏，并且把已制过版退回的照片原稿、黄肠石刻拓本原稿等都交他选用，只是要他在文章最后加注"发掘报告见《考古学报》1964年第2期"，以方便想更全面了解北庄汉墓资料的读者查找。

第二个事例发生在1978年，在安徽阜阳双古堆发现了西汉初夏侯氏家族墓地，在第1号墓中出土了一件可能是"圆仪"的天文仪器，还有一件式盘和一件占盘。有文物"专家"告诉他们这些都是天文仪器，所以作者将资料送来请夏先生再鉴定，并要求在《考古》上发表发掘简报。夏先生看后，告诉他们式盘和占盘虽与古代天文和历法都有密切关联，但是属于伪科学的占卜用具。因为它们也是与研究科学史有关的考古标本，让我引作者去自然科学史研究所找严敦杰先生请教。同时应作者早日刊出的要求，我立即对简报进行编辑加工。我又去找严敦杰先生，请他写关于式盘和占盘的研究文章，以与简报同期刊出。当时作者只将注意力放在所谓天文仪器上，忽略了整个墓葬所传达的完整的科学信息。为了文物考古研究的需要，我们请作者补足有关出土漆器的资料，特别是第1号墓出土有西汉初完整的兵器组合，还有一件木笥中储存的铁铠甲，它也是迄今出土年代最早的西汉铁铠标本，虽已散乱，但甲片形制的测图也很重要。当我收到作者补来的甲片测图等必要资料不久，作者突然来考古所找我，他非常为难地说，最近有一个姓朱的人去安徽，说他代表文物局，告诉他们阜阳双古堆汉墓的简报只能在《文物》月刊发表，因此他们的领导很为难，派他来商量处理办法。我无权决定，就去请示夏先生。夏先生嘱咐我不要让地方同志为难，简报就让《文物》去发表吧！我们已编辑加工的稿子，如他们需要也可以提供给他们，可以让他们省点事。只是严敦杰先生的文章，还是如约按时发表，不必转给《文物》，那是对严先生的尊重。我将夏先生的意见转告简报作者，他们对夏先生的关怀非常感动。遗憾的是，后来《文物》发表的简报仍是作者的初稿，缺乏许多该补全的资料，至今几十年过去，看来也不可能再有正式报告发表，作者当年补来的那组铁铠甲片测图等资料仍存在我处，无法提供给国内外的研究者。

上述两个事例充分显示了夏先生的学者胸怀和气度，也充分表现出他对读者负责的态度，是值得从事考古刊物编辑工作的人认真学习的。

除了编辑工作方面的教导外，夏先生对我的学术研究更是给予了许多具体的指导，并且一再嘱咐年轻人应该对自己要求严一些。20世纪70年代恢复评定职称时，他不止一次告诫我，在考古所作为助理研究员，至少应具有相当于其他单位副研究员的水平，而不应计较别的。在学术研究方面他对我帮助最大的一次，就是我写《中国古代的甲胄》时对我的指导。在我个人的学术生涯里，两篇文章的发表具有里程碑的意义。前一篇是在北大学习时宿白先生指导写的《高句丽壁画石墓》（发表于《文物参考资料》1958年第4期），通过那次写作，宿先生教会我如何进行学术研究和撰写论文，引导我步上考古研究的旅程。后一篇就是《中国古代的甲胄》（原刊于《考古学报》1976年第1期和第2期，修改后收入《中国古兵器论丛》），则是在学术上趋于成熟的标志，那篇论文的初稿是经夏先生审阅，并在他的具体指导下完成的（图三）。我在写初稿时，总想表现出自己掌握的材料如何全面，对文献的考查如何周到，什么都想写上，于是字数很多，文章显得臃肿不堪。夏先生很尖锐地指出，写论文不应停留在"长编"的阶段，不能只罗列资料，必须论点突出，按他的意见改写后，果然文章面貌为之一变，提高了论文的学术水平。对于这样的修改，夏先生感到满意。后来他审阅我写的《日本古坟时代甲胄与中国古代甲胄的关系》一文时，他还提到对《中国古代的甲胄》一文的改写，认为是我听了他的话才写成功的。事情正是这样，《日本古坟时代甲胄与中国古代甲胄的关系》一文，也是按照夏先生的具体意见修改后（图四），才有了发表时的面貌。现在夏先生仙逝多年，再也无法聆听他的教诲，

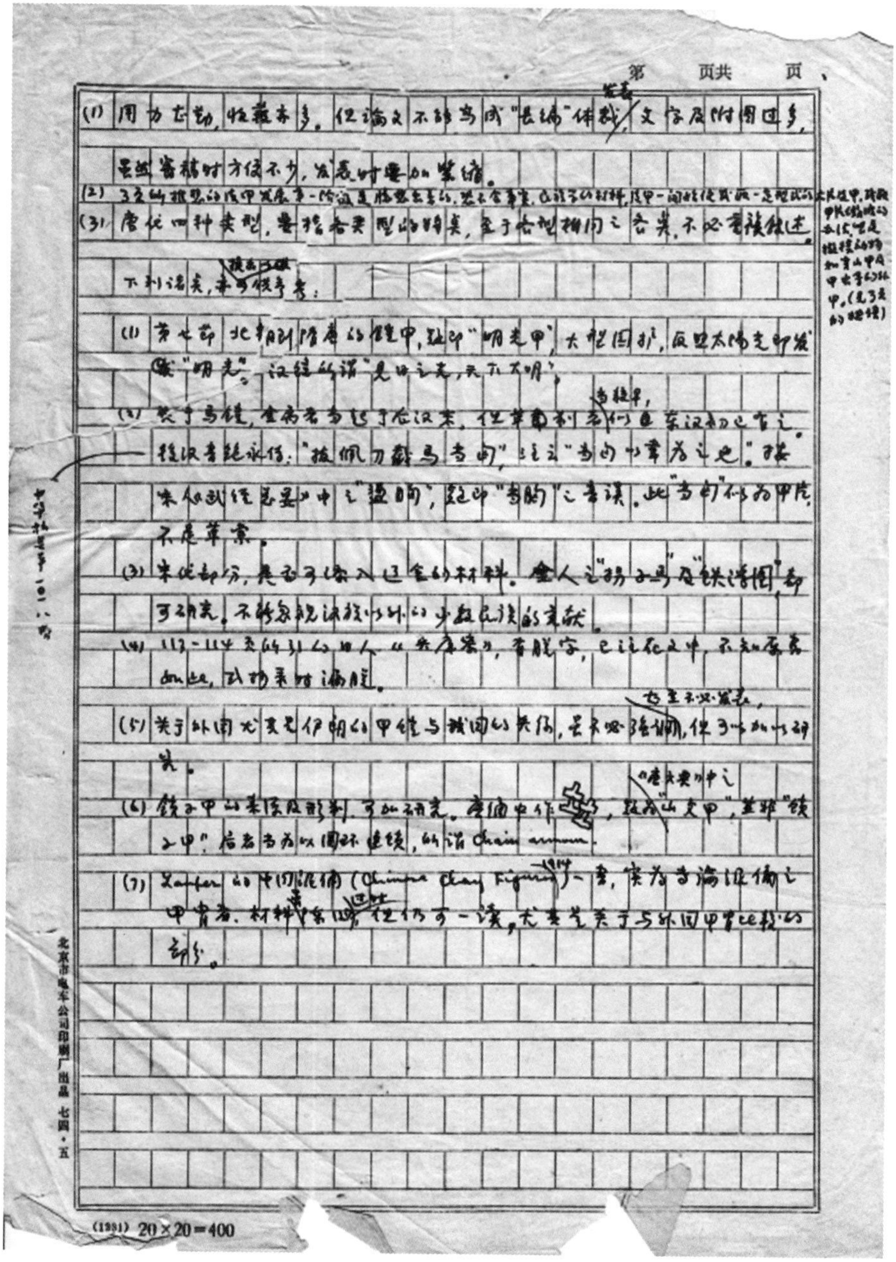

(1) 用力太勤，牵涉太多，但论文不能写成"长编"体裁，文字及附图太多，

恐致审稿时方便不少，发表时要加紧缩。

(2) 这的叙述以商代甲胄为主，应涉及 …… 恐太冗繁，应删除的材料，用一词概括便简略，是把武功 ……

(3) 唐代四种头盔，是按各类型的时代，至于古代相同之各类，不必重复叙述。

下列诸点，另可较考查：

(1) 魏晋南北朝时的铠甲的镜中，铭刻"明光甲"大概因为，因日光照之即发

光"明光"。汉镜的铭"见日之光，天下大明"。

(2) 关于马镜，虽两者为较于古以来，但单骑别为使用是东汉起才已有之。 ……

后汉书载承传。"披佩刀戟为者曰"……曰"为的 …… 为之也"。

某 …… 是马中之 …… ，铭铭"为的"之误读，此为的 …… 为甲片，

不是革索。

(3) 宋代部分，是马 …… 金的材料。金人之弱之马及铁浮图都

可研究，不能忽视 …… 少数民族的文献。

(4) 113-114 …… "夹库索"，似脱字，不知在 …… 不知原意

如此，改成更好通顺。

(5) 关于外国尤其是伊朗的甲胄与我国的关系，尚未 …… 似乎应加说明。

(6) 锁子甲出来 …… 形制，可加研究，应 …… "锁五支甲"，其称"锁

之甲"，后来为以圆环连缀，所谓 chain armour。

(7) Laufer 的中国泥俑 (Chinese clay figures) 一书，误为古墓设俑之

甲胄者，材料与 …… 似可参予一读，尤其是关于与外国甲胄比较的

部分。

图三 夏鼐先生对《中国古代的甲胄》的审稿意见

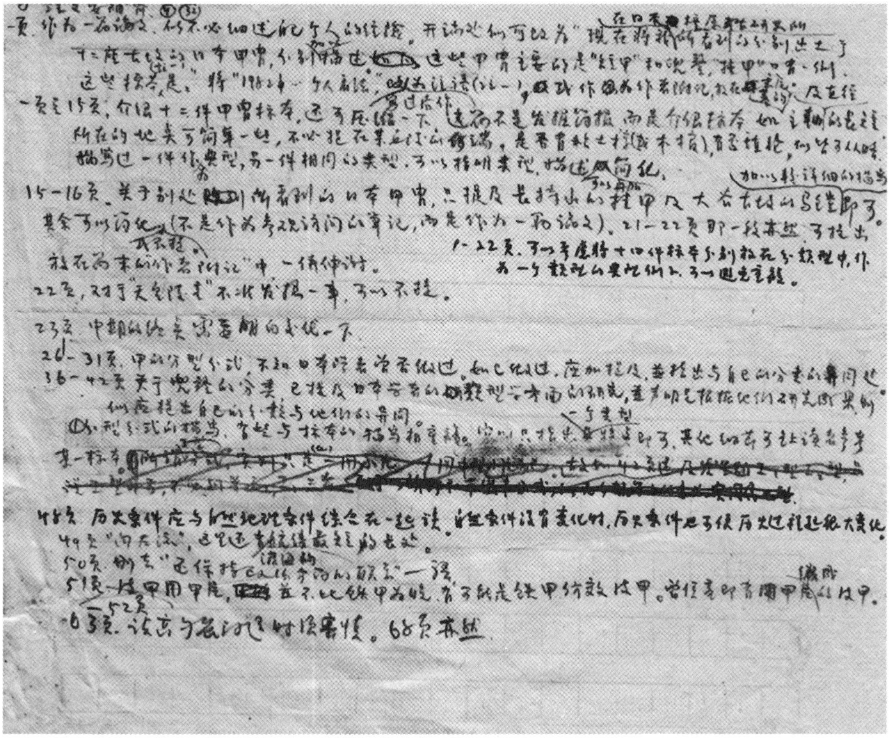

图四　夏鼐先生对《日本古坟时代甲胄与中国古代甲胄的关系》的审稿意见

但夏先生对我那两篇文章写的长篇意见，我到今保留着，每看到它们我就想起先生对晚辈的关怀和期望，鞭策我学习先生忘我的治学精神去尽力工作。

（根据原刊登于《文物天地》1986 年第 5 期的《引导我走上考古研究道路三位老师》一文中讲述夏先生的部分补充改写而成，后收入《夏鼐先生纪念文集》，科学出版社，2009 年）

附录一　夏鼐先生对《中国古代的甲胄》初稿的审稿意见

（1）用力甚勤，收获亦多。但论文不能写成"长编"体裁发表，文字及附图过多，虽然审稿时方便不少，发表时要加紧缩。

（2）3 页所推想的皮甲发展第一阶段是臆想出来的，恐不合事实，民族学的材料，皮甲一开始便或取一定型式的大片皮甲，或取甲片缀成的办法，皆是模拟动物如穿山甲及甲虫等的外甲（见 3 页的按语）。

（3）唐代四种类型，要指各类型的特点，至于各型相同之各点，不必重复叙述。

下列诸点，亦提出以供参考：

（1）第七节北朝到隋唐的铠甲，疑即"明光甲"，大型圆护，反照太阳光即发"明光"，汉镜所谓"见日之光，天下大明"。

（2）关于马铠，金属者当起于后汉末，但革制者当较早，似东汉初已有之。后汉书鲍永传："拔佩刀截马当匈"，注云"当匈以韦为之也。"（中华标点本一〇一八页）按宋《武经总要》中之"盪胸"，疑即"当胸"之书误。此"当匈"似为甲片，不是革索。

（3）宋代部分，是否可添入辽金的材料，金人之"拐子马"及"铁浮图"，都可研究。不能忽视汉族以外的少数民族的贡献。

（4）113—114 页所引日人"兵库寮"，有脱字，已注在文中，不知原书如此，或抄录时漏脱。

（5）关于外国尤其是伊朗的甲铠与我国的关系，虽不必强调，甚至不必发表，但可以加以研究。

（6）锁子甲的来源及形制，可加研究。唐俑中作""，疑为《唐六典》中之"山文甲"，并非"锁子甲"，后者当为以圆环连锁，所谓 chain armour。

（7）Laufer 的中国泥俑（Chinese Clay Figures，1914）一书，实为专论泥俑之甲胄者，材料虽陈旧过时，但仍可一读，尤其是关于与外国甲胄比较的部分。

（按：夏先生原稿未注日期，查《夏鼐日记》，应写于 1974 年 9 月 19 日）

附录二　夏鼐先生对《日本古坟时代甲胄与中国古代甲胄的关系》初稿的审稿意见

注文要补齐④㉜

一页，作为一篇论文，似不必细述自己个人的经验，开端处似可改为"现在将我在日本橿原考古研究所所看到的分别出土于十二座古坟的日本甲胄，分别加以描述。这些甲胄主要是'短甲'和兜鍪，'挂甲'只有一例，这些标本是"。将"1982年…个人看法"，改写以后作为注语（注一），或作为作者附记，放在末尾。

一页至15页，介绍十二件甲胄标本，还可压缩一下。这篇不是发掘简报，而是介绍标本，如墓的主轴及直径的长短、所在的地点可简单一些，不必提在某丘陵的何端，是否有黏土椁（或木棺），有否埴轮，似皆可从略。描写过一件作为典型，另一件相同的类型，可以指明类型，描述可以再加简化。

15—16页，关于别处所看到的日本甲胄，只提及长持山的挂甲及大谷古坟的马铠加以较详细的描写即可，其余可以简化或不提（不是作为参观访问的笔记，而是作为一篇论文）。21—22页那一段亦然，可提出放在篇末的"作者附记"中，一并伸谢。

1—22页，可以考虑将十四件标本分别放在分类型中，作为一个类型的典型例子，可以避免重复。

22页，对于"天皇陵墓"不准发掘一事，可以不提。

23页，中期的终点需要明白交代一下。

26—31页，甲的分型分式，不知日本学者曾否做过。如已做过，应加提及，并指出与自己的分类的异同处。

36—42页，关于兜鍪的分类，已提及日本学者的类型学方面的研究，并声明是根据他们研究成果，则似应提出自己的分类与他们的异同。

①分型分式的描写，有些与标本的描写相重复。实则只指出一个类型

特点即可，其他细节可让读者参考某一标本。

48 页，历史条件应与自然地理条件综合在一起谈。自然条件没有变化时，历史条件也可使历史过程起很大变化。

49 页，"向左流"，这里还有渡海的航线最短的长处。

50 页，删去"还保持政治方面的联系"一语。

51 页—52 页，皮甲用甲片，并不比铁甲为晚，有可能是铁甲仿效皮甲。曾侯墓即有用甲片缀成的皮甲。

63 页，谈高句丽问题时须审慎。68 页亦然。

（按：夏鼐先生原稿未注日期，查《夏鼐日记》，应写于 1983 年 9 月 11 日）

安志敏先生教我们学习中国新石器考古学

我在 1953 年胡里胡涂地以第二志愿考上了北京大学历史系，到分专业时又迷迷忽忽地选了考古，从此踏上了成为考古学徒的漫长的已经超过半个世纪的行程。我们在北大学习时是很幸运的，当时得到多位知名学者的教导，仅举讲考古学基础课的老师：旧石器考古学由裴文中先生和贾兰坡先生分别讲授，安志敏先生讲新石器时代考古学，郭宝钧先生讲殷周考古学，秦汉考古学课的老师是苏秉琦先生，魏晋隋唐直到宋元考古学由宿白先生讲授。其余的专题课，宿先生讲古代建筑，阎文儒先生讲石窟寺艺术和考古学史，唐兰先生讲古文字学，林耀华先生讲原始社会史和民族志，徐邦达先生讲古代绘画，傅振伦先生讲博物馆学。考古技术的照相、绘图、测量和器物修整，由中国科学院考古研究所的赵铨、郭义孚、徐智铭和钟少林几位分别授课。由于许多先生刚刚接受了比我们高一班（1952 年入学的一班，也就是徐锡台、魏树勋、王世民、张忠培那一班）的同学"热情"的"批评帮助"，因而心有余悸。如郭宝老走到我们班上课的教室后，第一句话就先检讨"本人马列主义水平不高"，请同学多加包涵。但大多数先生不在乎那次同学的批判，依然满腔热情地给我们班授课，安志敏先生就是其中的一位。这些著名的考古学家有的很会讲课，如裴老语言幽默，能将枯燥的世界旧石器时代考古讲得生动而引人入胜。也有的先生授课严肃认真，特别是宿白先生的魏晋隋唐考古，讲稿在备课时都已写好，宣读得很快，学生听讲时必须全神贯注，才能赶得上记笔记。也有些先生不太会讲课，如老苏公的秦汉考古，正如徐苹芳在回忆文章所述："说老实话，他并不擅长课堂讲授，讲着讲着就离了题。"① 上课时只需记下老苏公最开始讲的几句话，以后就可以合上笔记本听他随意发挥了。安志敏先生是其中讲课时最卖力气的先生，授课时声音宏亮，似乎使出全身气力，安公那时已微微谢顶的额头上总会沁出晶莹的汗珠，对同学负责认真。

半个世纪过去了，回忆当时安公讲授新石器时代考古课的内容，除了概要介绍直到 20 世纪 50 年代初中国大陆关于新石器时代的考古发现及有关成就外，对学生以后从事考古工作最有启发意义的主要有以下几点：

第一，反复向学生阐明什么是"考古学文化"。通过对"仰韶文化"和所谓"彩陶文化"、"龙山文化"和所谓"黑陶文化"的分析，说明考古学文化的发现和命名的原则。安公告诉学生考古学中的"文化"，主要用于没有文字记载的原始社会阶段，与一般用语中的"文化"不同，是一个学术上的特殊用语。通俗说，是在某一类型的遗址里共同出土的一群有特征的东西（特定类型的建筑址、墓葬，以及工具、日用器物、装饰品，以及特定的工艺技术），综合在一起，就可称为一种考古学文化，通常用首次发现的地点来命名②。他还告诫学生切不可简单地把考古学文化与古史传说中的人物或"族"生硬联系，那样"往往是靠不住的"。

第二，向学生讲授关于考古层位学的基本知识，告诉学生层位学是科学考古发掘和研究的基本方法。主要举的事例，是 1931 年梁思永先生在主持发掘河南安阳后冈遗址时，发现仰韶文化、龙山文化和商文化三叠层③，第一次从地层上判定三种文化年代关系这一关键问题，在中国考古学史上占有重要位置。安公还举出 1944 年夏鼐发掘甘肃省宁定县阳洼湾齐家文化墓地时，在填土中发现仰韶文化陶片，第一次从地层上找到仰韶文化早于

---

① 徐苹芳：《悼念苏秉琦先生》，原刊《文物春秋》1998 年第 3 期，后收入宿白主编《苏秉琦纪念集》，科学出版社，2000 年，第 140～141 页。

② 有了安公讲授打下的基础，学生们以后再读夏鼐先生撰著的《关于考古学上文化的定名问题》（《考古》1959 年第 4 期），就都对"考古学文化"有了较深刻的认识，对他们以后的工作极有帮助。

③ 详见《梁思永考古论文集》中的《小屯龙山与仰韶》与《后岗发掘小记》，科学出版社，1959 年。

齐家文化的证据①，进一步揭示了缺乏地层根据的安特生"六期"说的错误。

第三，告诉学生新石器时代诸考古学文化不是互相孤立的，因而要在依据层位学、年代学的分期研究的基础上，进行分区研究。囿于20世纪50年代初考古发掘资料的局限，当时还只能分为中国北部，黄河中、上游，黄河中、下游，长江流域，长江以南等地区，并重点讲解了当时资料较多的黄河中、上游和黄河中、下游两个地区主要的仰韶文化和龙山文化。鉴于那时对考古学文化的分区研究还处于初始阶段，安公当时的研究比考古界其他诸公在学术上早迈出了一步。他还反复告诫学生以后在工作中要认真深入地进行分期、分区研究，同时也指出，分期、分区研究只是考古学研究的手段，并不是考古学研究的目的，不能沉迷于其中。

第四，告诉学生所有的新石器时代文化都是在不断地发展、变化着，当吸收了和它有接触关系的文化后，往往形成具有新内容的另一种文化。甚至于每一种文化的各项因素，常是一种复合的产物，也不是单纯不变的。因此在以后的工作中，必须注意用发展的眼光去探索，要不断发现新事物，研究新问题。

综上所述，安公向学生讲授新石器时代考古时，特别注重传授有关新石器考古学的基本研究方法，以及当时属于学术前沿的研究成果，这使听他讲课的学生受益良多，所以那几年（1953～1957年）②接受他启蒙教授新石器考古的北大学生中，后来走出了许多从事新石器考古的名家，自是不争的事实。

1958年我从北京大学毕业，被分配到中国科学院考古研究所，从此有幸能与安公、苏公等教过我的老师在同一研究单位工作，也得到更多与安公接触的机会。特别是1972年他主持考古刊物编辑工作以后，更得到与他

---

① 详见夏鼐《齐家期墓葬的发现及其年代之改定》，《中国考古学报》第2期，1948年。后收入《考古学论文集》，科学出版社，1961年，第1~10页。
② 据邓聪、陈星灿主编《桃李成蹊集——庆祝安志敏先生八十寿辰》所载《安志敏先生年谱》，香港考古艺术研究中心，2004年。

同在编辑室工作的机会。也对安公那耿直的性格、敬业的精神和平易近人的态度有了更多的了解（图一、二）。

安公性格耿直，胸无城府，直来直去。也就是北京俗话所谓"直筒子脾气"，但有时遇事不假思索，不注意策略。举一件小事为例，为迎接新中国建国十周年，1959 年初在中国科学院考古研究所召开了全国各省市考古工作者参加的编写"十年考古"①座谈会，尹达所长作《组织起来，大家动手，编写"十年考古"》的动员发言②，之后成立了按时代组成的编写组，其中石器时代考古组由安公负责，谢端琚、郑乃武参加。魏晋以后考古组由宿白先生负责，徐苹芳和我参加。两个组的办公地点在当时考古所编辑室前院南侧两间相邻的小房间，中间只隔有轻质的隔墙，如果大声说话隔壁就可听清。一天休息时闲谈，宿先生讲起在第一届考古工作人员训练班时，蒋若是说他们老家管铜鼓上装饰的蛙叫"麻怪"，所以大伙开玩笑用"麻怪"起外号，管安公叫"东洋麻怪"。还笑着跟我们说："不信我隔墙大叫'东洋麻怪'，老安一激动准会过来。"说着他就隔墙高叫："东洋麻怪！"没叫两声，只见安公拉门进来，气冲冲地质问宿先生："你要干什么?!"一见我们大笑，安公自知上当了，气也消了，也和大家一起大笑。平时生活中如此，遇有学术方面的问题，他也常是如此，总是立即态度鲜明地阐释自己的看法，从不顾及对方的面子，因此有时缺乏策略，弄得自己有点被动。1960 年有这样一件事，文物出版社出版了四川省博物馆编的《四川船棺葬发掘报告》③。那年头极重视政治学习，所里老专家编在一组，一次开会学习后，大家顺便谈起那本新出版的考古发掘报告，一致认为当时正式发表的田野考古发掘报告极少，四川的同志能及时编成报告出版，是值得欢迎的事。但是那本报告有一些明显的缺欠之处，与考古报告的学术要求相距较大，应该批评。其他诸位在一起议论后也就算了，

---

① "十年考古"成书后改名《新中国的考古收获》，于 1961 年由文物出版社出版。
② 尹达：《组织起来，大家动手，编写"十年考古"——在编写"十年考古"座谈会上的发言》，《考古》1959 年第 3 期。
③ 四川省博物馆编：《四川船棺葬发掘报告》，文物出版社，1960 年。

图一　1998 年在香港中文大学和安志敏先生（左一）在一起

图二　与安志敏先生（前排右二）一起会见日本学者

只有安公是认真的，会后他立即写出一篇言辞颇显严厉的书评，送《考古》杂志要求刊出。那篇书评署名"逊时"，刊登于《考古》1961年第7期①。他在书评中列举了该报告中关于器物分式的问题，地图、插图、图版及附表的缺陷，以及关于墓向描述的问题。这些都属于报告编写的学术规范，指出这些缺陷，不仅对作者有帮助，更对他人再编写报告时起借鉴作用。但是文中用语过于严厉，说该报告在"编写方法上还存在着某些基本缺陷"。最后，书评中还对该报告关于"船棺葬"族属问题的论述提出质疑，指出"考古学文化只是考古学遗迹中共同体的反映，还不能马上肯定为传说中的某个部族或国家（当然经过慎审的考订以后，也可以指出其与某个部族或国家相当）。如果能采用考古学上命名的原则，以首次发现的地点作为文化命名，会比笼统地称为'巴蜀文化'或'巴文化'要好得多。"虽然书评中说"这只作为一个问题提出来，希望能引起讨论"，但是书评刊出后，对于深浸在报告出版后的成就感中的四川同志确实引起不小的震动，反映之激烈超出月刊编者的想象。消息传到北京，出于照顾地方同志情绪的考虑，考古所的一位年轻人挺身而出，又在《考古》月刊上发表另一篇对《四川船棺葬发掘报告》的书评，在标题上还加上"兼评逊时同志的书评"的附题②。该文重点之一是引述徐仲舒的《巴蜀文化初论》等论文，从地望上看，报告编者推断"冬笋坝的船棺葬应与巴人有密切关系，或为当时巴人的墓葬"，"是很精当的"。主张"以首次发现的地点作为文化命名"，一般用于没有文字记载的原始社会遗存；"至于有文字记载的考古遗存，则应以所属部族、国家或时代来命名"，但也要经过考订以后且证据可靠。重点之二是这本报告"在编写方法上虽然存在着某些缺点，应该说基本上是比较全面地报导了资料"。作者认为"逊时"书评对报告"在编写方法上存在着某些基本缺陷"，"总的缺点是偏重于资料的考证和推论，而对于考古报告的重要组成部分的遗迹现象、器物分析等却显

---

① 逊时：《书评：〈四川船棺葬发掘报告〉》，《考古》1961年第7期。
② 王世民：《评〈四川船棺葬发掘报告〉——兼评逊时同志的书评》，《考古》1959年第8期。

得十分不够"的批评不对。不过他在文中又进一步指出报告中的各种缺陷，还把具体问题列出多达十二项，均系明显硬伤。这篇书评的书评刊出以后，是否抚慰了该报告作者的情感不得而知。时过境迁，撇开巴蜀问题不谈，当年"逊时"书评的对田野考古发掘报告编写水平的严格要求，对此后报告的编写者的警醒作用还是十分明显的。

如前所述，安公对《四川船棺葬发掘报告》的批评曾引起小小的波澜，不久他主编的黄河水库考古报告之二《庙底沟与三里桥》于 1959 年 9 月出版①，却开启了 20 世纪 60 年代初中国史前考古学的一次广泛的学术讨论，中心议题就是庙底沟类型的彩陶与三里桥仰韶文化遗存的性质。有关文章陆续刊登在《考古》和《考古学报》上，一些中青年学者借此在学术论坛崭露头角，吴汝祚、杨建芳、马承源、方酉生、张忠培、严文明、曾琪等先后发表了自己的研究成果。安公自己也态度谦虚地积极参加讨论，还曾发表过回答杨建芳的《关于庙底沟仰韶彩陶纹饰分析的讨论》一文②，为方便大家讨论，还补充了原报告中没有发表充分的部分彩陶片的坑号。

安公也以同样直率而负责的态度为考古刊物审阅来稿。在 20 世纪 50 年代，或许因夏作铭先生早年曾从参与《清华书报》的编辑工作获益匪浅，所以主张研究人员最好都要经过编辑工作的训练，或参与编辑工作，至少要为刊物审阅来稿。自我在 50 年代末参加考古所编辑室的工作以来，安公一直是当时所内老专家中除夏作铭先生外，对送去的稿件审阅得最及时、认真、负责的一位。同时安公也和夏作铭先生一样，对所外的作者特别是一些县以下工作单位的青年作者，总是仔细地批阅，还提出详细并且可行的修改意见，不仅使他们的稿件得以发表，而且能够通过对稿件的修改在学术方面有所提高。到 1972 年，安公从河南息县的"五七干校"调回北京，领导当时编辑室的人恢复考古刊物的出版工作。此后较长的一段

---

① 中国科学院考古研究所编著：《庙底沟与三里桥》，科学出版社，1959 年。
② 安志敏：《关于庙底沟仰韶彩陶纹饰分析的讨论》，《考古》1961 年第 7 期。

时期，安公不仅要审阅稿件，而且具体参与《考古》和《考古学报》的编辑和出版工作。我从干校返回考古所后，安公在徐保善同志的建议下，1973年让我再回编辑室工作。此后有相当长的一段时间，我与安公和黄展岳、周永珍、徐保善、徐元邦、刘勋、曹延尊几位共处一室，形成一个极其融恰的工作集体。安公最年长，学术地位也最高，但他处事直率认真，与大家平等相处，没有一点架子。当时室内民主气氛浓厚，遇到对稿件处理与他有不同意见时，常会争得面红耳赤，安公并不在乎，只要你坚持得对，最终他总会采纳大家的意见。但由于安公生性直率，平时不怎么注意修辞，所以在编辑室外的人看来，他有些令人生畏。同时因为他主要负责考古刊物，所以地方的同志既怕他，又容易把对编辑部的意见集中到他一个人身上。记得在1975年，我们看到内蒙队刘观民他们从赤峰敖汉旗大甸子墓地挖出的保存完好的彩绘陶器，外观很是漂亮，于是想弄两个彩色图版放在《考古》上给刊物提提神，不料刘观民因为受到一位反对重要考古发现先发表考古简报的先生的影响，不愿意写简报，费了挺大劲才动员他让刘晋祥执笔写了个不到3页的小简报，勉强给了4张彩绘陶的照片，后来发表在《考古》1975年第2期①。小简报发表后，辽宁郭大顺他们颇有意见，原来他们曾送到《考古》一篇1972年春发掘辽宁北票丰下遗址的简报，其中就报道了同样时代的彩绘陶器残片，于是他们认为，是安公故意压下他们的文稿，为了先发考古所的简报以抢得对那类彩绘陶器的"发现权"。其实当时想发那两个彩版真与安公没什么关系，加之那时因室内分工的关系，我也真不知道一篇辽宁稿子里有那个时代的彩绘陶片。怎么解释，人家的矛头还是指向安公。为了安抚辽宁的同志，补救的办法就是尽快再把那篇丰下简报②早日发排。对于这类事情，安公从不说其他同志，只是自己默默地承担一切，大家说起时他也只是无奈地笑笑而已。

经过在考古所编辑室共事的一段经历，我与安公建立了超越一般师生

---

① 中国科学院考古研究所辽宁工作队：《敖汉旗大甸子遗址1974年试掘简报》，《考古》1975年第2期。
② 辽宁省文物干部培训班：《辽宁北票县丰下遗址1972年春发掘简报》，《考古》1976年第3期。

的情谊，自己不论是什么事都可以敞开心扉向他倾诉。他也是在北大教过我的老师中，唯一可以和他开玩笑的先生。到他晚年，在学术上一直执着地守着自己的理念，从不与学术界不正之风随波逐流。我们虽然早已不在一个室内共同工作，也不常见面。但每次相遇，总是倍感亲切，我也常和他开玩笑，因为他晚年谢顶较严重，所以一见安公来，大家会大叫："安先生给我们带来'光明'！"他也不生气，只是走近作生气状举起手来，轻轻拍拍你的头，于是大家一起欢笑。

安公走了，带走了他给学生的"光明"和欢乐。我们只能把这一切保留在记忆中，同时祈愿安先生冥福。

（原载《考古一生——安志敏先生纪念文集》，文物出版社，2011 年）

中国美术考古史

——我的研究历程和对未来的展望

1935 年 12 月 12 日，我出生于北平市（今北京市）鼓楼附近的豆腐池胡同。我的曾祖父杨儒在清朝光绪年间任户部左侍郎、工部侍郎，为清朝出使美、日、秘和俄、奥等国的大臣（图一）。他是晚清时期著名的爱国外交家，1902 年，他在驻俄公使任内逝世于俄国首都圣彼得堡。外祖父那桐（1856～1925），清朝宣统年间曾直理总理各国事务衙门，担任军机大臣、直隶总督、内阁协理大臣等职。母亲那云卿是那桐的第八女（图二）。我出生后第二年，日本帝国主义发动"七七事变"，日本侵略军占领北平，所以我的童年是在抗日战争和内战两个艰难时期中度过，又伴随着家道中落，可以说生活颇为坎坷。幼时深受家庭文化熏陶，我在家中的学前启蒙教师是自己的母亲，初读《幼学琼林》，继续背诵《千家诗》《唐诗三百首》和《论语》等。小学和中学均就读于北平私立育英学校。1949 年中华人民共和国成立后，育英中学改为北京第二十五中学，我继续在该校就读。1953 年我中学毕业，考入北京大学历史系，在分专业时，选择了考古学。

我对中国美术考古学的研究历程，始于 1956 年。当时我已在北京大学历史系读到三年级，按规定要撰写专业的学年论文①。当时宿白先生指定

---

① 1956 年，北京大学历史系考古专门化的 15 位同学按石器时代、商周、秦汉和魏晋至唐宋等历史时期分组，各组分别由安志敏、苏秉琦等先生指导。我与刘勋、孙国璋分在魏晋至唐宋这一组，导师是宿白先生。宿先生为我们三个学生分配了论文题目，刘勋研究宋墓，孙国璋研究唐俑，让我写高句丽族的壁画墓。有关宿先生指导我写论文的具体情况，见我写的《引导我走上考古研究道路三位老师》，《文物天地》1986 年第 5 期。

图一　1899年杨儒在荷兰海牙。后排左一为杨儒、左二为杨儒夫人、
左三为翻译陆徵祥，前排左二为作者祖父、右一为驻俄参赞胡惟德

图二　那桐晚年家庭照，右二为作者母亲

了论文题目，让我写高句丽族墓室壁画。这篇论文完成以后，宿白先生让我送到《文物参考资料》（今《文物》月刊）编辑部，以《高句丽壁画石墓》为题，发表于《文物参考资料》1958 年第 4 期。该文是新中国考古学者对高句丽族墓室壁画的首篇学术论文。正是对高句丽族墓室壁画的研究，开启了我对中国美术考古学研究的历程，回顾往事，到今天已过了 57 年。也是在 1956 年，在宿白先生指导下，我们班同学去河南洛阳龙门，初次实地考察了中国古代石窟寺（图三、四）。

到 1957 年，参加涧沟遗址发掘后（图五），我和刘勋、孙国璋在宿白先生带领下，和刘慧达、赵思训两位一起，对河北邯郸响堂山石窟（包括南响堂山石窟、北响堂山石窟、小响堂即水浴寺石窟）进行考古勘察，做

图三　1956 年在龙门石窟，左一为作者，居中为宿白先生

图四　1956 年苏秉琦、宿白先生带领 53 级考古专业同学在考古研究所洛阳工作站

了全面记录和测量。这次工作，是宿白先生创立中国石窟寺考古学的历程中，首次指导学生展开对石窟寺的田野考古作业①。

　　1958 年秋，我自北京大学历史系历史专业考古专门化毕业，被分配到中国科学院考古研究所（现中国社会科学院考古研究所）工作，为研究实习员，从此正式开始了研习中国考古学的工作历程。至今已在考古研究所工作了 55 年，从研究实习员，历经助理研究员、副研究员到研究员，并兼任中国社会科学院研究生院考古系教授，具体工作是担任指导博士生的导师。在考古研究所这半个多世纪的工作中，分配给我的工作任务中有一项是深入探研中国美术考古学。最初是依照在北大学习时宿白先生教会我的

---

① 1957 年响堂山石窟的考古报告，20 世纪 70 年代由刘慧达编写，已完成初稿，惜因刘先生过早逝世，至今尚未出版。

图五　1957 年在河北邯郸涧沟考古发掘，作者绘图，拉皮尺者为贾洲杰

撰写学术论文的模式，继续通过解析在墓葬中获得的图像等美术考古标本，进行关于南北朝时期墓葬的个案研究，最早发表的论文是到考古研究所工作的第二年（1959 年）写成的《邓县画像砖墓的时代和研究》①。也是在那一年，我有幸参加由夏鼐先生主持、考古研究所研究人员集体撰写《新中国的考古收获》的工作。

　　《新中国的考古收获》是为了庆祝新中国建国十周年而编写的。由于新中国成立初期（20 世纪 50 ~ 60 年代），中国在国际上受到西方世界的敌视和封锁，所以我在北京大学求学时，与当时欧美各资本主义国家的学术界无法接触，对以前西方考古学的理论和当时西方考古学新产生的理论一无所知，也很难接触到有关苏联考古学方面的资料，所以只是全力学习授课老师传授的知识。虽然如此，但考古学这一学科的特点是求实，大家都

---

① 　该文以柳涵署名，刊登于《考古》1959 年第 5 期。后收入《汉唐美术考古和佛教艺术》，科学出版社，2000 年，第 103 ~ 114 页。

是努力在田野考古实践中不断探索前进。到 1959 年，中华人民共和国成立十周年，中国考古学界在特殊的与世界学术界隔开的环境下，独立发展成长，经过十年的艰苦奋斗，逐渐形成了具有民族文化特色的新中国的考古学体系。《新中国的考古收获》一书①，正是对新中国考古学十年奋斗的初步总结，对此后中国考古学的发展具有重要意义。当时我是刚到考古研究所工作第二年的年轻人，能够参与撰写工作，倍感兴奋，个人获得很好的锻炼和提高。编著《新中国的考古收获》时，由我负责撰写"魏晋南北朝"部分，从此确定了我在考古研究所的研究方向是魏晋南北朝考古。因为南北朝考古中，佛教石窟寺是一个重点，所以我也要特别关注当时石窟寺考古工作的进展，撰写过《关于我国石窟寺研究的几个问题》②，以及与探讨佛教艺术中国化研究有关的《试论南北朝前期佛像服饰的主要变化》③等论文。但是随着中国国内政治气候的突变，到 1966 年年中时，正常的考古研究工作被迫中断。

1973 年，中国科学院哲学社会科学学部"五七干校"结束，大家返回北京，但考古研究所的研究工作尚未完全恢复，在等待正式恢复工作的时候，总想自己做些事情，因当时看到河北满城西汉中山靖王刘胜墓中出土的铁铠，联想到过去没有人对中国古代铠甲进行过系统研究，因此就查检有关文献及田野考古获得的标本，写成《中国古代的甲胄》一文的初稿，当时有幸得到夏鼐先生的指导，遵照先生的意见修改定稿，后来发表于《考古学报》④。从那时起我又兼顾了关于中国古代兵器考古的研究工作。也由于该文受到日本末永雅雄先生的重视，他在 1981 年重新出版的增补《日本上代的甲胄》⑤ 中，收录我的《中国古代的甲胄》的研究内容，写

① 中国科学院考古研究所：《新中国的考古收获》，文物出版社，1961 年。
② 刊载于《文物》1965 年第 3 期。后收入《汉唐美术考古和佛教艺术》，第 272 ~ 282 页。
③ 刊载于《考古》1963 年第 6 期。后收入《汉唐美术考古和佛教艺术》，第 296 ~ 304 页。
④ 《中国古代的甲胄》分为上、下两篇，分别刊载于《考古学报》1976 年第 1 期和第 2 期。后经修改，收入《中国古兵器论丛》，文物出版社，1980 年，第 1 ~ 78 页。后再修改，收入《中国古兵与美术考古论集》，文物出版社，2007 年，第 1 ~ 83 页。
⑤ ［日］末永雅雄：《日本上代的甲胄》（增补），［日］木耳社，1981 年。

成增补三《中国的甲胄》一节，并因此于 1982 年盛情邀请我访日，到关西大学的大学院演讲，并访问奈良橿原考古学研究所，自此与日本学者建立了密切的联系（图六、七），并扩展到与美国（图八、九）、韩国等国学者，以及中国香港、台湾学者的多方面联系。

图六　20 世纪 80 年代，随王仲殊会见日本学者河上邦彦（右三）

图七　在日本京都大学会见樋口隆康（前排右二）、林巳奈夫（前排左二）

图八　20 世纪 80 年代，与徐苹芳会见美国斯坦福大学教授丁爱博

图九　1999 年在美国芝加哥大学参加"汉唐之间的艺术与考古"学术研讨会，
左一罗世平，左二马世长，左三巫鸿，右一李裕群

　　到 20 世纪 70 年代末，考古研究所的研究工作重新步入正轨以后，我的重点研究任务仍然是魏晋南北朝考古。为庆祝中华人民共和国成立 30 周

图一〇　1983年《中国大百科全书·考古学》分编委会扩大会议合影，前排左一
王振铎，左二苏秉琦，左四夏鼐，右一宿白，右二安志敏，右四贾兰坡

年，考古研究所撰著《新中国的考古发现和研究》① 时，我除负责全书的
编辑工作外，具体负责编写的章节主要仍是魏晋南北朝考古部分。随后在
夏鼐先生的主持下，开始编著《中国大百科全书·考古学》卷，该书的出
版，标志着新中国的考古学体系已经形成。我有幸参与了编著《大百科全
书·考古学》的全过程，具体任务是与徐苹芳一起协助宿白先生负责《三
国两晋南北朝考古》分支学科的编著（图一〇）。

如上所述，在长达半个世纪的研究生涯中，我在考古研究所一直担负
着从汉到唐之间这一历史阶段的考古学的研究，所以陆续发表了对于南北
朝时期的墓室壁画、拼镶砖画、随葬俑群的论文，剖析其源流、演变及其
影响，所研讨的问题多与美术考古有关。

中国美术考古学，作为新中国考古学的分支学科，同样是在20世纪
50～80年代这一特定的历史时期中不断探索、逐渐形成的。在我印象里

① 中国社会科学院考古研究所：《新中国的考古发现和研究》，文物出版社，1984年。

面，我读书时授课教师多使用"美术考古"这个词①，但对于这个词的内容还缺乏统一的看法。1959～1966 年，中国科学院考古研究所资料室编写"中国考古学论著目录索引"②，连载于《考古》月刊。在考古学文献目录的分类中就有"美术考古"一项，其下分列 8 个子目，分别为通论、雕塑、石窟寺、建筑、陶瓷与窑址、绘画、法帖和书法、工艺美术。向中国考古学界明确了"美术考古"应包括的内容。1981 年夏秋之交，文物出版社的沈汇向我谈起他刚编辑了一本由一个哲学家写的关于中国美术发展历程的小书，文字极吸引人阅读，但书中引述的文物考古资料颇显陈旧，希望能将新中国田野考古中发现的美术资料，整理出来供社会各界人士阅读研究，要求我写一本这样的书，因当时上距中国学者在安阳殷墟正式开展科学的田野考古发掘大约半个世纪，初步定名为《美术考古半世纪》。接受他的建议以后，我开始较系统地搜集、整理田野考古发掘中获得的与美术有关的考古标本。不久因为我接受了编著《新中国的考古发现和研究》的任务，工作繁重，写那本书的事就搁置了，只是有空闲时还继续搜集有关考古标本，并在有机会时与夏鼐先生深入探讨一些有关美术考古的问题。等到编著《中国大百科全书·考古学》卷时，我曾请示夏鼐先生应不应在书中设立"美术考古"词条，他明确说，"美术考古"是考古学分支学科，但当时其发展尚不够成熟，最后决定暂不在这一版中列成专条，而

---

① 我最先看到"美术考古"这个名称是读了郭沫若翻译的［德］米海里司的书《美术考古一世纪》。读的时候我还在上高中，大概是 1948 年。书的内容讲的是一个世纪里面的关于欧洲古典艺术的发现，着重讲的是建筑和雕塑，和现在我们说的美术考古是不一样的。后来我写的《美术考古半世纪》其实也不是对应它的书名，在书里使用的"美术考古"，是按照夏鼐先生和王仲殊写的《大百科全书·考古学》卷中《考古学》词条中的定义。

② 1959 年开始称"全国主要报刊考古论文资料索引"，后改题为"全国考古论著资料索引""考古论著资料索引"，至 1962 年最后定名为"中国考古学论著目录索引"，在《考古》月刊连载到 1966 年第 5 期，因"文化大革命"暂时停刊。后来目录索引经补充修改后定名《中国考古学文献目录（1949—1966）》，于 1978 年由文物出版社出版。那个时候资料室的主任是王世民，实际上具体负责做这些工作的是徐苹芳和陈公柔。他们编文献目录时的分类是经夏鼐先生同意的，在《考古》月刊连载也是夏鼐先生所决定。

是在他写的全卷总领条《考古学》① 中加以说明。因此，明确地界定中国
美术考古学是中国考古学的分支学科，始于《中国大百科全书·考古学》
卷，但是"美术考古"这个词条最终没有在《考古学》卷中出现。又过了
两三年，《中国大百科全书·美术》卷的编写开始，负责《中国雕塑》分
支学科的主编李松（李松涛）来找我，要求我为《美术》卷写"美术考
古学"词条。这时夏鼐先生已经逝世，而社会上有关美术考古学的研究论
述也有了进一步发展，且在艺术界常有人将美术考古与美术史混为一谈，
因此我就应允为《美术》卷撰写《美术考古学》辞条。概要地阐述作为考
古学分支学科的美术考古学的性质、研究目的、研究方法和研究对象，将
其主要内容概括为建筑、绘画、雕塑、工艺美术和宗教美术等五类。还指
明其与美术史的区别，也就是美术考古学的研究范围及对象，虽然有时与
美术史相同，但研究方法和研究目的有质的差别②。此后文物出版社要求
我继续进行《美术考古半世纪》的写作，最终于 1996 年完稿。因为书中
主要绍介田野考古发现的与美术有关的考古标本，没有系统阐述美术考古
学的理论和研究方法，所以正式出版时在书名加上副标题"中国美术考古
发现史"③。也是从 20 世纪 90 年代开始，我接受金维诺先生的邀请，在中
央美术学院美术史系讲授美术考古课。后也在中央工艺美术学院讲授美
术考古课。担任中国社会科学院研究生院考古系的教学工作后，除讲授
魏晋南北朝考古学外，同时讲授美术考古课，并指导博士研究生。并于
2005 年受中国社会科学院研究生院和考古所的委托，撰写作为中国社会
科学院研究生重点教材的《中国美术考古学概论》，在郑岩的协助下，
该书于 2008 年撰成，同年由中国社会科学出版社出版。《中国美术考古
学概论》的撰著，可以算是对我半个世纪之久探索中国美术考古学历程

---

① 后来《考古学》条由夏鼐先生和王仲殊合写，在论述考古学的分支时，讲述了美术考古学，
见《中国大百科全书·考古学》卷，中国大百科全书出版社，1986 年，第 17 页。
② 《美术考古学》原载《中国大百科全书·美术》第 522~523 页，中国大百科全书出版社，
1991 年。后收入《汉唐美术考古和佛教艺术》，第 272~274 页。
③ 《美术考古半世纪——中国美术考古发现史》，文物出版社，1997 年。

的阶段性总结。

在《中国美术考古学概论》第一章，我对什么是美术考古学作了总括性的说明，指明美术考古学是考古学的分支学科，也阐述了美术考古学的研究对象和目的。在《中国大百科全书·考古学》的《考古学》条中，将美术考古学列为"特殊考古学"（使用"特殊考古学"这一名称，是为了与史前考古学、历史考古学、田野考古学等考古学的主要分支相区别）之一，指出"美术考古学是从历史科学的立场出发，把各种美术品作为实物标本，研究的目标在于复原古代的社会文化"。并指明："由于美术考古学的研究对象在年代上上起旧石器时代，下迄各历史时代，所以它既属于史前考古学的范围，也属于历史考古学的范围。又由于作为遗迹和遗物的各类美术品多是从田野调查发掘工作中发现的，所以美术考古学与田野考古学的关系也相当密切。"[①] 上面引述的这些简明扼要的叙述，对什么是美术考古学已经给出十分明确的答案。如果我们再将以上内容重述一下，可以认为：

第一，中国美术考古学是中国考古学的分支学科，属于特殊考古学中诸学科之一。

第二，美术考古学的研究对象，是田野考古调查和发掘工作中获得的各类与美术有关的科学标本，包括古代的遗迹和遗物。其主要内容，可以概括为与古人现实社会生活有关的考古标本和与古人丧葬有关的考古标本两大类，这几乎涵盖了田野考古获得的遗迹和遗物的各个方面。如果依一般习惯的艺术品分类，也可分为建筑、绘画、雕塑、工艺美术和宗教美术五类。

第三，美术考古学研究的考古标本，其时间上起旧石器时代，经新石器时代，下迄各历史时代，涵盖了中国古代历史的各个时期。

第四，美术考古学的基本研究方法，是考古学的方法，其基础是考古层位学和考古类型学。同时必须与中国古代文献的分析研究相结合。

---

① 详见《中国大百科全书·考古学》第17页，中国大百科全书出版社，1986年。

第五，中国美术考古学研究的近期目标，是为田野考古工作提供确定编年标准等方面的帮助。最终的目标是从历史科学的立场出发，把各种美术品作为实物标本，以复原古代的社会文化。

最后，重要的一点是，作为中华人民共和国的公民，从事中国美术考古学的研究，与历史学和考古学研究一样，要以唯物史观为指导，贯彻爱国主义，排除干扰，敢于宣扬自己民族的传统文明，具有一个真正的中国人的独立的人格。

简要地说，进行中国美术考古研究，必须在心中明确中国文明在世界文明史上的地位。正如一位著名美国考古学家曾强调指出的："中国文明的形成是一个连续性的政治程序过程"。中国文明形成的方式是世界文明形成的主要形态，所谓世界式的或非西方式的，主要的代表是中国。中国的形态很可能是全世界向文明转进的主要形态，而西方的形态实在是个例外，社会科学里面自西方经验而来的一般法则并没有普遍的应用性。因此，在建立全世界都适用的法则时，我们不但要使用西方的历史经验，尤其要使用中国的历史经验。根据这些历史事实建立的法则，其适用性会大大加强①。这样的论述，确实发人深省。

由于美术考古学和艺术史研究有着紧密的联系，作为一个美术考古学者，决不应把目光只局限在自己的工作范围以内，必须不断开扩视野，应该不断从相邻的学科汲取养分。所以多年来我一直致力于同从事艺术史研究的学者、特别是研究中国古代美术史的学者，建立密切的联系和愉快的合作，必要时还可以参与有关艺术史的研究课题。因此我的工作能够得到美术史界的肯定，2013 年 4 月被中国美术家协会表彰为"卓有成就的美术史论家"。但是我还是要不厌其烦地提醒比我年轻的学者们，一定要注意两个学科之间的分野。概言之，美术考古学者的工作是包容在考古学的范畴中，其研究工作也是为了解决考古学的题课，进而去解决历史问题，而

---

① ［美］张光直：《考古学专题六讲》，文物出版社，1986 年；张光直《考古人类学随笔》，生活·读书·新知三联书店，2013 年。

图一一　2002 年在山东临朐崔芬壁画墓与郑岩合影

不是将有关古代美术的考古标本简单地、狭义地、个案地与艺术史联系在一起。更要注意由于历史的和现实的种种条件的限制，一些考古标本常有其局限性。同时我也不断与国际学术界包括那些从事艺术史的学者交流、合作，在交往中不能只愿意听与自己学术观点一致的说辞，"好话、坏话、正确的话、错误的话都要听"，而且还要让人家把话说完，只是自己要有主心骨，走好自己的路。

对于自己的学生，我自信是倾尽全力把我知道的学识教给他们，特别是成功的经验和失误的教训。但是我一直提醒他们要走自己的路，一定不要模仿。记得我中学的一位老师曾告诫学生："学习要有创新，有的学生刻意仿效自己的老师，甚至走路的姿态和咳嗽的声音都模仿得和老师一样，是绝对不可取的。"我常以此与学生共勉。在学术研究的里程中，墨守成规而没有创新是没有出路的。但是一味崇洋，按着人家脚印走，也是没有出息的。

今年我已 78 岁，年迈气衰，似难有什么展望。中国美术考古学的将来，只能寄希望于郑岩他们那些年富力强的学者（图一一）。目前我必须要完成的由中国社会科学院考古研究所下达的任务，就是由考古研究所集体编著的多卷本《中国考古学》中《三国两晋南北朝》卷的主编和撰写工作，而且还要兼顾《中国考古学·隋唐》卷的一些工作，目前这一工作已占我的全部时间，无暇他顾。我也希望将来有可能时，把当年为完成任务而匆忙成书的《中国美术考古学概论》，认真补充修订，不再仅是"概论"，要写成《中国美术考古学》。

（此为 2013 年为韩国 AMI 电视台第二届国际学术研讨会准备的发言稿）

忆佟柱臣先生

在中国社会科学院考古研究所，佟柱臣先生待人真诚温和，对后学诲人不倦，是大家公认的老好人。他虽已离去，但让人永思难忘。

我初见佟柱臣先生，是 1953 年在述祖（阎文儒）师家里。因院系调整三校合并，北京大学由城内红楼外迁燕园，所以述祖先生由原在山老胡同的寓所迁往北京大学中关村教师宿舍的平房中。自北平解放至 20 世纪 50 年代初，述祖师住在山老胡同寓所时，与我居住的西扬威胡同是前后胡同。阎师母和我母亲因一同参加街道工作，两位老太太关系很好，但阎师母迁居中关村后，她们两位就没能再联系。因此当我 1953 年考入北京大学后，母亲就命我在到燕园报到当天晚上，一定要去中关村宿舍代她去探望阎师母。那天我去阎先生家时，恰逢述祖师去临近的先生家串门，只师母在家，我转达了母亲对她的问候，师母也询问了我母亲的情况。这时又有客人来访。来的客人看来比我至少大十几岁，身穿洗得发白的灰色中山装，手提一个装物的布袋。见有来客，我感到有些局促不安，师母见到后就笑着对我说："过来见见，这是佟柱臣，也算是你老师的学生。他给我送黍米（高粱米）来了，他知道我们爱吃，在北京很不容易买到。"又对佟先生说："他是新到北大历史系的学生。"当时佟先生看到我那窘迫的样子，就过来拉着我的手，和蔼地问我的名字，什么时候入学……见到他那样和蔼可亲，我的心情不再紧张。这就是我和佟柱臣先生第一次见面，他给我留下了极好的印象。

后来述祖师曾向我讲述过北平解放初他和佟先生的故事。阎先生说："光复后我去东北接收沈阳博物院，是我把李文信、佟柱臣收到院里的。

东北临解放前，曾把沈阳博物院的文物转移到北平，解放后让佟柱臣负责把文物送了回去。佟柱臣回到北平以后，他来家里找我，还拉我一起去铁狮子胡同华北大学报名。后来佟柱臣去学习了，我没去，因为我一直拿着向达先生发的长期聘书，就来北大教书。他参加华北大学学习后，去了北京历史博物馆。"

我在北大读书的五年中，又曾在阎先生家数次遇到佟先生，都仅仅是客气的寒暄。真正与他有考古业务方面的接触，已是我到中国科学院考古研究所工作以后。大约是 1960 年，因有一篇经过初审的关于东北考古的来稿需找有关专家复审，当时考古所编辑室的组长饶惠元先生与佟先生通了电话，他同意审稿。因为室内同仁只有我曾接触过佟先生，饶老就让我去把来稿送给他。那时佟先生不知为什么离开历史博物馆，去到一个文化部新成立的"文化学院"，我是去文化学院找到他的，他极为客气地接待我，并答应尽快审稿。没想到他审完稿，并没通知我去取，竟亲自把审过的稿件送回考古研究所，因此编辑室同仁都对他有非常好的印象。文化学院这个机构好像不久就被撤消了。这时编辑室收到由三个作者写的《西安半坡》报告的初稿，所领导认为该稿问题较多，想请人审校，大家想到佟先生，后来就请他来所审校，他的临时办公地点设在"西屋"内。随后不久，他正式调到中国科学院考古研究所工作，我们终于成了在同一单位工作的同事（图一）。

佟先生的工作在一室（史前考古），他的研究重点是新石器时代考古，特别是东北考古和边疆考古，所以考古所编辑室收到有关这方面的来稿，多是送他审阅。当时考古所诸专家审稿各有特点，以关于石器时代的来稿为例，如将稿件送安公（安志敏）审，他会尽快按规定审毕送还，写明可以刊出或不应发表，并有若干条具体的意见；如将稿件送苏公（苏秉琦）审，过两个月去问时，他会非常亲切地拉开抽屉取出稿件，说你们要是着急，就拿回去先让别的同志看看吧；如送石兴邦，不论稿件内容如何，都会简单地写上"可以发表"四个字退给你。而佟先生为编辑部审稿，与上述诸先生都不同，他审阅来稿极认真负责，签注意见条理分明，非常具

图一 佟柱臣先生

体，有时连第几页第几行第几字后的逗号应改为顿号，都列述清楚，只是有时忘记写明该稿到底可以刊出还是不宜发表。当我再去请他补签时，他总是和气地笑笑说"净注意文章内容了"，然后再补写清楚。

当 1966 年那席卷一切的狂风吹到考古研究所时，佟先生因历史问题饱受冲击，他只是默默地忍受。工宣队、军宣队进驻后，我们一起被赶到设于河南息县的"五七干校"，并被编在一个排中，先在东岳种田、烧砖、盖房，后被集中到明港军营中清查"五一六"。那时佟先生的"历史问题"审查已结案，成为革命群众，他不像另一些变成革命群众者那样，对被视为"五一六"的人声色俱厉地批斗、挖苦，平时仍旧和蔼地对待"有问题"的人，开会批判时只是语气平缓地照本宣读工宣队、军宣队指定的文件。在大家的心目中，他还是原来的老好人。在干校很难被批准回北京探亲休假，当我有幸获得批准并知道同时被批准同行的另一位是佟先生时，真是分外高兴，因为这位同行者还负有对我监护的任务，受到佟先生这样的老好人的监护，真如北京的俗语——打着灯笼都难找到。因此我们一起返回北京后，都分别和家人享受了一个短暂而愉快的假期。

到 1973 年，学部的"五七干校"结束，我们都回到考古研究所，但是"文化大革命"并没有结束，仍旧由工军宣队统治着考古所，但所内的党组织似乎恢复了，还在军宣队领导下，成立了有原来的政治副所长牛兆勋等参加的临时领导小组，主持业务工作。但是很大一部分研究人员还是"问题没有解决"的人，没能恢复工作，大家都被集中在"编南室"等待着。忽然一天牛兆勋召我和佟先生一起去北屋（原来的所长办公室）开会。到北屋一看，说是开会，参加者只有三个人，就是牛兆勋和我们两个。牛兆勋开门见山地说："从干校回来这么久，还没给你们两位正式安排工作，现在军宣队和领导小组决定让你们去加强洛阳的学术工作，今天约你们来也是想听听你们自己的意见。"然后转向佟先生说："老佟，组织上想让你去二里头队加强那里的学术领导。"再转过来向我说："汉魏城队学术力量差，杨泓你去那里，想办法提高学术水平。"一听这种工作安排，我们自然清楚这明明是没法完成的任务：一来我们两人都有很长时间没实际去田野考古发掘，又没有在洛阳的工作经历；二来这两个发掘队都有长期在那里负责的党员队长，都自视甚高，绝对不会欢迎有人插手，更别说是两个非党群众。对于明明没法领受的任务，我刚想直率地说明反对意见，却见佟先生不断地向我摆手示意（因为当时牛兆勋转身面对着我，佟先生在他身后，他看不见），于是我就把刚要说的反对的话咽了回去，改说："老佟年长，还是请他先说。"牛兆勋就转向佟先生，佟先生慢声细语地回答："领导对工作考虑得很周到，很感谢领导的信任，但去洛阳对我们都是新工作，总得有点时间仔细考虑如何去完成任务。"牛兆勋听了很高兴，同意我们回去考虑一下如何工作，过两天再来汇报结果。和佟先生一起离开北屋后，他语重心长地对说我："经历运动吃那样大亏，要吸取教训，领导刚安排工作，不该硬顶。洛阳反正咱们都去不得，回去多想想，总会有办法。"第二天，我知道他去过北屋，一打听，他是去医院开了假条，休了病假，自然再谈不上下工地的事。我可无法照办，恰好编辑室的两位老大姐知悉我的尴尬处境，便伸出援手，让我去向当时主持编辑室的安公求援，安公以编辑室人手不够为由，把我调回编辑室。事后我非常感激佟先生。

席卷一切的狂风终于吹过去了，迎来了春天，考古研究所的研究工作重回正轨，佟先生重新得以安静地、深入细致地进行石器时代的研究，不断取得新的成绩。他还常常去其他学科的专家那里去寻求协助，细致认真的精神令人敬佩。我的一个在清华大学研究机械切削刀具的表哥钟寿民教授，有一次忽然问我："你们考古研究所是不是有一位研究员叫佟柱臣？"我肯定地回答后，他向我盛赞这位老研究员的认真钻研精神。原来佟先生为了弄明白石器刃口的尖劈和切削的力学问题，经人介绍，曾多次去找钟寿民研讨。当时他正为撰写论文《仰韶、龙山文化的工具使用痕迹和力学上的研究》做准备，也足以见证他那深入细致的严谨学风。那篇论文后来刊登在《考古》1982 年第 6 期，在学术界有很大反响（图二）。

图二　与佟柱臣（前排右一）在《中国大百科全书·考古学》卷审稿会上

也正是在 20 世纪 80 年代初，我们还为了想促成佟先生文集的编成和出版，进行了一次最终没能成功的尝试。当时文物出版社第一图书编辑部主任是沈汇、副主任是叶青谷，他们先后为安公（《中国新石器时代论集》，1982 年）和我出版了论文集（《中国古兵器论丛》，1980 年），同时在编辑业务方面，我们也建立了很好的协作关系。因此沈、叶两位多次与我商量，计划在安公的论文集出版后，继续考虑编考古研究所另一些对中国新石器时期研究卓有成就的学者的文集。我回所后找了邵望平等一起研究，想先推出当时第一研究室（史前考古）中最年长的两位，即佟柱臣和吴汝祚，同时也找机会和他们两位谈过，获得他们的同意，而且吴汝祚还提交了准备编入文集的论文目录。当我把吴汝祚的目录转交沈汇，一图编这组选题在正式立项前向文物出版社的社领导汇报时，竟然遭到时任社长的否决，他说："干什么忙着给活人出书？"沈汇他们两位也没有办法，我们想在 20 世纪 80 年代促成考古研究所一些学者出文集的愿望就这样破灭了。因为原来已和佟先生谈过，我们不得不将这个坏消息告诉他。我感到十分内疚，事先没想周全，没把事办好，真对不起他。但是他听了以后，还像平常一样，反而和气地安慰我们，出书不必着急，以后有机会再说①。

后来考古研究所调整办公室，恰好将佟先生和我安排在相邻的两间。因工作任务不同，我们之间的业务联系很少，只是见到他不管年事已高，每天依旧按时来所上班，一如既往地默默地认真钻研，笔耕不辍，在中国史前考古和古代民族史研究中屡创佳绩。再后来，我把原来的办公室让给一位二室的年青人做结婚的喜房，迁到七楼与孟凡人挤到一间办公室，就很少遇到佟先生了。

现在佟先生永远离我们而去，令人悲痛，谨此祈望佟先生冥福。

我相信等以后我到另一个世界再和他会面时，他依然那样和蔼可亲，仍然在那里笔耕不辍……

（此为在中国社会科学院考古研究所佟柱臣先生追念会上的发言，后收入《无限悠悠远古情——佟柱臣先生纪念文集》，科学出版社，2014 年）

---

① 1989 年，佟柱臣先生的专著《中国东北地区和新石器时代考古论集》在文物出版社出版。

忆王世襄

　　我和王世襄（字畅安）的交谊，约略与我开始到中国科学院考古研究所工作同时，也就是20世纪50年代末。与王世襄最早的接触，源自编辑《考古》月刊稿件时需核查有关古代家具的资料，师兄徐苹芳告诉我可去找王世襄，还简要地介绍了他的身世经历，特别是"三反"以后的遭遇。于是经电话联系后我就去找他。一见面，他非常热情，可能事先他也从熟人处了解过关于我的情况，所以谈话开始他就问起家世等问题。在20世纪50年代，一切最讲"家庭出身"，从中学到大学，我最避讳谈出身，因为许多人提到这一话题常常不怀好意，得处处提防。但是王世襄不同，他那纯正的京腔和友善的目光，不知不觉地拉近了我们之间的距离。从我家原住的豆腐池胡同，谈到我姥姥家故宅的金鱼胡同，还说到原来在猪市大街东口路北的古玩铺——万聚兴。1949年以前我上育英中学时，因家庭困难，一时筹不起一学期需交的学费——两袋半白面（因当时国民党统治区货币天天贬值，所以要用实物计学费，按当天白面的日值折合收钱），向学校申请延缓交学费，需要找"铺保"（编者注：指以商店的名义出具证明），就是万聚兴老掌柜给打的铺保。王世襄则是为了买到好鸽子。当时鸽子市在隆福寺庙门外，到那边的鸽子摊去买，好鸽子常常一早就被别人买走。于是王世襄早早就来到万聚兴，坐在古玩铺门内，一边和老掌柜喝茶聊天，一边往外注意。卖鸽子的人从朝阳门进城，过东四牌楼到隆福寺，必得经过万聚兴门前，这样王世襄就可以截住鸽贩子，买到合意的鸽子。我俩越聊越近乎，因我们均系北京旧家子弟，出身近似，且工作性质又近同，互相印象都挺好，自此交往日渐密切（图一）。

图一　王世襄与袁荃猷在家中

　　王世襄送给我的第一本书，是由手刻蜡板印成的《清代匠作则例汇编——佛作、门神作》，时间是在 20 世纪 60 年代初。聊天时他问起我，怎么在给报纸副刊写通俗短文时起了"易水"的笔名。我告诉他，当时曹尔泗在管《北京晚报》副刊，在徐苹芳家晚上聊天时，曹尔泗不断约同在考古所编辑室的徐元邦（比我早一班的北大师哥）和我给他写关于文物考古的通俗短文。后来同在考古所工作的另一位北大的师哥知道后，跟我说别写那些"报屁股文章"，那是半个人干的事。因此我就取"杨"字右边的一半，以及"泓"字的偏旁，凑成"易水"笔名，也就是半个杨泓的意思。王世襄听了哈哈大笑。他得知我曾给《人民日报》副刊写过一小篇《从门神到新门画》，就告诉我应该知道清代匠作则例中关于门神的规制，正好他刚把辑成清代匠作则例中的门神作油印出来（当时出书艰难，他只得自己油印了 200 册，分赠友人及有关学术单位），当时就取了一册，签字送给我。可惜这油印本在"文化大革命"抄家时被毁了，现在我有的已是 2002 年北京古籍出版社的排印本，其意义自然无法与 1963 年油印本相比。

　　到了 20 世纪 70 年代中期，"文化大革命"已近尾声，大家先后从"五七干校"返京，但那时学术工作没有恢复正轨，众人颇有空闲。当时我的宿舍在弓弦胡同 22 号，晚饭后即可信步沿猪市大街过东四、拐南小街即到芳家园，到 15 号院内，去北屋可找王世襄和他夫人袁荃猷聊天，去东屋则可与黄苗子、郁风两位聊天，或者与王、黄二位聚在一处聊天。去时也不必事前打招呼，虽非天天去，每礼拜至少也要去个两三次。有时他们高兴，又或一起再向南过两条胡同，去看沈从文，到那里一起聊天。他们都比我年长许多，可算是"忘年交"。和他们聊天，对我说来是文化上的享受，那时聊的话题广泛，文史、艺术、考古乃至京俗掌故、异域风习，无所不谈，只是不触及时局政治。从人生经历到学问，我自难与他们几位相比，只是因学考古科班出身，可随时提供他们想了解的考古新发现，以及对他们考虑问题有用的考古标本。如果只是与王世襄、袁荃猷两位聊天，则话题又常以旧京、旧家、旧事及京中旧俗为多（图二）。王世襄的厨艺在文物考古界极有名气，他经常指斥我不谙家务、书呆子气，耐心教

图二　在燕京大学学习时的青年王世襄

467

图三　袁荃猷赠《游刃集——荃猷刻纸》封面及题签

导要懂得用最普通的食材，为家人制作合口的菜。他夫人更教我物尽其
用，有一次她发现，剥下的老玉米皮卷起来扎成卷用来刷锅非常实用，用
毕即可扔掉，反正是本来要丢弃的废物。她一高兴，就扎了一大包给我，
还教我如何束扎，确实好用。后来我就把她送的玉米皮卷保留几卷以作纪
念，至今尚存。她还有一件爱好，就是剪纸，所以我还有一项"任务"，
就是为她查找她想用来参考的考古图像，要什么有什么，有求必应，绝对
服务到位。后来到 2002 年三联书店为她出版了《游刃集——荃猷刻纸》，
她特地亲题后赠我，留念至今（图三）。

　　王世襄总是真心待人，特别对去找他的年轻人，始终爱护帮助，用北
京土语说，就是为别人能把心都掏出来。20 世纪 60 年代初，曾有一个在
北大辍学的刘姓青年，受到他很大帮助，但当"文化大革命"开始，那人
反戈一击，让他吃了很大苦头。但他并不在意，以后仍对青年人，特别是
有志于钻研明清古家具的青年爱护提携有加。其中最有成绩的应算是田家
青，他也一直对王世襄恭执弟子礼，是个很有情义的人，有关事迹可阅田
著《和王世襄先生在一起的日子》一书。对海外来京向他求教的年轻人，
更是来者不拒。一次有两个台湾来的女青年来京求教，王世襄让孙机和我
给她们讲有关早期家具的考古标本，选的讲授地点与众不同，是在粉碎

"四人帮"后北京最早开的私人小饭店悦宾的里间，饭店的老掌柜竟陪同全程听讲，表现出对考古文物的极大兴趣。此后，老掌柜再见到我一直极为热情，他还特别告诉我，在开业时把王世襄的题字贴死在了墙壁上，以后再粉刷时毁了，想起来十分后悔。

和王世襄一起聊天看书，常有偶然发现，能触动探究新课题的灵感。我于《考古学报》发表了《中国古代的甲胄》以后，有一次他告诉我，文物局资料室新到一本1980年出版的美国大都会美术馆的艺术品图录，其中有一幅画上画的可能是"马具装"，画的马具也很有意思，我一定感兴趣。我赶忙就去看了，是一幅没有题款的宋画，绢本设色，绘有行进于山道中的九骑一马，前二骑为木石掩遮，最后二骑回首后顾，画意似未尽，可能原画为长卷而后段已佚。由于图中有一匹备有鞍勒而无人乘骑的白马，所以该图册将画题定为《贡马图》（The Tribute Horse），还认为画的是向皇帝进献宝马的队列。我们再查，又知有人把该图定为《明皇幸蜀图》，说那匹无人乘骑的白马是杨贵妃生前的坐骑。当时正巧我因处理稿件，须仔细核查《宋会要辑稿》和《宋史·仪卫志》等，随手就把我感兴趣的宋代的"马珂""诞马"等规制节录在卡片上。因此看到画后我立即告诉他，说该画是"明皇幸蜀"、贵妃坐骑是无稽之谈。说是《贡马图》，亦不正确。看来该图所绘应是行进中的宋代卤簿的一部分，那匹无人乘骑的白马是"诞马"。诞马后随的两个骑士，马上披的不是作战的"具装"铠，而是文献中纪述的"御马鞍勒之制"中的"马珂"。过去只见文献中有"马珂"的文字纪述，没有留下实物和图像，这张画看来属宋时画院的画作，人马绘制形体准确，笔迹细密，提供了清晰确切的图像，真是太令人惊喜了。他当时就鼓动我写出文稿发表。由于使用大都会美术馆藏的宋画有版权问题，初稿完成后就暂时搁置。后来我去日本，在奈良看到手向山神社所藏"唐鞍"等资料，可以与"马珂"一起研读。所以由菅谷文则和宫琦隆旨两位帮助获取了日本的唐鞍资料，又由王俊铭协助从大都会美术馆获取了宋画清晰的大幅图片，并蒙该馆充许在论文中引用。才于1987年在《文物》月刊发表《宋代的马珂之制——从美国纽约大都会美术馆所藏宋画及日本的"唐鞍"谈起》一文，距王世襄告诉我去看画册，已过了五六年之久。

我和王世襄的友谊深厚，同时我又与《文物》月刊有极深的工作联系，所以当他们之间发生些不好协调的小问题时，双方都会找我调停。例如在1980年，王世襄应约为《文物》写出关于明式家具的"品"与"病"的文章，确定分成两篇，在月刊分两期刊出。但王世襄临时又提出想要在香港的《美术家》同时刊出。《文物》方面戴文葆和杨瑾坚持先在月刊发表，而后迟一些再可由《美术家》转载。王世襄则坚持要同时刊出。双方又都不想真闹僵了，可谁也不甘示弱，不愿先退让一些。于是双方找我协助解决，我就去"抹稀泥"，说明一方面《文物》是月刊，《美术家》不是月刊，也就是说，即便同时刊出也还有先后。何况从当时的情况来看，应加强对香港的宣传，所以应鼓励在《美术家》刊出。我建议在《文物》刊出时加注说明一下，就可解决问题。他们双方都认为这样办挺好。所以在月刊发表的文末，王世襄加写一则"附记"，内容如下："1979年10月，我为《文物》月刊写成关于明式家具一文，内分'品'和'病'两个部分。后来，香港《美术家》杂志希望转载，因此该杂志也发表了此文，谨此说明。"问题迎刃而解。过了两年，问题又来了，王世襄写了《"束腰"和"托腮"》一文，送月刊要求发表，月刊编辑提出行文有点问题，特别是开头，让他改一下。他的犟脾气上来了，说你们要说有问题，那你们去改。弄得杨瑾又来找我，王世襄也向我发牢骚，最后还是他们双方协定，由我给他润色一下。我只得跟王世襄商量了一下，调整了副标题，在文章开篇时略加修润，有些与建筑相关处及名词考订处语句更明确些，收尾再与开篇呼应一下，其实只是作了些许微调。于是"黏合"成功，双方都觉得保全了面子，文章顺利刊出于《文物》1982年第1期。

我还做过一回"黏合剂"，就是在编著《中国大百科全书·文物博物馆》卷时，王世襄本是编委会的委员，也高兴地写了有关古代漆器等诸多条目，但是在古器物分支学科让他写家具条目时，出现不愉快。主编该分支学科的是一个我北大考古专业的师哥，副主编是一位师弟，当时他们主持规定的条目名称是《明清硬木家具》，可是王世襄认为"硬木"一词不科学，他们又不肯改。王世襄就不写这一条了。可是古器物中又不能缺明清家具条，他们再去找他，他还是不写，他们又问他如他不写让谁写好？他很不奈烦，就说"你们找杨泓"。球就踢到我这半场，我到底该不该答应写，只有去问王世襄。我问他，"硬木家具"可是过去旧京的俗称，记得小时候北京那些晚清黄带子、王府、大官家庭里人们都习惯称"硬木"，作为旧京俗语能不能用？他说倒也是。就这样，用"硬木"就凑和过去了。我又说文物考古界熟人都知道我不懂明清家具，你说让我写，他们又催我写，那我只有抄你的文章，他说那你就随便抄吧！得到他的充诺，我就抄成一个词条交差，主编也通过了，最后印在《中国大百科全书·文物博物馆》卷第371页。

随着国家改革开放的日益深入，那些被冷落的老学者又日渐被捧成"香饽饽"。生活环境随之改善，逐渐迁入新居。先是沈从文被中国社会科学院安排迁往崇文门内的新宿舍楼；继之黄苗子两位由芳家园15号迁至青年湖新宅，又迁至兴华公寓；最后王世襄也舍弃旧居，迁往朝外芳草地的迪阳公寓；我自己也从弓弦胡同搬到皂君庙的新宿舍。南北东西，拉开了过长的距离，于是吃过晚饭散步去他们各位家串门聊天，只能成为昔日美好的回忆。

那几年中国美术家协会春节都举办一次会员的茶话迎春会，常能将大家团聚在一起。应该是在1988年春节，我们见面后同坐在一桌，有王世襄，还有黄苗子、郁风、丁聪几位。王世襄谈起他在1960年写成的《中国古代家具》书稿，想在有生之年增补改写成书，因前段需增补大量考古新资料，他盛情邀我合作。我说对我说来这可有点受宠若惊，只是具体进行有不少难题，特别是考古发现的古代家具实物有限，大量是图像和模型等标本，且早期文献又缺乏，能弄清形貌、类别已属不易，更甭说材质、工艺乃至具体结构了。但是明清家具研究，除品类及形貌特征外，材质、工艺特别是具体结构如榫卯等是研究的重点。前后写作体例如何衔接，极有难处。但他们几位认为可依不同时代特点分别处理，不会有大问题，鼓励我放开去写即可。于是在黄苗子、郁风、丁聪几位见证下，我们达成合作的协议。为慎重起见，我提出先写一个对中国古代家具看法的提纲交给他，如他看了同意，就可以合作写书，他们都认为这样最好。过了几天，王世襄从红楼到考古所，将当年手书的《中国古代家具——商至清前期》复写本交给我参考，还告诉我上面有60年代给我老师宿白先生看时写的意见，让我仔细阅读。过了几天，我把写好的提纲送给王世襄。很快他就来电话告诉我，同意我的提纲，可以动手进行准备了。后来我将给王世襄写的那份提纲，加题为《考古发现与中国古代家具史的研究》，发表于1989年出版的《庆祝苏秉琦考古五十年论文集》中。可惜一方面王世襄年事已高，接着眼睛又出问题，而且他想先把他已成书的多种专著尽速出版，就将合著中国古代家具史的事延迟下来。另一方面我在20世纪90年代出了一次严重的车祸，虽没死但身体大伤。进入新世纪，负担的研究所的任务日重，参与《中国考古学》领导小组，又要具体主编《三国两晋南北朝卷》，还要完成中国社会科学院研究生重点教材《中国美术考古学概论》的撰著，以及指导中外的博士研究生，也无力再深入开展个人的古家具研究，于是也拖延下来。直到王世襄仙逝，我们的合作没有完成，极为遗憾。其实王世襄还是真想在生前完成对中国家具史的修订，直到2007年《明式家具研究》由三联书店出版时，他真感到力不从心了，所以就把朱启钤先生原为《中国古代家具》赐题书签，印在《明式家具研究》卷首，"以志不忘前辈勉勗之意"。观其情景，读之凄然。

还有另一项没有完成的与王世襄合作的项目，就是由香港著名古家具收藏家叶承耀医生嘱托的中国古代家具史专著。此事是叶承耀先找王世襄研究，接着叶医生邀我一起去朱家溍家，取得朱家溍同意，再和王世襄商量请孙机，孙机又力荐赵丽亚（笔名扬之水）参与，加上叶承耀约请的台北故宫研究员林莉娜。好像叶医生原来还联系过湖北省博物馆的舒之梅，后来舒不幸先逝而未果。当时按王、朱两位安排的分工，按历史时期先后，赵丽亚写两周家具，孙机写汉代家具，我负责魏晋南北朝家具，林莉娜写宋元家具，王世襄答应写明代家具，朱家溍答应写清代家具。此后两年，叶医生来北京，一定要邀集大家一起谈一下写作的进度，并深情地表达对成书的期望。但是王、朱两位的健康状态每况愈下，加之他们都想努力在有生之年尽力完成心中最想完成的著作，我心里明白，叶医生想按计划完成全书，只能是无法完成的美好期望。果然不出所料，先是朱家溍仙逝，而后王世襄的明代家具部分迄未动笔。到 2007 年，叶医生等不及了，将其余四个人已交出的文稿（扬之水所写《古典的记忆——两周家具概说》、孙机的《汉代家具》、我的《考古学所见魏晋南北朝家具》和林莉娜所写《从古画看宋元家具的演进》）共四篇，编集成《燕衍之暇——中国古代家具论文》，作为攻玉山房丛书之一，由香港中文大学文物馆出版。叶医生在《序》中，深情感谢王世襄对该书出版的关怀、组织和指导。

通过我和王世襄半个多世纪的交往，深切认知他的广博学识，但他学术成就的高峰，还在于对明式家具研究的划时代成就，代表作《明式家具珍赏》（1985 年）在前（图四），《明式家具研究》（2007 年）在后，双璧同辉。《明式家具研究》出版后，为争取"图书奖"，生活·读书·新知三联书店嘱我推荐，当时我写了对该书的评价，现照录于后：

在上个世纪三十年代，中国自己的学者开始研究明式家具，也有一些论文问世。但是真正将对明式家具研究提高到一门学科进行全面研究，并在中外学术界产生深远影响，首推王世襄。其代表作就是上世纪八十年代先后出版的《明式家具珍赏》和《明式家具研究》，现在王世襄又将《明式家具研究》修订并汇入其近年的新研究，由三联书店于今年出版，又将其对明式家具的研究推向新的高度。

《明式家具研究》与坊间可见的其他关于明式家具的书刊不同，王世襄是以学者的目光从历史的高度去解析明式家具，并且十分注重近年的文物考古成果，全方位地进行观察，从而廓清了明式家具所以

图四　王世襄赠《明式家具珍赏》题签及封面

能出现和发展的时代背景，并对明代家具的生产地区进行了分区研究。在此基础上对已知明式家具资料进行类型学研究，依家具功能分为五大类，进而对各类家具的具体形式仔细分析。然后进一步分析明式家具的结构与造型规律，再论家具的装饰与用材。一步一步具体而微，构架成全面研究明式家具的完整体系。也给后学者指明继续研究的方向。书后的八篇附录，有些是对书中已论述的问题，作更深入或不同角度的补充，如《明式家具的"品"与"病"》，也有为后学者所作名词术语解释，对后学者有极大帮助。

必须强调说明的是书中所附的既精细又具有极强科学性的线描图，系出于现已仙逝的王世襄夫人袁荃猷的手笔，使全书文图合璧，更提高了本书的科学性和学术性。

总之，《明式家具研究》目前确是居于世界范围内关于明式家具研究乃至中国古代家具研究的顶峰，且该书编辑认真，装帧设计居于一流，又印制精美。从多方面都应达到今日图书出版的前列。特予推荐。

晚饭后能去找袁荃猷和王世襄两位挑灯聊天，是人生中最快乐的事，随着二位先后仙逝，今生再也无法重现，仅能永远留在记忆中。缅怀之余，谨此祈望二位冥福。

（原载《古物的声音——古人的生活日常与文化》，商务印书馆，2018 年）

梦中的王府大街九号——中国科学院考古研究所

　　满园的丁香花开了，灰色的围墙虽然高耸，但是阻拦不住冲天的花香，溢出大街，飘到街对面。这座有着高大围墙和灰色大木门的建筑群，对幼年的我来说，既显神秘又令人畏惧，它坐落在我从童年到青年时代每天上学的必经之路上，位于王府大街北口（今改为王府井大街）西侧、翠花胡同和东厂胡同之间。在围墙的南北两角转折处下部，原来都嵌立有小石碑，上刻铭："黎大德堂记"，表明这处地产曾经属于中华民国人总统黎元洪。但是在我童年时期，北平市已被日寇占领，那处建筑的主人是日本人，虽然大门外右侧挂着"现代科学图书馆"的牌子，但里面与东厂胡同内的日寇特务机构相通，是中国人要绕着走的令人恐怖的地方。当第二次世界大战结束，日寇投降，北平光复后，那处建筑被国民党政府接收。从此那处建筑令人恐怖的氛围消失了，灰色的大木门也经常是敞开的，再到丁香花开的时节，不仅可以在街上闻到花香，还可通过大门看到院内满树的白色丁香花。由于大门旁没有挂牌子，并不知里面办公的是什么机构，后来我才知道，当时中央研究院史语所的北平史料整理处，就设在这座院落里。那时我正就读于灯市口的私立育英中学初中部，去上学时仍旧天天从这里经过。但是从没想到那里将来会是我以后终生难忘的工作场所。

　　天亮了，解放了。1949 年古都北平迎来新生，中华人民共和国成立后，北平被定为首都，重新名为北京。我已是高中生，就读的学校由私立改为公立，后来校名也改为市立第二十五中学，但校址仍在灯市口。所以我步行去上学时，仍然要天天从那座丁香花开时香溢全街的建筑前经过。

到 1950 年，那处建筑的大门外挂上了两块新的牌子，都是白底黑字，一块为"中国科学院图书馆"，另一块为"中国科学院考古研究所"。

终于有一天，我得到了独自走进那座十几年来我几乎天天经过的院落的机会。那时我已是北京大学历史系的学生，在宿季庚师指导下撰写学年论文，他指定的论文题目是高句丽壁画石墓。在关于高句丽壁画石墓的论文基本写好后，宿季庚师让我将研究的年代向前延伸，进一步查阅高句丽积石墓的资料，在考虑有关好大王碑和好大王陵等问题时，要去查阅在朝鲜半岛南部发现的好大王铭青铜壶杆等资料，当时只有中国科学院考古研究所图书室有那些日文书刊，因此宿季庚师指示我到考古所去查阅。出发前，考古教研室给我准备了去考古所的介绍信，宿季庚师还特地写了一封信给在考古所工作的师哥徐苹芳，请他帮助。于是我就带着这两封信，踏进了那座我曾经天天经过的大门。在这以前，我虽然曾与全考古班的同学进入过两次考古所，但都来去匆匆，第一次是在 1954 年，当著名的考古学前辈梁思永先生逝世时，考古班的全体同学去设在所内的灵堂吊唁，晚饭后从北大乘车出发，进入所内时天色昏暗，直接被引领去灵堂，随后即返回，院内景物如何并无印象；第二次是在 1955 年，为了迎接中国科学院学部成立大会，考古所举办了一个小型的展览，展出了考古研究所自 1950 年至 1954 年田野考古发掘的主要收获，考古教研室主任苏公（苏秉琦）带我们全班同学去参观，因为学校派去的大轿车未能如约发车，进城抵达考古所已近中午，所以进门后为节约时间，苏公指引同学由入门北侧的科学院图书馆办公楼前直接进入后院的展览室（就是后来被分隔开成为技术室的大房间），看过展览以后，又原路返回。出所后，苏公请同学去翠华楼吃饭，所以又失去参观考古所园林全貌的机会。这次终于得到独自进入考古所的机会，时间已迟至 1958 年初。

步入考古所大门，只见南北两侧各建有一间门房，迎面是一片空场，空场西侧是一座大厅，那是中国科学院图书馆（社会科学部分）的阅览室，其北侧连接一栋坐北朝南的灰黄色的大楼，是过去由日本人建造的图书馆的藏书楼。阅览室大厅往南连着一座假山，山上有厅榭建筑，山前是一处大水池，石砌池岸，岸高约 1 米，池中无水，可见平整的池底。在水池中间有座桥，将水池隔为南北两部分。水池以南是用太湖石堆叠的假山，假山遮掩着里面的院落。在水池的东西两侧，都有丁香树遮荫的小路，通往内院。考古所的传达室，设在一进大门的北侧的门房，我进去说明来意后，值班的人员告诉我到编辑室去找徐苹芳，并指明进门后，沿水池南侧进假山侧小门，沿夹道往前走，到院内往西拐，再一直走就是编辑室。进入编辑室，迎门办公桌后面坐着一位戴着老花镜的和善的老先生，这位就是后来与之朝夕相处的同事——考古所编辑室专职收发和管理档案的张士澄。我向他说明来意，他就用手中握着的毛笔指向站在室内中间大桌子旁的徐苹芳，让我过去找他。见到徐苹芳，呈上宿先生的信，他看后对我说，宿先生已经给他打过电话，去图书室看书的事他已安排好了。也就是从那时起，我开始建立了与徐师哥此后长达半个多世纪在生活、学习、工作中的深厚情谊。当时那间大办公室中还有许多人在伏案办公，我是学生，不敢去惊动其他人。徐苹芳也只向我介绍了正与他一同整理居延汉简照片的陈公柔。然后他就同我走出编辑室，告诉我先带我去拜见夏作铭师，然后去图书室查阅文献。

徐苹芳带我走出编辑室，向南再折向西，沿着后依南院墙修建的一排南房前的砖路，走到正院的垂花门前。垂花门不大，迎门是四扇关闭着的木屏门，进门后要从木屏门拐向左右两侧再进入院内。但是在垂花门旁两侧的院墙上，又各开有一个拱顶的小随墙门，可以不经垂花门而方便地进出。我们是通过东侧的小门进入院内的。一进院，首先映入眼帘的是院内东侧的一棵古老的巨大的白皮松，它的树荫几可笼罩整个院落。正院是小巧的四合院，但只有北房和东、西厢房。北房面阔三间，左右又各连一间较小的耳房。东、西厢房也是面阔各三间，两侧又另建有较小的耳房。北房和东、西厢房原来都建有前廊，但现在都经改建，将前墙外推，把前廊括入室内，以增加室内面积。南面是垂花门，南房则是建在依靠南墙的院外，所以只能算作"三合院"。北房是所长室，用木隔扇分隔成三间，当心间摆放着沙发和茶几，是会客和开会的场所，夏先生的办公室设在东套

图一　1985 年随夏鼐先生接待日本奈良文化财研究所代表团

间（我正式到所工作后，才知道所内习惯称之为"北屋"）。我们进入他的办公室时，夏先生正伏案写作，他的书案安置在室内后部东侧，一端靠近后窗，沿东墙和西侧隔扇内侧排列的都是摆满书的书橱和书架。听到我们进屋，他回转身站起来和我们打招呼，虽然在学校听过夏作铭师讲授的考古学通论，但因为那是几个班一起上的大课，当时没有机会和他交谈，所以这次是我第一次面对面和先生谈话。徐苹芳先向他说明我的来意，夏先生问了我要写的论文的题目，我汇报后，他笑着对我说了几句勉励的话，但当时我完全听不懂夏先生那温州普通话，只是尊敬地答应。为了不多打扰他的工作，我们就告辞了（图一）。

出了夏先生办公室，徐苹芳引着我从北房东侧的小门出来，去往图书室。那座小门颇有特色，是从东厢房后墙北侧到北房东耳房东侧、用石块筑成向外弧的虎皮石墙，墙顶还用砖砌出雉碟，仿城堡的围墙，开有圆拱顶的小门，门上方有小石扁额，题铭"乐安"。走出小门，是一条砖砌的斜向西北的小路，路两侧是用小石子嵌砌的花边，十分精致。站在小门前，就可以看清正院后园的情景。向右（东）张望，可以看清进门时看到的图书馆南侧假山的全貌，山上建有坐东朝西的三开间厅堂，前有廊，后出厦，现在已将后厦打入厅中，成为面阔、进深都是三间的大方厅（所内习惯称它为"大山坡"）。山前是一架高大的钢筋水泥构筑的藤萝架，它的架顶与山上厅堂屋檐齐平，一树古老而枝条繁茂的藤萝满爬架上。沿斜向小路行至正院北房后面，又连接一条较宽的南北向砖路，通向图书室。图书室原来可能是一座正对正院北房的卷篷顶花厅，也是面阔三间、进深两间，前有廊，后有厦，两侧设耳房。但是经过改造，将前廊与后厦打通，成为进深四间的格局，再在中间横隔为前后两部分，前面面阔三间、进深两间，作为图书室的阅览室。后面同样大的面积，作为中文书库。阅览室西侧有门洞通往西耳房。西耳房前面一间是图书室的办公室，后面接出的两间是日文书库。东侧也有门洞通往东耳房，东耳房和后面接出的两间，形成纵长的西文书库。中文书库内两侧各有小门与西文书库、日文书库连通。虽然整体面积不大，但结构紧凑，颇为实用。因为它原是花厅，所以在门前左右各有纵置的砖筑大花坛，坛内满植牡丹。在房前和路边到处都种有丁香树。可惜当时不是花期，映入眼帘的是一片青绿。

进入图书室，徐苹芳将我介绍给负责图书室的曹联璞，我将系里开的介绍信交给他。他看后就说，所里已同意我来查阅资料，如果借阅中文书可以找图书管理员姚从善或张传彩。我告诉他要查阅与高句丽有关的资料，是日文书刊。于是他又引我到西侧的办公室，将我介绍给负责外文编目的杨圣泉，并准许我进入日文书库去自己选取需要的资料。徐师哥为我将一切都安排好以后，嘱咐我自己看书，如遇困难再去找他，然后就回编辑室了。于是我就去日文书库取来需要的书刊，选了阅览室窗前的坐位，开始查阅，直到下班铃响，曹联璞来告诉我可以不必要将未查阅完的书刊送回书库，就放在阅览室桌上，明天上班时再来看。就这样，我一连在考古所图书室查阅了近一周资料，因为当时各发掘队都在京外发掘，所内人员来图书室借书的不多，阅览室中常常除了我没有另外的读者，异常安静。看书累了，还可以随意去室外花坛间散散步。在这里查阅资料，与去北京图书馆善本部查阅相比，感觉完全不同。那边规定严格，做笔记只许用铅笔，不准许将硫酸纸蒙在图片上描图，每当我用尺子度量书上所附平、剖面图的比例尺时，那位老年管理员就会立刻走到我身旁，严厉地指责我不能将尺碰到纸面上。如是古老的宋版古籍，自然必须那样保护；但是对20世纪30年代日本人的精装古迹报告，似乎就保护得过头了。加之那一阶段善本室中只有我一个读者，所以他除了喝茶以外，就会一直站在我身后监视，生怕我会把书弄坏。因此当时我只能绘些草图，达不到论文附图的水平，成为一直困扰我的难题。但是在这里并没有那些清规戒律，在读书卡片上记录可以用钢笔，不仅可以量比例尺，还可以书上蒙硫酸纸描图。去时还可以带着杯子，随意从办公室的暖水瓶取水喝茶。因此心意舒畅，工作效率特别高。我大约用了一周时间，就查阅并重新纪录了日文书库中所有关于高句丽墓葬的有关资料，从而弥补了《高句丽壁画石墓》初稿中附图只是草图的缺欠。临别时我向曹联璞和杨圣泉表示感谢，他们告诉我如还有问题，不必再办介绍信，随时可以再来。然后我又去编辑室，向徐苹芳告别。离开考古所时，我特地围着那水池走了一圈，还攀登上池边的假山俯看水池、小桥和满园茂盛的丁香树，只惜不当花期，未能闻到满园香气。

又过了近一年，终于等到能身处满园丁香花香气中工作的机会。1958年秋，北大历史系53级同学在"大跃进"声中告别了母校，分别走上各自的工作岗位。我和另外七位考古专业的同学，被分配到中国科学院考古研究所报到。通知规定的报到时间，定在一个星期五的下午，我们八个人约定在机关上班前半小时，在大门口集合。大家集合在一起后，因为我去所内查过书，所以由我引导，先到传达室说明情况，传达室的人员告诉我们先去南屋办公室找靳尚谦主任。我就引导大家沿着水池畔小路向里面走，大家处于期望走向工作岗位的兴奋期，一路说笑，兴高采烈。见到靳主任，他是一位和善的老头，简单问了大家的情况后，就让先去人事处交档案。到了人事处，大家纷纷呈上各自的档案袋。接档案的同志可能因为知道此前我曾来所中查阅资料的事，所以先挑取我的档案袋开封翻阅。她本来是笑着接待我们，没想到翻阅我的档案后就面色严肃地对我说："你这么年轻，怎么政治生命就结束了?!"使得本来兴奋的我，一时无语可对。接着他又接受了刘勋、杨锡璋、马耀圻和纪仲庆的档案。随后将孙国璋、徐秉铎、袁樾芳三人的档案又退回给他们，并说，你们三位是由我们代收报到，实际是分配到中国科学院兰州分院，那里要办社会科学的研究所。她一边说一边从抽屉里取出三张火车票，告诉他们星期一乘车去兰州，到车站时兰州分院有人接站。接着又取出五张车票，告诉我们星期一乘车去洛阳，到洛阳工作站参加所内的"整风"运动。走出人事处，本来大家兴高采烈，一时变得沉默无语，八个同学就此分手告别，他们三位离开考古所，我们五个再回去见靳主任。

按照所内接收新工作人员的习惯，靳主任就带领我们去见所内领导、老专家和各办公室的同事。先去正院北屋见副所长夏作铭师（夏鼐），因为他曾给我们班讲过课，同学们都已见过他，自感亲切。以后依年岁依次见了徐老（徐旭生）、钟凤老（钟凤年）、郭宝老（郭宝钧）、黄老（黄文弼），再见苏公（苏秉琦）和安公（安志敏），其中郭宝老和安公都给我们上过课，对我们都较熟悉。苏公更是被派去北大兼任考古教研室主任，亲手教育我们五年，更是分外亲切。然后去见人事处主任林老太（林泽敏），学术秘书组的王伯洪、王仲殊等，再去编辑室、图书室、技术室、总务组和会计室，只是没有去各研究室，因人员除在田野发掘外都集中在洛阳"整风"，没有人留在所内。经过这样一走，就把我上次没有走到的图书室以后的部分都走遍了，得到了对所内建筑布局的完整印象。

那条从正院东北角门洞出来走向后面的斜向西北的小路，走过图书室西侧后就折而向北，路的东侧是科学院图书馆的后墙（西墙），西侧是一个南北向的篮球场，围绕球场南、西、北三面，围成倒"凹"字形平面的是 1949 年以后新修的建筑，西侧自南向北是会议室和标本室，南侧是化验室，北侧是技术室（其中分隔为照相室、绘图室和修整室）。在标本室前两侧立有太湖石，并种植松墙及各种树木。从化验室后小路向西，连有低矮的土山坡，上有一座八角形、周绕走廊的西式建筑，那里是梁思永所长生前居住和办公的地方，所内习称"八角亭"。经过篮球场和技术室以后，小路北端通往一处低矮的小山坡，前面用太湖石围护，形成一座坐北朝南的小院落，院内正面有几间小北房，东侧两间是徐老的办公室，西侧一间是钟凤老的办公室。所内老人习惯称这里为"小山坡"。小山坡的西面，也就是全所的西北角位置，是所里的厨房和一座不大的饭厅。当时老专家的办公室分散在所内不同地点，除小山坡上的徐老和钟凤老的办公室外，黄老的办公室在正院北屋的东耳房，郭宝老办公室在人事处东侧。苏公的办公室在西屋南套间，用木隔断与外屋分开，外屋两间，在其中办公的有许道龄和王仲殊，王伯洪的办公室在东屋。东屋只有北侧两间是办公室，南侧一间用隔墙分隔出去，与东屋南耳房连在一起，用作所里的淋浴室，它后面是加建的小锅炉房，用以终日供应全所人员饮用的开水。在技术室里，我见到了到北大考古专业教过我们照相和测量的赵铨和郭义孚两位。靳主任引领我们走遍全所以后，就说："你们可以先到大山坡办公室休息一下，然后就可以回家准备一下，以备星期一出发去洛阳。"当时大山坡是供发掘队回所时大家办公的处所，室内四壁都是窗户，沿墙摆放着许多办公桌，因人员都在洛阳"整风"，当时室内空无一人，我们五人随便找椅子坐着聊了一会，下班铃响了，就分别回家。我久久盼望的正式参加工作的第一天，就是这样度过的。等到星期一，我们一起乘火车奔赴洛阳。在洛阳工作站，我们只赶上那次"整风"的尾巴，随后四个人被分配去长江工作队，只有马耀圻被分去西安工作队，因为他是回族，到西安生活上方便一些。在长江队，我们四个也分开去均县、郧县、郧阳等不同地方调查发掘，我在均县，也就是丹江口两岸试掘几处新石器时代遗址，于冬天回所。回所以后，通知我去编辑室报到。

去编辑室报到之前，我先去西屋南套间的苏公办公室，一是因为在学术组中我隶属于第三研究室（汉唐研究室），当时三室主任是苏公；二是因为苏公是所内委派去北大兼任考古教研室主任，指导我们学习五年（图二），当时我刚离开学校，见到他更感亲切。见到苏公后，我向他汇报了在丹江口试掘的情况，并说因为我们是在他的指导下在河北进行考古实习的，湖北的土质与北方的黄土十分不同，开始发掘时，找边分层都遇到很多困难，建议以后应让学生实习时南北多跑几个地方。他一直微笑着听我汇报，然后说他也想多了解一些湖北丹江口一带石器时代陶器的情况，问我有没有收集一些资料？我告诉他，我是按照他教的方法，把当时那里已发现的陶器标本，都绘图记录在工作日记本上了。并把工作日记本取出送给他看。他翻看了一下，然后说，你要是不急着用，就先放在我这里，我还要仔细看看。我很高兴地答应了。他拿过笔记本，看到上面没写名字，就递给我一支铅笔说："你把名字写上，省得日后记不得是谁交我的了。"我接过铅笔，顺手写了名字，因为我坐在他办公桌的侧面，笔记本是朝苏公放置的，因此名字是草草地横着签的。此后我再也没有接触与湖北新石器文化有关的课题，就把这件事忘了。没想到老师一直把那个小笔记本与他自己的笔记本保存在一起，经过了 60 年后，北大文博学院整

图二　1993 年 53 级同学与苏秉琦先生在北大赛克勒博物馆，
中为严文明，右为孙国璋

理苏公的遗物时，才又发现了它，并于 2018 年又还给了我。收到那个笔记本，我感慨万千，它真是铭记了师生情谊的珍品。

告别了老苏公，我就去编辑室报到。

当时编辑室的组长是饶老（饶惠元），副组长是周永珍。两年前我去所里查资料时，曾去编辑室找过师兄徐苹芳，但当时只是匆匆见到饶老，也没有能仔细观察编辑室内的情况。现在到室里工作，才得以对这座办公室有了全面了解。考古所编辑室的办公室是 1949 年以后新建的，坐西朝东，外观面阔五间、进深三间，房门开在正中处。里面又用墙分隔成三间，中间一小间，两侧各一大间，在进门处有一间小门厅，左、右、后各开一门，分别通向三间办公室，在小门厅里安有办公室的公用电话。编辑室使用左、右两间大办公室，中间的小办公室是陈梦家的办公室，他因为被划为"右派"，蜗居于此，不能参与"老专家组"，而随编辑室政治学习。在左侧的办公室内，前已述及迎门的办公桌后办公的是张世澄。进入室内，正壁（西壁）右侧窗下有相对而设的两张办公桌，办公的主人是商復九和张明善；左侧壁（北壁）后侧窗下设一张大办公桌，办公桌的主人是组长饶惠元；前侧窗下有一组三张办公桌，两张相对，一张打横，在相对两张桌子办公的是北大师姐徐保善和师哥夏振英，在打横的一张桌子办公的是邵友诚。沿着没有窗户的右侧壁与前壁左侧，都放有高大的双开门两层立柜，用以盛放稿件和已出版书刊的档案。室内中央放一张旧式大型办公桌，供大家展开大型图表及贴图版时使用。与现代化办公室的配套家具不同，那时的办公桌椅，考古所建所后虽然新添置一部分，但更多的是接收自民国黎元洪花园、日寇占领时期、中央研究院史语所北平史料整理处等不同时期的旧家具，办公桌大小不一，样式五花八门，椅子也是各式各样，饶老和徐保善选用的是老式的高靠背椅，张世澄坐的是日式的小转椅，等等。还有一张大摇摇椅，放在室中间，大家办公累了，可以坐上去摇一摇，舒展一下筋骨。放样书的立橱，则是紫檀木的老家具，放公用暖水瓶的是半圆形大理石面紫檀花几。我报到以后，饶老让我去总务组领办公家具，他们发给我一张较小的一头沉办公桌和一张日式小转椅。搬回编辑室，饶老让我放在他对面，与他对坐。当时在右侧（南侧，后来所内同人也习惯称其为"编南室"，这间老办公室一直用到 20 世纪 80 年代被拆建为止）办公室中办公的人很多，有周永珍、陈公柔、徐元邦、楼宇栋，还有俄语翻译潘梦桃，见习员杨毓明等等（图三、四）。

在我办公的位置从窗间向外看，正好是一棵茂密的丁香树，再往北看，正好看到水池边大山坡后由丁香树夹径的小路，那里是所内人员进入正院上班的必经之路。各人性格不同，走路的姿态也不同，夏作铭师总是步态急促、匆匆走过，同样步履急促的有安公，老苏公则慢速悠闲、安然踱步，比他还慢腾腾的还有石兴邦，还有昂头快步的师兄王世民，低头缓行的谢端琚……。从 1958 年冬末到 1959 年初春，向窗外看，可以观察到丁香树的枝条由冬日的干枝逐渐青绿发芽，进入 3 月中旬，枝头已冒出嫩叶和花蕾。我盼望它们早日开花，以满足我自童年就希冀能进入那花香四溢的园中的期望。一天又一天，从周一到周五，丁香树的芽蕾虽不断长大，但总还不曾绽放。度过周末，两日未到所内。没想到星期一刚一踏进考古所大门，香气就迎面袭来，只见沿池边小路旁的丁香树上花已盛开，

图三　与编辑室 20 世纪 50 至 60 年代老同事合影，
左一徐保善，左三徐元邦，右一周永珍

图四　1982 年与苏秉琦（前排左二）、安志敏（前排右一）先生会见日本学者，后排左一、左二为编辑室 70 年代同事黄展岳、卢兆荫

一片白花，清风微拂，似云飞，似雪乱。经过十几年的隔墙闻香，今日真正漫步于花迳之中，真有说不出的兴奋。再到大山坡上，透过已发出新叶的紫藤俯瞰满园丁香，还有图书室前花坛上已展示出新绿的丛丛牡丹。过了一些时候，紫藤开花，垂悬满架。花坛上的丛丛牡丹也都开花了。这种万木生发的氛围令人心胸舒畅，当时我已忘掉报到时给予的"政治生命已经结束"的警示，一心只想努力将所里安排的工作做好。在 1959 年，我主要是很好地完成了下列三项任务。

在这一年我配合周永珍和大徐（编辑室同事习惯这样称呼师兄徐元邦），克服困难，排除干扰，完成了由《考古通讯》改刊为《考古》月刊的任务。通过这一年的努力，我已经完全胜任考古期刊的编辑工作。

在这一年内，我第一次登上大学的讲坛，被考古所派赴西北大学，给历史系考古专业同学讲授南北朝唐宋考古学。

在这一年内，我第一次有幸参加中国科学院考古研究所重大课题的研究工作，在聆听了尹达所长激动人心的《大家动手编写十年考古》动员报告以后，被选定参加"十年考古"的编著任务。当时魏晋南北朝隋唐课题组由宿季庚师任组长，组员有师哥徐苹芳和我，我们按规定在1959年内完成了初稿。

在这一年内，还有一项可喜的收获，就是因为编辑工作有不断接触夏作铭师的机会，使我终于能够听懂他那温州腔的普通话，即便是他一边大笑一边说，我也能听清楚了。

也是这一年，加深了我与师哥徐苹芳的友谊（图五、六）。当时大徐和我都没成家，几乎每天下班时，大徐和徐师哥两人相约一同骑自行车先行离所，我和师姐徐保善则相约步行，边走边聊，经东四北大街的魏家胡同时分手，我向西穿行魏家胡同回家，她过马路向东回东四九条。待吃过晚饭以后，我再与大徐相约去徐师哥家，在那里聊到夜晚十一点左右，再告辞分别回家。在这样的夜谈中，话题广泛，但主要还是议论考古学术以及文献掌故。在学校学习时积累下的许多问题，还有在编辑工作中遇到的新问题，都在这里由徐师哥予以解答。记得处理稿件时，遇到有人引用《一切经音义》。我在读大学时，只查阅过唐释慧琳的《一切经音义》，所

图五　1984年与王仲殊、徐苹芳访日本四国，
左三为王仲殊，左四为徐苹芳

图六　1984 年与王仲殊、徐苹芳访日本四国

以就去查慧琳的书，但没能解决问题。一问徐师哥，他耐心地告诉我慧琳以前释玄应已著有《一切经音义》，又告诉我二书的区别，慧琳虽将玄应书的内容已概括进去，但文字仍有区别。并讲述了两种《一切经音义》的版本问题，还把他家中重复的藏书中的一部丛书集成本的玄应《一切经音义》送给我。当年还与现今不同，许多古籍包括《二十四史》都没有校点本，来稿引文中要由作者自己标点，所以在编辑加工时会遇到许多问题，如何正确给他校正，这也是夜谈时的话题。有些时候，徐师哥的朋友们也会到他那里串门聊天，例如马雍、傅熹年等，我都是在那里与他们结识的。师哥俞伟超，原在考古所工作，但我到所工作时，他又去北大读老苏公的研究生，于进城办事时常借住在徐师哥家，如遇他住在徐师哥处，当晚的夜谈就成了他的独角戏，我也是在那时与他建立了深厚的友谊。当时在《北京晚报》的曹尔泗，也是在夜谈时认识的，他鼓动我和大徐给晚报的"五色土"副刊写通俗短文，可以说我是从那时开始写考古文物通俗小品的。总之，在徐师哥家的夜谈，对我以后在考古研究中的进步，起了很大作用。

　　概括来讲，经过这一年的工作锤炼，我这个刚走出学校的大男孩，迅速成长为一个合格的考古工作者。

时光流逝，已经整整过了一个花甲子。60年后那座丁香花香溢满庭园的王府大街九号所址，早已无存；当年在园中勤奋耕耘、受人敬仰的老专家，均已仙逝；就是朝夕共事的同事们，也多已仙逝。想再和他们共同工作在满园丁香的古老庭院内，只能重现在睡梦之中。

在梦中，我又成为那个在北大读书的大男孩，带着考古教研室的介绍信和宿季庚师给师兄徐苹芳的信，心情激动地踏入那敞开的灰色大木门……

在梦中，我又坐在编辑室饶老对面的办公桌前，透过窗户看满园盛开的白色丁香花……

在梦中，我又与周永珍和大徐准备由《考古通讯》改刊成《考古》月刊……

在梦中，我又在南屋小办公室与宿季庚师和徐师哥商讨"十年考古"的写作提纲……

在梦中，只有在梦中。

三　书序以及前言

《地下星空》后记

回想我写文物考古题材的小品，是在 22 年前开始的，那时我刚刚担负考古书刊的编辑工作。当时写的目的有二。主要的目的是想借此普及文物考古知识，因考古学是较难为一般群众所了解的一门学科，只有用人们喜爱的文字活泼的随笔形式，把知识性和趣味性结合起来，才能达到目的。附带的另一个目的，是想借此提高自己的写作水平。在学校准备毕业论文时，我的导师宿白先生曾语重心长地指出我的文字太晦涩，应该注意阅读文学作品，以求改进。担负了考古书刊的编辑工作后，我更是感到这一欠缺必须弥补，所以就借写文物考古小品来加深文字修养，以能胜任工作。于是从 1958 年开始，就在各报刊上陆续发表文物考古小品。不久，一位好心的同志劝我应集中全力去研究一些高深的学问，不要花力气写"报屁股"文章，并说这只能算是半个人做的事。但由于这种科普性的文物考古小品当时受读者欢迎，所以我还是继续写了下去，只是给自己取了个新的笔名，把姓名二字各取一半，杨字取"易"，泓字取"水"，以寓半个人之意。所以从 1960 年以后，就一直以"易水"署名了。截至 1965 年，我在《人民日报》《羊城晚报》《文汇报》《北京晚报》等报刊上，陆续发表这类文章百篇左右。

到了 1966 年，"文化大革命"开始，这些小品受到批判，而且笔名"易水"竟被人与邓拓的《燕山夜话》的"燕山"联系起来，以为我的笔名由此而来，故被斥为"小三家村"。经此劫后，自然做梦也不敢想还会重写文物考古小品了。1972 年以后，有些熟悉的同志又来约我写这类短文，但那时我确实没有胆量敢去尝试。1976 年 10 月以后，我才敢重做些考古学科的普及工作，又为一些刊物写过几篇短文，但还没有用"易水"署名。

感谢《随笔》从刊的编者，使"易水"又获新生，并且鼓励我把过去已发表的文章重新整理，作为《随笔》从书单行。这才使我又恢复了青年时代的活力，把从 1959 年到 1965 年写的短文编集在一起，但因保留的剪报资料有些已在 1966 年散失，故此仅重集了 60 篇左右，从中选取了约 50 篇，加上近两三年写的 20 多篇，凑成这本小书。各篇仍尽量保持原来的面貌，只是有的根据近年来的考古新发现，进行了必要的修改和补充，又请曹国鉴同志绘了插图。目的仍是力求普及考古学的知识，帮助读者认识伟大祖国的过去。也借此在为实现祖国四个现代化的新长征中，奉献出自己的绵薄之力。

（原载《地下星空》，花城出版社，1981 年）

《古代兵器史话》前言

　　战争，是伴随着私有制的产生而出现的。两军相杀的目的就是"保存自己，消灭敌人"。为了达到这一目的就要使用一些特殊的工具，它们通常被称为"兵器"或者"武器"。古代的兵器可以分为两大类：进攻性兵器主要是矛、刀、弓箭之类，护性装具主要是盾牌、甲胄之类。它们的制造技术，它们的发展演变，是随着社会的发展、生产技术的进步而发展起来的。同时，兵器的革新又促成了战术的变化，从而改变了战争的面貌。所以，弄清古代兵器发展变化的历史，对研究我国古代战争史是很有用处的。

　　中华人民共和国成立以来，我国文物考古工作蓬勃开展，出土了大量古代兵器，还获得了许多有关古代兵器的图像和雕塑品，这就为了解中国古代兵器的历史提供了可靠的资料。根据这些实物资料，再结合古代文献的记载，就有可能概要地对我国古代兵器，主要是宋代以前的冷兵器，勾画出其发展演变的粗略轮廓。在这本书里，主要介绍古代的冷兵器，其时间上限是原始社会，下限到宋代，只在讲到火药兵器的出现时，稍对元到明初的早期管状射击火器加以介绍。下面就让我们一起来勾画中国古代兵器发展演变的轮廓吧！

（原载《古代兵器史话》，上海科学技术出版社，1988 年）

《文明的轨迹——从考古发掘看中国文明的演进》后记

两年（1986年）前的春天，由于右眼视网膜病变，我在北京协和医院接受了眼科手术。手术后休养时，《文物》编辑部的姚涌彬先生介绍香港中华书局的钟洁雄和危丁明两位编辑来看我，并说明了《文明的探索丛书》的宗旨，希望我恢复工作后能参与这一丛书的撰写工作，并帮助他们在内地联系一些当时还年轻的学者，充实那套丛书的作者群体。以我晦涩的文笔，本来是难于胜任《文明的探索丛书》的写作要求，只缘盛情难却，在他们二位的鼓励下，只得应承下来。

今天这本小书终于和读者见面了，这首先应归功于成功地为我进行手术的各位医生，是他们的精湛医术，使我得以有继续研究和写作的可能。在本书出版之时，谨向协和医院的眼科主任张承芬教授和协助她进行手术的董方田大夫、叶晓丹大夫，以及激光室的张潜娜大夫，在此一并致谢。

在本书撰写过程中，许多朋友曾经在资料和配图方面给予我很多帮助，谨此致谢。

（原载《文明的轨迹——从考古发掘看中国文明的演进》，香港中华书局，1988年。后经局部修改，改题《考古一百年——重现中国》，由北京联合出版公司再版，2021年）

《中国古代兵器图集》序

中华人民共和国成立以前，有关中国古代兵器历史的研究，一直是学术研究园地的一个荒芜的角落。到 20 世纪 30 ~ 40 年代，注意到中国古代兵器的，除了古物的鉴赏和收藏者以外，只有少数考古学家，他们或从考古学的标型排比和年代分析的角度，研究在田野考古发掘中（主要是对安阳殷墟的发掘中）所获得的古代兵器；或者结合文献资料，对古代兵器进行考订①。最值得指出的是周纬先生的努力，他将注意力集中到中国学术园地中这一荒芜角落，尝试着进行垦荒工作，在国内外搜求资料，着手编写《中国兵器史稿》，但是在他生前未能完成，仅成稿本。直到中华人民共和国成立以后，那一稿本经郭宝钧整理方才成书，得以于 1957 年出版②。此后直到 70 年代，除一些科普读物以外，《中国兵器史稿》可算是唯一的一本叙述中国古代兵器的专著③。另一项与中国古代兵器有关的开创性的研究工作，是 50 年代初，冯家升先生在他的有关论文的基础上，写成《火药的发明和西传》一书④，首次较全面地阐述了中国发明火药和火器的历史。虽然如此，直到 70 年代初，有关中国古代兵器历史的研究，在

① 1949 年以前，以田野考古发掘获得的古代青铜兵器进行标型研究的论文，以李济的《记小屯出土之青铜器·锋刃器》为代表，见《中国考古学报》第 4 期，1949 年 4 月。结合文献进行考证的论文，如马衡的《中国金石学概要》中有《古兵》一节，见《凡将斋金石丛稿》，中华书局，1977 年；又如王献唐的《甲饰》，见《说文月刊》第 3 卷第 7 号，1943 年。

② 周纬：《中国兵器史稿》，生活·读书·新知三联书店，1957 年。

③ 20 世纪 50 到 60 年代，出版的有关古代兵器的科普著作，如王荣编著的《军事技术史话》，科学普及出版社，1959 年。又如军事科学院的油印本《从戈矛到火器的演变》，后该书经补充修改，更名为《中国军事史》第一卷《兵器》，1983 年由解放军出版社出版。

④ 冯家升：《火药的发明和西传》，上海人民出版社，1954 年。

学术研究的园地中，仍然是被人忽视的角落。

经历了一场空前浩劫后，20 世纪 70 年代后半期，学术研究的园地重新呈现出百花齐放的繁荣景象，给中国古代兵器史研究带来了勃勃生机，一些考古学家开始结合古代文献，对有关考古资料进行分析研究，陆续完成了许多论文和专著；同时还对古代兵器的铭刻、形制、材质和制造工艺进行研究，也从军制、史话等不同角度多有撰著[1]。因此到了80 年代，中国古代兵器研究这个在中国学术园地中一贯荒寂的角落，已是面貌一新，满目新绿，春意盎然。促使这里春意更浓的，是一场适时的润地的春雨，那是《中国大百科全书·军事》卷决定将《中国古代兵器》列为卷中 25 个分支学科之一，开始组织军内外的研究者参加条目的确定、撰写和审定。这是在中国古代兵器史研究中，首次有组织、有计划地汇集了考古学、古代史、军事史、科学技术史等各学科的研究者，对有关中国古代兵器史研究的问题进行较为系统的、全面的探讨，从而极大地促进了这方面的研究工作，也相应地提高了研究的水平，更为今后继续深入研究奠定了坚实的基础[2]。现在《中国大百科全书·军事》中国古代兵器条目的撰写工作已胜利完成，并已转入新的《中国军事百科全书》的编写工作。在长时期的编纂工作中，国防科工委百科编审室的同志收集了丰富的文献和图片资料，进行了大量的整理、分析和研究工作，取得了可喜的成果。正是在此基础上，又经过成东、钟少异、张博智等同志的辛勤工作，完成了现在这本内容翔实、图文并茂的图集，它是目前我所见到的同类著作中，内容最丰富而且资料的科学性强的一本。

中国古代兵器的历史范围，指从史前时期兵器出现时直到封建社会结束（即清王朝的闭关政策在 1840 年鸦片战争后被西方帝国主义列强打破），装备中国古代军队用于实战的各类兵器，包括防护装具。中国古代

---

[1] 参看杨泓《中国古代兵器研究综述》，见《中国军事年鉴》（1988），军事科学出版社，1988 年。

[2] 《中国大百科全书·军事》分册 10《中国古代兵器分册》，军事科学出版社，1987 年。

兵器的发展史，是与中国古代社会的发展相适应的，更受同一时期社会生产力发展水平所制约。中华人民共和国成立以前，人们缺乏马克思主义的社会发展史常识，因此有人仅按制作兵器的原材料的质地将兵器分为"石兵""铜兵"和"铁兵"①；也有人仅据兵器尺寸的长短，将兵器分为"长兵"和"短兵"等等，由此引起的误解和混乱，直到今天还难以消除。因此，在进行中国古代兵器史的研究中，首先应进行的课题是弄清古代兵器的发展阶段。顺便还应指出，明清以来文学作品中的描写、舞台上的道具以及武术器械的形态，常常成为一般人了解中国古代兵器真实面貌的极大障碍，要想弄清古代兵器发展的历史阶段，也需排除这些干扰。概括来看，中国古代兵器的发展，以火药开始用于制造兵器为分野，可分为两大阶段②。北宋初编著的《武经总要》一书，是明确记载火药兵器的最早的史籍，因此北宋正处于前后两大阶段的转折期，在其以前是使用冷兵器的阶段，在它以后是火药兵器和冷兵器并用的阶段。在使用冷兵器的阶段中，又可以依据主要兵器的质地和工艺特点，区分为三个连续发展的较小的阶段，它们是"石器时代"的兵器、"青铜时代"的兵器和"铁器时代"的兵器，这分别代表了冷兵器的发生、发展和成熟三个阶段。石器时代的兵器，实际上是指新石器时代中晚期的兵器，这与探讨兵器起源相联系，是冷兵器的萌发阶段或原始阶段。当时最先进的工艺是磨制石器，因此原始兵器也以磨制的石兵器为其代表，但大量使用的还是由木、骨乃至蚌、角制造的兵器。至于防护装具，更以藤、木、皮革为主。当时所处的社会发展阶段是原始社会。青铜时代的兵器则是冷兵器的发展阶段。在青铜时代，最先进的工艺是青铜冶炼技术，故最精锐的兵器以青铜质地的为代表，主要是青铜戈、矛、钺、镞等，也发现少量青铜铸造的防护装具。这里还使用着大量石、骨制造的兵器，防护装具中的甲胄也以皮制的为主。当时中国社会处于奴隶制时期，即夏商周三代，约自公元前 21 世纪至

---

① 见周纬《中国兵器史稿》，生活·读书·新知三联书店，1957 年。
② 参看杨泓《考古学与中国古代兵器史研究》，《文物》1985 年第 8 期。

公元前 3 世纪。青铜时代的兵器经历了发生、发展、成熟和衰落四期：发生期约为早商；发展期约为商代；成熟期约为西周到春秋；衰落期约始于战国，那时钢铁兵器已较多地出现于战争舞台。铁器时代是冷兵器的成熟阶段，最先进的工艺转为钢铁的冶炼，随着钢铁工艺的发展，新锐的钢铁兵器把青铜兵器排挤出战争舞台，连防护装具也改为以钢铁质地为主。这一时期约自战国开始，一直延续到公元 10 世纪，这时中国已进入封建社会。钢铁兵器的发展也可区分四期：发生期约为战国至秦汉，发展期约为三国两晋至南北朝，成熟期约为隋唐，衰落期约为北宋。这里讲冷兵器的衰落，并不是简单地指其工艺技术不如以前，而是表明它的发展的大趋势。冷兵器从工艺技术讲可算是发展到了它历史上的顶峰，《武经总要》一书对此作了详尽的记录。但是这部书中也传出了一个新信息：火药已开始用于兵器制作。书中列举了三种火药配方和所制造的兵器，这预示着冷兵器的由盛转衰，动摇了它在战争中的霸主地位。火药被应用于军事，意味着兵器制造业将发生一场革命，战争的面貌会随之彻底改观。火药兵器的出现，宣告了冷兵器阶段的结束、冷兵器与火器并用阶段的开始。

　　《武经总要》成书于 1044 年，书中明确地记述了用于战斗的火药兵器，如毒药烟毬、霹雳火毬、蒺藜火毬、火药鞭箭和火砲等，并列出三种火药的具体配方，即用于毒药烟毬、蒺藜火毬的火药和火砲火药法。这就雄辩地证明在公元 1044 年以前，中国北宋军队已经装备有多种早期的火药兵器，揭开了古代兵器发展史的新篇章，火药兵器和冷兵器并用的阶段到来了。这一阶段在中国约从公元 10 世纪开始，一直延续到 19 世纪中叶，可以划分为前后两期，以明初大规模将金属管状射击火器用于实战为分野。火器和冷兵器并用阶段的前期，又可以分为三个连续发展的小期：首先是火药用于制作兵器，约为北宋时期；其次是原始管状射击火器的萌芽，约出现于金宋战争时期，以绍兴二年（1132 年）陈规以竹制火枪和后来寿春地方制造的可安"子窠"的"突火枪"为代表；最后是金属管形射击火器的出现，约自元朝到明初，目前传世的铜制火铳最早纪年为元至顺三年（1332年）①，到明初铜火铳已能大规模地用于实战。火器和冷兵器并用阶段的后期，约自明代中叶到清代晚期，这时中国的封建社会已走近自己道路的尽头。长期陷于发展迟缓状态的中国封建经济，以及统治阶级的禁海锁国政策，使元末明初金属管形射击火器发展的势头停滞下来。火药兵器没有能在它的故乡中国引起革命性的变革，而当它传到欧洲时，资本主义的兴起却使它发挥了革命性的作用，并随着资本主义的胜利，枪炮的生产工艺日益精良。于是到明代中叶，火器的故乡不得不从舶来品来汲取养分，仿制了比火铳先进的"佛朗机"和"红夷炮"，还有单兵使用的鸟铳等，以改变军队兵器装备的落后面貌。直到清初还注重火炮的生产，引进西方的铸炮技术，不过接着又是长期的闭关自守，明代中叶以来火炮有所发展的势头又一次被扼制。落后就要挨打，闭关自守而且妄自尊大的大清帝国，终于在西方帝国主义列强的巨舰大炮前惨败，导致中国一步步地沦为半殖民地半封建社会。至此，中国古代兵器史的后一阶段——火器与冷兵器并用阶段宣告结束。

除了对中国古代兵器发展阶段的科学分析以外，近年来对中国古代兵器史的研究，还有与以前不同的以下特点。

首先是所据资料的丰富程度和科学性都有了极大的提高。中华人民共和国成立30多年来，考古发掘中获得的实物与图像资料极为丰富，并且经过考古学的标型学和年代学研究，结合历史文献中的有关记载，使研究工作有了坚实可靠的科学基础。

第二，着重注意了各种兵器在历代军队装备中的地位、作用和作战使用情况，把兵器的发展和演变与作战方法联系起来研究。作战方法的变化是和社会制度的变化相联系的，反映着当时政治、经济、文化的发展，同时受到当时社会生产力的制约。不同的作战方法对军队的组成、训练和所使用的兵器，都有不同的要求。而兵器本身的变化和发展，也影响着作战

① 至顺三年铜铳藏中国历史博物馆。关于该铳的复原研究，参看王荣《元明火铳的装置复原》，《文物》1962年第3期。

方法的变化。例如青铜铸制的兵器是历史上青铜时代的产物，而中国青铜时代又是与奴隶制社会相联系的。青铜兵器的使用促进了车战的发生和发展，成组合的各类青铜兵器正是与车战的发展相适应的①。铁器时代的来临，使中国古代的社会制度发生了变革，钢铁用于制造兵器，同样也改变了兵器（特别是格斗兵器）本身的特征，并产生了新的器型。同时随着奴隶制社会结束，笨重的木制战车也逐渐退出战争舞台，适用于车战的成组兵器和防护装具也随之消逝了。再如钢铁兵器的进一步发展，以及完备的马具的发明和普及，为重装的骑兵——"甲骑具装"的出现提供了物质基础。而西晋以后许多原居住于北方或西北方的古代民族先后进入中原，并建立以他们为统治民族的政权，这又是"甲骑具装"成为当地军队核心的社会基础②。因此，这就是形成南北朝时人和战马都披有铠甲的重装骑兵——"甲骑具装"在中国广大国土上纵横驰骋的原因，也是当时兵器的设计和制作都以装备重装骑兵为目的的原因。

第三，对工艺技术的发展与兵器演变的关系极为重视。兵器的制造和发展，反映着同一时期社会生产力发展的水平，马克思主义者认为新的生产力是军事上每一种新成就的前提③。中国古代兵器的发展和演变，一般是由工艺技术发展水平所决定的。例如在兵器开始萌发的新石器时代中晚期，石器工艺是制作工具的主要手段，而磨制石器又代表着石器工艺的最高成就。因此磨制精致的石钺，成为当时原始战争中最精锐的兵器，它甚至成为军事权力的象征④。当青铜的光辉照亮社会历史的进程时，这新兴的工艺立即被用于兵器的制作。到商代，中国的青铜文化达到一个高峰，因此青铜兵器随之进入它的发展期。西周至春秋，青铜兵器进入成熟期，质量和产量都较商代有较大的提高，主要也是基于青铜冶铸业的进一步发

---

① 杨泓：《战车与车战》，《中国古兵器论丛》（增订本），文物出版社，1985年。
② 杨泓：《骑兵和甲骑具装》，《中国古兵器论丛》（增订本），文物出版社，1985年。
③ 恩格斯指出，"新的生产力同样是军事上每一种新的成就的前提"，见《1852年神圣同盟对法战争的可能性与展望》，《马克思恩格斯全集》第7卷，第562页。
④ 青铜时代最高军事统帅是王，金文中的"王"字就从钺形，参看林沄《说"王"》，《考古》1965年第6期。

展。钢铁工艺的发展与兵器演变的关系，由于冶金史专家对近年来出土的大量战国至两汉的钢铁兵器进行的科学检验①，已经较为明确了。钢铁冶炼工艺由块炼铁锻打渗碳成钢发展到初级阶段的百炼钢，再发展到以炒钢料锻打的百炼钢，直到出现杂炼生鍒的灌钢工艺，都是从战国到西汉初，再经东汉及至南北朝这一历史时期逐步完成的，这正与钢铁兵器的发生期到发展期相对应。东汉时期，青铜兵器向钢铁兵器的过渡已告完成，除了远射兵器中的弩机和部分箭镞以外，青铜兵器已退出战争舞台，钢铁兵器则进入它的发展期。

综合上述两方面的研究，即从军事方面着重研究各种兵器在历代军队装备中的地位、作用和作战使用情况，又从技术方面着眼于和当时的科学技术成就之间的联系，将这两方面的研究有机地联系在一起，从而得以较系统而全面地研究中国古代兵器（冷兵器和火器）发生、发展的历史。

通过对中国古代兵器发生、发展的历史的分析研究，进一步认清了中国古代兵器在世界古代兵器史的地位，以及中国古代兵器具有的民族特色。

首先看中国古代兵器的重大发明对世界兵器史的影响，最突出的是火药应用于军事和原始管形射击火器的发明。前已提到在《武经总要》中记录的三种用于制造兵器的火药配方，即用于毒药烟毬、蒺藜火毬的火药和火砲火药法。英国著名科技史专家李约瑟博士曾明确地指出，它们"是所有文明国家中最古老的配方"②。十分清楚，中国发明的火药是对世界文明的巨大贡献，同时中国也是最早将火药用于军事的国家，火药及火药兵器的西传，引起世界兵器史发生了划时代的变革。另外一项对世界兵器史产

---

① 参看北京钢铁学院学报编辑部：《中国冶金史论文集》，1986 年 10 月；北京钢铁学院《中国古代冶金》编写组：《中国古代冶金》，文物出版社，1978 年；北京钢铁学院《中国冶金简史》编写小组：《中国冶金简史》，科学出版社，1978 年；华觉明等编著：《中国冶铸史论集》，文物出版社，1986 年。
② 李约瑟、鲁桂珍：《关于中国文化领域内火药与火器史的新看法》，《科学史译丛》1982 年第 2 辑。

生深远影响的发明，是原始火箭的发明。中国不仅是火药的故乡，同样也是火箭的故乡①。不迟于公元 12 世纪中叶，这种以固体黑火药为发射剂，依靠自身向后喷射火药燃气的反作用力飞向目标的火箭，已成为南宋军队所装备的一种远射兵器。以后不断改进，到明代已出现多火药筒并联火箭"二虎追羊箭"和"神火飞鸦"，有翼火箭"飞空击贼震天雷砲"，多级火箭"火龙出水"，多发齐射火箭"火龙箭"和"百虎齐奔箭"等多种性能不同的火箭兵器，并且不断改进了火箭的火药筒、战斗部和发射装置②。甚至到明代，还出现了火箭载人飞行的最初尝试。中国火箭通过阿拉伯传播到欧洲，促进了火箭技术的不断发展，最终出现了现代火箭，成为当今世界上威力最大的运载工具。饮水思源，中国古代火箭的发明，正是对世界文明的又一伟大贡献。

再看中国古代兵器具有的民族特色。通过对中国古代兵器发展的两大阶段的具体分析，可以明显地看出在冷兵器阶段，以及火器和冷兵器并用阶段的前期，中国古代兵器所经历的是一条与世界其他古代文明不同、具有鲜明民族特色的道路。由于中国是火药的故乡，又是最早将它应用于军事并创制了原始管形射击火器和火箭的民族，因此在火器和冷兵器并用阶段前期所显示出的鲜明的民族特色自不待言，就是在前面的冷兵器阶段，中国古代兵器也是自成体系地走着一条与其他古代民族不同的兵器发展道路。由于受篇幅限制，在这里不能全面论述，只能举奴隶社会时期的兵器及作战方式的一些例子加以说明。众所周知，希腊著名史诗《伊利亚特》生动地描述了特洛伊战争中双方军队鏖战的情景，披戴着青铜的胸甲、胫甲和头盔的希腊战士，装备的兵器主要是可以投掷的长矛和外蒙青铜的多层牛皮盾牌，将矛投掷出去后再用剑进行格斗。但是在古代中国夏商时期的战士，从不使用投掷长矛的办法战斗，他们的标准装备是戈和长方形盾牌。以勾击为主的青铜戈，是中国古代特有的兵器，在中亚、西亚以及地

---

① 潘吉星：《中国火箭技术史稿——古代火箭技术的起源和发展》，科学出版社，1987 年。
② 王永志：《中国古代火箭》，见《中国大百科全书・军事》分册 10《中国古代兵器分册》，军事科学出版社，1987 年。

中海沿岸的古代民族的兵器中，从没有见过它的踪影。商代的战士也使用长矛，但是矛头的形状和使用的方式与希腊的战士完全不同，并不用来作为投掷的兵器。至于战车，虽然都是以马匹拖驾单辕双轮木车，但是车子的结构有很大差异，特别是马匹的系驾方式。中国古代是胸式系驾法，西方则是颈式系驾法。古代希腊、波斯、罗马的马车主要是使马通过颈带拉车，马匹疾驰时颈带对气管的压迫随之加剧，导致呼吸困难，使得马力无法充分发挥。反之，中国古代马车的胸式系驾法则无此弊病[1]。至于适应车战的成组兵器中，除戈以外，如戟、殳、钺等，它们的形体和装柄方式也都具有鲜明的民族性，在西方也没有与它们相同的兵器，更没有把它们组合在一起用于车战的实例。通过上述例子，已经可以说明中国青铜时代的冷兵器和战车，是具有民族特征并有自己的发展体系的。此外，通过对中国古代骑兵装备的发展和中国古代甲胄的发展演变的研究[2]，都可以发现其各自的独特发展道路和民族特征，在此不再赘述。

在强调中国古代兵器的民族特征的时候，也不能忽视在兵器制作技术方面的中外文化交流。中国古代确曾在兵器制作方面有许多居于世界各民族前列的突出成就，这些成就通过各种渠道向世界传播，也曾促使其他国家兵器制作有所突破。火药被用于制作兵器和原始管形射击火器的发明就是一个突出的例子，它们的西传在欧洲国家兵器制作方面引起了革命性的变革。后来中国引进欧洲的新式枪炮来改善明朝军队的火器装备，又是通过文化交流，汲取外来养分、促使中国古代兵器有新发展的实例。至于冷兵器的制作方面，我曾分析过有关古代甲胄制作方面的中外文化交流[3]。流行于魏晋南北朝的名贵甲胄之一的"环锁铠"，就是经西域传入中国的。而中国的甲胄，对东邻的日本[4]及朝鲜半岛上的古代国家的影响，是极为

---

① 孙机：《从胸式系驾法到鞍套式系驾法——我国古代车制略说》，《考古》1980 年第 5 期。

② 杨泓：《中国古代的甲胄》，《中国古兵器论丛》（增订本），文物出版社，1985 年。

③ 杨泓：《中国古代的甲胄》，《中国古兵器论丛》（增订本），文物出版社，1985 年。

④ 杨泓：《日本古坟时代甲胄与中国古代甲胄的关系》，《考古》1985 年第 1 期。又见《中国古兵器论丛》（增订本）。

深远的。

在结束有关中国古代兵器研究的历史回顾的时候，还应该正视目前中国古代兵器研究方面存在的缺陷和不足。首先是直到目前还没有专门研究中国古代兵器的专业队伍，更缺乏专门的研究机构，在庞大的中国人民解放军中特别是军事科学研究机构中的这一缺欠，使得对有关中国兵器史难以进行系统的、科学的、全面的、深入的研究。为了完成《中国大百科全书·军事》卷的中国古代兵器分支学科条目的撰写工作，不得不从社会上各方面去拼凑作者队伍，而大多数作者都是从事其他学科的研究人员，他们本身的研究任务已经很重，这些关于古代兵器的条目是额外负担，自然影响了学术质量。另外令人焦虑的是，有些研究军事史的学者，往往满足于文献的考订和绘出战争的经过示意图，以及从政治、经济角度进行分析，而不重视对战争遗址的实地调查和当时兵器装备等情况的深入了解，自然就忽视了兵器的发展与战争的演变的辩证关系，于是兵器史的研究就成了可有可无的事，因而被从军事史研究的领域中排除出去。由于上述缺陷，目前对中国古代兵器史缺乏细致、深入的研究，虽然对具体的兵器品种（如甲胄、戟、弓弩、明代有铭文铜火铳等）有较为全面的分析，但对大多数品种尚缺乏系统的分析，其中包括最具民族特色的青铜兵器——戈，仅有考古学的初步的标型学研究，缺乏在此基础上进行的对不同时期兵器组合与装备军队的具体情况以及结合具体战例的深入研究。也就是说，目前距能写出一部令人满意的中国兵器史还有很大的差距。尽管如此，许多同志仍在不畏艰险地努力攀登，在困难的条件下力图早日消除这一差距。读者现在看到的这本图集，正是这种努力的一个可喜的成果。它的出现，一定会吸引人们对中国古代兵器的历史产生更大的兴趣。目前学术研究空气日益浓厚，可以预料，中国古代兵器史研究领域出现繁花似锦的日子，已经为期不远了。

（原载成东、钟少异《中国古代兵器图集》，解放军出版社，1990 年）

《文武之道——中国古代战争、战略思想和兵器发展》前言

　　"醉卧沙场君莫笑，古来征战几人回。"

　　战争这个人类自相残杀的怪物，自古以来不知吞噬了多少人的生命。翻开中国古老的历史，每一页的字里行间，都不时出现它那用人血印出的足迹。但战争也是中华民族的"催生婆"，伴随着隆隆的战鼓声，中华民族在中原大地上形成、发展。古史传说中的轩辕黄帝，正是由于在阪泉之野战胜了炎帝，在涿鹿之野战胜了蚩尤，才被尊崇为中华民族始祖的。进入有文字记载的历史以后，没有哪个王朝的更迭不是与战争和武装力量有关，有的是战争的败北者，有的是由于武装力量旁落他人之手，被迫"和平"禅让，拱手交出了政权。用一句通俗语言来讲，就是"枪杆子里出政权"。纵观中国古史上的风云人物，无论秦皇汉武还是唐宗宋祖，或是一代天骄成吉思汗，他们能叱咤风云的基础还是武功，还是战争的胜利，在敌人的白骨堆上建立起强盛的新的王朝统治。

　　今天被人们视为古老中国文明的象征的长城，它本来是战争的产物。或者说长城是中国文明发展进程中，农耕文化与游牧文化矛盾的产物。早在东周时期，燕、赵和秦已在其北境和西北边境修筑长城，目的是遮断游牧于它们北方或西北方的"胡"，也就是匈奴武装侵袭的进路。秦统一以后，把这些夯土和石块筑成的城垣连成一体，形成绵延长达五千多公里的长城。此后的两千余年间，长城的走向和具体位置虽迭有变更，而且随着建筑技术和防御体系的完善，面貌也不断改变，从夯土结构演化成为砖石结构的牢固的城墙，但是它那作为草原游牧文化与平原农业文化矛盾形成

对抗的前沿的性质没有改变，它本身是战争中被动的防御思想的体现，因此这一耗费巨大、甚至被老百姓视为暴政的象征的防御工程，起不到人们预期的效果。今天长城的军事色彩早已褪尽，这一举世无双的古代建筑工程，已成为中国文明的象征，中化民族的文化瑰宝。它还令人思考古代战争与古代文明的关系。

谈起古代战争与古代文明的联系，不禁又使人联想到那纵贯亚洲大陆、象征古代中西文化交流和各国人民友好往来的"丝绸之路"。"丝绸之路"并不是古代已有的名称，而是 1877 年首先由德国地理学家李希霍芬使用的，后来国际学术界沿用至今。虽然中国的丝绸早已经由欧亚草原的游牧民族远输中亚及至更远的西方，但是这条路作为贸易通道正式开辟，学者仍认定在汉武帝派张骞通西域以后。张骞当年的使命并不是为了友好通商，而是为了汉对匈奴战争的军事需要。汉武帝从投降汉军的匈奴人口中，了解到月氏人与匈奴人结怨很深，月氏人战败，匈奴人以月氏王头为饮器。因此武帝募人出使月氏，想与之结成军事联盟，从而形成对匈奴东、西两面夹击的战略态势。张骞当时是官职卑微的郎，富有冒险精神，应募去完成这危险的使命。他途中遭匈奴扣留，但一直保存着汉朝给他用以表明使者身份的"节"。后来终于逃离匈奴西行，在出使后 13 年才返回西汉都城长安。公元前 126 年，张骞向武帝报告西域诸国如大宛、大月氏、大夏、康居等的情况以后，"丝绸之路"便随着汉武帝的西进政策以及汉军对匈奴战争的胜利，逐渐成为通途大道，成为中西文化交流的友谊之路。

在物质文化方面，虽然战争给社会经济带来空前的人为破坏，反过来为了战争的需要，特别是制造杀人兵器的需要，从处于原始社会的石器制造工艺，人类迈入文明门坎后的青铜制造工艺，直到钢铁冶炼工艺的启蒙和发展，都与兵器的制作有着密切的关联。至于车船制作技术的提高，马具的完善与使用等，莫不与战争的需要有关，改进了的技术常是首先在战场上崭露头角。至于中国古代文明对世界文明的几项重要贡献，例如火药的发明和指南针的发明，与军事密不可分，而造纸术的西传也是以战争为媒介。那是唐朝天宝十年（751 年），唐将高仙芝在怛逻斯河一役被大食军击败，被俘的唐军中有会造纸术的，由此将造纸术传入康国，从此这一有利于文化发展的技术西传，终于取代了往日西方使用的"皮"纸以及埃及草纸而成为主要书写工具。

除此之外，为了取得战争的胜利，要运用谋略，讲求战术，出现了专门论述有关战争理论的各种兵书，与之相适应，也推动了哲学、地理学、天文学等学科的发展。战争也为史学家和文学家提供了广阔的创作天地。在中国古代书籍中，作者经常用大量篇幅去描述战争和与战争有关的史实。在编年体的《春秋》《左传》中，充满了频繁的战争的记述，展示出一幕又一幕宏伟的车战的场景，直到步兵重新在某种程度上占据了早已失去的战争舞台的位置，预示着战车即将走向衰落的前景。在太史公马迁的笔下，许多历史上的战争的不同角度的侧影都极生动地浮现在读者面前。例如魏军在公子无忌的统领下救赵的战役，他选取描绘的重点是如姬盗虎符的传奇情节，成了千百年来为人传颂的佳作，多次被搬上戏剧舞台以及影视屏幕。

……

中国古代战争的内涵复杂丰富，中国古代战争展开的历史书卷宏伟壮丽，无比残酷又无比悲壮，在这本书中自然难以容纳。同时我们也无力去深入探讨有关古代中国的兵法著作，以及它们阐述的高深哲理，而是想从文明探索的角度，沿着中国历史发展的顺序，概要简介中国古代的战争、战略思想，并说明与之相关的兵器的发展演进，如能达到这一目的，乃是我们的最大愿望。

（原载杨泓、李力《文武之道——中国古代战争、战略思想和兵器发展》，中华书局香港有限公司，1993 年）

《魏晋南北朝壁画墓研究》序

郑岩的博士学位论文即将出版，值得祝贺。

魏晋南北朝壁画墓的考古发现，主要在 20 世纪 50 年代以后。记得在 1956 年宿白先生指导我写学年论文《高句丽壁画石墓》时，只知道 1949 年以前在西北地区零星发现过魏晋时期的壁画墓，中华人民共和国成立以后，虽然在河北望都、山东梁山、辽宁辽阳等地有多项关于汉代墓室壁画的重要考古发现，但那时仍缺乏关于魏晋南北朝壁画墓的发掘资料，仅知洛阳探墓工人传云出土北魏墓志的大冢内的四壁画有"怪兽"，由于无法详知，颇感遗憾。此后逐渐在河北、陕西等省发现北朝时期的壁画墓，但资料较零星。直到 60 年代以后，才在河西走廊和辽东半岛等地区发现魏晋十六国时期的壁画墓，在江南发现南朝时期的壁画（拼嵌砖画）墓。在河北、山西、河南、山东、陕西、宁夏等省区更不断有关于北朝晚期壁画墓的重要考古发现。其中东魏至北齐时期的壁画墓，主要发现于邺城遗址附近和太原附近，前者如东魏公主闾叱地连墓、北齐左丞相文昭王高润墓和佚名的磁县湾漳大墓；后者最重要的是北齐右丞相东安王娄叡墓。西魏至北周时期的壁画墓，主要发现于长安城遗址附近和原州（今宁夏固原）地区，壁画保存较完好的是北周李贤墓。还在这一时期的石棺椁壁上及棺床背屏上发现彩绘或浮雕、线刻的画像，有些带有异域色彩，如北周安伽墓。以上资料虽然多未写出正式考古报告，但都发表了考古简报，因此已有可能进行概括的综合分析。虽然国内外有些学者对汉魏南北朝壁画墓进行了初步的综合分析，以及概括的分区和时代特征的研讨，遗憾的是一直缺乏以考古学方法较全面的分区分期研究。但是全面的分区分期研究又是对魏晋南北朝壁画墓深入研究的基础，因此这一欠缺就更令人遗憾。

郑岩在山东大学学习时曾师从刘敦愿先生研习美术考古，毕业后还曾短期赴美进行有关美术史的研习活动。在此基础上，经过在中国社会科学院研究生院考古系三年的努力，他尽可能地收集了已公开披露的有关考古资料及中外博物馆的藏品，并进行全面梳理。他的博士论文重新诠释了有关"壁画"的概念，对魏晋南北朝壁画墓进行分期和分区的初步研究。完成这项对基本材料的分析研究，建立了魏晋南北朝壁画墓的时空框架，不仅为其进一步的研究工作奠定了基础，同时也为其他研究者提供了方便，这是很有意义的事。

在分期和分区研究建立的时空框架的基础上，郑岩对各区的壁画墓进行分析，并选择一些可深入探研的具体问题，作了进一步的研究。比如对不同区域的文化互动关系的讨论，对一些流行的壁画题材的象征含义的解读，对域外文化影响导致内地丧葬美术发生变化的观察等。特别是在着重分析了东魏至北齐时邺城地区规格较高的一组壁画墓的基本特征后，提出了"邺城规制"的概念，指出汉唐之间墓室壁画的过渡性特征，以及对隋唐墓室壁画的影响。他的上述心得，也是学者阅读本书应特别注意的章节。

但是目前对魏晋南北朝壁画墓进行更全面深入的研究，还存在很大困难，特别在基本资料方面，几乎所有重要的壁画墓的正式考古发掘报告均未发表，仅根据发掘简报实难深入研究。我们热切期望那些发掘重要壁画墓的考古学者能早日发表报告，以将他们的工作成果真正展示在世人面前。

（原载郑岩《魏晋南北朝壁画墓研究》，文物出版社，2002 年）

《汉唐都城礼制建筑研究》序

汉唐时期的礼制建筑，在当时都城规划中具有一定的地位，因为封建礼制对保障帝王的统治具有重要意义。过去学者仅据文献的记录，很难弄清汉唐礼制建筑的具体情况，更难对汉唐时期礼制建筑的发展演变进行研究，因此有关汉唐都城礼制建筑的研究，近半个世纪中一直是学术研究的一个缺环。

自20世纪50年代以来，随着新中国考古事业的发展，不断在汉唐时期的都城遗址的勘察和发掘中，发现当时的礼制建筑遗址，并对许多重要的遗址进行了发掘。目前已经发掘的各时代的礼制建筑遗址已近20处，且多有考古发掘报告或发掘简报发表，在此基础上结合古代文献，已有可能对汉唐时期的礼制建筑进行综合研究，《汉唐都城礼制建筑研究》一书正是填补了这一学术空白，为今后继续深入研究奠定了基础。

本书作者依据现有的考古发掘资料，结合历史文献，初步将自秦汉至隋唐都城礼制建筑的发展分为四个时期，即西汉晚期、东汉时期、曹魏时期和唐代。指出汉唐时期的礼制建筑的发展趋势，一方面是逐步简化，且日趋规范；另一方面是礼制建筑和宫殿建筑的分化日渐明显，标志着礼制日渐从属于皇权。这一具有新意的论述，引起了国内外学者的注意。

由于目前的考古发掘资料还无法全面展现自汉至唐各代都城礼制建筑的全貌，所以还有许多问题难以解决，作者也以严谨的态度提出有关疑问，还提出自己的看法，也对汉唐都城目前尚未被发现或发掘的一些礼制建筑的方位进行预测，为今后的考古勘察和发掘提供了值得注意的线索。

　　总之，本书能够在全面收集资料的基础上，以科学务实的态度完成对研究课题的论述，具有学术上的创见，是较优秀的博士论文，因此我推荐本书出版。

　　（原载姜波《汉唐都城礼制建筑研究》，在卷首以"专家推荐意见"刊出，文物出版社，2003年）

《藏传佛教众神》序

　　乾隆版《满文大藏经》,最近已由紫禁城出版社重新刊行,确实是令人高兴的盛举。紫禁城出版社为此付出了艰辛的劳动,将尘封了两个多世纪的北京故宫博物院所藏数万块经版,重新清理、修补、印刷,并将残缺部分以北京故宫及西藏布达拉宫两处所藏经函补足,印成目前最为完整的《满文大藏经》。这部《满文大藏经》,原刊行于乾隆三十八年至五十五年(1773~1790年)。刊行缘由并不仅是宗教信仰,而有其文化和政治内涵。当时满族建立清王朝已逾一又四分之一个世纪之久,汉文、蒙文大藏经均已刊行,却还缺乏自己民族文字的藏经,这是令清朝皇帝颇感难堪的缺略。乾隆皇帝为补此缺略,于乾隆三十八年特颁谕旨,开清字经馆,进行满文翻译,历时18年,终于完成。共编译佛教经典699种,共计2535卷,是目前传世的唯一满族文字大藏经。当时仅印行12部,又深藏诸皇家寺院,且受民族语言局限,故并未在民间流通散播,所以当时《满文大藏经》在宗教和文化方面的意义远逊于政治意义,或者说《满文大藏经》的编纂实际上是为统治蒙藏的需要,大藏经本身却成为保持中华帝国统治民族自尊的文化象征物。时至今日,确有其重要的历史价值和文物价值。

　　《满文大藏经》的装帧亦极精美,为贝叶夹装,经页双面朱印,在上下经夹板上裱有纸本彩画。在上经夹板上沥金书经名等内容,两侧各绘一尊佛像,下为束腰仰覆莲座,以佛菩萨等尊神为主;下经夹板分绘四或五个尖楣圆拱形龛,龛内各绘一尊像,或立或坐,下为覆莲座,以护法、女尊和本地神为主。诸像造型生动,色彩浓重艳丽,重细部描绘,手印、体姿及衣饰法器均精致明晰,四周边饰为红地泥金番草纹,构图庄重富丽。

上经夹板中沥金书大字经名用满文阿礼嘎礼字，其余小字经名为满汉蒙藏四体，佛教尊像分别标注藏满名号。这些造像的造型均明显表现出藏传佛教尊像的特征。据统计，经夹板上所绘尊像计 709 尊，除去其中重复的内容，各种尊神的数量仍超过 500 尊之多，确是清乾隆时藏传佛教造像艺术之瑰宝。

《满文大藏经》的内容虽然以大乘、小乘经居多，与藏文、蒙文大藏经比较，其中密教内容为少，但经夹板佛画则全为藏传佛教造像，这种内容和经夹板画反差明显的现象并非偶然，正反映出当时清朝皇室虔信藏传佛教的现实情况。清朝皇室贵胄虔信藏传佛教的事迹毋须赘述，仅观清宫诸佛堂供奉的尊像多为藏传佛教造像即可见一斑。雍正帝继位前的府第于乾隆九年（1744 年）改为藏传佛教庙宇——雍和宫，为目前北京地区最大的喇嘛庙，更为突出实例。在乾隆年间，对于藏传佛教造像的艺术造型深有影响的事，有两件特别值得注意。一是国师章嘉胡土克图拣选藏传佛教诸佛，排列尊次，编列字号，形成系统，由庄亲王绘编成册，是为《诸佛菩萨对像赞》。一是刊行由工布查布译述的《造像度量经》，经前有乾隆七年（1742 年）国师章嘉的序以及乾隆十三年（1748 年）庄亲王序，这也是目前所知的关于造像量度的唯一经典。二者都与国师章嘉和庄亲王有关，可见其间是有联系的。前者是对藏传佛教的宗教图像系统研究，体现了清廷供奉的藏传佛教神学体系，也是清代第一部有汉文名的藏传佛教图像集；后者则是"因见佛像传塑规仪未尽"，为了规范宗教造像的造型而译述，使匠师具体掌握造像本身的比例关系和造型规律，以制作出合乎仪轨的各类尊像。该经指出，制作佛像体肢大小节分，竖横制度，以自手指为基本度量单位，按比例度量，如"肉髻崇四指"等等，然后按比例放写，使造像皆合仪轨。也规定了佛、菩萨、护法诸像的高低比例关系，佛和正觉菩萨为十搩度、初地菩萨以下依次为九搩度、八搩度，等等。量度经的出现，一改此前绘制佛像仅由匠师口传心授的师徒相承的习惯做法，正应合乾隆时大量造像的需要。以《满文大藏经》经夹板上的佛像，对照《造像度量经》所附造像度量图样之释迦佛裸体之相与著衣之相来看，确均与该经所示仪轨相符合，也说明正是遵照规范的造型仪轨，才能顺利完成多达 700 余尊藏传佛教造像的浩大而又细致的工程。

《满文大藏经》经夹板所绘藏传佛教造像被重新刊行，确使今人得以欣赏这些创作于两个世纪以前清乾隆时藏传佛教艺术珍品，但其学术意义更在于这些图像均榜题藏满名号，这就为研究清代藏传佛教诸尊神系提供了准确的图像学资料。遗憾的是所题藏满名号今人难以释读，令人有虽入宝山却只能空手而归之感。幸而青年学者罗文华知难而上，不畏艰辛，将全部藏满名号译读，并还原为相应的梵文名号，为阅读本书的人提供了极大的帮助。由于这项工作甚为艰巨，难免有疏误之处，但已为进一步探研开辟了通道。我们相信，《满文大藏经》经夹板绘画的刊印，将在国内外的藏传佛教图像学研究者中产生重大影响，必将推进研究势头，取得新的学术成就。

（原载故宫博物馆编《乾隆满文大藏经绘画——藏传佛教众神》，紫禁城出版社，2003 年）

《中国早期佛教造像研究》序

李正晓由韩国来中国社会科学院研究生院考古系研修博士学位，研修期间学习努力，致力于中国古代早期佛教造像的研究，2002 年完成论文《中国内地早期佛教造像研究》，取得博士学位。

在中国佛教考古研究方面，对汉晋时期佛教初传中国阶段的探研，是最困难的课题。迄今为止，在田野考古范畴内，还缺乏对这一时期佛教遗迹（特别是佛教寺院）的考古勘察和发掘，只在一些墓葬中获得过一些与佛教造型艺术有关的遗迹或遗物。就是在古代文献中，不仅有关的记述很少，且多局限性。依据有限的文献和零散的实物标本，不同学者可以得出颇为不同的推论。例如依据文献进行解析的前辈学者中，梁任公（梁启超）先生提出佛教由海路传入的推定，而对文献进行深入剖析后，汤用彤先生则指明梁任公的推定不能成立。由于东北亚诸国——朝鲜半岛和日本列岛上诸古国，其佛教都是经由古代中国传入的，因此对于佛教初传中国历史的研究，对这一地区早期佛教的研究，更具有重要的意义。这也应是李正晓所以选择这一困难课题的原因。

李正晓面对学术上的难题，知难而上，进行探研，确实难能可贵。在短暂的研修期间，她学习刻苦，能够很好地研读有关的中国古代文献，并全面细致地梳理中国各地有关考古发现获得的零星标本，运用考古标型分期方法，通过自己的分析研究，提出了一些与前人不同的学术见解。对汉晋佛图像，经过分析后，从手印的变化规律，辨识出说法像与禅定像两大系统，寻出佛图像由西渐东，在时间上西早东晚，在风格上外来影响西浓东淡的基本结构。也剖析了东晋十六国后，南方和北方都形成了自己的佛教造像发展系统。都是值得肯定的。李正晓的论文的主要部分，能够依据实事求是的原则，认真解析，论据力求扎实可信，这种研究态度，在青年学子中还应提倡。因为考古学是重实证的学科，任何今人的推测和自以为是的解释，有时虽能哗众于一时，终究难站住脚跟，我们都应引以为戒。

现在李正晓的论文虽已刊行，但研究还有许多不足之处，尚求读者指正。相信在此基础上，通过今后在田野考古中陆续获得的有关遗迹和新的实物标本，李正晓会不断取得更新的学术成果。

（原载李正晓《中国早期佛教造像研究》，在卷首以"专家推荐意见"刊出，文物出版社，2005 年）

《隋唐长安城佛寺研究》序

隋唐时期中国佛教处于一个重要的发展阶段，当时两京——长安与洛阳的佛教寺院，特别是都城长安佛教寺院的兴衰变化，更是十分突出地反映着隋唐佛教的历史演变，因此研究隋唐长安佛寺的历史，对中国佛教史的研究具有重要意义，也对研究当时的文学艺术发展乃至社会经济、政治的发展演变，同样具有重要意义。它应是历史学和考古学研究的一个重要课题。

由于隋唐时期的大兴——长安城遗址主要被叠压在现代西安市区地下，地面上仅存大、小雁塔等少量遗迹，所以过去中外学者主要依据文献史料，结合雁塔等遗迹进行考证分析。1949 年以后，随着西安地区田野考古勘察和发掘工作的持续进展，一些重要的佛寺遗址，例如青龙寺、西明寺、实际寺的部分遗迹被揭露出来。同时，也对更多的佛寺遗址进行了考古调查，确定了其具体位置等有关情况。还在墓葬发掘、石刻的发现与整理等方面获得了许多与佛寺相关的资料。因此极有必要对隋唐长安佛寺进行全面的考古学和历史学的分析。龚国强的学术论文，正是选取了这一课题，并取得了可喜的成绩。

龚国强能够在总结中外学者研究的基础上，较全面细致地梳理了有关文献史料，并结合长安佛寺遗址的考古发现，以及墓志、石刻、壁画、石窟寺等反映隋唐长安佛寺的间接材料，进行综合探研。他还亲赴西安地区，对有关佛寺遗址进行考古勘察，尽可能全面客观地掌握目前可以得到的资料，使论文的撰著有了翔实可靠的基础。

他在论文中，首先究明了隋大兴、唐长安城佛寺的分布情况，并说明了唐长安城皇城、禁内的佛教位置。然后以考古学方法对长安佛寺的平面布局进行了分类研究,并指明唐代多院落佛寺盛行以及佛寺的社会化功能增强,进而分析了长安佛寺的主要建筑构成和附属建筑,从而探寻出长安佛寺平面布局发展演变的规律,阐明了长安佛寺形制布局的发展阶段。这些都对今后相关问题的深入研究具有重要价值。中国隋唐时期佛寺对东北亚地区,主要是朝鲜半岛和日本列岛的古代佛寺有深远影响,论文中也有很好的论述,值得今后继续深入探研。

龚国强的论文在隋唐长安佛寺研究方面取得了阶段性成果,但是今后的深入研究还存在很大困难,目前大量隋唐佛寺遗址仍被压在今日的城市建筑之下,它们随着现代城市的发展而不断被破坏,亟须进行调查、发掘和研究,可见西安地区的考古和文物保护工作的任务仍极艰巨。期望今后随着西安地区考古文物工作的进展,还不断会有隋唐佛寺遗址、遗物被发现,也希望龚国强在这篇成功的论文的基础上不断进取,在对隋唐长安城佛寺的研究中取得新的更大的成绩。

（原载龚国强《隋唐长安城佛寺研究》,在卷首以"专家推荐意见"刊出,文物出版社,2006 年）

《丝绸之路美术考古概论》序

古代中国通往西方的商路，被人们习惯称为"丝绸之路"，一般认为开通于公元前 2 世纪末西汉武帝时期，但这一名词的出现则是源于德国地理学家李希霍芬，他在 1877 年为了强调古代中国向古罗马输送的贵重商品丝绸，而形象地把这条商路称为"丝绸之路"。这条商路的起点是当时中国西汉王朝的都城长安，即今日中国陕西省的西安市，向西延伸直到罗马国的都城罗马，途经中国西北的陕西、宁夏、甘肃、青海等省和新疆维吾尔自治区，离开中国的国境以后，历经中亚、西亚诸国，跨越地中海，最后抵达罗马。而且这条商路也并非仅有一条单一的路线，它也有南、中、北几条不同走法的路线可供选择。在不同时期，由于政权更迭等因素，人们又会侧重于使用不同的路线。其东方的起点也随着古代中国中央政权的更迭而有所变化，例如东汉时期都城迁往雒阳（今河南洛阳），丝绸之路自然延伸到雒阳，途经之地又加入了今河南省。北魏初年都城在平城（今山西大同），自然北沿沙漠草原的线路又显重要，所经之地又包括了今山西省以及内蒙古自治区的部分地段。所以如果概括中国境内丝绸之路沿线的地区，似应包括今新疆维吾尔自治区与内蒙古自治区以及甘肃、青海、宁夏、山西、陕西、河南等省区。上述这些省区也是保存中国古代文化遗迹最丰富的地区，有着数量众多的与美术有关的古代文物。以赵丰为首的多位中青年学者能够将这些省区有关美术考古的资料梳理成章，集成文集出版，确是值得欢迎的事。本文集的出版，也应会将这些省区美术考古的研究向前推进。

但是我们必须注意到丝绸之路的开通始于汉武帝命张骞通西域，是在公元前 2 世纪末，而丝绸之路经过的诸省区存在的古代遗存并不是仅始于公元前 2 世纪末，所以无法用"丝绸之路"去联系或概括这些省区已发现的所有美术考古资料。因为世界上的事物是复杂的，不能只由单方面看，必须从多方面看。概括地说，这些省区的美术考古资料，可以用丝绸之路开通界定为前后两个阶段，前一阶段自史前直到西汉武帝时期，后一阶段才是公元前 2 世纪末丝绸之路开通以后。这本文集中对史前美术考古资料，特别是史前彩陶的综合论述，就是前一阶段早期的重点内容之一。前一阶段的晚期，古代中国从史前时期进入历史时期，已经建立了王朝的统治，随着中央政权的权力向西北边陲的扩展，文化影响随之相应扩展，考古发现中的美术品也随之改变着面貌，今日新疆地区的变化最为明显。同时，在丝绸之路开通以前，中西文化的互动也并非不存在，特别是那时活跃于西亚、中亚直至东亚的许多古代游牧民族，更是起到将不同的古代文明传播到异地的中介作用。至今新疆地区考古学中尚待解决的问题，正与此有关。西汉王朝经营西域，使甘青直到新疆的西北边陲的文化面貌为之改观，也促成了中西交往的重要陆路商路的正式开通，也使对这些省区美术考古资料的研究进入后一阶段。

原本张骞开通向西方的通路，是西汉王朝出于政治和军事方面的考虑，但开通以后实际成为东西交往的重要商路，随着商路的兴旺，更带动中外文化交往的空前繁荣。丝绸之路名称的由来，就是因为后世的学者认为这条路就是为了将中国的丝绸运往罗马而开辟的，所以经由这条商路互相运送的主要商品，诸如丝绸、金银器、玻璃器，还有金银铸币，就成为遗留在丝绸之路沿线的主要古代文物中的美术品，也是今日美术考古应予深入探研的标本。在文化交往中，比商品交流更重要的是外来宗教文化对中国古代文化的影响，这些都是这本文集中论述的重点。古代文明之间的交往都是互动的。以丝绸为例，汉代精美的丝织品输往遥远的罗马，成为罗马上层社会人士追求的奢侈品，在中国丝绸向西传输的过程中，也不断改进花色品种和汲取外来的技术，例如南北朝到隋唐时期采用了波斯锦的纬线显花法，并吸收了许多波斯等西方的图案纹饰，无论在织造技术或花纹方面，都有很大变化。从这些省区出土的古代金银器皿，更可以看出是经历了开始由西方输入，到后来在中国仿制，最后制作出具有中国特色的金银器皿的发展过程。通过丝绸之路输入的外来宗教，主要是产生于古印度的佛教，对中国古代文化，不论是哲学、文学或造型艺术，都有极其深远的影响。在丝绸之路沿途，保存有大量佛教石窟寺遗存，散布于新疆经河西走廊直到中国内地。这些石窟寺遗存保留了大量壁画和雕塑艺术品，见证了这一外来宗教向中国传播而日益中国化的发展轨迹。也可以观察到随着佛教的中国化，当时政治文化中心的都城流行的佛教艺术粉本转而向西北边陲辐射。还有源于古波斯的拜火教——袄教，它的宗教艺术也对中国内地有过间歇的局部的影响。凡此种种，都可说明对中国境内丝绸之路沿线诸省区美术考古资料深入研究的重要性和复杂性。这本文集的编著，为深入探研这些省区发现的与美术有关的考古标本开了一个好头。俗语说万事开头难，我很钦佩以赵丰为首的中青年学者有勇气探研这样复杂而困难的课题，希望他们再接再厉，将这一研究深入下去，以获得新的科学的研究成果。

（原载赵丰主编《丝绸之路美术考古概论》，文物出版社，2008 年）

《逝去的风韵——杨泓谈文物》后记

　　1953 年，我开始成为中国考古学的一名学徒，五年以后进入中国社会科学院考古研究所（前中国科学院考古研究所），同年开始参加考古研究所编辑室的工作。当时通过徐苹芳学长认识了在《北京晚报》工作的曹尔泗，同时编辑室内的徐元邦兄常常通过曹尔泗在晚报上发表有关文物考古的小品，在他带动下，我也开始写一些只有二三百字的小品，交曹尔泗，或被晚报采用。当时写的目的不外是想借此普及文物考古知识，因为考古学是较难为一般群众所了解的一门学科，只有用人们喜爱的文字活泼的随笔形式，把知识性和趣味性结合起来，才能达到目的。同时，也可借此加深文字修养。此后就常在各报刊上陆续发表文物考古小品。不久，我所的另一位北大的学长告诫我应集中全力去研究一些高深的学问，不应花气力写"报屁股"文章，并说这只能算是半个人做的事。但是由于这种科普性的文物考古小品当时受读者欢迎，所以我还是继续写了下去，只是给自己取了个新的笔名，即把姓、名二字各取一半，杨字取"易"，泓字取"水"，以寓半个人之意。所以从 1960 年以后，就一直以"易水"署名写小品了。截至 1965 年，我在《人民日报》《羊城晚报》《文汇报》《北京晚报》等报刊上，陆续发表这类文章百篇左右。

　　到了"席卷一切"的 1966 年夏，那些小品自然受到批判，而且笔名"易水"又被考古研究所的"革命"先生们与邓拓的《燕山夜话》联系起来，以为我的笔名因学"燕山"而来，故被斥为"小三家村"。经此劫后，不久下到"五七干校"，只知一心修理地球，做梦也不敢想还会重写文物考古小品了。1973 年我从"五七干校"返京后，虽又回到考古研究所编辑室工作，有些熟人又来约我写这类短文，但那时我确实没有胆量去尝试。1976 年以后，《文物》月刊开了"文物丛谈"专栏，沈玉成兄力促我写文物丛谈，并坐在我家里不写完他不走，同时，月刊的叶青谷、姚涌彬和戴文葆诸位也不断督促，这样一来就又写起另一类普及性的文物考古小品，文字由二三百字增长到三五千字的短篇，也由报纸转向杂志刊出。后来吴铁梅、刘志雄等编《文物天地》时，有一阶段更是逼我每期要送去一篇短文。凡此种种，日积月累，又有几十篇文物丛谈问世。

对于以前写的短文，由于麦英豪兄的帮助，曾由广州的花城出版社出版过一个集子《地下星空》，在 1981 年出版，当年的责任编辑是祁雪林先生。所收的短文主要写于 1959 年至 1965 年。后来在 1991 年和 1996 年，我和孙机兄一起合编了两本文物丛谈，每本收每人 25 篇，全书共 50 篇。前一本名《文物丛谈》，责任编辑是王醒亚先生，实际是张庆玲女士编辑的，文物出版社 1991 年出版。后一本名《寻常的精致——文物与古代生活》，由辽宁教育出版社编入《书趣文丛》第三辑，1996 年出版，责任编辑俞晓群，实际是由扬之水女士策划负责编辑，还写了一个"跋"。当孙机兄在台湾讲学时，应台北三民书局之约，编写《孙机谈文物》一书，故选取那两本书中他的多篇佳作，经修润补充后，收入《孙机谈文物》，由台北东大图书公司于 2005 年出版。去年蒙娄建勇先生盛情建议，也将我过去的短文重新编集在一起，并调整原来的配图，由中华书局出版。所以选取上述三个集子中的部分短文，再添加近年的新作，集结成现在这本书。由于文物考古工作不断有新进展，有些新资料自难见于过去所写短文之中，除关乎原作失误与内容有关、必须补充更改者外，这次均维持发表时原貌，故在每篇文末附以原发表时的年份，读者也可以通过它们了解我这半个世纪撰写文物考古小品选题和行文演变的轨迹。

在这本文集出版之际，思念原帮助我的诸位老友，在此一并致谢，其中曹尔泗、沈玉成、叶青谷、姚涌彬、王醒亚均已仙逝，祈愿诸老友冥福。并借此机会向中华书局和为编此书付出辛勤劳动的娄建勇先生表示感谢。

（原载《逝去的风韵——杨泓谈文物》，中华书局，2007 年）

《美源——中国古代艺术之旅》前言

中国艺术的历史，与伟大而古老的中华民族的历史同样悠久。伴随着中华民族由孕育、萌发到成长、壮大，乃至巍然屹立于世界民族之林。具有独特民族风格的中国艺术，也由孕育、萌发而成长，并且不断汲取其他古代文明的艺术精华，因而更加繁荣，在人类艺术史上书写了光辉的篇章。

探讨中国艺术的历史源泉和发展轨迹，一直是吸引学者的课题。遗憾的是历经数千年的沧桑巨变，古代艺术品能留存至今的为数甚微。以绘画为例，原作于纸帛上的名家真迹，多经不起岁月的侵蚀和战乱的破坏，以致帛朽纸败、丹青无迹；绘于宫殿寺观的精美壁画，也多随着建筑物的损毁，化为历史上的陈迹，泯灭断踪。即便隋唐时期的画作留存于世的，也已是寥若晨星；至于汉代及其以前的画作，更是几成空白。于是长久以来，人们只能主要依据古籍中有关的记录，以及有幸流传下来的少数作品，甚至只是原作的摹本，去探究中国古代艺术的历史，自然难以描绘出华夏大地上远古之美发展的真实风貌。

20世纪初年，敦煌藏经洞、殷墟甲骨文、西北流沙坠简等文物的发现和出土，如同打开了一扇新的窗口，全新的出土资料，极大地丰富了人们对中国历史的认识。学者提出了"二重证据法"，将地上存留的资料与地下新出的资料整合研究，成为学界最推崇的研究路径。不久，西方科学的田野考古学方法进入中国，30年代考古学家在河南安阳的十余次发掘和巨大收获，大大地震撼了世人。只是由于抗日战争的爆发，才使得当地的野外工作不得不全面停止。

"中国考古学的发现，可惜现在还寂寥得很。"这是郭沫若为米海里司《美术考古一世纪》中译本写译者前言时发出的慨叹，时为1946年12月16日。同时郭先生指出："中国应该做的事情实在太多，就考古发掘方面，大地实在是等待得有点不耐烦的光景了。这样的工作在政治上了轨道之后，是迫切需要人完成的，全世界都在盼望着。一部世界完整的美术史，甚至人类文化发展全史，就缺少着中国人的努力，还不容易完成。"

从那时起直到今天，60年过去了，整整一个甲子。中国的考古学，中国大地上的考古发现，用天翻地覆、换了人间这样的词句来形容，当不为过。20世纪后半叶以来，我国的田野考古调查和发掘工作蓬勃发展，特别是近二三十年，几乎每年都有令人惊喜的考古新发现面世，犹如开启了许多深埋地下的文物库房。数量空前的史前艺术品，新石器时代的彩陶、玉雕，商周时期的青铜器，汉唐时期有关绘画、雕塑的文物……等等，纷纷呈现于世人的面前。如此美丽而众多的古代艺术珍品，使我们有可能据以改写中国艺术史，特别是唐宋以前的古代艺术史。

大量丰富的新获得的文物考古资料，一时还难于被艺术史家，尤其是广大中国古艺术爱好者所熟悉，因此，必须有人从事开路架桥的劳作，本书的编写，正是想达到这一目的。我们将美术考古的最新成果分类整理，每类文物又以其发展最成熟、最辉煌的时期为重点，如新石器时代的彩陶和玉雕，商周时期的青铜器，秦汉的墓葬俑群，魏晋南北朝的佛教雕塑以及唐宋以来的墓室壁画，等等。力图以全新的视角，重新勾画中国艺术历史的发展轨迹，与读者一起，探寻和发现中国艺术的真正美丽。

（原载杨泓、李力《美源——中国古代艺术之旅》，生活·读书·新知三联书店，2008年）

《甲胄复原》序

　　我的老友白荣金编著的《甲胄复原》即将出版，我从心底里为他高兴。

　　中国古代的兵器，大略可以分为两大类，一类是进攻性兵器，另一类是防护装具，一般认为前者的代表器物是矛，后者的代表器物是盾。毛泽东同志就曾说过：“古代战争，用矛用盾：矛是进攻的，为了消灭敌人；盾是防御的，为了保存自己。直到今天的武器，还是这二者的继续。”在盾这类以防护为目的的装具中，披着了身体上的甲胄，则是直接保护战士肢体的重要装具，也是古代军队中必不可少的军事装备，了解中国古代甲胄发展演变的历史，对研究中国古代战争的历史也是至关重要的。

　　30 年前我在夏作铭（夏鼐）先生指导下完成对中国古代甲胄的初步研究的时候，从田野考古调查和发掘中获得的考古实物标本还很贫乏，许多问题只能依靠图像、模型及有限的古代文献去分析研究。当时看到河北满城西汉中山靖王刘胜墓的出土遗物中有一领铁铠，因为它原本是卷放在墓中的，已经锈结成一个硕大的铁疙瘩。我看了以后，真是又喜又痛，喜的自然是终于获得了西汉武帝时的铁铠甲实物标本，痛苦的是它锈结得如此严重，看来神仙也奈何不得，想恢复原貌除非是奇迹出现。令我没想到的是奇迹真的出现了，但不是什么神仙，而是中国社会科学院考古研究所技术室的先生们经过极为认真细致而艰苦的工作，终于将那块锈结的铁疙瘩剥离开来，使我们能够观察到西汉的鱼鳞铁铠的庐山真貌，我在修订《中国古代的甲胄》时，就得以补充入刘胜铁铠的复原模型和复原示意图。

可能就是由于剥离复原刘胜铁铠，使白荣金对复原中国古代铠甲产生了浓厚的兴趣，从此致力于各地区不同时期的铠甲和兜鍪的清整、复原工作，在 20 世纪 80 ~ 90 年代，白荣金先后主持了对湖北随州战国曾侯乙墓皮甲胄和马甲、山东淄博西汉齐王墓随葬坑铁铠和兜鍪、广州西汉南越王墓铁铠甲、吉林榆树老河深少数民族墓铁甲胄的清理复原工作，发表了学术报告。他还对陕西长安等地的西周铜甲片、湖北包山楚墓出土皮马甲等进行复原研究。还在北京大学"迎接二十一世纪的中国考古学"国际学术讨论会上，作了《汉代考古发现的铠甲及复原研究》的学术报告。白荣金的大量学术报告和复原研究，推进了中国古代甲胄的历史研究，对中国古代兵器史的研究也具有重要意义。退休以后，他更是将全部精力放在古代甲胄的复原研究方面，不断有新的成果问世，还在华觉明的支持下发起成立了中国古代甲胄研究会，努力推动全国范围的古代甲胄研究。

现在他将他的全部研究成果贡奉献出来，编成这本文集，内容涵盖了考古发掘获得的从先秦直到明代的铠甲实物标本，并对所有的标本从制作工艺、甲胄形制到时代特征，进行了深入的分析研究，本书的出版定将中国古代甲胄的研究工作推上新的阶梯。同时，白荣金锲而不舍的治学精神，也确是我们学习的榜样。谨此祝愿白荣金在今后的研究中取得更大的新成果。

（原载白荣金、钟少异《甲胄复原》，大象出版社，2008 年）

《东魏北齐庄严纹样研究——以佛教石造像及墓葬壁画为中心》序

　　苏铉淑于五年前由韩国首尔负笈北京，到中国社会科学院研究生院考古系研读博士学位。所著东魏北齐庄严纹样研究，是她以博士学位的论文为基础，精心修润而成，也是积五年的辛劳与汗水酿造的学术成果。

　　本篇论文以佛教石造像及墓葬壁画为中心，在对目前中国北方考古发现的东魏北齐佛教石造像标本，以及东魏北齐壁画墓的考古发掘资料，进行全面梳理的基础上，结合这一时期的佛教石窟寺遗存以及中外博物馆的有关藏品，进行了考古学的分区分期研究，初步建立了这一时期装饰纹样发展演变的基本框架，在此基础上选取其中的典型纹样，再进行深入探究。

　　在中国古代文化史上，东魏北齐时期是一个充满变革和创新的时代。在鲜卑族统治下，民族间和地域间、传统的和新兴的、中土的和西来的，文化交往错纵复杂而且富于变化，在不断的互动、碰撞和融合中，孕育着更加宏丽的新文化。所以陈寅恪先生在考述隋唐制度渊源时，十分注重高齐一代，因其承袭元魏及所采用东晋南朝前半期文物制度，且容括魏晋以降保存于河西的文物制度。同时高齐除承袭元魏外，也还不断吸收南朝的文化新风，且因其上层统治者的"胡化"，又重新导入了自西域转入的西来影响。而这一时期的佛教造型艺术，又集中地表现出了东魏北齐时期文化的时代特征，可以明显地看出当时信仰、意识形态以及历史文化的变化。

　　苏铉淑的论文，正是从东魏北齐的佛教造型艺术的范畴内，先从总体考察，将这一时期的佛教造像进行分期解析，区别为邺城、太原、青州和定州四个地区，并说明是由于四个地区的文化、历史、政治背景的不同，才导致形成不同的地域性。然后具体而微地选取了其中具有典型意义的装饰纹样，对其进行精细的剖析，运用考古学的标型排比的方法，并结合艺术史研究的图像学方法，还注重古代文献特别是佛教文献的考证，进而探讨这些纹样出现的背景、含义以及社会功能。她在论文中重点选取了宝塔纹、火焰宝珠纹和双树纹，在深入剖析中提出了自己的学术见解。论文中还进一步将研究扩展到当时的墓葬装饰，注意到许多佛教艺术中的装饰纹样被利用到墓葬中以后，其含义已与纯粹的宗教艺术十分不同。所讨论的南北朝时期墓葬艺术中的宝珠纹、宝珠作为日月与璧的代替物及其流行的背景等问题，都具有继续深入探讨的价值。

记得苏铉淑刚到北京学习时，曾表明不拟进行通常较容易取得成绩的比较中韩古代文化交往的题目，而是要在细致地了解中国古代文化的基础上，对中国美术考古学进行深入的探研。我相信今后她一定会将她对中国美术考古学的研究成绩带回韩国，将在韩国扩展对中国美术考古学的研究，对中韩两国考古学和艺术史学者的学术交流做出应有的贡献。

我期待苏铉淑在学术研究的道路上不断取得新成果。

（原载苏铉淑《东魏北齐庄严纹样研究——以佛教石造像及墓葬壁画为中心》，在卷首以"专家推荐意见"刊出，文物出版社，2008 年）

《丝路胡人外来风——唐代胡俑展》序

李唐王朝是中国古代历史上一个颇为开放的时期，承袭着北朝的文化传统。而在十六国南北朝时期，曾长期生长于北部或西北边疆的古代少数民族纷纷迁入中原，并建立政权，取代汉族成为统治民族，促成各民族文化的大融合。但是从原居中原的汉人看来，那些民族如匈奴、鲜卑等就是胡人或东胡。而这些民族建立政权以后，特别是如拓跋鲜卑统一北方与南朝对峙以后，则又将在其西北的西域人士称为"胡"。不过当时社会中并不排斥胡人，而且还设有管理在华胡人或胡人宗教的官员，还由来华胡人充任，近年在西安陆续发现的北周安伽①、史君②诸墓可以为证。李唐建国前，李渊、李世民父子治军，组建骑兵系仿效突厥，战马亦多取自突厥。在李唐建国之初平定群雄的征战中，军中亦有突厥将领，如西突厥特勤大奈（后赐姓史氏），因屡有战功，累迁右武卫大将军、检校丰州都督，封窦国公。卒赠辅国大将军，已是正第二品。此后有唐一代，武将中一直不乏"胡人"，突厥、突骑施以及昭武九姓诸国人氏都有，还有东北的靺鞨、百济、高丽等，皆能以军功升迁高位，足见李唐王朝时确实颇为开放，并不在乎将领的民族成分，而能因材录用。总体看来，唐代入居中土的胡人，其身份大体可以分为上、中、下三层。

胡人中身份最高的上层人士，如前引史大奈已官居正第二品。许多胡人升为高官，或与公主皇亲等结婚，死后还有陪葬皇陵的荣誉。仅举经过

---

① 陕西省考古研究所：《西安北周安伽墓》，文物出版社，2003年。
② 西安市文物保护考古研究所：《北周史君墓》，文物出版社，2014年。

考古发掘的昭陵陪葬墓为例，其中就有突厥人阿史那忠①、安国人安元寿②等，他们的墓葬都具有多天井的长斜坡墓道、精美的壁画，并有数量众多的随葬俑群。据墓志，阿史那忠为右骁卫大将军，安元寿为右威卫将军，皆为正第三品。可惜墓内随葬陶俑群均遭盗扰，所以不知其中是否有"胡俑"。但同为昭陵陪葬墓的郑仁泰墓③，死者亦官居右武卫大将军，与阿史那忠、安元寿同属正三品，墓内随葬陶俑群保存较好，其中即有"胡俑"及着翻领胡装的俑，因此推测阿史那忠、安元寿两墓中俑群内容也应与郑墓相同，恐亦不乏"胡俑"。随着田野考古的新发现，这一问题找到答案。在西安西郊发掘了突骑施奉德可汗王子的坟墓④，他名光绪，入唐为质子而后留唐，卒于永泰元年（765 年）。墓内随葬俑群一依唐制，其中就有牵马或牵驼的"胡俑"（图一）。

图一　陕西西安唐代突骑施
奉德可汗王子墓出土
陶牵马胡俑

　　中层的胡人，虽身无官位，多是入唐的商贾平民，但是其中许多是富有资财者，所以唐人传奇中多有胡人与宝物的故事。另一些人则是经营酒肆商铺的商贾。此外，也有些人入华后担任些小官吏，如在西安曾发现汉文与中古波斯文合璧的苏谅妻马氏墓志⑤，马氏的丈夫苏谅，就是波斯萨

---

① 陕西省文物管理委员会、礼泉县昭陵文物管理所：《唐阿史那忠墓发掘简报》，《考古》1977 年第 2 期。
② 昭陵博物馆：《唐安元寿夫妇墓发掘简报》，《文物》1988 年第 12 期。
③ 陕西省博物馆等：《唐郑仁泰墓发掘简报》，《文物》1972 年第 7 期。
④ 西安市文物保护考古研究院：《西安西郊唐突骑施奉德可汗王子墓发掘简报》，《文物》2013 年第 8 期。
⑤ 陕西省文物管理委员会：《西安发现晚唐祆教徒的汉、婆罗钵文合璧墓志——唐苏谅妻马氏墓志》，《考古》1964 年第 9 期。

珊朝被阿拉伯人灭亡后，流寓华土的波斯人的后裔，后被编入神策军中。

下层的胡人，则是生活在社会底层的奴婢等，许多是畜养牲畜的奴仆，诗人岑参《卫节度赤骠马歌》所咏："紫髯胡雏金剪刀，平明剪出三鬃高。"即为养马的胡人。想当年唐廷大量购入突厥良马，自多随马群入华的养马者。还在高层人物墓中随葬俑群中，于出行游猎的队列中，常有携猎犬等的胡人骑马俑，有的造型生动，如金乡县主墓①出土的绘彩胡人携犬骑马俑（图二）。东市和西市的胡人酒肆商铺中，亦多有服役的胡姬、胡侍。还有从事百戏杂技表演的艺人。这些胡人生活在社会的底层，受人役使，目前出现在唐墓随葬俑群中的"胡俑"，恐怕皆以下层胡人为模写对象。

综上所述，可以看出目前我们从对唐墓考古发掘中获得的"胡俑"，并不足以反映当时在唐朝版图内生活的所有入华"胡人"，只是可以反映出入华胡人的下层，他们是身受当时社会居于统治地位的华、胡上层人士

图二　陕西西安唐金乡县主墓出土骑马携犬狩猎胡俑

① 西安市文物保护考古研究所：《唐金乡县主墓》，文物出版社，2002 年。

所驱使奴役，从事养马牵驼，或供随从役使。同时，在观察研究"胡俑"时，还应注意古人制作这些陶俑的目的，本是为了随葬之用，虽然其形貌所模写的模特儿应是社会上生活的下层胡人，但是限于墓仪制度的要求，它们不是写真的艺术创作，而且所依据的"粉本"又常拘于程式化或滞后性，制作的匠师也时有局部改变，因此在分析这些俑像时，切忌简单地将其直接等同于社会现实事物。同时仅仅靠某些俑像似摹写了"高鼻深目"或有连鬓胡须即定位为"胡人"，有时也失之简单，因为即使是观察活人，也常有失误。从中国历史上也可寻到生动的实例，如东晋十六国时期，冉闵消灭后赵政权时，大杀氐羌诸胡，看到高鼻多须者就杀。据《晋书·石季龙载记》："一日之中，斩首数万。……于时高鼻多须至有滥死者半。"[①] 我们今日辨别"胡俑"时，也应以此为鉴。仅据形貌而去推测陶俑所模拟的就是"胡人"，再据以推测人像的种族或民族，是十分困难的事。

图三　新疆吐鲁番阿斯塔那唐墓出土木胡俑头像

虽然从随葬陶俑群中辨识"胡俑"，有极大的局限和许多困难，但是这些俑像毕竟是今人窥知唐代下层胡人的一扇可资利用的窗口，也可以通过他们进一步了解唐代的社会生活。同时唐代"胡俑"的制作常常相当精致，造型也颇生动，还可被视为艺术造诣颇高的唐代人像雕塑品（图三），值得重视。乾陵博物馆能够将西安等地区发掘出土的唐代"胡俑"集中展示，必定能将关于唐代"胡人"的学术研讨推向新的高潮，这是令人高兴的。期望通过这次的展览和学术研讨，能推动有关唐代"胡人"的研究，取得新的更大的成就。

（原载乾陵博物馆《丝路胡人外来风——唐代胡俑展》，文物出版社，2008年。曾改题《谈唐代胡俑》，收入《束禾集》，故附入插画）

---

① 《晋书·石季龙载记》，中华书局，1974年，第279页。

《大同雁北师院北魏墓群》序

　　欣闻刘俊喜所长主编的《大同雁北师院北魏墓群》即将出版，令研究中国汉唐考古学的同人都为大同考古研究所取得的学术成就感到高兴。

　　以北魏太和元年（477 年）宋绍祖墓为主的大同师院北魏墓群，是近年来有关南北朝时期墓葬的一项重大考古发现。拓跋鲜卑建都于平城的时期，正是拓跋鲜卑从初建一个少数民族的地区政权，逐渐消灭东北和西北的北燕、北凉等地区政权，占有被东晋南朝短期领有的关中和山东地区，最终成为统一中国北半部疆域的强大的北魏王朝，与南半部的刘宋至萧齐形成南北对峙，中国古代历史步入南北朝阶段。平城时期，也正是拓跋鲜卑不断汲取传统的汉魏文化和相邻的少数民族文化，与鲜卑民族的原有文化相融合，不论是政治体制、礼仪制度还是社会文化，乃至生活习俗，都在不断发展变化的历史过渡时期。既有继承，又有融汇，还有创新，最终形成当时被南朝人士视为"胡风国俗，杂相揉乱"的新的北魏文化，从而为北魏孝文帝迁都于洛阳以后政治文化的新发展奠定了基础。其中墓仪制度方面的演变，正可以视为北魏当时社会政治变化的一个缩影。这也就是大同地区北魏墓葬的田野考古发掘工作，在学术研究层面所具有的重要意义。

　　与以前曾编写过报告的大同南郊的那些小型的且缺乏明确纪年的墓葬不同，大同师院北魏墓群不仅墓葬规模较大，其中如宋绍祖墓，有明确的太和元年（477 年）纪年，而且墓内石葬具和随葬俑群大致保存完好，不仅是北魏墓分期研究的纪年标尺，更为研究北魏平城时期的墓仪制度和物质文化提供了丰富的科学信息。再结合之前发现的石家寨延兴四年至太和八年（474～484年）司马金龙夫妇墓、之后发现的沙岭太延元年（435年）破多罗太夫人壁画墓等重要墓例，和分布大同南郊、东郊的其他北魏墓葬，已经可以对平城时期的北魏墓仪制度的发展演变勾勒出大略的轮廓。也对以后北朝墓中流行的中国式殿堂形貌的石葬具、背围屏风的石棺床、随葬俑群的组合变化、由画棺到画像石棺等诸多方面，梳理出渊源流变的历史轨迹。同时，大同师院北魏墓群出土的石葬具的装饰纹样、出土陶俑的艺术造型等，对北魏平城时期丧葬艺术和世俗艺术的研究也具有重要价值。

我们在祝贺大同师院北魏墓报告出版之时，更期待大同市考古研究所今后在北魏墓葬的田野考古发掘中不断取得新成就。也期待大同地区的另一些已发掘的重要的北魏墓，如司马金龙墓、沙岭壁画墓的正式考古报告也能早日问世，从而推动北魏平城时期墓葬的考古学研究登上一个新阶梯。

（原载大同市考古研究所《大同雁北师院北魏墓群》，文物出版社，2008年）

《汉唐美术考古和佛教艺术》序

　　1953 年我考入北京大学，成为一名考古学的学徒。经过 5 年学习，毕业后分配到中国科学院考古研究所（今中国社会科学院考古研究所）工作至今。我的本职工作是编辑，40 年来竭诚为考古界的师友和广大考古文物工作者服务，尽力使他们的工作报告和研究成果以最佳面貌呈现在读者面前。同时，我也先后参加过考古研究所编著的《新中国的考古收获》（1961 年）、《新中国的考古发现和研究》（1984 年）、《中国大百科全书·考古学》（1986 年）、《考古精华——中国社会科学考古研究所建所四十年纪念》（1993 年）等书的编写工作。在繁重而细琐的编辑工作之余，我也挤出时间写过一些有关汉唐考古、美术考古和中国古代兵器的研究文章。其中关于中国古代兵器的文章曾集结为《中国古兵器论丛》，由文物出版社于 1980 年出版，并于 6 年后出版了增订本。现选择有关汉唐考古、美术考古与综述性文章共 37 篇，编成本集。其中写作时间最早的为《高句丽壁画石墓》，是读大学三年级时由宿白先生指导写成的学年论文，发表于 1958 年 4 月；时间最迟的为《青州北朝石佛像综论》，发表于 1999 年 10 月，其间跨越约 40 年。这些文章收入本集时，均保留着原发表时的面貌，读者从中可以看出我在考古学徒历程中踏出的足迹。

　　这本文集能够编成，与我所杜金鹏同志的策划和促成分不开。我还要特别感谢徐元邦兄帮助我编成这本文集，自我到考古研究所后，即与元邦兄在编辑室共事，至今已逾 40 年。在考古研究所编辑室，历年来人员来来去去，但始终在一起的除已去世的饶惠元先生，只有徐元邦和周永珍、徐保善三位，他们都比我年长，对我的关心和帮助，是很难用言语来形容的。莫润先生也是与我多年在编辑室的同事，这次蒙他翻译了英文目录和提要，谨此致谢。

（原载《汉唐美术考古和佛教艺术》，科学出版社，2000 年）

《西安文物精华·佛教造像》序

　　历史上长安地区（今陕西西安）自晋代以来一直是佛教文化中心之一。西晋时期长安已成为佛经翻译的中心，始于晋武帝时月氏僧竺法护（竺昙摩罗察）自敦煌至长安，于长安青门立寺，翻译佛经。到东晋十六国时期，后秦姚兴崇信佛教，将名僧鸠摩罗什迎来长安，从事译经、说法，佛教译经正式成为封建国家的宗教文化事业，前后参与译经的弟子超过500人，组成一个庞大的僧团，对佛教在中国的传播做出很大贡献，也为以后长安一直为中国重要的佛教文化中心奠定了基础。但到北朝时期，长安佛寺曾先后两次遭到最高统治者的摧残，前一次是北魏太平真君七年（446年）二月，太武帝拓跋焘为平定盖吴之乱西征关中到达长安，因发现佛寺大有兵器，又发现了州郡牧守富人寄于寺内的大量藏物及在窟室所匿妇女，因而采纳崔浩说，先诛长安沙门且焚毁经像，进而在国内灭法。后一次是北周时期，武帝宇文邕又于建德三年（574年）灭法，长安佛教再受摧残。不久隋朝取代北周，因隋文帝杨坚幼时长于尼寺，深奉佛法，因此在建立新的都城大兴时，就已规划在城内建造佛寺。据说建都之初，隋文帝便颁立寺额一百二十方于朝堂，下敕"有能修建，便任取之"，因此隋大兴城内佛寺林立，目前尚能查明的佛寺即超过一百一十座以上。李唐建国，都城由大兴更名长安，平面布局基本延续隋时旧制，城中佛寺亦如此，并不断有新的由皇帝或皇族修建的大型佛寺。虽遭武宗会昌灭法的摧残，但宣宗大中年间很快得到恢复，晚唐时长安佞佛之风更盛，奉巡佛骨舍利引起全长安官民的宗教狂热可以为证。在从西晋到隋唐前后修建的众多佛寺中，供养的大小佛像数量难以计数。时至今日诸多规制宏伟的历代

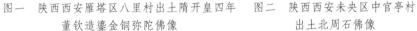

图一　陕西西安雁塔区八里村出土隋开皇四年　　图二　陕西西安未央区中官亭村
董钦造鎏金铜弥陀佛像　　　　　　出土北周石佛像

名寺早已成为历史陈迹，被湮没于地下，仅有唐代修筑的慈恩寺塔（大雁塔）和荐福寺塔（小雁塔）仍矗立在西安城中，供人们瞻仰凭吊。所以存留在长安地区地下的佛教文化遗存十分丰富，也遗有众多佛教造像。何况北魏、北周和唐代的三次法难，长安地区均首当其冲，大量在灭法时遭残毁的佛教造像也多被瘗埋于地下，它们虽然有所残损，但许多仍不失为显示当时佛教造型艺术的重要学术标本。

　　20 世纪初年，不少在西安地区偶然被发现的佛像遗物，多已流失域外。中华人民共和国成立以来，随着西安地区文物考古工作的蓬勃开展，也有许多佛教的遗迹和遗物被发掘出土。在北周都城长安遗址多有北周石刻造像出土。对唐代佛寺遗址的考古发掘更获得过重要成果，曾先后揭露出青龙寺和西明寺的部分遗址，加深了对唐代长安佛寺的了解。安国寺遗址出土的一组唐代白石造像，其造型艺术深受中外美术史学者的重视。特别是西安市文物保护考古所多年来对西安地区佛教文物，进行了细致的调查、保护和搜集，成绩卓然。所搜集的佛教造像多达数百件，其中多有精品，其中已为中外学者公认为当时造像的代表作品的如西安未央区查西村出土的几件北周贴金绘彩白石菩萨像、雁塔区八里村隋开皇四年（584年）董钦造鎏金铜弥陀佛像（图一）等。但是其中多数自出土以后尚未正式刊发过，特别如未央区中官亭村北周施彩立佛像（图二）、草滩北周白石龛像（图三）等数量较多的北周造像，为过去比较薄弱的长安地区北朝晚期佛教龛像研究提供了丰富的资料。现在孙福喜等几位学者选其中精品，编成图录，使这些珍贵的古代佛教文物得以面世，能够让中外学者进一步研究鉴赏，更为了解中华古代艺术传统，增添了丰富的实物史料，意义深远。

图三　陕西西安未央区草滩出土北周一佛二弟子造像龛石

　　相信随着西安地区文物考古工作的进一步开展，今后还会有更多的佛教遗迹和遗物出土，如能更进一步探明出土造像与有关佛教遗迹的联系，将能把从晋到唐长安地区的佛教史迹的研究推向新的高度。对此我们寄予殷切的期望。

　　（原载西安市文物保护考古所编著《西安文物精华·佛教造像》，世界图书出版公司，2010 年。曾改题《西安出土佛像》，收录于《束禾集》中，故附入插图）

《中国古兵二十讲》前言

　　童年时对中国古代兵器的印象来自年画。当时北京的老宅子是在住房内前檐设炕，我和姐姐一人睡一边，过年时大人会买来年画贴在两侧墙上，一般是四扇屏式的立幅，女孩一侧墙上通常是"四美图"之类，西施、王嫱等向人展示沉鱼、落雁的容颜；男孩这一侧墙上的四扇屏年画，则是三国故事，如刘关张桃园三结义、虎牢关三英战吕布、赵子龙单骑救主、关云长刮骨疗毒，等等。

　　大人高兴时，会照着年画的图画给小孩子讲三国故事，于是我幼小的头脑里开始有了年画上画的各种兵器：关云长的青龙偃月刀、张翼德的丈八蛇矛、刘玄德的双股剑、吕奉先的方天画戟……又由于那时的年画人物是按京戏场景绘制的，所以画出的兵器也都是京戏中道具兵器的写生。我那时候确实相信古代兵器就是年画上画出的模样。等上了小学以后，对古代兵器的"知识"，也不外来自年画、烟画和小人书上画的，以及戏台上演员拿的，还有评书演员说的，以为古人用的兵器真就是那个模样。

　　真正对中国古代的兵器有了初步的正确认识，是 1953 年到北京大学历史系考古专门化（相当于后来的考古专业）读书后的事。当时郭宝钧先生主讲殷周考古，向我们讲述了安阳殷墟发掘和浚县辛村西周墓出土的有关殷周青铜兵器的考古标本，分析了有关这些标本的类型学特征，这才使我对青铜时代的兵器有了正确的认识。

　　1957 年，我们班 15 个学考古的同学，在苏秉琦和宿白两位先生带领下，到河北邯郸地区开展田野考古实习，入冬后住在邯郸城内进行室内整理（图一）。

图一　1957 年在河北邯郸进行室内整理，左为杨锡璋，
正面坐者为贾洲杰，右为作者

　　那时的邯郸城还保留着古老的十字街的格局，邻近十字路口两侧，一边有一处不大的影剧院，另一边有城内最大的新华书店。我们借住的水利单位院落不大，同学们没有可活动的场地，每天晚饭后，只有结伴到街上散步，走到十字街口，就只有去逛书店。当时书店好像营业到晚上七点左右，三开间的门面，晚上一般没什么顾客，我们同学一去，顿时热闹起来。开始书店营业员很欢迎这群学生，可是我们天天去翻书、看书却并不买书，且总是看到他们准备打烊时才离去，于是我们逐渐就不受欢迎了。终于有一天，女营业员"客气"地问我们到底想不想买书，使得这些北京来的学生感觉颇为"丢份"，于是我决定要把店里最贵的一本书买回来，那就是三联书店 1957 年 7 月出版的周纬著《中国兵器史稿》。

　　那时的书价比现在便宜得多，一般一册只有几毛钱，超过一两元就算贵的，而《中国兵器史稿》因为附有 92 个图版，又是精装本，定价高达 5.4 元（当时一般书价只有几角钱）。因为是新出版的书而且书价太贵，全店只进了一本，所以被放在书架上层顾客很不容易取到的地方，我最初想翻看时，营业员就很不情愿，曾再三叮嘱别弄脏了。所以当第二天我带上几个月省下的全部积蓄，把这本《中国兵器史稿》买下来时，女营业员惊讶得瞪大了眼睛。据我在该书扉页所记的购书日期，为 1957 年 11 月 16 日。也是从那天起，直到我们结束实习离开邯郸为止，我一直是这家书店最受欢迎的顾客。

周纬先生的这本《中国兵器史稿》，应被视为近代中国学者对中国古代兵器史研究的开山之作，可惜完成书稿后没有来得及修改，作者就去世了。该书后来是经郭宝钧先生审阅并酌予删削才得以出版的。阅读周纬的书，看到他在去世前，除一些传世品外只知道 20 世纪 40 年代以前发掘资料中很少一部分考古标本，因此存有极大的局限性。而进入 50 年代，随着新中国考古文物事业的蓬勃发展，仅就有关古代兵器的考古标本来讲，那本书早已过时。同时自北京解放后，年轻人一直接受唯物史观教育，也懂得了"战争是政治的继续"的道理，而兵器的产生与战争自然是联系在一起的，所以把猿人使用的旧石器说成"兵器史"的源起，也是颇为乖谬之论。至于简单地仅仅依据兵器的材质来划分兵器发展的历史阶段，更远远不够了。表明随着时代的发展和学术的进步，对中国古代兵器史进行新的认真的研究，应该提到日程上来了。凡此种种，也就进一步引起我对与兵器有关的考古标本的兴趣。

开始尝试写与中国古代兵器有关的文章，已是从北大毕业后被分配到中国科学院考古研究所（现为中国社会科学院考古研究所）工作以后的事。1959 年，我写了讨论北朝时期"铠马骑俑"（现在知道应称为"甲骑具装俑"）的小文章，发表在《考古》月刊上，可算是我对古兵器研究的第一次尝试。那篇文章问题很多，特别是对马具的论述，引来陕西武伯纶先生的指责。武先生举西汉霍去病墓石雕中石牛身上线刻的镫为例，说明汉代已有马镫。武先生是我尊敬的前辈，本不拟回答，但是我们所长夏作铭（夏鼐）先生认为学术讨论不必考虑年龄和辈分，还是应予答复。他支持我提出的长沙西晋永宁二年（302 年）墓骑俑所塑马镫为目前考古资料中发现的最早马镫的意见，并告诉我霍去病墓石牛身上的镫为后人伪刻，且"牛镫"又非马镫，鼓励我应该回答武先生。因此我又写了《关于铁甲、马铠和马镫问题》，指明西汉时尚无马镫，长沙西晋永宁二年墓出土的马镫是已知年代最早的，同时改正了上一篇短文中对汉代铠甲论述的错误。

但是我在20世纪60年代初对中国古代铠甲和马具研究的这些初步探索，由于"文化大革命"而匆匆结束。

1971年，我随考古研究所绝大部分人员去了位于河南息县的"五七干校"，艰苦的劳作之余，我的脑子里还时不时地浮现一些考古问题的遐想。后来发生的一个偶然事件，再次点燃了我探讨兵器考古的火花，那是在一次批判所谓"五一六分子"的会上，苏秉琦先生不知为何打破他一贯的沉寂发言说："五一六分子"是铤而走险，铤而走险意味着已临失败的前夕，铤是短的匕首小刀子类兵器，到使用短的匕首类兵器时正是战斗到最后没有办法的时候了⋯⋯

当时我想，铤似乎不能释为匕首，或许老苏公把铤误为铍，即短柄矛了。所以想找时间和他讨论一下，虽然当时我和先生的床紧靠在一起，却没能谈成。因为苏先生的发言竟招致左派同志认为是反动权威不老实考虑自己问题而大加批判，我如果再去和他讨论"铤"的含义，自会被视为阶级斗争新动向。虽然如此，我的头脑中却又不断思考起有关兵器的考古资料。

从干校返京后，我们一些被审查未"解放"的人，都集中在"编南室"中，终日无事，大家就各自找点自己有兴趣的事情干干，于是我就收集整理有关古代兵器的文献与考古学资料。又由于其中文献与实物标本都相对较少，易于收集，前人又较少研究的是甲胄，因此就从甲胄研究开始。用了近两年的时间，写成《中国古代甲胄》的初稿。当时仅属习作性质，并没有考虑会有机会发表。这时夏作铭先生知道我在写有关甲胄的文稿，当时他有空，就索要去看。出乎我的意料，夏先生对文稿详加批示，并指出我的文字过于庞杂，把所能寻到的资料全都罗列进去，只算是个"长编"，他说写文章要写成"资治通鉴"，而不能是"资治通鉴长编"。所以必须认真剪裁取舍，重新精炼改写。

当我按夏先生意见改写完成《中国古代甲胄》后，时间已是 1975 年底，那时由于安志敏先生的帮助，我回到考古研究所编辑室原来的工作岗位。当时因《考古学报》缺稿，就让我对此稿再加修改，分为上、下两篇，分别刊登于《考古学报》1976 年的第 1 期和第 2 期。此后，大家都认为我在研究古代兵器，招致《文物》月刊编辑部沈玉成兄不断催促我为月刊写中国古代军事装备札记，从此一发不可收，自《文物》1977 年第 5 期开始，到 1979 年第 3 期，我先后撰写发表了《战车与车战》、《骑兵和甲骑具装》、《甲和铠》、《水军和战船》等多篇文章。1980 年，又将它们与《中国古代甲胄》等文集结成《中国古兵器论丛》一书，由文物出版社出版。该书出版前，还由夏先生代我请王天木（王振铎）先生题写了书名。

此后，我又应邀参加了《中国大百科全书·军事》卷有关中国古代兵器条目的编写，并在《中国军事百科全书》（第一版）编写时被聘请为《古代兵器》学科主编。从而与古代兵器的研究结下不解之缘。

通过几十年对中国古代兵器的研究，深知应将有关知识准确而通俗地介绍给广大群众的重要，约 30 年前也曾写过一本科普读物《古代兵器史话》（上海科学技术出版社，1988 年），但早已绝版，且部分内容已过时。目前坊间多见各种通俗介绍中国古代兵器的图册，但良莠不齐，多对介绍的古兵器图片不注明来源和准确信息。更有甚者，图片说明错误百出，如一个很著名的书局 2011 年 9 月出版的《中国兵器甲胄图典》中，将山东青州出土的亚醜铜钺误为殷墟妇好铜钺，将宁夏固原北周李贤墓出土陶俑误为吐谷浑兵马俑，等等，草草翻阅，即发现几十处错误之处。表明将准确的古代兵器知识介绍给大众，已属刻不容缓。因此现在应三联书店盛情相约，在过去多年研究中国古代兵器的基础上，与在《文物》月刊从事多年编辑工作的李力女士共同撰写成《古兵二十讲》，奉献给读者。

为了有助于大家阅读这本《古兵二十讲》，我还想先介绍一下关于古兵的基本概念以及在探究中国古代兵器产生和发展演进的历史时应着重注意一些问题。

首先要介绍两个关于中国古代兵器的基本概念。

第一，古兵——中国古代兵器一词，是指中国古代从原始社会晚期开始到封建社会终结为止，历代战争中，军队在实战中使用的兵器和装备的总称。也就如今日所说是军队的制式装备。仪仗用具虽多华美，颇具文物鉴赏价值，但非兵器考古研究重点。至于武术器械等，一般不列为研究内容。

第二，关于"兵器"与"武器"二词的使用。在先秦文献中，"兵"字本义即为兵器。《说文》："兵，械也。从廾持斤，并力之貌。"后来推衍为用兵械的人也称为兵，《说文》段注说得更为清楚："械者，器之总名。器曰兵，用器之人亦曰兵。"同时，使用兵械作战也称兵，用兵械杀人也称兵。汉代文献用"兵器"，《后汉书·百官志》武库令"主兵器"，或仍称为"兵"，刘熙《释名》卷七解释兵器的篇目仍名《释兵》。又可称"兵械"（《史记·律书》），或称"兵杖"（《汉书·文三王传》）。武器一词晚出，武，通称军事、技击、强力之事，古无兵械含义，至近现代权威性辞书《辞源》亦如此说，其 1979 年修订版"武"字注有八义，均无兵械之义。在现代社会，"武器"一词又多与"武器系统"关连，典型的武器系统包括三要素，即杀伤手段、投掷或运载工具（武器运载平台）、指挥器材（于锡涛《中国军事百科全书·武器系统》）。至于"武器装备"一词，一般包括战斗装备和保障装备，其三要素分别是火力、机动性、通讯能力。根据上述定义，在古代的遗物中，勉强可以视为原始武器系统的只有驾马的战车。其余均以称兵器为宜，因此在《中国军事百科全书》中，是以"古代兵器"为名设立分支学科。

说明以上两点后，再要说明的是我在探研中国古代兵器时，首先是依据考古学的类型学和年代学的基本方法，保证了所依据的实物标本的可靠和科学性，分析兵器发展演变的序列。对有关的文献史料，同样要认真考辨，去伪存真，然后再与实物标本相结合，进行深入探研。在此基础上，摒弃仅以器类分型为目的的旧模式，从注重出土兵器的组合关系，考虑到不同组合的兵器与使用者的联系，进而推导其与兵种、战法的联系与制约的关系。在探研中国古代兵器产生和发展演进的历史时，应着重注意以下问题：

1. 对中国兵器的发展阶段的分析，必须摒弃落伍的石兵、铜兵、铁兵的分期法。而以人类社会物质文化的发展阶段，工具、用具和兵器的主要材质和制作技术等综合考虑，采取考古学以石器时代、青铜时代和铁器时代的分期，再以火药用于制作兵器作为冷兵器阶段结束的标志，进行古代兵器发展阶段的研究。

2. 注重工艺技术发展与兵器的演变的关系，从古代到现代，都是将当时最先进的工艺技术用于军事，以制作最精良的兵器。当金属兵器出现以后，特别要注意出土金属兵器的金相鉴定研究，将其成果应用于古代兵器研究（参阅韩汝玢《古代金属兵器制作技术》）。

3. 注意探索兵器的发展与作战方式方法变化的关系，作战方法的变化是和社会制度的变化相联系的，反映着当时政治、经济、文化的发展，同时受到当时社会生产力的制约。不同的作战方法对军队的组成、训练和所使用的兵器，都有不同的要求。而兵器本身的变化和发展，反过来也影响着作战方法的变化。这些变化的基础，在于社会生产和经济的进步。

4. 注意防护装具与进攻性兵器发展的辩证关系，也就是盾与矛相互发展的辩证关系。"古代战争，用矛用盾：矛是进攻的，为了消灭敌人；盾是防御的，为了保存自己。直到今天的武器，还是这二者的继续。"（毛泽东《论持久战》）当新的精锐的进攻性兵器装备军队后，更新防护装具就提到日程上来了，防护装具的更新又促使进攻性兵器进一步改进性能。

5. 火药兵器的出现具有划时代的意义，引起兵器生产的革命性变革。但是也应注意到新兴的工艺技术与陈旧的社会关系的矛盾，当火药兵器西传以后，在欧洲引起翻天覆地的变化，资本主义的兴起使火器发挥了革命的作用，最终导致"市民的枪弹射穿了骑士的盔甲，贵族的统治跟身披铠甲的贵族骑兵队同归于尽了"（恩格斯《反杜林论》）。资本主义制度的胜利，更促进了枪炮的改进和扩大生产。反观火药兵器的故乡——中国，长期陷于发展迟缓状态的封建经济，以及最高统治集团的禁海锁国政策，使火器的研制和生产停滞不前，在欧美列强面前，从落后到挨打，最终使国家沦落到半殖民地半封建的悲惨境地。这一教训令国人永世难忘。

基于以上考虑，得出中国古代兵器的如下历史分期：

1. 中国古代兵器，是指从史前时期兵器出现开始，直到封建社会终结，即清王朝的闭关政策在 1840 年鸦片战争后被帝国主义列强打破为止，装备中国军队用于实战的兵器和装备的总称。其历史以火药开始用于制作兵器为分界线，分为前后两大阶段。北宋初编著的《武经总要》是明确记载火药兵器最早的史籍，因此北宋正是前后两大阶段的转折期，从史前直到北宋是冷兵器时代，从北宋开始为火药兵器和冷兵器并用时代。

2. 冷兵器时代，与人类社会生产力的发展相适应，依据主要兵器的质地和工艺特点，区分为三个连续发展的阶段，即石器时代的兵器、青铜时代的兵器和铁器时代的兵器，也正是中国古代冷兵器的产生阶段、发展阶段和成熟阶段。

3. 火器与冷兵器并用时代，依火器的创制和发展分为三个阶段，即火器的创制、火铳的发明及发展、枪炮在外来技术影响下的发展，也就是中国火器产生、发展和改进的历程。

下面的《古兵二十讲》，就是依照上面的历史分期规律加以叙述的。

此外，在分析中国古代兵器时，必须要注意中国古代战争的一些不同于其他古代民族、国家的特点，及其对古代兵器的影响。

1. 先秦时各国的国君和贵族均认为"国之大事，在祀与戎。"（《左传·成公十三年》），所以都极力将当时所能掌握的最先进的工艺技术，优先用于兵器制作。

2. 中国古代兵法中《孙子·谋攻篇》强调："百战百胜，非善之善者也；不战而屈人之兵，善之善者也。""故上兵伐谋，其次伐交，其次伐兵，其下攻城。"此对战法和兵器装备都有深远影响。

3. 在先秦时期，礼俗对战争有很大约束力，常出现今人难以理解的情况出现。如《左传·宣公十二年》（前 597 年）晋楚泌之战时，楚许伯致晋师，"晋人逐之，左右角之。乐伯左射马，而右射人，角不能进。矢一而已。麋兴于前，射麋丽龟。晋鲍癸当其后，使摄叔奉麋献焉，曰：'以岁之非时，献禽之未至，敢膳诸从者。'鲍癸止之，曰：'其左善射，其右有辞，君子也。'既免。"同是泌之战中，晋将魏锜请战楚后，遭楚将潘党追击，他也是射麋，回顾献给潘党，潘党遂停止追击，魏锜免于沦为俘虏。这些都是在其他国家或民族中不会出现的事。因此许多古代礼俗对战争和兵器的使用有特殊的影响。

4. 军队的兵种和装备与民族的关系亦不容忽视，最常见的如游牧民族军队一般以骑兵为主力兵种，匈奴、鲜卑、契丹、蒙古等皆如此，且各族骑兵装备又各有特点，如南北朝时鲜卑骑兵重人马都披铠甲的甲骑具装，其后突厥骑兵则重人披铠甲、战马不披具装的轻骑。这些都对兵器装备和马具的发展演变有深远影响。

5. 兵器的民族特征也应予以充分的注意，例如中国青铜时代的兵器中，最具民族特色的是勾兵中的戈，它被李济喻为"百分之百的中国货"，"看不出一点一滴的输入成分"。再如一些生活在边疆的古代少数民族，如西南的滇人，使用的青铜兵器中有大量装饰动物图像的啄和异形戈，为其他各族青铜兵器中所不见。

只有注意到以上所述诸问题，大家再来阅读我们这本小书，大约可以对中国古兵有概括的了解。

如果大家阅读了我们这本小书后，对中国古兵产生兴趣，还想进一步了解研究，建议去查阅以下 10 本书：

杨泓：《中国古兵器论丛》（增订本），文物出版社，1985 年。

杨泓：《古代兵器通论》，紫禁城出版社，2005 年。

杨泓：《中国古兵与美术考古论集》，文物出版社，2007 年。

钟少异：《中国古代军事工程技术史（上古至五代）》，山西教育出版社，2008 年。

王兆春：《中国古代军事工程技术史（宋元明清）》，山西教育出版社，2007 年。

王兆春：《中国科学技术史·军事技术卷》，科学出版社，1998 年。

王兆春：《世界火器史》，军事科学出版社，2007 年。

白荣金、钟少异：《甲胄复原》，大象出版社，2008 年。

杨泓主编：《中国军事百科全书·古代兵器分册》，军事科学出版社，1991 年版。

成东、钟少异：《中国古代兵器图集》，解放军出版社，1990 年。

（原载杨泓、李力《中国古兵二十讲》，生活·读书·新知三联书店，2013 年）

《中国古代军戎服饰》序

　　清华大学出版社重版刘永华君所编绘的《中国古代军戎服饰》，嘱我作序。刘君毕业于上海戏剧学院，原从事舞台美术工作，因曾协助周锡保绘制《中国古代服饰史》的插图，对中国古代服饰有所了解。1986年由于中国军事博物馆委托设计古代武士蜡像，不想激发了他对古代军戎服饰的兴趣，从此悉心经营，在上海青年学术资金的资助下，于20世纪90年代初编成《中国古代军戎服饰》一书，由上海古籍出版社出版。刘君用其所长，在书中绘制了几十幅古代军戎服饰的复原图，色彩艳丽，形象生动，不仅吸引了范围广大的一般读者的注意，更对从事舞台美术设计的人们影响深远。甚至被缺乏版权常识的人复制、转载，我就曾见到某古籍出版社出版的《中国古代兵器图说》一书，把刘君所画的复原图未注明原作者全盘收入书中，只是把彩图变成了黑白图。虽属侵犯原作者权益的不当行为，但也从另一个侧面看出刘君创作的图画，在民众中影响之深远。现在刘君又增添了新的文物资料，对原书重作修润，由清华大学出版社精心再行设计版式，以新的面貌展现在读者面前，我想应会掀起舞台美术工作者和群众新的阅读热情。

　　自20世纪20年代以来，老一辈考古学者开始在祖国大地进行科学的考古调查发掘。中华人民共和国成立以后，考古文物工作蓬勃开展，经过广大考古文物工作者60余年的辛勤努力，获得了数量众多的具有学术价值的考古学标本。利用这些考古学标本，可以开展许多方面的学术探究。在文史研究领域，自20世纪著名学者王国维倡导"双重证据法"以来，选取考古学标本，结合历史文献考证，研究有关学术课题，已成为广大文史研究者的共识。随着科学的田野考古发掘的进展，所获得的考古标本虽然日趋丰富，但是远达不到想解决什么问题就能找到相应的标本，因此真正的考古学者，必须严格遵守学术规范，只论述考古标本可以解决的问题。对古代文献的征引，也必须经过认真缜密的考证。因此对中国古代的服制或甲胄，实事求是的学术研究成果尚难顺应社会上方方面面的要求。尤其对艺术范畴的各类艺术创作，特别是一些想表现古代题材的视觉艺术作品，诸如戏剧、电影、电视，乃至电子游戏中的人物形象，更是如此。面对这种难题，导演不外有两种对策，那些创作态度严肃的导演和舞美工作者，采取尽量符合历史真实的造型，虽然这是非常困难的选择。记得在 20世纪 80 年代，导演谢晋曾经准备拍摄一部关于三国题材的影片，为其作舞美设计的是金绮芬女士，他们曾多次和我及中国社会科学院考古研究所的乌恩等同志研讨，总想尽可能恢复历史的真实情景，例如谈到三国时期骑兵还没有装备双鞍桥马鞍和马镫时，我们想这件事可以通融，因为国外著名的表现罗马的历史片中，虽然罗马时没有马镫，影片中也还是使用了马镫，以迁就今日缺乏马镫就难以驾控马匹的演员。但是谢晋导演表示要如实反映历史的真实，他有办法，一定会让不用马镫的三国时骑兵出现在银幕上。可惜那部影片到谢晋仙逝也没有拍成。与之相反，另一些影视作品的舞美设计就缺乏这种精神，在一部关于"三国演义"的电视连续剧中，导演任由饰演曹操、周瑜、关羽的演员，披挂上比他们迟几个世纪的异国样式的铠甲，兜鍪（头盔）额前插饰只有日本镰仓时代"大铠"使用的双叉角的"锹形"饰件，胸前左右垂着模拟日本"大铠"的"栴檀板"与"鸠尾板"，这种缺乏历史常识和缺乏民族尊严的做法，不能不令人气愤。由此看来，刘永华君的工作是很有意义的。他所绘制的姿态生动的想象复原画像，对缺乏中国古典文献和古代文物知识的人群，可以灌输许多有益的关于中国传统文化的知识。因为比起严肃的考古学和文史学科的论文来，这些精美的图画自然容易吸引人们的兴趣，可以从中获取一些关于中国古代文化的信息。

前些年《读书》杂志曾经掀起过关于考古报告"围城"的讨论，觉得考古报告一般人难以读懂，人们想进这座"城"却进不去，以致大量的经科学发掘获得的考古标本无法被人利用，甚感苦恼。看到刘永华君依据考古标本和有关学者的研究，转化为他自己的新的艺术再创作，不禁觉得这也可能是解决所谓考古"围城"的办法之一吧！作为考古"围城"城里的人，我们自己是必须严格遵守有关的学术规范，考古复原只能是恢复对考古标本被损毁部分的原状，不能发挥艺术的想象力，难以迎合社会上演艺的需求。这就需要有人进行另一种转化工作，架起学术资料与社会需求间的桥梁，刘君这些经过充分的艺术再创造的生动造型，正可以起到应有的作用。如果这本书能引起读者更进一步的兴趣，引导他们自己去寻找、阅读有关的考古学术著作，检索古代文献，从而真正了解古代社会生活的原貌，那就更有意义了。

每一本书，不论作者自己多么努力，总还会留有一些缺点。刘君的书自然不会例外，我们也不必按考古学和军事史学的专业标准去衡量。正如研究中国古代建筑史的学者，对已不存在或只发掘出基址的古代建筑绘出复原图一样，都只代表学者的个人观点。刘君创作的图像也不例外，也只能是个人的看法。总之，这部图册是刘君多年来对中国古代军戎服饰钻研的心血的结晶，虽非没有缺陷，还可算瑕不掩瑜，值得读者欣赏。是为序。

（原载刘永华《中国古代军戎服饰》，清华大学出版社，2013 年）

《四川出土南朝佛教造像》序

　　四川博物院、成都文物考古研究所、四川大学博物馆编成《四川出土南朝佛教造像》，嘱我作序。

　　回想我最早得到观察四川成都万佛寺南朝佛教造像的机会，已距今60多年了。1954年5月在北京举办了"全国基本建设工程中出土文物展览"，那是中华人民共和国成立后首次全国性的大规模出土文物展览。在参观展览前，阎文儒先生特别嘱咐我要仔细看展出的四川成都万佛寺和河北曲阳修德寺出土的两组佛教石刻造像，并尽可能把造像的特征画下来。当时我是初学考古的学生，虽多次去故宫午门上看展品，还努力作了有关造像的速写，依然弄不明白万佛寺南朝佛教造像在学术方面有哪些重要性。直到1954年秋天，《文物参考资料》第9期刊登了冯汉骥先生写的《成都万佛寺石刻造像》和我的老师宿白先生写的《展览会中的一部分美术史料》两篇文章，学习以后，我才开始对万佛寺南朝造像有了初步的认识。当时宿先生指出："南北朝的佛教造像，过去只清楚一些北方作品，南朝则除了一点零星石刻和金属小像之外，没有其他材料，因此多少中国雕塑史就把南朝四百年的佛教艺术空了起来，这次成都新发现的一批南北朝造像，正好填补了这个不能缺少的重要空白。"文中还指出这批造像的地方性，也就是和当时北方造像有所不同的问题。在装饰和布置方面更有显著差异：如大同三年（537年）释迦立像胸前的结带雕有华丽的花纹和珠饰，天和二年（567年）的菩萨坐像足登草鞋（图一）。中大同三年（548年）的观音立像龛，正中雕观音立像，像后还雕有四弟子、四菩萨，像前又雕两个踏象力士，像座正面雕八伎乐天（图二），这些都是当时北方造像中所

图一　四川成都万佛寺出土北
周天和二年石菩萨像

图二　四川成都万佛寺出土梁中大同
三年石观音立像龛

没有的。此后很长时期，学术界关于南北朝时期南方和北方的佛教石造像
的对比研究，都是建立在成都万佛寺和曲阳修德寺两组出土标本对比研究
的基础上展开的。20世纪末以来，随着田野考古发掘的新进展，各地不断
有南北朝时期佛教寺院遗址和佛教造像窖藏的重要考古发现，极大地推进
了对南北朝晚期佛教造像研究的进程。在北方，北魏洛阳永宁寺遗址塔基
的发掘，以及山东青州龙兴寺遗址佛教造像窖藏、河北东魏北齐邺城佛教
寺院遗址和造像窖藏、陕西长安几处北周佛教造像窖藏等田野考古新发
现，结合此前发现的河北曲阳修德寺佛教造像窖藏，已可对北朝时期北魏
迁都洛阳以后，到东魏至北齐、北周的佛教造像的发展演变有了较清楚的
认识。在南方，虽然都城建康所在的江苏南京地区，仍缺少关于南朝佛教
寺院遗址和佛教造像的值得重视的考古发现，但是在四川地区仍不断有新
的出土资料，其中重要的如成都商业街和西安路的两处佛教造像窖藏，都
为南朝和北朝的佛教造像对比研究提供了珍贵的文物标本。

　　随着学术界对南北朝时期佛教造像的研究不断深入和扩展，只靠一些
考古简报或收录局部资料的图册，就很难满足进一步研究的需求了。目前

的情况是：北朝时期佛教寺院和佛教造像窖藏的重要考古发现，仅有北魏洛阳永宁寺遗址的发掘出版有完善的考古报告。长安的北周佛教造像有局部资料的考古报告。东魏北齐邺城佛教寺院遗址和造像窖藏资料正在积极从事整理，还处于撰写报告的准备阶段。至于曲阳的造像，虽然发现的时间最早，但从未有正式的工作报告，而有关文物标本早已被分散到不同地点和多个博物馆中。山东青州龙兴寺造像原发掘工作的主持人已去世，并未能完成发掘报告的编写任务。这些情况都不利于对北朝佛教造像的深入研究。

相比之下，近年对四川出土的南朝佛教造像资料的整理工作却有许多新进展。一方面是对新出土的成都商业街和西安路等佛教造像窖藏，都编写有详尽的工作简报；另一方面四川省博物馆对成都万佛寺出土的佛教造像重新进行了整理，发表了整理报告，并且对馆藏原茂县出土南齐造像碑，进行了整理并作复原研究。同时四川大学也发表了所藏南朝佛教造像。这些资料的发布，有利于学术界对四川南朝佛教造像进行新的研究。因此对四川南朝佛教造像的分期及其造型特征等方面都有新的研究成果，除了对南朝和北朝佛教造像的对比研究，以及南朝都城建康与蜀地佛教的关系的进一步研讨外，更注意到探究四川地区的地域特点，扩展到蜀地与河西等地的联系，分析四川南朝佛教造像的地方特色与其源流等新的学术课题。

随着四川出土南朝佛教造像的探研向深度和广度发展，对有关文物标本的全面、系统的基础资料的需求，自然被提到日程上来。令学术界欣喜的是三年前在四川省文物管理局关怀下，由四川博物院、成都文物考古研究所和四川大学通力合作，历时两年，完成了对四川地区出土的南朝佛教造像全面系统的整理和研究，现在已撰著成《四川出土南朝佛教造像》出版。这本专著分为上下两编，上编是对迄今四川地区出土的南朝佛教造像，进行了科学客观的全面梳理，资料翔实准确；下编收录有关论著，在上编资料的基础上，总结了前此对四川出土佛教造像的研究成果，开展了有关造像内容细部新的研讨，并提出了今后研究的新思路和有关课题。全书结构合理，上下两编，相得益彰。记得在半个世纪以前我从事考古编辑工作之初，夏鼐先生就告诫说，考古报告的编写特别应强调科学性和客观性，也就是能让并不同意编写者个人学术观点的中外读者，也能够依据报告客观详尽的资料，进行新的与作者不同的研究。这本专著的上编，应能达到上述要求，这是很难能可贵的。在此谨向参加编著这本专著的所有同志致敬。

我们相信《四川出土南朝佛教造像》的出版，会将四川南朝佛教造像的学术研究推向新的高度，同时也将带动南北朝时期佛教造像研究的新进展。也期望四川地区的田野考古工作，能不断有对南朝佛教寺院遗址和佛教造像窖藏新的重要考古发现，以使对四川南朝佛教的研究，获得更为丰厚的基础资料。

（原载四川博物院、成都文物考古研究所、四川大学博物馆编著《四川出土南朝佛教造像》，中华书局，2013年。曾改题《四川出土南朝佛教造像》，收录于《束禾集》中，故附入插图）

《盛唐风采——唐薛儆墓石椁线刻艺术》序

唐薛儆墓葬于开元九年（721 年），是一座带有长斜坡墓道的单室穹隆顶砖墓，甬道前设有 6 个天井和 6 个过洞。该墓曾遭多次盗扰，1995 年发掘时墓内遗物几乎被盗掘一空，仅存墓室内的一具石椁、一合墓志、石门，以及一些零星物品。据该墓发掘报告①所述，在墓葬下葬时似已遭扰乱，神道石刻残件被弃于天井中，墓志盖被移开，且志文中谥号处出现无文字的空白，种种可疑现象表明，薛儆死后入葬时因政治或其他原因发生了不测事件。

石椁保存基本完好，仅椁室左侧有一块壁板在墓葬被扰时遭打破损断（图一）。

图一　山西万荣唐薛儆墓石椁出土情况

---

① 山西省考古研究所：《唐代薛儆墓发掘报告》，科学出版社，2000 年。

图二　唐薛儆墓石椁复原示意图

椁顶刻出房屋瓦顶形貌，四壁和底座均满饰细密的线雕纹饰，底座四周分布内饰鸟兽的壶门，四壁由10根立柱和10块壁板（前后两面各3块，左右两侧面各2块）组成，前面的3块壁板，呈四柱三开间，中心间门上雕门环、门钉和二女侍，两次间雕直棂窗（图二）。除雕门和直棂窗外，后面和两侧的壁板内外均各刻一身女侍立像，全椁计17人，其中3人侧身拈花（图三），余均正面立姿，有的戴幞头着男装（图四），人物造型明显仿效都城长安风貌。面相、衣纹均单线勾勒，简约流畅，仅边袖锦缘、头饰、纨扇等处增细部刻画。今日看来，是值得观赏的唐玄宗开元初年的线雕艺术品。

在墓葬中安放房屋形貌的石质葬具，滥觞于后汉。迨至北朝初期，北魏都平城时高官的墓葬中，已出现有房屋形貌的石葬具，较早的如太安三年（457年）尉迟定州墓石椁，为面阔三间、进深两间的单檐悬山顶，有由4根八角形柱承托的前廊（图五），全椁由56块石构件拼装组合而成，椁壁平素无雕饰①。略迟一些的太和元年（477年）幽州刺史敦煌公宋绍

---

① 大同市考古研究所：《山西大同阳高北魏尉迟定州墓发掘简报》，《文物》2011年第12期。

祖墓石椁①，同样是三开间带有前廊的房屋形貌（图六），但雕饰更加精美，外壁浮雕乳钉和各式铺首衔环为饰，内壁有彩绘壁画。北魏都洛阳时的石葬具，例如传世的宁懋石室，在壁面雕饰精细的线雕图像。到北朝晚期，北周都城长安附近也已有房屋形石椁出土，一些西域来华上层人物的坟墓中，也使用了中国传统房屋形貌的石葬具，但常在壁面雕饰异域色彩

图三　唐薛儆墓石椁线雕执花仕女（拓片）　　图四　唐薛儆墓石椁线雕男装仕女（拓片）

---

① 大同市考古研究所：《大同雁北师院北魏墓群》，文物出版社，2008年。

图五　山西大同北魏尉迟定州墓石棺

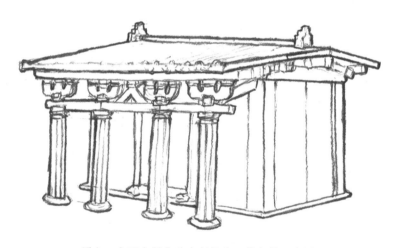

图六　山西大同北魏宋绍祖墓石棺复原示意图

浓郁的宗教题材线雕图像，如北周史君墓石椁（图七）①。隋统一以后，墓中放置房屋形貌石葬具的习俗仍然流行，并发现过皇室高层人士的石棺椁，以隋大业四年（608年）李静训（李小孩）墓②出土的为典型。这座

---

① 西安市文物保护考古研究院：《北周史君墓》，文物出版社，2014年。
② 中国社会科学院考古研究所：《唐长安城郊隋唐墓》文物出版社，1980年，第3～28页。

墓的墓主虽是一年仅九岁的少女，但她是隋文帝长女杨丽华（北周宣帝皇后）的外孙女，所以墓室内立有青灰色岩石制成的石椁，椁内放置形制独特的殿堂形状石棺（图八）。石棺正壁雕出四柱三开间，柱头有斗栱，中

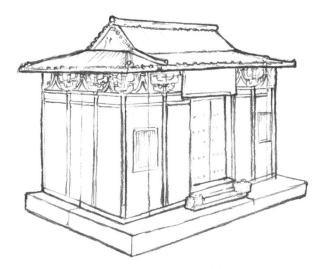

图七　陕西西安北周史君墓石棺复原示意图

图八　陕西西安隋李静训墓石棺出土情况

心间雕上饰门钉、铺首的石门，两次间各雕出直棂窗。歇山式屋顶，正脊雕饰出宝珠、鸱尾。在门的两侧各线刻一立姿女侍。梁、枋、立柱、斗栱均精雕线刻卷草花纹，窗下壁面雕青龙、朱雀等图像。原来石棺内壁有彩绘壁画，但已漫漶。另外，在陕西潼关税村隋墓中，出土有线雕精美的石棺，应是隋朝皇族的墓葬，或推测墓内所葬为废太子杨勇①。有的西域来华上层人士也还能用石棺椁做葬具，如山西太原发现的开皇十二年（592年）"鱼国"人虞弘墓，石椁壁内外仍浮雕呈现出浓郁异域风采的图像（图九），像上原敷彩色和贴金尚保存完好②。

图九　山西太原隋虞弘墓石棺出土情况

　　李唐王朝建立之初，葬仪规制大致还依循隋时，都城长安地区发现的王侯高官墓中仍有带线雕的石椁出土。其中年代最早的作品是唐太宗贞观五年（631年）淮安靖王李寿墓③石椁（图一〇），外壁浅浮雕并贴金绘彩，图像有四神、武卫、文武侍从、骑龙驾凤的仙人等；内壁是精细的线雕图像，有成组的坐姿女伎乐（图一一）和立姿持物女侍图像。石椁

----

①　陕西省考古研究所：《潼关税村隋代壁画墓》，文物出版社，2013年。
②　山西省考古研究所、太原市文物考古研究所、太原市晋源区文物旅游局：《太原隋虞弘墓》，文物出版社，2005年。
③　陕西省博物馆、文管会：《唐李寿墓发掘简报》，《文物》1974年第9期。

图一〇　陕西唐李寿墓石椁

顶刻星相，石椁底周边刻十二时即十二生肖图像。另一些战功卓著的唐
代开国功臣的墓中也出土有石椁，一般为拱形顶，雕饰也较简单，如麟
德元年（664 年）左武卫大将军郑仁泰墓石椁。这一时期可以说是唐代
石椁线雕艺术初始的第一阶段，其艺术造型风格明显地可以观察到北朝
至隋的影响。

　　唐高宗以后唐代墓葬制度形成规范，西安地区的唐代皇室王族或高官
的墓葬中，使用石椁就须严格按死者身份而定，因此只有身份特殊的皇族
成员才能使用，一般皇族和高官墓中只能用带有线雕的石墓门，只有皇帝
的宠臣或可得到使用石椁的恩赐，但多不能施加华美的线雕。唐代石椁艺
术进入具有唐朝本身时代特征的第二阶段。目前在乾陵的陪葬墓中，已发
掘的懿德太子李重润①、永泰公主李仙蕙②和章怀太子李贤墓③中设有庑殿

① 　陕西省博物馆、乾县文教局唐墓发掘组：《唐懿德太子墓发掘简报》，《文物》1972 年第 7 期。
② 　陕西省文物管理委员会：《唐永泰公主墓发掘简报》，《文物》1964 年第 1 期。
③ 　陕西省博物馆、乾县文教局唐墓发掘组：《唐章怀太子墓发掘简报》，《文物》1972 年第 7 期。

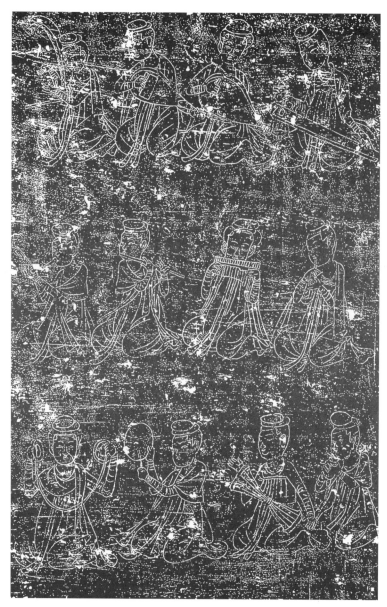

图一一　唐李寿墓石椁线雕女伎乐（拓片）

顶的石椁，其中懿德太子和永泰公主两墓都有"号墓为陵"的记载，表明他们的身份都在一般王爵之上。这三座墓中的石椁都是四柱三开间，中心间设门，两次间雕直棂窗，壁上都有线刻人物图像，为宫内的男女侍从，还在柱枋等处线雕华美的装饰图案。石椁门的线雕以懿德太子石椁最佳，门楣刻双凤鸟，门扉上所刻门钉，已成装饰性的六瓣花形，并刻有花形座铺首；左右门扉各刻一盛装女官（图一二），头上高冠左右各伸出凤钗，长衣束带，前胸显露，带侧垂饰玉佩，仪态端庄，服饰华美，在以前的唐代人物画像中没见过相同服式的作品。在三具石椁中，人像刻划得最为传

图一二　唐懿德太子墓石椁线雕女官线描图

神生动的是永泰公主石椁所刻女侍图像，椁室内外共刻有 15 幅，每幅一人或二人，共 21 人，多梳高髻，长裙大履，间有戴幞头着男装者，有的手执凤首壶、果盘、如意等用具，特别是刻于椁内壁西面北次间和北面东间的两像最为传神，前一女侍手持花束，低头嗅香（图一三），后一女侍双臂微扬手执披帛正欲披于肩上，动态自然（图一四），极富生活情趣，是唐代妇女肖像画的佳作。此外，开元十二年金乡县主墓原亦有石椁，惜仅存底座。高官墓中出土有庑殿顶石椁的，有淮阳郡王韦洞墓①和开元二十八年（740 年）骠骑大将军虢国公杨思勖墓②，均属受特殊恩宠的特例。韦洞因是唐中宗韦后的弟弟，所以破例用庑殿顶的石椁，椁上线雕内臣及女侍图像均颇精美，近似永泰公主石椁线雕人像之气韵。杨思勖是唐玄宗时受宠信的宦官，曾屡总兵权，所以死后得以破例葬用石椁，但椁上线刻不如前述几件精美，直棂窗下刻石狮图像，姿态还算生动。在西安地区以外唐墓发现的石椁，目前只有前述开元九年（721）薛儆墓石椁一处，因他生前为睿宗郢国长公主驸马。

到玄宗开元末年，唐代石椁艺术又进入反映开天盛世风貌的第三阶段。石椁上线雕图像的艺术风格有了新的变化。现已发现的有开元二十五年（737 年）武惠妃（死后追赠贞顺皇后）石椁（图一五）③ 和开元二十九年（741 年）让皇帝李宪墓石椁④。石椁的形制仍是庑殿顶、四柱三间，前刻出板门和直棂窗。各壁面线雕人像亦多为立姿女像，但造型服饰却有很大变化，面相由丰腴适度，转为肥颊重颔；体态由修长娇美，转为丰满肥腴；衣服由合身贴体，转为肥大宽松（图一六）。一言以蔽之，就是极力仿效杨玉环模样的美人，以符合当时流行时尚。人像周围的花朵木石等图像，也日趋繁复。枋柱边饰的图像也更细密繁缛，还出现装饰花鸟的立屏式画面，底座壶门内也出现具有异域风情的斗兽等图像。

---

① 陕西省文物管理委员会：《长安县南里王村唐韦洞墓发掘记》，《文物》1959 年第 8 期。
② 中国社会科学院考古研究所：《唐长安城郊隋唐墓》，文物出版社，1980 年，第 65~86 页。
③ 程旭、师小群：《唐贞顺皇后敬陵石椁》，《文物》2012 年第 5 期。
④ 陕西省考古研究所：《唐李宪墓发掘报告》，科学出版社，2005 年。

图一三　唐永泰公主墓石椁线雕仕女（拓片）

图一四　唐永泰公主墓石椁线雕仕女（拓片）

图一五　唐武惠妃墓石椁

　　以上三个阶段的石椁图像的艺术造型各具时代特色，观察椁上线雕立姿女像，即可看清其不同特色。第一阶段的女像，以李寿墓石椁内壁的女伎乐和持物女侍为例，头小颈长，削肩，条纹长裙上束到胸际，外貌特征与传阎立本绘画中的女侍相同，酷似隋大业四年（608 年）李静训墓出土陶女俑，明显保留有北朝晚期到隋的遗风。到第二阶段，从懿德太子、永泰公主、章怀太子诸墓所葬石椁，可以看出自公元 8 世纪初李唐墓葬制度形成规范以降，不仅墓中以石椁为葬具已成为身份地位的象征，且表明当时石椁线雕的图像也已形成颇为规范的粉本，形貌特征与同时墓室壁画一致。以永泰公主墓石椁线雕女像为例，头体四肢比例匀称，面相丰腴适度，发髻规整，常在顶心竖立呈刀形，衣裙合体，线条疏密有致，劲挺流畅。造型与同墓壁画风格全同，所据粉本也应可互用。反映着唐代盛期蓬勃向上的时代风貌，也显示着李唐宫廷生活的雍容华贵。到第三阶段，石椁图像凸显繁缛美艳，社会上以贵妃杨玉环形貌的体姿丰肥为审美标准，因此石椁女像面容呈肥颊重颔之貌，体姿过分丰腴，发髻松垂，衣裙宽博

图一六　陕西唐李宪墓石椁线刻仕女图像

松肥，姿态娇懒。其形貌正如传世周昉、张萱画作中仕女形貌。

　　薛儆墓石椁的图像雕成于开元九年（721 年），恰好处在上述唐代石椁艺术由第二阶段向第三阶段转变的关键时期。薛儆墓石椁虽出土于山西地区，但它还应是按都城长安流行的图像粉本所雕刻（也有可能石椁即是在长安制作）。如将薛儆墓石椁图像与较早的永泰公主等墓石椁图像相比，至少可以看出其规制远逊于后者，构图缺乏皇室石椁的华丽繁缛的氛围，不见皇室石椁上常用的双人构图，即常在主像旁有形体稍矮小的侍从图像。也缺乏人像周围陪衬的花鸟图像。这明显与所葬死者身份有关，免得僭越规制，由此构图显得较为简洁，衣纹也更显疏朗，反而营造出与皇室石椁线雕不同的艺术氛围，或可谓别具情趣。同时由于时间的推移，虽仍沿袭前朝粉本，但发髻服饰会随社会风尚有所调整，所以薛儆墓石椁女像的发髻，已由规整向宽垂演变。但体态还丰腴适度，没有呈现"环肥"（环指杨玉环）的倾向。总体看来，薛儆墓石椁线雕艺术，真实地表述出玄宗初期的时代风习，今天看来确为一件唐开元初年的文物艺术精品，值得鉴赏和研究。

（原载运城市河东博物馆《盛唐风采——唐薛儆墓石椁线刻艺术》，文物出版社，2014年。后改题《唐薛儆墓石刻线雕》，收录于《束禾集——考古视角的艺术史》中，故附有插图，中国社会科学出版社，2018年）

《商代青铜兵器研究》序

　　郭妍利《商代青铜兵器研究》即将出版，嘱托我作序。她在中国社会科学院研究生院研修博士课程时，导师是考古研究所刘一曼。她的导师长期主持安阳殷墟的田野考古发掘工作，是研究商代考古的专家。特别是对小屯南地甲骨的发掘和整理，对甲骨文的研究有突出的贡献。同时刘一曼对商代青铜兵器也进行过深入的探研，发表过《殷墟青铜刀》《论安阳殷墟墓葬青铜武器的组合》等论文。有这样的名师指导，郭妍利选择《商代青铜兵器研究》为题撰著博士学位论文。

　　2003年，考古研究所要求我给在读的博士研究生开一门《中国古代兵器通论》的课，那时我认识了郭妍利。后来又参加了她的博士论文答辩。郭妍利学习认真，能够成功地运用考古学的研究方法，分析兵器的演变过程遵循类型学的原理和方法，并依据兵器的种类及形制，结合青铜礼器、陶器等其他文化遗存的整体特征进行分区研究，又结合有关古文献，并充分结合历史学、地理学等学科特别是甲骨学的研究方法和成果，从而全面系统地解析了在全国范围内田野考古中获得的商代青铜兵器，提出了自己的见解，深受参与论文答辩的评委的好评，认为论文的资料殷实，论述精深，写作规范，是一篇优秀的博士学位论文。由于此前有关学者对商代青铜兵器的研究多系专题论文，或是注重对某一器类的探研，或是开启了对兵器组合的探讨，或是初步联系到商代军队的组成和作战方式。虽然也有在通论中国古代兵器时设有概述商代兵器的章节，但是局限性很大。因此还一直缺乏全面深入探研商代青铜兵器的考古学的学术专著，既然郭妍利已经开始进行了卓有成效的探研，所以我们当时很希望她能在博士论文的基础上，继续努力，完成一部关于商代青铜兵器的学术专著。

现在经过郭妍利持续不断的努力，在繁忙的教学工作同时，刻苦钻研，终于完成了《商代青铜兵器研究》的撰著。在这部专著中，她仍一如既往地坚持运用考古学的研究方法，更进一步汲取了其他学科的研究成果，全面解析了迄至2011年底田野考古中获得的商代青铜兵器标本，进一步完善了对商代青铜兵器的分期研究，并在此基础上取得了多项新的研究成果，其中值得注意的有以下几点：

对商代青铜兵器的组合研究方面，除了通常对商代青铜兵器各期段的组合考察外，更扩展到青铜兵器组合与青铜礼器组合的综合研究，从而关注到商代青铜兵器组合的等级区分，以及商代职官职司制度不大固定和商代女将在战争中的作用等问题，也解析了随葬明器化兵器、铅兵器等现象。

对商代青铜兵器的纹饰和铭文研究方面，在分析纹饰类型、组合和时代特征的同时，注意了纹饰组合反映的等级问题。进行了纹饰和铭文的组合研究。更指出所有器类的兵器在实际战斗时，其上的图像都正好能面对敌人，使那些被杀伤者看到，所以其作用是用威猛而引观者恐惧，起到威慑对方的作用。

对商代青铜兵器的分区考察方面，在将商代青铜兵器分为12个地区的基础上，以黄河中游地区为中心，再分为商文化中心区、商文化影响区和商文化外围区，从解析青铜兵器进而阐述商文化"多元一体"格局，指出呈主导地位的中原地区青铜兵器，也是商文明的重要标识物。同时阐述了"多元一体"格局对此后整个青铜时代兵器的影响。

此外还通过对商代青铜进攻性兵器和防护装具的形制、组合的认真分析，对商代军队的兵种构成和作战方式进行了有说服力的新论证。也概要地探讨了商代青铜兵器的源头和流向。

在中国古代兵器研究中，对商代兵器的探研占有重要位置。因为在史前时期古代兵器萌发以后，虽然二里头文化开启了青铜时代兵器的新篇章，青铜兵器的主要器类——近战格斗兵器和远射兵器都已出现，但当时青铜冶铸工业和青铜兵器制作还都处于初创阶段，难以导致军事方面的革命化变革。到了商代，随着青铜冶铸工业的不断发展，能够生产足够数量的质量精良的青铜兵器装备军队，特别是到商代晚期，更促成了军队的组成和战争方式的变革。从那时起直到秦代，长达千年的历史时期，军队装备的青铜兵器的主要类型和形制，都是在商代青铜兵器的基础上发展演进的。由此可见商代兵器在中国古代兵器史研究的重要位置。这就说明郭妍利的研究对中国古代兵器研究的重要意义，她的研究成果的发表，应能将对中国古代兵器、特别是青铜时代兵器的研究推向新的高峰。同时也一定会对中国古代兵器史乃至中国古代战争史的研究，产生应有的影响。

前面提到在《商代青铜兵器研究》中，郭妍利已经概要地探讨了商代青铜兵器的流向问题，指明晚商兵器为西周初兵器所继承，但限于本书的主题，其叙述只能截至西周中期。真希望今后郭妍利在关于商代青铜兵器专著的基础上，继续向下引伸。期望将来能够完成整个先秦时期青铜兵器的全面研究，那将不仅对兵器考古研究，更会对中国古代兵器史和中国古代战争史的研究，做出更大的贡献。

（原载郭妍利《商代青铜兵器研究》，中国社会科学文献出版社，2014 年）

《中国汉唐考古学九讲》前言及后记

前　言

这本讲义，是准备向大学本科不是学习考古学的博士研究生讲授的。

20 世纪 90 年代，中国社会科学院研究生院考古系让我指导中国大陆以外的博士研究生，研修中国汉唐考古学课程。这些学生在大学本科没有学习考古学，研修硕士学位时，多是在其本国选学艺术史。因此这些学生到中国社会科学院研究生院考古系来学习，课程的讲授就不能像对原在大陆院校学习考古学的学生同样安排。在研究方法方面，要让学生掌握考古标型学和考古年代学的基本方法，熟悉中国考古学史，还要强调对中国古代文献的掌握和使用。在基础课汉唐考古学的讲授中，也进行了一些新的探索，这本讲义就是在这种情况下撰写的。

在中国汉唐考古学概论中，没有按考古学遗存类别和分期分区的传统讲授，而是从汉唐时期的社会生活展开，从整体到局部进行叙述，或者可以说是从"大"到"小"、从"国"到"家"。讲义所依据的资料，皆选用中华人民共和国成立后田野考古所获得的考古遗迹和实物标本，由于田野考古发掘收获主要可概括为两个方面，其一是古人生活的遗存，诸如城址、建筑址等；其二是古人死后埋葬的遗存，诸如墓园建筑、神道石刻、地下墓室等。讲义内容也以古人的生活和死后的墓葬为两个主要内容，分节叙述。关于古人的社会生活，又受到考古田野发掘资料的局限性，从"国"到"家"的"国"，只能是选取田野考古工作比较充分的当时的政治经济文化中心的都城，从其平面布局分析其性质和时代特征；进而分析城内的具体建筑遗迹，说明当时的建筑技术、建筑装饰和时代特征；再进入室内，分析当时室内装饰、室内陈设，乃至时代习俗，使学生有立体的多视角的较为全面的认识。关于古人死后的墓葬，也尽可能从地上的墓园、神道石刻到地下墓室，全面分析。但由于全国各地大量的田野考古发掘，只是发掘了地下墓室，所以只能以墓室为重点探究其时代特征。

另一方面，因为学生多曾修学艺术史，且讲课是开放的，也时有其他院校尤其是中央美术学院的学生来听，所以讲义中关注了考古学与艺术史研究的关系。传统的艺术史的内容重点在于绘画、雕塑和建筑。讲义中在叙述城址和建筑工艺发展演变时，关注了中国古代汉唐时期建筑的装饰艺术和时代风格。在叙述墓葬时，关注了神道石刻和随葬俑群的时代特征和艺术风格，因为在田野考古发掘中获得的与雕塑有关的考古标本，特别是人物形象的雕塑品，主要就是神道石刻和俑像。讲义中将考古学与艺术史研究讨论的重点，集中在绘画史方面，原因是在汉唐时期墓葬中保留有数量可观的墓室壁画，还有随葬的帛画乃至漆画等考古标本，而传世文物中缺乏汉代绘画，保留下来的南北朝乃至隋唐时期的绘画也主要是后代的摹本，真迹罕存，所以数量众多的墓室壁画就对重新解读汉唐时期绘画史至关重要。

汉唐时期也是中国古代宗教发展的重要时期，特别是佛教自天竺东传汉地，更掀起佛教在中国内地的繁荣和中国化的热潮，遗留有大量佛教遗迹，在讲义中也予以应有的关注。

在讲授中，反复叮嘱学生考古学是一门实证的学科，任何论述都必须有确实的依据，讲古代的事，要按当时人的想法去考虑，一定要有文献学的依据，切忌主观臆测，不可以用现代人的想法解释古代的事，更不能按西方人的想法去套中国古代的事，披上什么"新方法"的外衣都无济于事。还要注重全面解析，一定要警惕因考古发掘的局限性而导致不符合历史的论断。切忌以偏概全，只重"个案"。讨论问题时要学会倾听，记得"四清"时的"二十三条"中有一条："好话，坏话，正确的话，错误的话都要听。特别是对那些反对的话，要耐心听，要让人把自己的话说完。"
看来这种态度很对，但是听完后，不能人云亦云，要学会分析，自己一定
要有主心骨才成。

以上对中国汉唐考古学讲义的设想，在历年的讲授中逐渐完善。在每
课讲授前，我一定先写好完整的讲稿，准备好向学生展示的图片。因为60
年前我在北京大学学习时，听宿季庚师讲课，见先生每课前必然写好讲
稿，并手绘好准备在黑板上向学生示范的图像，一丝不苟。所以当轮到我
给学生讲课时，亦谨遵师范，认真备课，一定先写好讲稿才去上课。讲过
一门课后，总会留下一份基本完整的讲义，此前曾将为研究生讲的兵器考
古课的讲义，整理成《古代兵器通论》，2005年由紫禁城出版社出版。这
次将历年讲授的《中国汉唐考古学概论》讲义重新整理，做了必要的修改
和补充。谨此刊出，以就正于读者。

后　记

承蒙文物出版社的盛情，《中国汉唐考古学九讲》即将面世。正如前
言中所述，这本讲义，是准备向大学本科不是学习考古学的博士研究生讲
授的。

从20世纪80年代，我开始给中国社会科学院研究生院考古系的研究
生讲授三国两晋南北朝考古专题课。当我自己负责培养博士研究生以后，
更是将三国两晋南北朝考古扩展成汉唐考古学讲授，作为博士生的主课。
后来又承担了培养外国的和中国大陆以外的博士研究生，开始是韩国的学
生，她们在大学本科和研读硕士时都没有学习考古学，特别是硕士论文，
都是艺术史方面的选课。因此课程的讲授就与给本来是学习考古学的学生
不一样了，需要进行新的探索，具体内容已在前言中讲过，这里不再重
复。由于这本讲义是深入浅出地讲述汉唐考古学的基础知识，可能对社会
上对考古学有兴趣的广大读者有些帮助，因此略作整理，送交文物出版社
出版。

本书所附插图，除引用有关考古报告和学术论文的附图以外，都是自己为备课手绘的草图。我从 1953 年入北大学习考古学，至今已过 62 年，为了回忆自己学习和从事考古工作的经历，特别在插图中选用了若干从 20 世纪 50 年代以来所绘的图，以留下对过去学习和工作的美好回忆。又由于我在 1986 年右眼进行过手术，虽然当年为我手术的协和医院眼科主任张承芬大夫手术精湛，使我能正常工作至今，令我感激不尽，但是双目还是有轻微的视差，精细的考古绘图已难胜任，就是手绘的草图也常是不自觉地有些左高右低，画时自认为很正，但画成后看着总有点斜，本书所附图亦有此缺憾，尚希读者见谅。

这本讲义从不断修改到完成，还要感谢历年听我讲课的学生，从郑岩开始，主要有金镇顺、李正晓、苏铉淑、徐润庆、黄佩贤诸位，为了满足他们求知的需求，才会催促我完成这本讲义。本书的出版，也是对和他们一起度过的那些美好时光的回忆。

最后，感谢蔡敏对本书的出版付出的辛勤劳动。

（原载《中国汉唐考古学九讲》，文物出版社，2015 年）

《美术考古半世纪——中国美术考古发现史》后记

　　承蒙人民美术出版社的盛情，《美术考古半世纪——中国美术考古发现史》得以重印。回想这本书出版至今，已经 15 年了。更忆及 20 世纪 70 年代末到 80 年代时，策划选题和考虑内容大纲的过程中，深受当时与我是忘年交的老友王世襄和黄苗子、郁风的启发和关心，以及当年在文物出版社工作的戴文葆、沈玉成、沈汇、叶青谷、姚涌彬的帮助。特别是沈汇，因为他那时正负责文物出版社的第一图书编辑部，因此对这本书的具体章节篇目的设计，分外热心。今日他们都已先后仙逝，谨此祈祷他们冥福。由于当时的工作任务繁重，这本书只得写写停停，又因自己的眼睛动了一次手术，还遭遇了一次几乎丧命的车祸，更是干扰了写书的正常进度。到 1996 年，大部分书稿已有眉目，当时文物出版社一图编已改由蔡敏管这本书。他十分负责、热心，当时文物出版社领导要换届，为了不影响这本书的出版，在他的催促下，对原拟篇目进行了大力更动，改成上、下两篇，终于匆忙完稿。原计划中的关于佛教石窟寺的内容，我没能完成。但得到李力的支持，允许将她的大作《叩索禅林——中国石窟寺研究四十年》附在书中，从而为该书增色不少。也因客观条件的限制，当时书中没有附重要考古标本的图像，只是由我手绘或引用有关著述中的一些线图插附文中。这本书终于得以在 1997 年 7 月与读者见面了，为此特别要感谢当时文物出版社社长杨瑾和责编蔡敏两位。

　　这次重印，全书原文依旧，未做任何改动。只是为了读者阅读方便，适当增加了重要考古标本的图像，也对原有线描插图作了适当调整。因为这 15 年来中国的考古事业和学术研究不断取得大量新成果，为了使读者能了解近年一些重要的考古发现，在书末附上近年所写的两篇关于中国古代雕塑和墓室壁画的综述性文章，以供参考。对原书中明显的差错或需说明的问题，都可以在阅读这两篇文章时找到答案。

最后，对于催促、鼓励这本书重印的郑岩和为重印付出辛勤劳动的吕寰两位，深表感谢。在本书重印时图片的收集整理工作，有近二分之一是由徐胭胭完成的，在此一并致谢。

（原载《美术考古半世纪——中国美术考古发现史》，人民美术出版社，2015 年）

《中国古兵器集成》序

沈融君编著的《中国古兵器集成》即将由上海辞书出版社出版，上海博物馆陈克伦副馆长嘱托我作序。

沈君是原上海市文管会编纂沈宗威先生的公子，由于"文化大革命"而没有专业学历（工作后仅上过两年文博干部专修班），自 20 世纪 70 年代末进入上海博物馆，司职于图书馆，在细琐而繁忙的图书管理工作之余，萌发宏愿，立志于深研青铜文物中的古代兵器。曾得到原上海博物馆馆长马承源和副馆长陈佩芬先生的关照，以自学之才，自 20 世纪 80 年代至今，积三十寒暑，笔耕不辍，确有毛泽东主席提倡的"愚公移山"的精神，每日"挖山不止"。他尽可能地搜集、整理有关中国古代兵器的博物馆藏品和田野考古发掘获得的实物标本。同时开始进行有关中国古代青铜兵器的探研，写出有个人见解的论文，最早发表的一篇是《中国古代的殳》，刊登于《文物》月刊 1990 年第 2 期。他在文中将东周的青铜殳分为有锋刃器和"礼殳"两大类，进行了类型学分析，并讲述了他对有锋刃的殳消亡的原因和"礼殳"对后代的影响。文章中规中矩，达到月刊要求的水平。只是大家觉得联系后世"狼牙棒"的叙述略显生硬，但以文责自负，刊发时也未予删除。当时我负责月刊的终审，记得编辑部同人录用这篇稿件时，无人察觉其为业余作者的"处女作"，均想该作者应系上博青铜器组的专职研究人员。此后，沈君陆续在《考古》《考古与文物》等学术刊物发表过关于戈、戟、矛、铍、剑、弩等的探研文章，其中以《考古学报》1998 年第 4 期发表的《商与西周青铜矛研究》最受学界的注意。对青铜兵器的学术探研，更能提高他对有关文物搜集工作的广度和深度。终于在去年完成了分 13 卷近 140 万字的《中国古兵器集成》书稿。

近日坊间流行编一些关于中国古代兵器的图片集成类的书，与当前学术界那股浮燥风气一样，将所找到的图片随意编在一起，推给读者。有的只有图片和器名，不注明资料出处；有的虽注有出处，但张冠李戴，错误百出。如一个百年书局去年 9 月出版一本《中国兵器甲胄图典》，将山东青州市（原益都县）西周亚醜墓出土铜钺（该钺现藏中国国家博物馆）错写成河南安阳殷墟妇好墓铜钺，将宁夏固原北周李贤墓出土绘彩陶俑群说成"吐谷浑兵马俑"，等等。类似错误多达数十处，但编者还称誉其"说明文字"，给"读者提供了丰富的信息以及巨大的思考空间"。另一本某古籍出版社 2003 年 1 月出版的《中国古代兵器图说》，则对引用的古代兵器文物多仅注器名，而不向读者提供其出处，还将上海刘永华君《中国古代军戎服饰》书中所绘的全部想象复原图都录入书中，未加注原作者，仅在"后记"中将该书列入"参考书目"。但想象复原图不同于一般考古报告的附图，是原作者花费心血的艺术再创作，人家享有版权。这样做既不尊重原创作者，也对读者极不负责任。而沈君编著的《中国古兵器集成》，虽篇幅浩大，但有两大突出特点：

第一，书中引述的每一件古兵器文物或田野考古发掘获得的实物标本，均详注出处，注明有关文献，或考古简报和考古报告，资料翔实准确。

第二，书中引述的有关兵器的论述，均详注原论述的作者及有关专著或论文。

以上两点，一方面表明作者对读者的负责态度，另一方面更显示出作者学风严谨，遵守学术规范。面对目前学界的一些浮燥、抄袭、将他人学术成果据为己有的坏风气，沈君的治学态度确实值得大家学习。

以一人之功力，历时 30 年，完成近 140 万字的书稿，不能不令人钦佩沈君的决心和毅力。回想我在 20 世纪 80～90 年代，曾参与编纂和主编《中国大百科全书·军事》卷的分支学科《中国古代兵器》和《中国军事百科全书》的分支学科《古代兵器》。当时有国防科工委百科编审室诸同志的通力合作，并且是请全国军内外有关学者参与撰写，从确定条目的学术框架，到全学科诸条目撰写完稿，两项编写工作各历时数年。其中的《中国军事百科全书·古代兵器》，首先是经集体反复讨论，确立了条目编写的科学合理的框架结构，并对世界古代兵器发展历史的分期取得共识，将其划分为两大阶段，前一阶段是冷兵器时代，后一阶段是火器和冷兵器并用时代。具体到中国古代，以火药的发明和火器的使用为分水岭，从史前到北宋是冷兵器时代，北宋到晚清是火器和冷兵器并用时代。冷兵器时代又按主要兵器的质地和工艺特点，再分为 3 个阶段，即石器时代的兵器、青铜时代的兵器和铁器时代的兵器。在此基础上展开了全部条目的编写。完成后实收 149 条（含增补 9 条），总计 13 万余字，那是汇聚集体的智慧，合力完成的。将之与沈君的著书经历相比，更可看出他以一人之力，锲而不舍地编纂这部《中国古兵器集成》是多么不容易。这也引起我们忆起对中国古代兵器史有开创之功的周纬君，在旧中国他也是经 30 年的努力，自中外博物馆搜集中国古兵器近千器，但仅成书稿，没有来得及修改就去世了。中华人民共和国成立以后，生活·读书·新知三联书店认为该书有资料价值，故请郭宝钧先生审阅，并酌予删削，印出来供研究兵器史者参考。是为 1957 年 7 月出版的《中国兵器史稿》。直至今日，周纬君对中国古代兵器史研究的草创之举，仍旧令人钦佩。

还望在《中国古兵器集成》出版以后，沈君继续奋进，为中国古代兵器史的研究做出更大的贡献。是为序。

（原载沈融编著《中国古兵器集成》，上海辞书出版社，2015 年）

《云冈石窟的营造工程》序

　　彭明浩的博士学位论文《云冈石窟的营造工程》即将出版，值得祝贺。

　　彭明浩在北京大学考古文博学院研读博士学位，导师是杭侃教授。杭侃原师从宿季庚（宿白）师。季庚师创建了中国石窟寺考古学，彭明浩的学位论文也应属中国石窟寺考古学学科范畴。

　　对于季庚师创建的中国石窟寺考古学，苹芳师兄曾作论述，将季庚师阐述的中国石窟寺考古学的内容和方法，解析成四个研究程序：第一，考古学的清理和纪录；第二，洞窟、造像和壁画的类型组合与题材的研究；第三，分期分区的研究；第四，关于社会历史的、佛教史的和艺术史的综合研究。第一个和第二个研究程序，是进行第三个和第四个研究程序的基础工作，在石窟寺考古进程中具有重要作用。在第二个研究程序中，要对洞窟和造像、壁画进行全面的综合研究。此前主要集中在现存的石窟寺遗存的研究，又由于现存造像的风格和技法的细部变化最具时代特征，是石窟寺考古类型学的重要部分，因此从宏观到微观都受到学者的重视。例如微观的研究，有人专注于佛像服饰的分析，那也是显示造像风格变化的一项重要表现。但是在第二个研究程序中，对于佛教石窟寺创建历史的全面概括，除了石窟寺的现存遗迹外，还有在石窟寺建成并进行宗教活动前，从发愿、创意、设计到施工的漫长过程，认识这一历史过程，对我们深入认识目前尚存、呈现在我们面前的石窟寺遗迹，具有重要价值。但是对于这方面的探研，还缺乏全面深入的工作。这主要有以下原因：一是在中国古代史籍中对与石窟具体营建的记述极为缺乏。如在《魏书·释老志》中，只有对北魏迁洛以后于洛南伊阙山开石窟时斩山和用功的简略记载。

这对考据石窟开窟营建造成了极大困难。二是随着石窟的施工营建，不断改变着原有地貌，石窟建成后，有关施工过程的痕迹，已随着工程的进程消失，就是留有些许遗迹，今日想观察到也困难重重，要进行艰苦细致的辨析工作。三是各石窟研究单位仅进行现存遗址的科学记录和完成正式科学报告已感吃力。以敦煌莫高窟为例，迄今只完成了《敦煌石窟全集》的第一卷，内容是莫高窟266~275窟考古报告，按此速度，待全部洞窟报告完成，应是何年？至于云冈、龙门、响堂山、麦积山、炳灵寺……还未见有科学的正式考古报告。所以更没有时间和精力去考虑有关石窟施工营建等课题了。

杭侃教授在师从季庚师研修期间，已曾仔细观察云冈石窟有关修建和整补的遗痕，进行过对"昙曜五窟"中第20窟的古代塌毁和修整的遗痕的论述。在他的指导下，彭明浩确定以石窟寺的营建为博士论文选题，选取云冈石窟为重点，从宏观和微观对云冈石窟进行了细致的实地观察，用新的视角完成了论文的撰著。在准备论文撰著的过程中，他还尝试进行实验考古，模拟古代开龛的过程。力图通过分析各类工程遗迹的空间关系，探讨石窟的开凿过程及其背后的规划设计思想。在论文通过毕业答辩后，他又进行必要的修润，终于撰著成《云冈石窟的营造工程》一书。在书中用主要章节，依次论述云冈石窟的选址、云冈石窟外部现状及开凿过程分析、云冈石窟内部空间，从而进行云冈石窟营造工程综述。在工程施工方面，分析了施工工事、施工模式、施工组织、施工工量和施工用时。也解析了云冈石窟的工程设计，如窟群设计、尺度设计、空间形式和空间结构。最后从营造工程视角探讨云冈石窟的分期问题。因此，彭明浩所进行的探索和分析，值得今后进行佛教石窟寺考古勘察和编撰报告时重视。也为石窟寺考古研究的第二个研究程序，增添了新的不应缺少的内容。

记得童蒙时读《劝学篇》，其中名句："青，取之于蓝，而青于蓝；冰，水为之，而寒于水。"期望彭明浩在今后的学术旅程中，不断取得新的更大的成绩。

（原载彭明浩《云冈石窟的营造工程》，在卷首以"专家推荐意见"刊出，文物出版社，2017年）

《中国刺绣》序

　　王亚蓉关于中国传统刺绣的学术专著已完成，值得祝贺。她嘱我作序。

　　我与王亚蓉在考古学术上共事，自20世纪70年代至今已逾40年。在这漫长的岁月里，她先是在中国社会科学院考古研究所技术室从事考古绘图，继之协助王㐤对田野考古发掘中发现的纺织遗物进行清理、保护、提取、修整、复原、研究工作。后来随王㐤一起到历史研究所，协助沈从文从事中国古代服装史研究。王㐤逝世后，王亚蓉继续将重点放在田野考古发掘中出土纺织遗物的保护、提取和修整、复原方面。这是需要极为仔细、耐心而精致的工作，要有高度的责任心，堪称"大国工匠"精神。虽然她早已过退休年龄，仍然孜孜不倦地工作，其精神值得敬佩。

　　对田野考古发掘所获得的有关服饰、织物的科学标本的研究工作，不断反映在有关中国古代服饰史和中国古代丝绸史等专著之中，且经过全面系统的分析、研究。唯有其中刺绣遗物的科学标本，一直缺乏全面深入系统的梳理和探研。

　　提起田野考古发掘中获得的关于中国古代刺绣的科学标本，就必须回溯中华人民共和国成立后考古工作的成就。在20世纪初，人们了解中国古代的刺绣，只能从传世的文物去观察。但传世的都是很晚的标本，一般只是迟至明清时的刺绣品。至于先秦至汉魏的刺绣，只能依据文献的记录来想象其华美形貌。只是在气候条件适宜保存纺织品的新疆地区，一些外国探险家等人发现过一些残片。到20世纪50年代，随着新中国成立后田野考古发掘的发展，古代刺绣的标本才逐渐被发掘出土。在50年代，最早大量获得的考古标本还是晚期的制品，主要是在北京明定陵发掘中出土所得。随后在新疆、甘肃等省区对汉代墓葬的考古清理发掘中，不断获得汉绣的实物标本，特别是新疆民丰尼雅的出土品，使人们得以重见汉绣的真实风貌。到 70 至 80 年代，更不断有关于汉绣和更早的先秦时期的重要考古发现，丰富了人们对先秦至西汉刺绣的认识。其中对汉绣标本最重要的发现，是对湖南长沙马王堆一号西汉墓的发掘，那座墓内埋葬的是西汉时轪侯的夫人，随葬的衣物保存完好，其中有许多刺绣作品。对那座墓内纺织品的提取清理，王㐨曾付出了辛勤的劳动。对先秦刺绣标本的重要发现，是对湖北江陵马山一号楚墓的发掘，墓中衣衾遗物保存完好，有许多精致的绣品。对那座墓葬的纺织品的提取清理，王亚蓉陪同王㐨一起付出了辛勤的劳动。此后，随着考古事业的发展，全国各地的古代墓葬中更是不断获得自先秦汉魏直到宋辽金元各代的纺织遗物标本，其中许多是刺绣作品。目前依据田野考古发掘获得的实物标本，已能够大致梳理出中国古代刺绣工艺发展演进的轨迹。

从 20 世纪 80 年代，王亚蓉已经对中国传统刺绣进行搜集，并将所得民间刺绣标本汇成《中国民间刺绣》一书。出版后深受学界好评。在此基础上，30 年来不断扩展研究范围，博采古代文献中有关刺绣的论述，全面梳理迄今在田野考古发掘中获得的有关刺绣的实物标本，并结合她对刺绣工艺的深刻理解，完成了新的关于中国古代刺绣研究的专著。全书共分上中下三篇。上篇的内容是对中国刺绣历史的学术综述；中篇的内容是论述中国传统刺绣的技艺；下篇则讲述对中国传统刺绣的赏析。全书兼具学术探研、技艺解析和艺术鉴赏，且图文并茂。相信本书的问世，会将中国传统刺绣研究推向新的高度。

（原载王亚蓉《中国刺绣》，万卷出版公司，2017 年）

《古物的声音——古人的生活日常与文化》开头的话

考古发掘获得的古代遗物，按规矩会送到由国家管理的各级博物馆中，它们中的精品，会被陈列在展柜内，供广大民众观赏。人们在观赏这些凝聚着中国古代文明的科学信息的考古标本时，在寂静的展厅中，是否能够聆听到它们在向你吟唱关于它本身的故事？是的，考古标本是会吟唱的，特别是随情抒发它们自身的故事。只要你能够掌握正确的方法，寂静的展厅立时就会热闹起来。那些考古标本会争先恐后地吟唱它们的故事，每件标本都有自己的个性，它们的吟唱曲调各异：有的曲调高昂，长篇叙事；有的辞语清晰，简洁明快；有的浅吟低唱，委婉动人；有的雄浑长啸，撼人心脾。组合成一曲称颂中国古代文明的华采乐章。考古标本尽情吟唱，你闭目聆听，直到曲终，重归寂静，正如白居易在《琵琶行》所咏"此时无声胜有声"，你会继续长久地神游于历史的长河之中。

但是如何才能够尽情听考古标本的吟唱呢？这就要由考古人来为你帮忙了。当你从事考古工作的时间越长，接触考古标本越多，你对它们的了解越深，就会感悟这些标本内在的积淀着历史文化的魅力，让冷冰冰的标本活起来，聆听到它们吟唱自身的故事，得到它们所承载的历史信息。回溯到1953年，那一年我开始成为考古学的学徒，日积月累，到现今已有63年，由于考古学是一门博大精深的学科，所以至今还没能结束学徒生涯，但是已能初步掌握聆听考古标本吟唱的本领。可以将它们吟唱的内容，转释给无法听到的读者，大家共享。

考古学还可以说是一门"遗憾"的学科，也就是说，古人并不是把什么都遗留在地下，而且对于遗留在地下的古代遗迹和遗物，今天并非都已被发掘出土，这里存在着极大的局限性。何况古人又没有把什么都写在书中，而古书又不是都能留存至今，所以许多考古遗存或遗物出土后，又缺乏文献的对应证实。还要注意到遗留在地下的古代遗存，大致可概括为古人生活的城址和居住址，以及古人死后埋入的墓葬两大类。城址本应保留有关于古时人们社会生活最重要的科学信息。但是，非常遗憾，古代城址都是在经历战乱、遭到彻底破坏后被废弃的遗存，基本上除了一些惨遭损毁的建筑基址以外，很少能有古代遗物保留下来。建筑基址和道路遗迹对了解当时城市平面布局等十分重要，但是有关古人日常生活的遗物和信息很少。所以目前在田野考古工作中能够出土大量保存完好的古代遗物的考古收获，主要是在发掘古代墓葬中取得的。只要没有下葬后遭到当时或后代的破坏和盗掘，一般在发掘古代墓葬时都能有随葬的遗物出土，目前在博物馆中向人们展出的考古遗物，绝大部分是古墓发掘中所获得的。不过不同历史时期的墓葬，又受到当时礼俗和丧仪制度等各方面的局限，从其中所获得的考古标本，有的是与当时社会实际生活有关的遗物，还有的是大量专为丧葬而制作的物品（包括碑、墓志、明器及与迷信有关的物品），因此必须加以分析辨识，理出与实际生活有关的遗物，如礼乐器、兵器、家具、灯具、服饰等（包括明器中的仿真模型），再通过它们蕴含的信息，结合有关文献，尽可能地复原古人的生活情景以及礼俗文化。特别是有关家具、灯具等遗物，因与人们生活起居紧密关联，更是了解古人平时生活的主要考古标本。这也是在这本小书中关注的主题。

让我们走进博物馆的展厅，去重点倾听那些与古代家具等考古标本吟唱的关于它们的故事，转译成篇篇短文，一起去了解古人生活的真实情景吧！

（原载《古物的声音——古人的生活日常与文化》，商务印书馆，2018 年）

《束禾集——考古视角的艺术史》后记

这本《束禾集——考古视角的艺术史》，是我从 1977 年至今 30 年中所写与艺术史（美术史）有关的论述、讲课讲稿、会议发言稿，以及给一些书所作序文，从中选出 30 篇所辑的文集。在文集中写作年代最早的一篇，发表于 1977 年。20 世纪 70 年代末至 80 年代初的那段时期，也正是我开始探索从考古视角观察研究艺术史（美术史）的时期。

回想从 1958 年告别母校北京大学，被分配到中国科学院考古研究所（现为中国社会科学院考古研究所）服务，至今已是第 60 年，整整一个甲子（从我开始学习考古学至今年则整过了 65 年），可见时间过得真快。在北大求学时，因为对考古发掘获得的与艺术有关的考古标本有兴趣，宿季庚先生和阎述祖先生都嘱我要研读与艺术史（美术史）有关的书。但是当时缺乏有关中国古代艺术史的专著，西方艺术史的译著也不多，郭沫若译的德国人米海里司著《美术考古一世纪》一书，内容是 19 世纪依据"锄头考古学"发现的地中海沿岸诸古代文明的艺术品。此外只有法国人丹纳著《艺术哲学》的中译本。只能对这两本书读了又读。特别是米海里司的书，我在高中时就已阅读过，并且对该书序言中米海里司曾引述过的一段话印象极深，至今不忘。那就是："禾黍割了，应该有束禾人来做他谦卑的任务。"那时就憧憬能有一天也能在学术的田野中做一个束禾人，去完成他该做的谦卑的任务。这也是今日这本文集起名《束禾集》的原始。

1958 年开始从事考古工作以后，除了完成所里安排的工作外，面对中华人民共和国成立以来田野考古调查发掘中所获得的丰富的与艺术有关的考古标本，主要思考的是如何建构具有中国特色的美术考古体系。至于从考古视角去观察和探研有关艺术史（美术史）方面的问题，已经是20世纪70年代末至80年代初那一时期的事。本书所收文稿最早的一篇，发表于1977年，正反映了这一情况。

当时我从"五七干校"返回北京，经历了粉碎"四人帮"再到迈向改革开放初期。由于研究所的工作正逐渐恢复，我担负的任务不重，工作尚不紧张，社会氛围较松散安详，下班后空闲时间较多。所以在晚饭后，我常有时间去找挚友夜话闲聊。我经常去的是芳嘉园15号王世襄家，当时他和袁荃猷住在北房东侧（西侧仍被他人在"文化大革命"时期占据），东房由黄苗子、郁风租住。我和他们几位是忘年交，因他们的年龄都比我大十余岁。但大家在一起谈得十分融洽，有时还会一起再向南走两条胡同，去沈从文处聊天。正是与他们的夜话，启发了我从考古视角去观察和探研艺术史。在黄苗子和郁风的鼓励下，尝试给黄蒙田在香港办的《美术家》杂志写稿。那时老友李松涛（李松）在中国美协负责《美术》杂志和《中国美术》杂志（后来停刊），他不断催我写稿。又在郁风、丁聪和李松涛的推荐下，1981年我成为中国美术家协会的会员。随着社会上改革开放步伐的加快，老艺术家和学者日益受到重视，生活条件也得到改善，黄苗子和王世襄先后搬离芳嘉园15号。先是黄苗子迁至团结湖北里，之后王世襄搬到芳草地迪阳公寓，同时我的宿舍也从中国美术馆后的弓弦胡同迁往皂君庙，大家居所相互遥远，晚饭后散步去夜话聊天已不可能。

同时，研究所的工作任务日繁，特别是考古研究所编著《新中国的考古发现和研究》时，我被编委会委任为编辑小组的成员后，不仅要担负两晋南北朝考古等部分的编写工作，更要一个人负责全书的统稿、编辑及所有引用资料的核查。白天的工作时间不够用，晚上也要投入工作。随后又投入《中国大百科全书·考古学》第一版中《三国两晋南北朝至明考古》分支学科的组织编写工作。与此同时，我还接受了协助编著《中国大百科全书·军事》卷中《中国古代兵器》分支学科的任务，以后又转为担任《中国军事百科全书》第一版《古代兵器》学科的主编。所以在那一阶段，就没有时间从考古视角去探研艺术史范畴的问题了。

至今仍十分想念经常在芳嘉园 15 号夜话的那段美好时光，可惜那几位忘年交的挚友——袁荃猷、王世襄、黄苗子、郁风以及丁聪、沈从文都已先后驾鹤西归，今日只能祈望他们冥福。那一时期在《美术家》等刊物发表的文稿多已收入 1981 年由花城出版社出版的文集《地下星空》之中。为了回忆那段往事，在本文集中选入 1977 年在《文物》月刊所发表的一篇，以兹纪念，它也是本文集中所选文稿中写作时间最早的一篇。

在完成了《新中国的考古发现和研究》《中国大百科全书·考古学》等工作以后，时间就不那么紧张了。同时又参与了中央美术学院等一些大学的授课及学术活动，也开始再写些从考古视角观察、探研艺术史的文稿。特别是老友李松涛不时还布置一些"任务"要完成。所以从 20 世纪 90 年代至今，又陆续写了几十篇与艺术史有关的文稿。2013 年 7 月，我被中国美术家协会授予"卓有成就的美术史论家"荣誉称号。现在从 20 世纪 90 年代至今所写文稿中选了 29 篇，与 1977 年所写那篇，总共 30 篇，编成这本文集。

这本文集的草目，最初拟定于 2017 年，是与张小舟讨论后草拟的，当时所收文稿均为我过去出版的几本文集中没有收录过的。在征求郑岩的意见时，他建议不局限于未编入过去几本文集的文稿，改拟为一本对过去所写文稿的自选文集，并花时间代拟了目录。此后与他再商讨，又几次征询朱岩石的意见。在此基础上，最后决定这本文集还是选用与艺术史有关的文稿，我再次调整了文集的编目，选定 30 篇文稿，从而编成这本文集。在文集编定的过程中，巩文不断提出很好的建议，并给予许多具体的帮助。对于上述诸位的帮助，在此一并深表谢忱。

（原载《束禾集——考古视角的艺术史》，中国社会科学出版社，2018 年）

《文房》四卷序

刘君传俊写成《格物致知 文房之乐》一书，嘱我作序。

我与刘君相识于 2015 年。在参加中国国家博物馆举办的"近藏集粹"展开幕式时，谢小诠向我介绍了刘君，说他是近期向国家博物馆捐赠文物的收藏家。回想 20 世纪 50 年代，中华人民共和国成立之初，一些著名收藏家将珍藏的国宝级文物捐献给国家，也带动一般的收藏者纷纷向国家捐献私藏文物，成一时风尚，将私有转为全民所有，表现出高尚的民族情操，令人尊敬。但是在人们重又追求私藏的今日，还有人肯向国家博物馆有所捐赠，不论所赠物价值如何，都足以令人刮目相看。当时刘君对了解中国古代"连鼓雷神"形象资料颇感兴趣，因有人误以"连鼓雷神"源于日本，恰好我曾写过一篇关于南北朝时期连鼓雷神的小文章，因此晤谈甚欢，自此而成忘年交。

刘君对古代文物收藏之重点，在于文房用具。提到文房用具，自然会联系到古人的书房。目前在已发现的古代遗存中，尚难确定有早于明清时期与"书房"有关的建筑遗迹。记得儿时的旧北京，除故宫内的皇家书房外，在当时尚未败落的晚清旧家宅院内多仍存有书房。那时这些旧家有一个习俗，就是当刚上学的小男孩去宅中做客，主家为了鼓励孩子好好念书，都要带他到宅中的书房看一看，认为那里是嘱咐小孩应该好好念书的最佳场所。因此在诸亲戚家，除了外祖父那桐家外，我还看过庆王府、达王府、郑王府等家的书房。这些书房中的陈设方式都差不多，当门都是长大的条案，书案则在书房内一端，有的在另一端再设有画案。沿墙是书架和叠起的前开门的书匣（箱），书匣门上刻有填绿的书斋名。还常设有可供暂息的卧榻。由于已是民国时期，有的书房中也增加有洋式的玻璃门书橱。当时的规矩，在书房中不能放置与读书无关之物，诸如棋局、酒具、佛具之类。佛具自有佛堂，下棋自有下棋的场所，一般围棋和象棋的棋局和棋子放在过厅或花园内的花厅之中，那些地方是下棋之处。也不设茶具，如长时间在书房中确需饮茶，则是从外送来，饮毕撤走。官员的书房除读书外，如需在家办公，也在书房。清时书房情况，在一些文艺作品中也有反映，如小说《红楼梦》中对贾政书房的描述，可见一斑。我自己家败落很早，最初在租住的宅院里，祖父居住的前院中，也还在南房设有书房。南房原是五间，东边两间以墙隔出，另在朝街门的门道处开门，用作"门房"。西边三间是书房，房门开在靠东一间，入门当面顺后墙放置一张条案，案上正中放有紫檀座石插屏，屏的一侧是一个大瓷梅瓶，另一侧是瓷帽盒。条案两端都放有许多卷轴的拓本和书画。在室内最西侧一间沿窗纵置紫檀书案，案面上陈设笔架、砚台，还有西式的墨水盂和蘸水钢笔，案面放置绿绒底的大玻璃板。顺南墙是书架和书匣，记得书匣的门是平素的，上面并没有刻斋名。也置有洋式书橱，里面多是当年曾祖父驻美、俄时携回的大画册之类洋书。由于民国时遗留的晚清官员等上层人士的书房，是沿袭自清代的规制。京中清代书房规制，应又是沿袭此前明朝时旧制。再向上追溯到元以前，则难有准确的遗迹可寻。不过从古代遗留的文献和图像等资料，再结合田野考古发现的遗迹和遗物，我们还是可以粗略地探寻到中国古代书房和有关文具发展演变的轨迹。

中国古代书房和文具演变的原因，在于不同历史时期物质文化的发展，以及社会生活习俗与礼制的制约。"人猿相揖别"，人类社会步入史前的"蒙昧时代"，文字虽尚未发明，但远古先民已经懂得描绘装饰图像，例如绘制彩陶图像，这就需要描绘的工具。陕西姜寨仰韶文化墓地发掘的M84中出土的一套绘画工具，包括石砚板、研磨棒和陶水杯，应是目前所知绘写用具最原始的雏形。中国古代社会步入"青铜时代"的门槛以后，文字发明了，随之书写工具日趋完备，笔、墨、砚和用于书写的载体——帛和竹简、木简，以及修治简牍并改正错字的铜削（后改称"书刀"），形成完备的文具组合。但出于当时的习俗和礼制，并不设专门的"书房"。主要建筑物的"堂"，具有多种功能，因为当时人们社会生活习俗是席地起居，所有日用家具是随用随撤，不作固定陈设。铺双席对坐，是待客谈话；将双席延大距离，席前各置食案，则为待客宴饮。要书写时，就在所坐床、席前陈设供放置文具的案，文具平时收储于盒、笥之中，用时取来使用。在田野考古中出土时间最早的"文具盒"，是从长沙楚墓长左 15 号墓中出土的竹笥，内储有装在竹筒中的毛笔和竹筹、天平和砝码等物，应用来专储书写用具和计量器。这种适于席地起居而文具随用随撤的习俗，一直沿用于汉晋时期。有些文吏为便于随时使用，将笔簪于发旁，竟而演变成官员的一种服制。但随着汉代发明了纸，并且在三国西晋以降逐渐取代简帛，成为中国古代书写最主要的载体，供书写的案就成为必备的家具。因为往简牍上书写时，通常是左手执简，右手执笔作书，诸简书好后再编联成"册"，故此文吏办公坐席或坐榻前并不必要放案，河北望都东汉墓壁画所绘"主簿"和"主记史"的坐榻前并不备书案，所用圆砚就放在榻旁地面之上。但是用纸书写，则难以手执，只能铺于案上，所以书案这种专用家具就不可或缺了，它以后就成为古人书房陈设的主要家具——书案。东晋十六国时期到南北朝，随着技术层面的建筑结构的进步，政治层面的民族大融合，文化层面的中外文化交流，中国古代社会生活发生巨大变化，席地起居习俗因高足家具的出现和普及而受到冲击，并被垂足高坐的新习俗所取代。新式的高足的桌椅等家具，与此前先秦至汉魏流行的供席地起居的家具的特征不同，一方面其体量增大，不再具有轻便、易于陈撤的特点；另一方面，家具按使用功能而分工精细，家居和办公、书写与餐饮……使用的家具在形制和功能上都有区别。于是在人们生活的宅院中，随意陈撤家具因而集各种功能于一身的万能的"堂"消失了，出现了固定陈设不同功能家具的不同场所，诸如办公室、会客厅、餐厅、卧室，等等。专供读书的书房出现了，其中配置的家具也就具有自身的特征。同时，自唐代科举制度盛行，白衣士子通过读书、考试而入仕，得以身服朱紫为官。"文选烂，秀才半"，苦读阶段的场所，是自家的"书房"。入仕为官，入值后返回家准备次日用的文书等等的场所，又是"书房"。所以书房和其中的文具和家具，自是封建社会上层人士不可或缺的。宋代书房无遗迹可寻，元明以降，现而今明确可知的只有承袭自古代书房传统的清末标本。清代书房的功能，除读书、办公，还是家中长辈教育训导子弟的场所。旧京大家的纨绔子弟，出外提笼架鸟、斗鸡走狗、泡茶馆、入饭庄、听大戏、看"杂耍"（今称"曲艺"）……但是回至宅内，被长辈唤至书房，则如"避猫鼠"一般，恭聆训斥，以故书房决非供人闲情嬉戏之所。小说《红楼梦》真实地描绘了清朝上层大家族的家庭情景，可算是当时社会生活的镜中之像或水中倒影，既真实而又虚幻。书中主要人物贾宝玉，一听到他父亲贾政唤他去书房，立时如闻惊雷，畏缩恐惧，正因书房是其父严厉教导训斥儿子之处所。书中所述，除咏"姽婳词"一次以外，确实他每次被传唤至书房，轻则被训斥，重则被毒打。亦反映清朝时书房绝无情趣可言。就是在最高统治者的宫廷之中，"书房"亦是办公处所，清帝情趣所在，观赏书画，把玩钟鼎彝器，皆另有专所。

随着历史长河不断流逝，古人的书房遗构已随波逝去，仅只一些遗物如家具和文具有幸存留人间，今日已被人们划入"文物"范畴。在对传世文物的习惯分类中，古人书房中所用家具，列入"古代家具"门类中，文具则另为一类。《中国大百科全书·文物 博物馆》卷中，设有《中国古代文具》专项，下设条目有《中国古笔》《中国古墨》《中国古砚》和《中国古纸》。对于列为文物的中国古代文具，国家文物鉴定委员会也有对其进行文物定级的参考标准，编著有《文物藏品定级标准图例·文房用具卷》可资参考。但书中所举一级文物中绝大多数出自故宫博物院藏品，亦即宫廷专供皇室享用的工艺精品。在封建社会等级森严的社会中，这些专供皇室的精品，是广大民众无缘享用的。因此如果我们要研究当时社会的物质文化史，仅依据这些精品远远不够全面。但是观赏文物精品，会增强人们对古代文具工艺水平的认识，更能激发一些人收藏古物精品的情趣。

收藏家都有着自己的收藏情趣。刘君正是带着这种情趣，广览文籍，积两年之功，精心钻研，完成了今天这部专著，为古人书房构建了富于情趣的氛围，在其对"文房"的分类中，不仅有文具（笔、墨、纸、砚）和与文具有关联的附属物品，以及必备的家具。也要有藏书、法帖、字画。还包括他认为属于"清玩、雅玩"类的物品，诸如熏香器、茶器和酒器，以及赌博具和各种棋类。他还认为琴、瑟、箫、笛等乐器，再加上七巧板，可列为"清玩、雅玩类之其他"。此外，还认为"文房"中要包含佛、道修行法器。综合起来，则把所有物品归为文具类、清玩和雅玩类、清供和清赏、动使类，共计四大类。对每类各物均详加解析，努力探研，最后合成他所构架的古代文人的富有情趣的书房、书斋。我期望广大读者细读此书后，或许会能从书中获得自己的情趣。是为序。

（原载刘传俊《文房之味》《文房之属》《文房之趣》《文房之境》，文物出版社，2020年）

后　记

1979 年，我为夏作铭师（夏鼐）编辑的文集《考古学和科技史》由科学出版社出版，我自己编的文集《中国古兵器论丛》也交给了文物出版社，这时我去北大看望宿季庚师（宿白）。我刚想向他汇报上述两件事，没想到他先对我说："你们所长最近又出了一本文集（夏作铭师已在 1961年由科学出版社出版了《考古学论文集》），过去古人文集都是死后才编的，因为文章总要不停地修改，盖棺论定嘛。"他这番评论弄得我噤若寒蝉，再也没敢向他汇报我也编了一本文集并已交出版社的事。

季庚师对编文集的评论，使我更深刻地认识了编文集确实是一件应慎重对待的事。但《中国古兵器论丛》已经由文物出版社第一图书编辑室主任沈汇进行编辑，并经夏作铭师代请天木先生（王振铎）题写了书名，已经停不下来了，最后于 1980 年出版。出版后去给季庚师送书时，我心情忐忑，但他并没再提文集应死后才编的事。随着世情的变化，季庚师对文集的看法有所改变，也于 1996 年在文物出版社出版了文集《中国石窟寺研究》。对此我曾与师兄徐苹芳讨论过，他认为季庚师所说的"文集"，可能并不是这类专题的文集，而是指总结学术一生的"全集"。那种全集性的文集确是应该格外慎重的，有盖棺定论的含义。

2018 年，曾蒙文物出版社张自成社长在两次不同场合谈及出版文集的事，我都只是回答一定认真考虑，但忆起季庚师的话，感到这是应十分慎重才敢决定的事。就在那一年，我终于完成了与朱岩石共同主编的《中国考古学·三国两晋南北朝卷》的出版工作，这也是我为服务了整整一个甲子的社科院考古所完成的最后一项科研任务。没有了工作任务的压力，且已年过八旬，与癌共存十年，身体每况愈下，确实也有趁着还有一点精力、整理一下过去 60 年中所写文稿的想法。又看到季庚师的文集，虽在征求了他的意见后，赶忙着手编辑，但他生前仅看到第一集的样书，远未能见到全书；徐师哥生前最后几年忙于政务，文集是逝后才进行编辑，他已无法表达对文集的编法，都是令人遗憾的事，所以决定还是自己来编文集。在征询了郑岩和朱岩石两位的意见后，我开始整理过去写过的 300余篇大小文稿，先去除了因不同任务或在不同场合发表的性质相近的文稿，初步按考古学、古代兵器、美术考古、艺术史以及考古文物小品归类，再选出可编入文集者初步编目，并再征询过郑岩的意见，也将编文集的事与张小舟商讨过，她也提出了很好的建议。2019 年冬，小舟陪同文物出版社艺术图书中心主任张玮与我最后商定文集出版事宜。2020 年将编定的书稿交付出版社，今年经郑彤精心编辑成书，协助她编辑的还有卢可可和马晨旭。谨此向为本书编辑付出辛勤劳动的各位，表示诚挚的敬意和感谢。

本文集共收录自 1958 年至 2021 年所写长短文稿 220 余篇，编成五卷六册，每卷所收文稿均按发表年代前后编排，以使读者可以观察到作者学术发展演进的轨迹。所选文稿刊发年代最早的一篇是刊登于《文物参考资料》（该刊于 1959 年改名《文物》）1958 年第 4 期的《高句丽壁画石墓》，它也是我在北大求学时发表的唯一的学术论文。就在那年秋天，我离开母校，被分配到中国科学院考古研究所（今中国社会科学院考古研究所）工作，所以文集中其余文稿就都是在考古所工作期间所撰。其中的主要学术论文，都曾发表于考古学界较重视的《考古学报》《考古》和《文物》三种杂志，又以在《文物》刊出的文稿数量最多。本文集中收录的文稿，有些是选自我过去编著的学术文集，那些文集也主要是由文物出版社编辑出版的。时间最早的是 1980 年出版的《中国古兵器论丛》（后又出版了"增订本"），以后有《美术考古半世纪——中国美术考古发现史》《中国古兵与美术考古论集》《中国汉唐考古学九讲》，还有与孙机合著的《文物丛谈》。这些都显示着我在一个甲子的岁月中，与文物出版社和《文物》编辑部建立的深厚情谊。看到文集中收录的与之有关的文稿，深深怀念在漫长的岁月中曾经为我编过文集和在月刊编过文稿的多位编辑，感谢他们为我付出的辛勤劳动，谨此一并向他们表达敬意和感谢。

杨　泓

2021 年 12 月于北京和泰园